VERLAG ANTJE
KUNSTMANN

Gabriele Goettle

DER AUGENBLICK

REISEN DURCH DEN UNBEKANNTEN ALLTAG

Verlag Antje Kunstmann

Die Gespräche wurden zusammen mit Elisabeth Kmölniger geführt

INHALT

I

HAND- UND KOPFARBEIT
BUCHHÄNDLERIN

Bettina Wassmann, Buchhändlerin u. Verlegerin i. Bremen. 1948
Einschulung i. d. Volksschule Bremen/Horn. 1958 Mittlere Reife.
1958–1961 Ausbildung z. Buchhändlerin, Buchhandelslehre bei Ro-
dewald i. Bremen. 1961–1969 Arbeit als Buchhändlerin i. Wolffs Bü-
cherei, Berlin, Bundesallee 133. Mai 1969 Rückkehr n. Bremen. Juli
1969 Eröffnung d. eigenen Buchhandlung i. Bremen, Am Wall 164.
Herausgabe von bibliophilen Büchern i. Eigenverlag. Künstlerische
Gestaltung d. einzelnen Buchstaben d. Alphabetes (im Briefmarken-
format auf Bögen). Buchtitel d. Verlages u. a.: Djuna Barnes, Der
perfekte Mord; Detlev Claussen, Abschied von gestern. Kritische
Theorie heute; Jochen Hörisch, Das Abendmahl, das Geld und die
neuen Medien; Hermann Melville, Bartleby, der Schreiber. Eine
Geschichte aus der Wall-Street; Oskar Negt, Alfred Sohn-Rethel
(h. c.); Alfred Sohn-Rethel, Das Ideal des Kaputten. Bettina Wass-
mann wurde 1942 i. Plauen im Vogtland geboren (wohin d. Familie
sich v. d. Bombardierung Bremens i. Sicherheit gebracht hatte). Ihr
Vater war Baumwollhändler (Baumwoll-Börse Bremen), die Mut-
ter Künstlerin. Bettina Wassmann war mit dem marxistischen Phi-
losophen Alfred Sohn-Rethel verheiratet (der 1990 starb).

Zum besseren Verständnis Alfred Sohn-Rethels möchte ich versuchen, ihn in einem Miniaturportrait hier kurz vorzustellen. Er
wurde 1899 geboren, war Gelehrter, ohne weltfremd zu sein, Er-

kenntnistheoretiker und exzellenter Marxkenner. Von allen Marxisten war er wohl der originellste. Seit den 20er Jahren arbeitete er an den Hauptthesen seiner materialistischen Erkenntnistheorie und -kritik, kam aber erst in den 70er Jahren zu Abdruck, Bekanntheit und Ehrungen. Er hat sich weder durch die vernichtende Kritik Horkheimers noch durch das hymnische Lob Adornos von seinen Überlegungen abbringen lassen und arbeitete bis ins hohe Alter als unbeirrbarer Außenseiter an seiner ketzerischen Theorie vom Geld. Mit wahrer Engelsgeduld bewies er seine These, daß sich die Denkform aus der Warenform entwickelt, daß das Transzendentalsubjekt sich der eigentümlichen Form der Ware, des Tauschs und des Geldes verdankt, daß der Ursprung des reinen Denkens in der Warenform liegt und nicht umgekehrt. Er ist mit hartnäckiger Ausdauer der Bildung des Begriffs nachgegangen, dem »Geld als bare Münze des Apriori«, der Tauschabstraktion. Es ist ihm gelungen, das Geheimnis der Transzendentalphilosophie zu entschleiern durch die Entdeckung des Transzendentalsubjekts in der Warenform. Aus dem akribischen Lüften dieses Schleiers besteht sein Lebenswerk.

Der Buchladen von Bettina Wassmann liegt in der Innenstadt Bremens, am Wall, einer sich lang und bogenförmig dahinziehenden Geschäftsstraße, in der neben Kunsthalle, Anwaltsverein und Oberverwaltungsgericht auch Galerien, Mode- und Designgeschäfte, Restaurants, Cafés, Antiquitätenhändler, Bibliotheken und das Friedensbüro für Kriegsdienstverweigerer residieren. Gegenüber der Geschäftsmeile erstreckt sich ein Park, die Wallanlage, mit ihren im Zickzack der ehemaligen Zitadellenform verlaufenden Wassergräben. Diese unscheinbare Grünanlage übrigens war die erste öffentliche Parkanlage Deutschlands.

Am Wall 164 liegt hinter einem Jugendstilfenster der winzige Buchladen mit seiner kunstvoll dekorierten Auslage. Die seitliche Glastür ist schwer und schließt nicht von selbst. Innen ist es eng aber nicht überfüllt. Es gibt keine Bücherstapel in der Ecke, die jeden Moment umzufallen drohen, es ist nicht kruschelig. Jedes Ding scheint seinen Platz gefunden zu haben. In den schwarzen, deckenhohen Regalen stehen, sorgfältig ausgewählt und präsentiert, laufende Titel und Neuerscheinungen. Daneben die Bücher aus der eigenen Produktion und selbstverständlich die kritischen Klassiker wie Adorno, Horkheimer, Benjamin, Marcuse, Lukács, Bloch, Sohn-Rethel. In einer robusten Fächermappe sind die Briefmarkenbögen von Bettinas »Alphabete« einsortiert, hinter den Glasscheiben der schwarzen Vitrinenschränke hängen Zeitungsausschnitte und Fotos; ich erkenne Meret Oppenheim und Alfred Sohn-Rethel. Zum Verpacken der Bücher gibt es eine große Papierrolle in einem zierlichen Metallgestell. Wir werden freundlich aufgefordert, in einer Lücke Platz zu nehmen. Bettina Wassmann füllt die Kaffeetassen aus einer Thermoskanne, stellt sie auf die Marmorplatte des Verkaufspultes neben den Computer und erzählt, daß sie nun schon 36 Jahre lang diesen Buchladen führt.

»Er war mal größer, es gab eine Treppe nach oben. Das war die große Zeit des Ladens – der Buchläden überhaupt. Anfang der 70er Jahre war das ja virulent. Es gab einen unglaublichen Lesehunger durch die allgemeine Politisierung, durch die Studentenbewegung, und ich gehörte natürlich mit zu den Gründern der politischen Buchhandlungen, des linken Buchhandels, der sich rasch entwickelte damals. Diese Zeit war unglaublich lebhaft und optimistisch, aber natürlich macht so ein Laden alle Brüche mit, alle langen Wellen der Konjunktur, um es mit Keynes zu formulieren. Die Brüche und Wege der 68er Linken kennen wir ja, es wurde entsprechend ruhiger, und es wurde für uns natürlich unglaublich schwierig. Von heutigen Zeiten wollen wir gar nicht sprechen. Aber damals, '69 im Sommer, als ich hier gegründet habe, da war das unvorstellbar, daß es je wieder so einen Rückfall, so eine Lethargie geben könnte!

Damals bin ich zurückgekommen aus Berlin, wo ich über sechs Jahre gearbeitet habe in Wolffs Bücherei, das war eine sehr wichtige Zeit. Ich erzähle vielleicht am besten etwas chronologisch. Also, ich komme ursprünglich aus einer, wie man sagt, guten Familie, gut situiert. Mein Vater war Baumwollhändler, hat eine große Firma geleitet, und eines Tages waren dann die Kunststoffe absolut auf dem Vormarsch, und da brach der eben ein, der Baumwollbereich. Solche Zäsuren gibts eben immer. Und als das alles zusammenkrachte bei uns, da dachte ich, so, jetzt muß ich auf eigenen Beinen stehen, ich kann ja nicht rumheulen, daß das Haus nun auch noch verkauft ist und alles, das hilft ja nicht. Da war ich Anfang zwanzig, hatte meine Buchhandelslehre fertig und beschloß, nach Berlin zu gehen. Ich habe mich bei Marga Schöller beworben. Die war damals die beste Adresse. Für die, die es nicht wissen: Marga Schöller ist, glaube ich, 1905 geboren und hat mit 24 ihre kleine Bücherstube am Kurfürstendamm 30 eröffnet. Sie war so gut, daß bald alle zu ihr kamen, von George Grosz über Brecht, Musil, Canetti, bis zu Kästner und Baldwin. Und sie führte während der NS-Zeit keine braune Literatur, die verfemte Literatur hat sie in ihrem Keller versteckt. Deshalb war sie auch eine der ersten, die nach '45 wieder eine Lizenz als Buchhändlerin bekamen. Und sie hat es wieder geschafft. Die Gruppe 47 tagte bei ihr; man ging einfach zu Marga Schöller. Als ich ankam, war's Winter. Ich hatte das Auto meines Bruders geliehen; von Halensee kommend lag der Laden auf der linken Seite, im Schaufenster hingen die ganzen Essays aus der Presse, Fotos, alles, was interessant war. Wenn man reinkam, hatte man bereits was gelesen. Die ganze Atmosphäre war zauberhaft, alle waren enorm gebildet. Leider wurde für mich nichts draus. Marga Schöller war überaus freundlich und sagte, wir sind im Prinzip dafür, aber erst in einem Jahr. Ich war sehr enttäuscht, sehr. Das merkte sie und sagte, also, es gibt da eine Buchhandlung, die schätze ich sehr, aber der Mann ist ganz schwierig, es ist schwer, mit ihm zu arbeiten. Trotz allem, er ist hervorragend! Wolffs Bücherei, Bundesallee 153.

Ich fuhr hin mit meinem VW, ging erst mal rein, wie eine normale Kundin, und der beschriebene Herr Wolff trat auf mich zu, mit einer Zigarette in der Hand. Das hatte erst mal viel Autonomie, in anderen Buchläden durfte man nicht rauchen, da durfte man gar nichts. Ich sagte dann, weshalb ich da war, und tatsächlich war's so, daß er grade auf eine Mitarbeiterin hatte verzichten müssen. Er war ja ein bißchen cholerisch; er litt selber drunter, aber die wenigsten können das aushalten. Vier Wochen später habe ich angefangen. Es war eine wunderbare Zeit, wir haben uns sehr befreundet. Er hatte eine großartige Frau an seiner Seite, Nadeschda. Sie waren ja beide russischer Herkunft, und man muß wissen, daß der Großvater von Andreas Wolff der berühmte Buchhändler und Verleger Maurice Wolff war, der in Moskau am Newskij Prospekt seinen Laden hatte, in dem die ganze literarische und auch künstlerische Elite Rußlands ein und aus ging. Er konvertierte übrigens irgendwann vom jüdischen zum protestantischen Glauben, was später seinen Kindern und Enkeln sehr zugute kam, als staatenlose russische Emigranten in Nazideutschland. 1883 ist er gestorben, und sein Sohn Ludwig – der Vater von Andreas – übernahm den Laden. Als die Familie dann im Zuge der Revolution enteignet wurde und nach Deutschland emigrierte, war Andreas Wolff fünfzehn. Er hat ja dann eine Verlagslehre gemacht und später seine Buchhandlung in der Bundesallee eröffnet, 1931 bereits. Nach dem Krieg hat er in Frankfurt mit seinem Freund Peter Suhrkamp zusammen den Suhrkamp Verlag aufgebaut; da war er bis 1955 Geschäftsführer, dann ist er wieder in seinen Buchladen in der Bundesallee gegangen. Also, der Andreas Wolff hatte eine große Familientradition im Rücken, und ich habe unendlich viel von ihm gelernt. Auch über Typographie, z. B. anhand der Herstellung seiner Friedenauer Presse; er hat mir sogar die Frauen vorgestellt, die das noch nähten damals, die Fadenheftung. Also, das war eine absolute Handfertigkeit, diese Knoten zu machen. Katja Wagenbach, seine Tochter, macht ja seit den 80er Jahren ihren eigenen Verlag und hat die Friedenauer Presse sehr erfolgreich weiterentwickelt. Ich weiß noch, damals, 1963/64 war es, da kam Klaus Wagenbach rein in Wolffs Bücherei. Er kam gerade von Max Brod aus Israel, wegen Kafka, und hatte Krach mit dem Fischer Verlag. Bald darauf hat er irgendwie seine Briefmarkensammlung verkauft oder so was und mit Katja – sie war ja damals seine Frau – den Wagenbach Verlag gegründet in der Jenaer Straße. Und zur Verlagseröffnung, da gab es ein großes Fest. Wir sind natürlich hingefahren. Ich hatte damals einen wunderbaren Opel Kapitän übrigens, mit dem bin ich immer mit Wolff... wenn die Tür zufiel, klang das wie bei einem Geldschrank. Perfekt! Gut, also wir trafen dort auf Ingeborg Bachmann, fuhren mit ihr im Aufzug plaudernd hoch, und sie fand das so amüsant, daß sie einfach auf den Abwärtsknopf gedrückt und gesagt hat, reden wir doch noch ein bißchen. Berlin war ja damals wie ein Aquarium; wir sind zu allen Lesungen in die Akademie der Künste gegangen; an Mayröcker erinnere ich mich, an ihr ›Arbeitstirol‹, so hieß es, glaube ich, an Thomas Bernhard. Ach, damals lebte Helen Wolff noch, die Frau von Kurt Wolff von Pantheon Press. Und der alte Bondy. Viele dieser wunderbaren Leute sind tot. Es gab natürlich die herrlichsten Lesungen auch in Wolffs Bücherei, da wurde Literaturgeschichte gemacht, kann man sagen. Sie kamen alle, Enzensberger, Uwe Johnson, Max Frisch, Günter Bruno Fuchs, Günter Grass, Nicolas Born und viele andere. Ich erinnere mich noch z. B. an Enzensberger, ich glaube, er stellte Gedichte vor, und an der Hand hatte er seine Tochter mit dem bezaubernden Namen Tanaquil, den habe ich nie vergessen. Viele der Autoren kamen natürlich auch als Kunden, einige wohnten sozusagen um die Ecke. Es ist sehr gut, wenn man von wirklichen Könnern lernt, wenn man so einen

König an seiner Seite hat, den man aber eines Tages auch wieder verläßt. Das ist manchmal grausam, aber nötig. Wir haben uns gestritten über linksbündig oder nicht, bei Heinrich Manns Essay ›Mein Bruder‹. Soll das linksbündig sein oder zentriert, und ich sagte, bei *der* Familie muß es zentriert sein. Der Streit war ausufernd, und mir fehlten dann auch die Argumente. Jedenfalls dachte ich, ich möchte jetzt weg. Es war auch genug mit Berlin. Das war also 1969. Ich ging nach Bremen zu meinen tapferen Eltern. Heute geht man nach einer Insolvenz ja ins Gasthaus und bestellt Champagner, damals war das noch furchtbar. Es war ja alles verkauft. Aber Jacobs Kaffee, die hatten ein Grundstück, das haben sie meinem Vater, glaube ich, geschenkt, die waren ja alle in der SPD. Und mein Vater hatte dann mit Tonträgern sich was aufgebaut, deshalb habe ich ja auch diese dämliche Musiksammlung. Die auf dem Flohmarkt sagen immer, Mensch, was du da verkaufst, ist ja unglaublich. Ich könnte dafür natürlich viel mehr Geld verlangen, aber ich bin immer froh, wenn die Kiste leer ist.

Gut, ich war wieder hier, und ich saß im Garten und wußte nur eins: Nie wieder angestellt sein! Bin viel spazierengegangen und mit dem Fahrrad herumgefahren in der Stadt. Dieses Haus hier war grade im Umbau, davor traf ich Olaf im Blaumann – der Anfang 1980 die Grünen mitgegründet hat. Er ist Architekt und ein scharfer Hund, hat auch wunderbar Aufstand gemacht gegen schreckliche Baupläne. Der stand also hier und sagte: ›Na, willst du einen Laden haben?‹ Und ich bekam einen Laden, erst oben, praktisch auf dem Flur, der war noch viel kleiner als dieser hier. Und ich habe angefangen, meine Bestellungen losgelassen.« Eine Kundin betritt den Laden und fragt in die Runde: »Haben Sie die Einstein-Biographie von Gero von Boehm, ›Wer war Albert Einstein?‹ ist, glaube ich, der Titel?« Bettina Wassmann fragt: »Ist die gut? Also, Thomas Levenson habe ich gelesen, Sie wollen aber Gero von Boehm, soll ich's bestellen?« Die Kundin

braucht es aber sofort und wird zum nächsten Buchladen geschickt, der ein paar Häuser entfernt ist.

»Also, ich habe ganz klein angefangen, war quasi die erste
linke Buchhandlung und habe den gesamten Marx bestellt.
Da war der Laden dann bereits so gut wie voll, insgesamt übervoll.
Ich habe noch nie so einen vollen Laden erlebt. Mein erster
Kunde war Günter Abramzik, er war ein guter Freund von
Bloch. Später war er Pastor Primarius am Dom zu Bremen und
auch zuständig für die Evangelische Studentengemeinde nach
der Gründung der Bremer Universität, 1971. Die waren sehr pro-
gressiv. Ich habe auch was von ihm herausgegeben: ›Von wahrer
Duldung‹.

Na ja, dann gabs die Ausschreibung für den Uni-Buchladen;
wir haben uns beworben und ihn bekommen. Aber es war auf
Dauer einfach zu viel Streß und Hektik. Inzwischen war der Laden hier umgezogen, und ich hab den Uni-Buchladen dann wieder aufgegeben. Aber das war später. Ich wollte ja erzählen, wie
alles losging mit Alfred. Wir – Barbara Herzbruch und ich –, wir
wohnten zusammen, waren befreundet. Sie wurde übrigens später
die zweite Frau von Klaus Wagenbach. Also, wir gingen Anfang
der 70er in eine Vorlesung von Alfred Sohn-Rethel, der Gastpro-
fessor war. Das Thema war ›Geistige und körperliche Arbeit‹.
Wir haben über den Titel sehr gelacht. Es war komplett voll. Es
herrschte eine ungeheuer konzentrierte Atmosphäre. Ich habe
überhaupt nichts verstanden, nichts! Machen wir uns klar, wenn
man in der marxistischen Terminologie nicht so zu Hause ist,
auch nicht in der Ökonomie, dann ist es unmöglich. Ich habe
Barbara immer angestoßen, aber sie hat auch nichts verstanden,
obwohl sie Ökonomie studierte. Was aber sehr faszinierend war,
war die Komplexität dieses Menschen, der da saß. Er hatte auch
in den Pausen eine geradezu phantastische Ausstrahlung. Es war
sehr still, aber er war überhaupt nicht autoritär. Er war herzlich,
sanft, warm. Er wurde verehrt und hat das ohne Eitelkeit hinge-

nommen. Er war ein ganz besonderer Mensch, und mich hat das sehr beeindruckt.

Kennengelernt habe ich ihn dann während eines Festes. Er wohnte zum ersten Mal in seinem Leben in einer Wohngemeinschaft – mit 74 Jahren! Bei Thomas Kuby war das, und man hat ihn da unter die Fittiche genommen, es gefiel ihm gut. Und auf diesem Fest haben wir uns ein bißchen unterhalten und auch verabredet. Das war 1973. Und dann tauchte Alfred hier im Buchladen auf, und er kaufte viel zu viele Bücher, vielleicht aus Absicht, er konnte sie gar nicht transportieren und fragte, ob ich sie ihm liefern könne. Also, es gibt Begegnungen im Leben, wo man plötzlich nicht sprechen kann. Ich dachte, na was ist das denn! Ich war richtiggehend schüchtern, das ist sonst gar nicht meine Art. Und ich habe also die Bücher hingebracht, wir haben uns unterhalten.

Ich habe auch wieder gesprochen, viel über Benjamin. Das war ja schon in Wolffs Bücherei losgegangen, da war der ›Angelus Novus‹ erschienen und ein anderer Band, ›Illumination‹, es gab ja diese Werkausgabe, gebunden, später dann die Briefbände. Wir sind dann so zweimal in der Woche essen gegangen, und ich habe ihn immer gebeten, daß er mir aus der Zeit der Emigration erzählt, vor allem von Benjamin, der gemeinsamen Zeit in Paris, der Zusammenarbeit. Und von Adorno in Paris, und wie das damals war, mit dem Institut für Sozialforschung usw. Ich habe das alles in mich aufgenommen, er hat sehr schön erzählt. Manchmal dachte ich, es ist vielleicht unhöflich, daß ich ihn immer sozusagen nach den Berühmtheiten frage, aber ich war plötzlich irgendwie wieder blockiert, konnte nicht sprechen, die ganze Aura hat mich gefangen genommen. Dabei war er gütig und lieb und hatte überhaupt nichts von jemandem, der einen gleich zwirbelt, wie Adorno.

Irgendwann ist Alfred dann zu uns in die Bismarckstraße, zu Barbara Herzbruch und mir gezogen. Und da gings dann enorm los. Wir haben richtig ein Haus geführt, abends saßen bei uns die Freunde von der Uni und es wurde natürlich richtig gekocht, auch Alfred hat gekocht. Und auch mit meiner verlegerischen Arbeit ging es dann los, mit der Festschrift zu Sohn-Rethels 80. Geburtstag. Da habe ich mir eine Festschrift einfallen lassen, ›L'invitation au voyage‹ ist der Titel, das ist eine Zeile aus einem Baudelaire-Gedicht. Und da ist dann eine wunderbare Mischung zusammengekommen, auch aus diesem Arbeitszusammenhang ›Mechanisierung der Kopfarbeit‹, also da waren Leute aus der Kybernetik, aus den Naturwissenschaften, aus den Geisteswissenschaften, die da zusammengearbeitet haben mit viel Liebe. Solch interdisziplinäres Zusammenspiel hat die Uni Bremen ja durchaus mal ausgezeichnet. Und dann haben wir achtzehn Beiträge gehabt, sehr unterschiedliche, da sagte ich mir, jetzt bekommt jeder Beitrag ein Heftchen geschneidert. Wir hatten nachher dann achtzehn Heftchen in einer schönen Mappe. Ich habe damals auch dem wunderbaren Roberto Calasso, dem Verleger des exquisiten Mailänder Adelphi Verlages, die Festschrift geschickt. Er ist ja nicht nur Verleger, er ist auch Autor. Auch seine Frau, die Fleur Jaeggy, ist Autorin. Na ja, sie haben diesen wunderbaren Verlag und eben das Kleingeld von Fiat. Jedenfalls hat er gesagt: Das ist die schönste Festschrift, die ich je gesehen habe. Dieses Lob hat mich sehr gefreut. Also die Sammlung trägt wilde Züge. Da ist ein Text dabei über Alfred Seidel, das war ein alter Freund von Alfred aus der Heidelberger Studienzeit, also aus den 20er Jahren, dieser Alfred gehörte damals schon in die Prinzhorn-Therapie, weil er unter schweren Depressionsattacken litt. Sohn-Rethel sagte immer, er habe nie jemand Schlaueren kennengelernt, und das ohne jede Sinnlichkeit. Und der schrieb mit 23 Jahren ein Werk, das hieß ›Bewußtsein als Verhängnis‹.«

Wir lachen schallend, dann fährt unsere Gastgeberin fort: »Alfred liebte ihn sehr. Eines Tages hat sich Alfred Seidel das Leben genommen, und wißt ihr, wo? Auf dem Bahnhofsklo!

Also, das war auch so ein Grund, weshalb ich mich aus der Uni-Buchhandlung zurückgezogen habe, um mich ganz Alfred und meinen unmittelbaren Interessen hier zu widmen. Es hat gereicht. Man kann sich nämlich überfordern, ganz schrecklich. Viele von den Leuten, die ich kannte, sind krank geworden davon. Barbara Herzbruch ist so ein Beispiel. Sie ist mit 44 gestorben, an Krebs. Ich bin am Wochenende immer nach Berlin gefahren, hab mir da eine kleine Wohnung genommen und habe sie besucht, da in Rudow, in der Onkologie. Dort ist die Barbara ganz jämmerlich eingegangen. Was mich betrifft, so habe ich es zum Glück immer geschafft, die Dinge dann zu ändern, wenn die Überforderung und die Unlust überhandgenommen haben. Das liegt wahrscheinlich an den wunderbaren Erfahrungen meiner Kindheit. Ich komme ja aus einer Familie, die war unendlich musikalisch – Adorno hat ja mal an Benjamin geschrieben: ›Musik ist Abschaffung von Angst.‹

Mein Vater hatte Musik studiert. Meine Mutter hatte eine große handwerkliche, taktile Begabung, sie hatte Kunst studiert. Es gibt eine schöne Geschichte von ihr. Meine Eltern reisten mal in die USA, mein Vater hatte Bankgeschäfte zu erledigen, Vorfinanzierungen; da gab's ein befreundetes jüdisches Bankhaus, und das Ganze dauerte seine Zeit. Meine Mutter sagte, mach du mal deine Geschäfte, ich gehe ins Metropolitan Museum. Dort traf sie zufällig auf einen der Leiter, er war Bremer aus der Kurfürstenallee. Sie konnte kaum Englisch und rief: ›Rettung! Haben sie eigentlich auch Spitzen hier?‹ Meine Mutter hatte sich nämlich aus Interesse auch mit Spitzen beschäftigt und konnte sogar selbst klöppeln. Also, sie hatten Spitzen, alles unsortiert und durcheinander. Sie erklärte sich bereit, das alles zu ordnen und zu sortieren, die Kustoden wurden geholt, und sie bekam alles, was sie brauchte. Sie hat die Spitzen nach Alter und Herkunft sortiert und auf Pappen gezogen, Spitzen aus dem 15. Jahrhundert, aus Brügge, aus Brüssel usw. Das war meine Mutter.

Wir sind fünf Kinder, und alle haben Begabungen. Mein Bruder Christoph hat eine Begabung für Gläser; mit verbundenen Augen ertastet er ein Glas und kann sagen 16. Jahrhundert. Phantastisch. Und wir haben alle musiziert, ich spielte Klavier, die anderen Geige. Wir waren eine großbürgerliche Familie. Die Nachbarskinder sind sozusagen bei uns aufgewachsen, denn bei uns ging es überhaupt nicht spießig zu, es gab nicht diese autoritäre Welt, die ja noch verbindlich war, die gab's bei uns nicht. Im Zentrum stand immer das Künstlerische. Das Musikalische war sozusagen der Gegenentwurf, den man sich leisten konnte durch die prosperierenden Geschäfte. Also wir sind nach Salzburg gefahren als Kinder, wir haben im Hotel Kobenzl gewohnt, in diesem zauberhaften Hotel, über der Stadt gelegen. Wir waren da befreundet mit allen, und ich saß mehr in der Küche als in unseren Zimmern. Ich habe mit George Szell Fußball gespielt, da war er Mitte fünfzig, so was, er war mit seinem Cleveland Orchestra da. Wir haben den Don Giovanni gesehen, mit Furtwängler, in der Felsenreitschule, ein herrliches Erlebnis, von dem ich heute noch ...«

Ein junger Mann betritt den Laden, grüßt knapp und reicht Bettina Wassmann, die nahe der Tür sitzt, einen Zettel. Im gleichen Moment ertönt Dudelsackmusik. »Haben Sie einen Kassettenrekorder in der Tasche?« fragt Frau Wassmann ironisch. »Nee, Handy«, sagt der Kunde, klappt sein Mobiltelefon auf, tritt einen Schritt zur Seite und tauscht lautstark Banalitäten aus. Bettina Wassmann studiert den Zettel, nimmt einen Stift und korrigiert etwas, während der junge Mann das Gespräch beendet. Dann sagt sie in neutralem Tonfall: »Falsch geschrieben; Updike schreibt sich mit k, nicht mit c. Na, so geht's schon mal.« Sie empfiehlt die Thalia Buchhandlung. Der junge Mann sagt: »Gut, mach ich, tschüß«, und verläßt ohne zu danken den Laden. »Damit finde ich mich immer sehr schlecht zurecht, mit unhöflichen Leuten. Auf dem Flohmarkt, das ist ja eine Massenveranstaltung, da kommen oft Leute an den Tisch, und wenn dir dann auch noch jemand die Ehre nimmt, deine Sachen schlechtmacht, um den Preis runterzutreiben, und du sitzt seit vier Uhr früh da, dann ist das deprimierend. So einfach sind die Zeiten ja nicht! Das war auch mal anders, früher kamen hier andere Kunden rein. Also, jetzt nicht unbedingt nur sogenannte Intellektuelle, es war einfach bunter. Beispielsweise kam Anfang der 90er Jahre – Alfred war schon tot –, da kam Otto Rehhagel hier manchmal in den Laden, er war ja Trainer bei Werder Bremen, hat hier einen wunderbaren Fußball entwickelt, und er war ein großer Gedichteleser, ein begeisterter. Er traf hier Reinhild Hoffmann, die nach Kresnik das Bremer Tanztheater machte. Und er hat uns ins Café eingeladen, weil er von ihr etwas wissen wollte über ihre Trainingsmethoden. So muß das sein, ein ständiger Austausch von Wissen, auch zwischen Leuten, die sich hier im Laden vielleicht nur zufällig treffen. Aber die Linken verachten ja den Fußball, die haben nie den Spaß mitempfinden können, den andere daran haben.

Es ist ja ein Spiel, bei dem es auch sehr um Körperintelligenz geht und um das blitzschnelle Zusammenwirken einer Gruppe. Aber man konnte einfach mit fast keinem über Fußball reden, außer mit Detlev Claussen, der diese schöne Adorno-Biographie gemacht hat. Oder auch mit Dietrich Sattler, dem Herausgeber der Hölderlin-Ausgabe, an der er zwanzig Jahre, glaube ich, gearbeitet hat. Der schrieb, als Werder Bremen zum zweiten oder dritten Mal doch nicht Meister wurde, einen Traueraufsatz. Das war genial gestrickt, nach dem Motiv der Kästchenwahl von Shakespeares ›Kaufmann von Venedig‹ – nur so für sich hat er das geschrieben, um über diese Niederlage hinwegzukommen, denn so eine Niederlage ist ja schwer für einen, der Fußball liebt. Und er hat mir diesen kleinen Essay hier gezeigt, und der war so zauberhaft geschrieben, daß ich sagte, hör mal, das muß unbedingt veröffentlicht werden. Mir fiel gleich Wagenbach ein, aber beim zweiten Nachdenken erinnerte ich mich, daß Wagenbach Sport haßt, so wie Churchill: ›No sports!‹, und ich dachte, na, das wird er wahrscheinlich nicht machen wollen. Aber es war einfach so toll geschrieben, daß ich's ihm trotzdem gegeben habe. Und dann muß man ja auch noch wissen, daß es für Wagenbach ein Riesenproblem war, mit Dietrich Sattler mal ins Stadion zu gehen. Er hatte richtig eine Phobie, er bekam Zustände, wenn er sich zwischen Massen begeben sollte, dann auch noch zwischen hocherregte Massen! Ich habe ihn so reingeleitet, habe also auf ihn aufgepaßt. Wir saßen unter 40 000 Fußballfans. Und hinter uns erschallte ein Chor von unglaublichen Männerstimmen. Das waren alles Werftarbeiter von der AG Weser; wenn die da in so einem 200 Meter langen Schiffsbauch arbeiten und dauernd einander was zurufen, dann kann man sich vorstellen, was die für Stimmen bekommen. Na ja, jedenfalls hat Wagenbach diesen Essay dann gedruckt, im Freibeuter.

Heute, wie gesagt, ist das alles viel schwieriger geworden. Eben andere Kunden. Ich muß flexibel sein. Ich arbeite da beispielsweise mit einer Modehandlung zusammen, mit einer alten Freundin von früher. Sie hat das beste Modegeschäft in Bremen. Eine Modefirma mit Literatur. Wir machen das vier- bis fünfmal im Jahr, Modenschauen, und ich mache das literarische Rahmenprogramm. Sensationell! Da erscheinen achtzig bis hundert Damen, Kundinnen, und zwischen den Defilees kommt dann z. B. Gertrude Stein ›Das Geld‹ oder von Schiller ›Das Glück‹. Viele der Damen sind leitende Geschäftsfrauen. Die eine oder andere kommt dann auch schon mal hier in den Laden und kauft Bücher, und zwar nicht zu knapp. So habe ich noch ein Standbein. Man muß ja. Aber ich mache meinen Weg nicht kaputt. Nur hier so zu sitzen und zu warten, das kann schlecht ausgehen. Am Samstag war's z. B. sehr gut; es war sehr heiß, da saßen natürlich alle draußen, wir tranken ein Wasser, da rief jemand: ›Bettina, du hast Kunden‹! Die ganze Straße hat natürlich gelacht. Im Laden standen zwei Ehepaare und ich, sind fünf Personen. Da ist es hier ja schon überfüllt. Das waren Gäste der Stadt, und sie haben so wundervoll eingekauft, daß ich am Samstag eine richtig gute Kasse hatte. Bücherberge haben die gekauft, zauberhafte Menschen! Für die Mieten war das wichtig. 600 Euro habe ich hier, und noch mal 600 Euro zu Hause. Also, machen wir uns nichts vor, die Zeiten sind ganz schwierig. Wir müssen wirklich immer sehen, wie wir es packen. Ganz viele Läden mußten hier raus. Mit dem Verlag – na ja, Verlag in dem Sinn ist es ja nicht, es ist eine Buchladenedition –, das habe ich einfach im Moment eingestellt. Meine Drucker haben auch Insolvenz gemacht. Niederschmetternd! Wir haben viel dieser Bibliothek von der *Süddeutschen* verkauft. Obwohl der Rabatt kaum der Rede wert ist, habe ich's gemacht. 1000 Bände wurden verkauft!« Sie schlägt ein Buch auf.»Hört mal, ich habe hier den schönen Satz von Alfred gefunden: ›Aber auch die Freudsche Theorie gehört zur Priesterschaft des kapitalistischen Kults – das Verdrängte, die sündige Vorstellung IST das Kapital, ist die Hölle des Unbewußten, verzinst.‹ Ich muß jetzt Alfred wieder auflegen. So viel ist klar.«

2

VOM SCHWINDEN DER SINNE
KÖRPERHISTORIKERIN

> »Der handelnde Leib, seine Bewegungen und
> Rhythmen, seine Gesten und Kadenzen bil-
> den das Zuhause, das mehr ist als Obdach,
> Zelt oder Haus.« Ivan Illich

*Barbara Duden, Prof. Dr. phil. am Institut f. Soziologie u. Sozial-
psychologie d. Universität Hannover. 1948 Einschulung i. Neuhaus
a. Schliersee, 1962 Abitur a. Helene Lange-Gymnasium i. Frank-
furt/Höchst. 1963–1970 Studium d. Geschichte u. Anglistik in Wien
u. Berlin. Ab d. 70er Jahren i. d. Frauenbewegung engagiert, 1976
Mitbegründerin d. Frauenzeitschrift »Courage« i. Berlin. Begegnung m. d. Kultur- und Technologiekritiker Ivan Illich. 1986 Disser-
tation an d. TU Berlin. 1986–1990 Unterricht an verschiedenen
amerikanischen Universitäten (Frauengeschichte, Wissenschafts- u.
Technologiegeschichte), anschließend Tätigkeit am Institut f. Empirische Kulturwissenschaft in Hannover. 1993 Habilitation. Seit 1994
ordentliche Professorin in Hannover, ihr Lehrgebiet umfaßt Kultur-
soziologie, gesellschafts- und kulturhistorische Frauen- und Geschlechterforschung sowie Medizingeschichte. Sie ist als Körperhisto-
rikerin zugleich auch Pionierin a. d. Gebiet d. Geschichte des Körpers und hat energisch dazu beigetragen, den Körper als wesentlichen Gegenstand d. Geschichtswissenschaft zu etablieren. Veröffentlichungen u. a.: »Geschichte unter der Haut. Ein Eisenacher Arzt
und seine Patienten um 1730«. Stuttgart 1987 u. 1991; »Anatomie der*

22

Guten Hoffnung. Zur Bildgeschichte des Ungeborenen«. Ffm., 2003.
Auszeichnungen: Eileen Basker Memorial Award for Outstanding
Research, American Anthropology Society (1993); Award Woman in
Science, History of Science Society, USA (1993). Derzeit befaßt sie
sich mit Pierre Bourdieus »mitfühlendem Ohr und soziologischem
Sachverstand« und mit einem Projekt zum Thema »Alltags-Gen«.
Barbara Duden wurde 1942 in Greifswald geboren. Der Vater war
Jurist, die Mutter Hausfrau u. Übersetzerin. Sie ist ledig und hat
keine Kinder.

Barbara Dudens Haus liegt in einer ruhigen Seitenstraße der
Bremer Innenstadt. Es ist eines jener typischen alten Bremer
Bürgerhäuser mit umzäuntem Vorgärtchen, Treppenaufgang,
Windfang und schmaler, hoher Fassade. Aneinandergereiht deh-
nen sich diese Häuser nach hinten hin aus, wo jedes noch mal
einen mehr oder weniger kleinen Garten hat. Barbaras winziger
Garten ist ein liebevoll gehegtes, üppig zugewuchertes Paradies
aus Sträuchern, Kräutern, Rosen und Gräsern. Und so wie der
Garten ist auch das Haus: ein üppiges Paradies, von Vielfalt und
Gastlichkeit erfüllt. Es hat ein Souterrain und zahlreiche Zim-
mer, von denen ein großer Teil auch dazu dient, Gäste zu beher-
bergen. Die offene Küche ist groß, in den Schubladen und
Schränken befindet sich alles, um schnell ein Essen für mehrere
Leute zu kochen. Im danebenliegenden Eßzimmer steht ein umfangreicher Tisch mit Stühlen für zwölf Personen. Und auch der
Livingroom, mit Wintergarten zur Straße hin, wartet mit Sesseln, Stühlen und gepolsterten Liegen auf gutgelaunte Gäste, die
Platz nehmen und sich wohlfühlen, wie wir. Diese ungewöhn-
liche Gastfreundschaft ist sozusagen eine Herzensangelegenheit
von Barbara Duden, die sich damit leistet, was viele sich leisten
könnten. Aber irgendwie herrscht vermutlich eine Art Xenopho-
bie vor, selbst Freunden gegenüber. Ivan Illich, der hier bis zu
seinem Tod im Dezember 2002 lebte, sprach von der »Aura der

Dudenschen Gastfreundschaft«, die man auch noch weit jenseits der Schwelle des Hauses spüre. Hier wurde jahrelang mit Freunden, Schülern und Fremden aus Europa, Amerika und Lateinamerika gemeinsam gegessen, diskutiert und nachgedacht. Nach Illichs Tod ist es etwas ruhiger geworden. Aber als wir eintreffen, ist das Haus voll mit Israelis und Palästinensern. Schauspieler, die zusammen mit Schauspielern der Bremer Shakespeare Company ihr Stück »Tower of Babylon« aufführen.

Wir sitzen im Wintergarten, trinken Tee, Barbara Duden erzählt und raucht: »Ein wichtiger Anstoß für mein Interesse an der Geschichte des Körpers war die Erkenntnis, daß die Geschichtslosigkeit der Frau damit zu tun hat, daß sie durch ihre körperliche Konstitution festgelegt ist. Und deshalb haben wir damals, als frauenbewegte Frauen, angefangen, über Körper zu arbeiten, denn wir sagten, die Geschichte der Frauen beginnt mit ihrer Körperlichkeit. Und da aber erst mal als Ideologie von Biologie, als soziale Klassifikation. Damit hat sich beispielsweise Claudia Honegger damals ausführlich beschäftigt, mit der Medizin im 19. Jahrhundert. Ich wollte noch weiter zurückgehen, in die Zeit vor 1800, denn 1800 ist ja die große Wasserscheide, der Umbruch in die bürgerliche Gesellschaft, in die Industriegesellschaft, bei dem sich sozusagen die Tiefenschichten der Gesellschaft verändert haben. Die Wahrnehmung, die Begrifflichkeit, das Weltbild, die Objekte, alles! Und ich bin dann auf diese ›Observationes clinicae‹, also auf ärztliche Krankengeschichten, gestoßen, die der Stadtarzt Johannes Pelargus Storch Mitte des 18. Jahrhunderts in der protestantischen Residenzstadt Eisenach verfaßt hat. Er hat Frauen aller Stände behandelt, adelige Fräuleins, Handwerkerfrauen, Ammen, Bauernmädchen, und acht Bände darüber angelegt. Er hat auch Kinder und Soldaten behandelt; ich habe mich aber ausschließlich auf die Frauen konzentriert.

Anfangs war mir das, was ich da las, vollkommen unverständlich. Es schien unmöglich, das Körpererlebnis von Frauen im 18. Jahrhundert erforschbar und erfahrbar zu machen. Das war mir alles total fremd, worüber diese Frauen klagten, unklar, was sie meinten, wenn sie von Geblüt und Frucht, offenen Füßen und Kälte, von Fluß und Stockung gesprochen haben. Die Frauen klagten vor dem Medicus über ihre Herzenserschütterung, den Riß am Herzen, die Kälte der Gebärmutter, die Verstocktheit im Bauch. Das liest sich beispielsweise so oder ähnlich: ›Am 12. April 1725 kam eine sanguinisch-cholerische Frau zu mir und klagete, wes Maßen sie mit ihrem Miethmanne sich verstritten habe, er sie nicht anhören wollte, an den Armen packte und zur Tür hinausschickte. Nun klaget sie, daß sie dieses Gift seit Jahren nicht ausschütten kann und ihr deshalb Rhabarber gegeben werden soll, um es wieder loszuwerden.‹ Also, daß diese Frau zu ihrem Arzt kommt und sozusagen über die geschwollene Wut klagt, die ihr wegen der Unverschämtheit des Miethmannes (eines Mieters, Anm. G. G.) wie ein Knoten im Bauche sitzt, und daß diese Wahrnehmung sie sowohl zum Arzt als auch zum Rhabarber führt, würde sie hundert Jahre später zum Irrenarzt führen. Die körperliche Reaktion wäre etwas Uneigentliches. Also, die Aufzeichnungen über diese 1600 einzelnen Frauen waren für mich lebensprägend! Das Befremden zuallererst, zu dem sie mich gezwungen haben. Wie haben sich in diesen Frauen soziale Klassen, Alter, Religion verkörpert? Wie Krankheit? Was macht sie mir derart fremd? Was ist es genau, was mich an der Empathie mit ihren Klagen hindert?

Ihre Wahrnehmungen von sich waren unvergleichbar mit denen, wie ich selbst mich wahrnehme. Aber ich wollte unbedingt verstehen, wovon sie eigentlich reden. Wie war die Selbstwahrnehmung ihres Innern?

Der Versuch, zu verstehen wie Frauen sich um 1720 gefühlt haben, hat mir ein neues Gefühl für die Historizität meines eigenen körperlichen ›Selbst-Gefühls‹ vermittelt. Und aus dieser

Distanz heraus war es möglich, die intellektuellen Einsichten in eine soziologische Analyse der technikbedingten epochalen Um- und Neudefinition des Frauenkörpers, besonders auch in der Gegenwart, zu erarbeiten. Beim Versuch, herauszufinden, was das für eine Wahrnehmung des Innern bei diesen Frauen des 18. Jahrhunderts war, habe ich akribisch mit so einer, ich nenne es, Beutelmethode gearbeitet. Also: ein Beutel fürs Zittern, Beutel fürs Blut – fürs verstockte und fürs fließende Blut –, einen für die Mischung usw. Und dann habe ich versucht, die ›Sinnknoten‹ dieser anderen Wahrnehmung von sich mal auszulegen. Sofort habe ich festgestellt, daß das absolutes Neuland ist, kein Mensch hat so was gemacht vorher. Weil eben der Körper und die Biologie des 19. und 20. Jahrhunderts den Anschein vermitteln, als würde es sich hier um etwas Naturhaftes handeln. Das haben die Historikerinnen und Historiker eben auch unter der Haut. Und wenn sie auf solche Reden stießen wie von der Frau mit der Wut über den Miethmann, dann taten sie das als ›uneigentliche Rede‹ ab, von Leuten, die abergläubisch sind und eben noch nicht wissen, wie ihr Körper beschaffen ist. Das ist natürlich fahrlässig, denn die Frau weiß sehr wohl, daß die ›Bitterkeit der Worte‹ und das ›Gift‹, das sie ›geschluckt hat‹ dabei, etwas Entscheidendes mit ihr macht. Und dann habe ich versucht, diesen Körper beziehungsweise eben nicht diesen Körper – heute würde ich das Wort nicht mehr benutzen –, sondern die Somatik, ihre erlebte Somatik zu verstehen.

Was sich natürlich aufdrängte, war, daß dieses somatische Innere in diesem Sinne gar nicht in einem anatomischen Atlas festgelegt ist, also z. B. beim ›Herzriß‹ aus Liebesleid. Besonders auch beim Blut, denn das Blut, von dem sie sprechen, ist ein Stoff, den du nicht ins Labor schicken könntest. Es ist etwas Lebendiges. Selbst in der ärztlichen Fachsprache gab es diesen Unterschied und somit diese Auffassung. Einmal bezeichnete das Wort SANGUIS das ›lebendige Blut‹ und CRUOR hieß der Stoff, der ausgelassen wird beim Aderlaß und sich klumpt. Also, SANGUIS läuft zwar auch aus, bei Verletzungen usw., aber solange es läuft, ist es ›lebendig‹. Also das Herz, das wissenschaftsgeschichtlich dann ganz technisch in seinen Funktionen festgelegt wurde, ist hier noch Empfindungsecho, das auf Erfahrungen und Eindrücke reagiert. Und auch das Blut ist ein Stoff innerer Wahrnehmung, in dem sich sehr viele Qualitäten ausdrücken. Zuerst mal ist es innerlich lebendig, es will wohin. Es ist regsam, oder es stockt. Das ist eines der wichtigsten Motive, diese Balance zwischen Regsamkeit und Stockung. Es ist die Balance zwischen Gesundheit und Krankheit und letztlich dem Tod, dem Sterben, die in Bilder der Hemmung, Verstockung und Versteinerung gekleidet wird. Und dann hat das Blut auch geschmackliche Qualitäten, das reicht vom Süßen bis zum Bitteren und farblich vom Dunklen bis zum Hellen. Und natürlich wird unterschieden zwischen Blut und Geblüth.

Also, sie berichten über all diese inneren Wahrnehmungen, und der Stoff dieser Wahrnehmungen ist mir zutiefst fremd. Fremd deshalb, weil ich in mir z. B. kein Geblüth habe, sozusagen. Ich erkannte, durch die zunehmende Vertrautheit mit der Fremdheit dieser Selbstwahrnehmung der Frauen, daß die Wahrnehmungsgeschichte eigentlich in eine Wissenschaftsgeschichte eingebracht werden muß. Nur so können wir verstehen, daß die Wissenschaftsgeschichte uns konditioniert hat, etwas für ›wahr‹ zu halten, also etwas zum Stoff unserer ›Wahrnehmung‹ zu machen, was gar nicht ›wahrgenommen‹ werden kann, weil es eben objektivierende Tatsachen sind, die durch die Wissenschaftsgeschichte und durch die Popularisierung in den ›Körper‹, also in das Innere, reinverlegt wurden. Die Not ist, daß die Biologie des 19. Jahrhunderts – also das, was Foucault untersucht hat als einen Effekt des Klinischen Blicks – im Endeffekt bewirkt, daß wir dieses Objekt, das sie uns als ›unseren Körper‹ vorexerziert, für Natur, für die Natur unseres Körpers halten. Die Biologie erscheint als Natur. Aber es gibt ja keine Natur in dem Sinne, die Natur selber ist historisch. Und in dem Moment, wo man das feststellt und sich vergegenwärtigt, daß die Medizin erst im 19. Jahrhundert zu einer Instanz wurde, die epistemologisch und institutionell nun die Macht hatte, die Gesellschaft mit einem ›Körper‹ zu beliefern, muß man sich fragen: Was sind eigentlich die sozialen Instanzen, aus denen die körperliche Wahrnehmung entsteht?

Das führt natürlich auch zur Frage nach den Schichten der Gewalt in der Re-Definition der Person in Bezug auf ihren Körper. Ich meine, daß hier auch eine Kritik an Foucault notwenig ist, weil er nämlich in Bezug auf die Gewaltsamkeit der Re-Definition zwar die Machthierarchien der Medizin über den Kranken ausführlich untersucht hat; er hat aber nicht verstanden, daß das, was das Leibliche tut und macht, durch eine fremde Instanz definiert wird. Das Körperliche im 17. und 18. Jahrhundert aber tat etwas, wofür es noch keine zentrale Instanz gab, die dem Menschen sagte: DAS BIST DU! Das ist DEIN KÖRPER. Den kannst du als ein Objekt zur Medizin tragen, und sie geben ihn dir zurück als ein Objekt, das du dir wieder aneignen kannst als Besitz. Ein solcher Körper war einfach unvorstellbar. Die Somatik ist noch eingesponnen im Gewebe der Kultur, also in den sozialen Erfahrungen, in den Alltagspraktiken. Dadurch entfaltet sie sich, erwächst und ist stimmig. Wir müssen natürlich beachten, das ist die Somatik, das Körperliche in der Geschichte des Westens, das ist nicht global. Und bei uns hat die Medizin den Körper immer mehr von uns isoliert, die Organe voneinander isoliert, die Funktionen… Und es kam der ›Anatomische Atlas‹, die Physiologie als Leitwissenschaft, und es ging immer tiefer ins Gewebe, in die Zellen, in die Zellkerne usw. In eine Unterteilung in immer kleinere Einheiten. Man kann sagen, daß die Medizin also nicht einen Körper behandelt – im Wortsinne –, sondern einen Körper herstellt. Und das Interessante ist, daß dieser Körper, den die Medizin herstellt – Foucault würde sagen, der Körper als Effekt aus Beobachtungen, Praktiken, technischer Herstellung –, der verdankt sich nicht einer Vielzahl von Entdeckungen, sondern einer Vielzahl von Effekten dieser Beobachtungspraxis und deren Zuschreibung.

Es ist unzweifelhaft, daß da etwas auf der Strecke bleibt, daß das eine Veränderung im Selbstbewußtsein anrichtet, einen Bruch in das Innere hineingibt. Man könnte das mit dem Begriff der ›Schizo-aisthesis‹ fassen, also der Trennung von der sinnengeleiteten Empfindung, und zwar nicht im Kopf, sondern im Fleisch. Als Kind hast du noch gehört vom reinen Herzen, vom guten Herzen, in dem sich was regt zugunsten anderer, das groß sein soll usw. Dann hast du aber gelernt, daß du ein Herz verkörperst, das empfindungsunfähig ist, das nur ein Organ ist zur Umwälzung des Blutes, das einen bestimmten, meßbaren Schlag hat usw. Also, dieses anatomische Herz ist ja dumm, es erkennt nichts und tut nur seinen Dienst, bestenfalls. Also, ich kann von mir selber nur sagen, daß ich eine ›herzliche Wahrnehmung‹ sehr wohl kenne und spüren kann, daß damit durchaus etwas Somatisches verbunden ist, wenn ich etwas im ›Herzen verspüre‹, ein Sehnen, ein Lieben, einen Trennungsschmerz. Also, Empfindungen oder Schmerzen, die keinen Platz haben in einem anatomischen Herzen, die aber unzweifelhaft real und wahr sind. Du kannst natürlich sagen, daß das die Tiefenschicht eines Erfahrungsstoffes ist, in dem die Umgangssprache nach wie vor ein Bild transportiert, das sofort zu uneigentlicher Rede, zu poetischer Rede wird, in dem die somatischen Anteile aber irgendwie immer noch da sind. Wesentlich ist aber der Bruch, der in unsere Wahrnehmung hineingesenkt wurde, nämlich zwischen etwas, das du sinnlich wahrnehmend ›weißt‹ – sonst könnten wir niemanden liebhaben oder auch hassen –, und dem, was du auf der anderen Seite zu verkörpern hast, für wahr halten mußt, weil die Gültigkeit dieser Wahrheit nicht bezweifelt werden kann. So daß du eigentlich gezwungen bist, in dir zu sein und andererseits dich selber dauernd wahrzunehmen, als wenn du außer dir bist. Erfahrungen, die dieses selbstwahrnehmende ICH mal gemacht hat, sind kaum noch nachvollziehbar, wir wissen nicht mehr, wie sich das anfühlt, wenn der Körper noch nicht abgespalten ist.

Man kann sagen, das ist die große Geschichte der Entkörperung des Menschen, weil sie durch die Macht der Wissenschaft – also durch das, was die Wissenschaft ihnen als ihren Körper gegenüberstellt und zur Verinnerlichung anbietet – ihren eigenen Sinnen nicht mehr trauen können. Und es kam ja noch schlimmer; wir sprechen jetzt immer von einer Zeit, in der noch die Pathologie das Butterbrot der Medizin war, wer krank wurde, ließ seinen Körper behandeln. Und da hat die Medizin des 20. Jahrhunderts ja manches... Gut, man ist hingegangen, weil einem was fehlte. Heute gehen die Leute hin, weil sie Angst haben, es könnte ihnen zukünftig etwas passieren. Ich finde es sehr wichtig, hier klarzumachen, daß dieser Körper, den Foucault beschrieben hat in den 60er Jahren, also der medikalisierte Körper und der dazugehörige klinische Blick, daß der seit den 70er Jahren eigentlich verblaßt oder nur noch den Hintergrund bildet für eine viel grundsätzlichere Erfassung: die durch ein umfassendes Gesundheitssystem. Die Medizin ist nun als eine Instanz zuständig, und zwar ununterbrochen. Der Unterschied zwischen gesund und krank ist abgeschliffen, das Somatische interessiert nicht. Die Gesundheitswissenschaft, die ja auf Statistik basiert – statistische Epidemologie ist zur Leitwissenschaft aufgestiegen –, errechnet Krankheit. Die Medizin behandelt nicht mehr, sie sagt voraus.

Du wirst nicht im Körperlichen wahrgenommen, sondern als statistischer Fall innerhalb einer statistischen Population. Sicher, diese Vorsorgeorgien sind aus der Perspektive der Gesundheitsverwaltung ökonomisch rational, für die einzelne Person aber ist das total irrational. Und es ist zutiefst beunruhigend und bedrohlich, weil die Menschen lernen sollen, daß ihnen schon was fehlt oder als ›krank‹ bereits angelegt ist, als Gendefekt, was sich später dann zeigen kö n n t e. Du erfährst, du gehörst irgend-einer Gruppe an und trägst deshalb ein erhöhtes Risiko, stati-stisch errechnet. Und in vorauseilendem Gehorsam sollst du die-ses dein Risiko verantwortlich ›managen‹, um es zu minimieren. Es entsteht ein ununterbrochener schleichender Verdacht gegen dich selbst. Da wird jeder zum Hypochonder. Unkontrolliertes Wohlbefinden wirkt leichtfertig, gradezu asozial. So kommt der Wurm ins Wohlbefinden!

Also Prävention in Bezug auf Fette, Herz-Kreislauf-Geschich-ten, Osteoporose, Brust- und Prostatakarzinom usw. ist heute gängig und gesellschaftlich vollkommen akzeptiert. Interessant ist, daß es der Frauenkörper war, der als Symbol diente – oder besser gesagt als Trojanisches Pferd –, um das sozial akzeptabel zu machen. Sie haben die Notwendigkeit dieser erforderlichen Selbstverwandlung als Erste vollzogen. Die Durchsetzung des Risikobegriffs in der Praxis gesundheitlicher Vorsorge wurde an Frauen durchexerziert in den vergangenen dreißig Jahren. Zu-erst in der Geburt, historisch gesehen. Mitte der 60er Jahre schon wurde der Mutterpaß eingeführt, also etwas vollkommen Wahnsinniges! Weil die Frauen das ablehnten, hat es Geld gege-ben, aber nur, wenn die Frauen das volle Programm durchliefen und das per Paß nachweisen konnten. In den 70er Jahren kam dann die Hormonsteuerung, die Pille für die Empfängnisver-hütung und dann die Hormonsteuerung im Alter. Heute kann eine Schwangerschaft nur noch durchlaufen werden, wenn un-unterbrochen Checks durchgeführt werden. Fünfzig bis sechzig Momente müssen dauernd überprüft werden, das sind die Indi-katoren, die dann eine ›Normalität‹ herstellen. Moderne bild-gebende Verfahren der Visualisierungstechnologie zeigen der Schwangeren ihr Ungeborenes in scheinbar getreuer Abbildung, ein Kind, transformiert in eine Datenmasse, die beliebig zerlegbar ist. Wie kann sie diese Datenmasse liebhaben, erwarten, noch guter Hoffnung sein? Die Frau betrachtet es aber als ihr Kind und hat sich zur Managerin ihrer Schwangerschaft machen lassen, die mit selektierendem Blick aufs genetische Risiko achtet und es gegebenenfalls durch Abbruch vermeidet. Das ist soziale Pflicht. Und auf diese Schwangerschaft folgt dann die durchprogrammierte Geburt. Im Supermarkt der Entbindungen kann die Frau, selbstbestimmt und frei, wählen, wann sie entbindet und wie, bis hin zur Wunschsectio, zum Kaiserschnitt. Die Frau muß nicht mehr entbinden, sie darf sich als mündige, kundige Klientin fühlen, die eine technische Dienstleistung in Anspruch nimmt. Die Frauen bemerken nicht, daß sie in der Tiefe ohnmächtig, wirklich ›ohnemächtig wurden‹. Sie wurden regelrecht konditioniert, diese kontinuierliche Einsichtnahme, Kontrolle und Überwachung als ihr Bedürfnis zu empfinden.

Das ist eine schreckliche Veränderung in der Selbstwahrnehmung, und erschreckend ist auch, daß es da einen völligen historischen Widerspruch gibt zu dem, was die Frauenbewegung einmal mit Selbstbestimmung meinte. Der große Gegner war die Gynäkologie natürlich. Sich den eigenen Körper wieder anzueignen, das war es, was sich die Frauen sozusagen auf ihre Fahnen geschrieben hatten. Heute steht die Forderung, daß Frauen Selbstbestimmung und Selbstverantwortung ausüben sollen, auf den Fahnen aller Krankenkassen, Ärzte und Gesundheitsbürokraten. Es ist eine Pflicht! Damals, in den 70er Jahren, hat die Frauenbewegung sich ein Recht erkämpfen wollen und das Spekulum selbst in die Hand genommen. Die Selbstuntersuchung und die Selbstsuche, das waren wichtige Schritte, und viele Frauen haben diesen Weg angetreten. Du hast das ja damals kritisiert, Gabriele, auch diese ganzen gängigen Begrifflichkeiten. Im Rückblick war dieses ›Consciousnessraising‹ im Grunde eine Professionalisierung für das, was in der Gesellschaft sowieso als Zumutung auf einen zukommt. Es hat ja in den 70er Jahren eine Veränderung auch in der Machttechnologie gegeben, es wurde nicht mehr gezwungen, sondern es ging um die Lenkung und Ausrichtung des Wollens. Die Leute haben gelernt, dadurch, daß sie sich das ›eingekörpert‹ haben, daß sie das wollen, was sie sollen. Das Abverlangte sollte nicht mehr als solches kenntlich sein, sondern Teil des eigenen Wollens werden. Der wichtigste Begriff der Frauenbewegung war ja Selbstbestimmung – hier jetzt speziell auf den eigenen Körper bezogen –, und heute heißt Selbstbestimmung sozusagen Selbststeuerung; die Frauen haben gelernt – und nicht nur die Frauen –, sich selbst so zu steuern, daß es fürs System kompatibel ist.

Und das ist wahnsinnig beunruhigend, diese Überschneidung und die Paradoxie zwischen etwas, was wir wollen konnten – auch vernünftigerweise –, und was aber zugleich auch dem in die Hände gespielt hat, was historisch im Werden war. Das beschäftigt mich immer sehr, muß ich sagen.« Draußen ertönt nicht enden wollend eine Autowarnanlage. »Ja, und was wir versuchen können, ist, mit Hilfe der Geschichtswissenschaft, die Amplituden des Wahrnehmbaren in der Gegenwart ein bißchen zu weiten und offen zu halten.«

Nebenan entbrennt ein heftiger Streit zwischen den Schauspielern; ein Palästinenser weigert sich, abends aufzutreten. Sein Fluggepäck ist versehentlich auf irgendeinem Flughafen in Asien gelandet, und im Koffer befinden sich Sufirock und -hut. Beides, so sagt er, braucht er unbedingt für seinen Sufitanz. Alle Einwände, es ginge doch auch mit einer provisorischen Kostümierung für dieses eine Mal, werden von ihm erbittert zurückgewiesen. Er erklärt, weshalb kein Sufitanz möglich ist, ohne die ungeheuren Stoffmengen des Rockes, die sich in die Luft erheben und mitkreisen müssen, erntet aber nur gereizte Kommentare. Wir schließen die Tür zum Wintergarten. Barbara zündet sich eine Zigarette an, und wir bitten sie, uns abschließend noch ein bißchen was aus ihrer Kindheit zu erzählen.

Sie denkt lange nach und beginnt dann etwas zögernd:»Also, ich bin aufgewachsen im Haus des Großvaters am Schliersee in Oberbayern. Nach dem Krieg arbeitete mein Vater in Düsseldorf als Jurist, und meine Mutter hat als Übersetzerin für die Amerikaner bei Mercedes-Benz gearbeitet. Wir waren vier Kinder, meine zwei Brüder sind ins Internat gekommen – sie sind vier und fünf Jahre älter –, und wir Zwillinge, meine Schwester und ich, sind beim Großvater deponiert worden. Die Familie ist dann erst Mitte der 50er Jahre wieder zusammengekommen. Mein Vater war Nazi und war nach dem Krieg in einem Lager, er hatte zwei Jahre Berufsverbot. Er war Leiter gewesen, in einer Benzinfabrik in Stettin. Ja, nicht so schön ... Meine Mutter war gegen die Nazis, aber aus den falschen Gründen. Also, ich hatte ja immer ein bißchen Sorge, davon etwas zu sagen, da hat mich Ivan aber dann überzeugt, also, er als Halbjude, daß es wichtig ist, das zu erzählen. Mein Großvater, bei dem wir also aufwuchsen, war Witwer und Pensionär; er war bei der I. G. Farben gewesen, im Aufsichtsrat, aber noch vor den Nazis. Er hatte eine Hausdame, und wir hatten eine Kinderschwester aus Polen, aus Stettin, also, sie war mitgegangen auf die Flucht. Und die hat uns da erzogen, meine Schwester und mich. Meine Schwester habe ich sehr geliebt. Sie war in vielem schwächer als ich; ihr einer Arm, der hatte so eine schlaffe Lähmung, sie hatte auch ein kürzeres Bein, hinkte so ein bißchen, und sie hatte epileptische Anfälle. Und in der Kindheit hieß es immer, dort in Köln, da gibt es einen Arzt, und der wird das alles reparieren können, aber dazu muß sie erwachsen sein, also so, daß der Kopf nicht mehr wächst. Dadurch war es für sie eine Kindheit ohne diagnostischen Rahmen, also, das war ein großes Geschenk!

Dabei waren ihre epileptischen Anfälle schwer und dramatisch, wir nannten sie Krampfanfälle. Nachher gings ihr immer sehr viel besser, zum Glück. Das hatte sie alle drei bis vier Monate. Meine Schwester war unglaublich witzig, sie war stark und lebenslustig, und sie war ausgesprochen komisch begabt, konnte sehr komische Geschichten erzählen, einfach so aus dem Stegreif. Wir haben alles geteilt, das Zimmer, das Bett, wir trugen die gleichen Kleider und waren eigentlich immer zusammen. Weil sie nicht auf die höhere Schule konnte, bin ich, um bei ihr zu sein, noch längere Zeit in der Volksschule mit ihr geblieben, dann bekam sie eine Hauslehrerin. Wir haben gelebt wie eben richtige Zwillinge, richtig das Alter ego. Das war Alexa. Wir hatten eine schöne, komische Kindheit zusammen. Als sie vierzehn war, ist meine Mutter mit ihr in die neurologische Klinik gegangen, in Heidelberg, um sie untersuchen zu lassen. Und der Arzt hat dann … der Arzt hat dann gesagt, wenn sie durch die Pubertät durch ist, dann würde sie freßsüchtig werden und dick, und dann würde sie völlig verblöden, würde zurückfallen auf den Stand einer Zweijährigen. Und das Diktum, also dieses Verdikt und diese Vorhersage, das kriegst du nie wieder weg. Es war dann so, daß wenn Alexa sich beispielsweise noch mal Kartoffeln genommen hat, sich jeder dachte: Um Gottes willen, jetzt geht's los! Jetzt wird sie freßsüchtig, jetzt verblödet sie. Ich habe damals in der Tiefe verstanden, was das bedeutet: Die Verwandlung des Liebsten in eine diagnostische Klasse, was das bewirkt. Normalerweise erscheint ja die Gewalt der professionellen Setzungen wie ein Sachzwang und ist deshalb in ihrer Gewaltförmigkeit nicht unmittelbar spürbar. Nur wenn's jetzt zufällig das Alter ego ist, dann siehst du plötzlich, daß sie es DIR SELBER antun. Und ich glaube, das war für mich wirklich wichtig. Meine Schwester ist mit fünfzehn Jahren verunglückt; sie war mit dem Rad unterwegs und hatte den Hund an der Leine. Sie ist gestürzt und wurde von einem Lastwagen überfahren.

3

LANGER MARSCH DER SEUCHEN

MEDIZINHISTORIKERIN

Ortrun Riha, Prof. Dr. med., Dr. phil., Direktorin d. Karl-Sudhoff-Institutes f. Geschichte d. Medizin u. d. Naturwissenschaften, Medizinische Fakultät d. Universität Leipzig. 1965–69 Schillerschule in Schweinfurt, 1969–78 Celtis Gymnasium Schweinfurt. 1978–84 Studium d. Humanmedizin a. d. Bayerischen Julius-Maximilian Universität Würzburg. 1984 med. Staatsexamen, Approbation als Ärztin. 1984–89 Studium d. Germanistik u. Kunstgeschichte, Uni Würzburg. 1985 Promotion z. Dr. med. (Meister Alexanders Monatsregeln). 1989 Promotion z. Dr. phil. (Die Forschung zu Heinrich Wittenwilers »Ring«), 1990 Habilitation f. d. Fach Geschichte der Medizin (Wissensorganisation in medizinischen Sammelhandschriften). 1985–92 wiss. Mitarbeiterin bzw. Privatdozentin am Inst. f. Gesch. d. Medizin, Uni Würzburg. 1992–94 Heisenberg-Stipendiatin am Inst. f. Gesch. d. Medizin d. Georg-August-Universität Göttingen. 1994–96 C3-Professorin f. Gesch. d. Medizin am Inst. f. Medizin- u. Wissenschaftsgeschichte d. Medizinischen Universität zu Lübeck. Seit 1996 C4-Professorin f. Gesch. d. Medizin, Direktorin d. Sudhoff-Institutes, Uni Leipzig. Frau Prof. Riha ist Mitglied diverser wissenschaftl. Gesellschaften u. Verbände u. Verfasserin zahlr. Schriften u. Beiträge, u. a.: »Aussatz. Geschichte und Gegenwart einer sozialen Krankheit«, Sitzungsbericht d. Sächs. Akademie d. Wissensch., math.-nat. Kl., Band 129, Heft 5, 2004; »Ethik in der Medizin. Eine Einführung«. Aachen: Shaker 1998;

»Die Technisierung von Körper- und Körperfunktion in der Medizin des 19. und 20. Jahrhunderts.«, Dresdener Beitr. z. Gesch. d. Technikwissenschaften 29 (ersch. 2005). Ihre Forschungsschwerpunkte sind: Medizin d. Antike u. d. Mittelalters, Medizin i. kulturellen Kontext, Medizin u. Literatur, Frauen- u. Geschlechterforschung, Ethik i. d. Medizin. Ortrun Riha wurde 1959 in Schweinfurt geboren, ihr Vater war Gymnasiallehrer, ihre Mutter Hausfrau; sie ist verheiratet u. hat keine Kinder.

Aussatz, Pest, Cholera, Syphilis, Pocken, Tuberkulose, Spanische Grippe, Diphterie, Aids und ansteckende Tierseuchen wie BSE und Vogelgrippe usw. bedrohten und bedrohen die Menschheit. Kehren die Seuchen zurück? Mitten in unserem hygienisch unbedenklichen und durchgeimpften Europa werden wir zunehmend konfrontiert mit Schreckensszenarien, in denen sich antibiotikaresistente Krankheitserreger ausbreiten oder eine neue, weltweit grassierende Seuche unausweichlich bevorsteht. Unter den etwa 1500 Mikroben, die den menschlichen Organismus befallen können, ist der Influenza-Virus einer der gefährlichsten. Wird der Vogelgrippe-Virus weiter mutieren? In Deutschland war der erste Unglücksbote mit der gefährlichen asiatischen Variante H5N1 ein toter Singschwan an der Ostseeküste.

Gegen eine plötzliche Verwandlung einer gesunden und friedlichen Bevölkerung in eine hochinfektiöse und todkranke ist, trotz aller Krisenpläne, keine moderne Gesellschaft gewappnet. Die Wirtschaftsanalysten wissen das besser als die Politiker. Sie haben bereits das verlustreiche Seuchendesaster durchgerechnet, das Kollabieren von Handel und Börsen sowie den Profit, der durch Medikamente, Impfstoff, Reinigungschemie, Gesundheitswesen und Unterhaltungentertainment zu erzielen ist. Zur Zeit der Vogelgrippe lief im amerikanischen Fernsehen ein Vogelgrippe-Pandemie-Thriller. Millionen Zuschauer waren geschockt. Das Gesundheitsministerium richtete Hotlines mit speziellen Sprachregelungen ein und suggerierte Kompetenz. Auch bei uns wurden zahllose Experten zur Gefahr einer Pandemie befragt, zuverlässige Antworten jedoch erwartete man vergebens. Die Manipulation der schwelenden Ängste für den ökonomischen Zweck schien weit umfangreicher zu grassieren als der Virus selbst. Milliardenumsätze machte die US-Firma Gilead Sciences (deren Mehrheitsaktionär Donald Rumsfeld ist) mit dem Medikament Tamiflu, und in Europa verdient die Firma Hoffmann-La Roche damit Unsummen.

Von Frau Prof. Riha möchten wir erfahren, wie die bereits einmal ausgebrochenen Seuchen sich niedergeschlagen haben. Ihr Institut für Geschichte der Medizin befindet sich im ehemaligen Hauptgebäude der Uni Leipzig, am Augustaplatz, zu Füßen des ehemaligen Wahrzeichens der Alma mater, dem Uni-Hochhaus (das, nebenbei bemerkt, verkauft wurde). Unter einem tonnenschweren, klobigen Karl-Marx-Relief aus Bronze, das von rostenden Stahlträgern gestützt wird, muß man hindurchgehen, ganz gleich, ob man nun fürchtet, von dem Koloß erschlagen zu werden oder nicht. Man betritt eine große Eingangshalle, die in der nüchternen Eleganz der 70er Jahre erglänzt. In der gläsernen Loge sitzt eine Pförtnerin und gibt Auskunft, mit gelegentlichem Knarren gleiten die Paternoster auf und ab. Nicht mehr lange. Zum 700jährigen Bestehen der Uni, im Jahr 2009, soll hier ein neues Universitätsgebäude stehen. Bis dahin befindet sich das Institut in den Räumen der ehemaligen Parteileitung, mit Blick auf den Platz. Es ist das älteste medizinhistorische Institut Deutschlands – gerade ist 100jähriges Jubiläum. Karl Sudhoff (1853–1938), der spätere Namensgeber, leitete das Institut bis 1925 und war auch der Begründer der Medizingeschichte als wissenschaftliche Disziplin. Frau Prof. Riha empfängt uns in ihrem minzgrün gestrichenen Arbeitszimmer. An der Wand hängt ein schwarz gerahmtes Ölgemälde, das einen freundlich blickenden untersetzten Herrn mit weißem Vollbart zeigt, einen Meter daneben steht derselbe Karl Sudhoff als weiße Marmorbüste mit abweisendem Gesichtsausdruck auf einem schönen alten Holzsokkel. Im Bücherregal steht u. a. Sudhoffs Paracelsus-Ausgabe; die Lederrücken hat er schwungvoll selbst beschriftet. Sudhoff war ein passionierter Sammler; das Institut verfügt über eine bedeutende Bibliothek mit über 70 000 Bänden und über eine medizinhistorische Sammlung, die 5000 Objekte umfaßt (beide magaziniert).

Frau Prof. Riha ist es sehr recht, daß wir die Vogelgrippe nicht weiter berühren wollen: »Es ist quasi eine Orakelsache, und ich würde mich aus meiner Warte auf ganz dünnes Eis begeben, wenn nicht mal die Fachleute sich einig sind. Weder die Veterinäre noch die Humanvirologen können irgend etwas Substantielles sagen.«

Sie erzählt uns von der Pest: »Die erste große, wirklich ansteckende und tödliche Seuche mit historiographischer Darstellung ist ja die sogenannte Pest in Athen, die der griechische Historiograph Thukydides (430–396) beschrieben hat, unter Verzicht auf jeden mythologischen Rückgriff. Als Augenzeuge und mit scharfem Blick für die soziologische Komponente schildert er die Vorfälle im Sommer des Kriegsjahres 430 v. Chr. Die Beschreibung ist nicht lang – knapp sechs heutige Druckseiten –, aber sie lieferte quasi das Modell, muß man sagen, dafür, wie man die Geschichte einer Seuche beschreibt. Welche Epidemie das auch immer war, die Beschreibung der Abläufe läßt ein Muster erkennen, das spätere Chronisten wieder und wieder in ähnlichen Situationen repetierten, bis hin zur Berichterstattung unserer Tage: geographischer Ursprung und Ausbreitungsweg, die Unerhörtheit der Ereignisse, Hilflosigkeit der Ärzte, Versagen von Religion und menschlichen Bemühungen, Theorie der Brunnenvergiftung, heterogene und erschreckende Symptomatik der Krankheit, ihr fast immer tödlicher Verlauf (Überlebende sind immun), ausnahmslos alle Stände sind betroffen, Auflösung familiärer und freundschaftlicher Verbindungen aus Furcht vor Ansteckung, Vernachlässigung der Bestattungsriten, Abstumpfung und moralischer Verfall. Und so ist auch die Historiographie des sogenannten Schwarzen Todes von 1348. Zuerst stand die Frage, wo er herkommt, wie er sich ausbreitet. Für die Chronisten ist die Pest zum ersten Mal auf der Krim aufgetaucht, im Frühjahr 1347. Sie kommt aber aus Zentralasien, wahrscheinlich über den Handel, mit den Pelzen verseuchter Nagetiere, entlang der Seidenstraße und durch kriegerische Expansionen. Das war aber nicht im Blick Europas, die Krim war quasi der alleräußerste Punkt des Blickfeldes. Gut, und dann hat es sich über den Seeweg ausgebreitet, die Leute sind geflüchtet, brachten die Pest nach Konstantinopel, nach Messina, und ebenfalls durch Handelskontakte kam sie im Spätherbst nach Genua, Venedig, Marseille, auf dem Landweg verbreitete sie sich weiter nach Apulien, in die Provence. Und das Jahr 1348 war dann das eigentliche Seuchenjahr mit der größten Ausdehnung in ganz Italien, West- und Mitteleuropa von Südwesten nach Nordosten, 1350 erreichte sie Skandinavien und das Baltikum und selbst Island und Grönland. Und es wurde natürlich vermerkt: Soundsoviele starben, soundso waren die Krankheitszeichen. Und was auch in der Geschichtsschreibung von vorneherein berücksichtigt wird – bei diesem Typ von Erkrankung –, sind die sozialen Folgen. Also: Auflösung von sozialen Bindungen. Oder Vernachlässigung von Pflichten, von seiten der Ärzte, der Behörden, der Kirche, denn viele von ihnen haben die Städte fluchtartig verlassen nach dem Ausbruch der Pest. Also, solche Entsolidarisierungsaspekte wurden aufgeschrieben. Und natürlich hat man sich mit dem Grund beschäftigt. Pest als ›Strafe Gottes‹ hat kaum überzeugt, jedenfalls nicht die intellektuelle Elite. Es mußte also etwas Säkulares sein, etwas, das alle betrifft, Gottlose und Fromme, Arme und Reiche, Juden und Nichtjuden: Das war die Luft, die alle atmen. Die Theorie vom

›Pesthauch‹ – es gab auch eine astrologische, aber bleiben wir bei der terrestrischen. Die Herkunft des ›Pesthauches‹ erklärte man sich im Zusammenhang mit einem ungewöhnlich heftigen Erdbeben, das im Januar 1347 ganz Oberitalien erschüttert hat und noch in Süddeutschland zu spüren war. Man dachte, es seien durch Verwerfungen und aufgerissene Spalte giftige Ausdünstungen aus dem Inneren der Erde freigesetzt worden, die ›Miasmen‹, die die verheerende Krankheit durch das Einatmen auslösten. Da sichtbar wurde, daß man sich die Pest auch durch den persönlichen Kontakt mit Erkrankten holen konnte, lag die Vermutung nahe, daß auch deren Atem solche giftigen Miasmen freisetzt. Das griechische Wort *miasma* bedeutet ›Schmutzfleck‹, und die Miasmenlehre, die bis zum 19. Jahrhundert eine große Rolle spielte, geht auf die Antike zurück. Die Vermeidung von Ausdünstungen und ›schlechter Luft‹ war von großer Bedeutung in der griechischen Heilkunde.

Heute wissen wir, die Pest ist eine bakterielle Erkrankung, sie wird durch Flohbisse übertragen, wobei Nagetiere aller Art, eben auch Ratten, als Wirt dienen. Die Krankheitszeichen, die auch immer geschildert wurden, ähneln anfangs einer Grippe mit Kopfschmerzen, Abgeschlagenheit, auch Fieber. Charakteristisch sind dann die ›Pestbeulen‹ – Lymphdrüsenschwellungen, die vor allem in der Achselhöhle und den Leistenbeugen auftreten, aber auch am Knie – wie beim Hl. Rochus –, am Ellenbogen und Hals. Wer Glück hatte, überlebte. Meistens jedoch überschwemmen die Erreger den Organismus. Äußere Zeichen dieser bakteriellen ›Blutvergiftung‹ oder Pestsepsis sind die schwarzen Hautflecken, die durch Einblutungen ins Unterhautgewebe entstehen, daher die spätere Bezeichnung ›Schwarze Pest‹, ›Schwarzer Tod‹. Zu einer Epidemie wird die Pest, wenn die Krankheit einen anderen Verlauf nimmt und speziell die Lunge befällt, was blutig-schleimigen Auswurf zur Folge hat. Dieser Auswurf ist hochgradig infektiös, also, diese Ansteckungskette läuft nicht mehr über den infizierten Floh, sondern direkt von Mensch zu Mensch. Die Kranken sterben innerhalb von drei bis vier Tagen. Daß sich das, wie die Historiographen beschreiben, auf die Bestattungsriten niederschlug, ist leicht zu verstehen. Auf die Begräbnisse von Massen war man logistisch nicht eingestellt – es ist noch die Zeit der Kirchhöfe. Leichen galten ohnehin als giftig, um so mehr fürchtete man sich vor den Leichen der an der Pest Gestorbenen. Sie wurden irgendwo draußen vor der Stadt verscharrt oder in größeren Mengen verbrannt. Beim Verbrennen hat man zwei Fliegen mit einer Klappe schlagen können. Eine der Abwehrmaßnahmen waren ja die Schutzfeuer rund um die Städte, und mit dem Verbrennen der Leichen hatte man, wenn man so will, gleichzeitig den entsprechenden Schutzbrand und den gewünschten Rauch.

Das sind einige der vorhin erwähnten Bausteine, mit denen Seuchengeschichte geschrieben wurde. Auf die anderen werde ich dann im Folgenden eingehen, vorher möchte ich aber noch was zur Organisation insgesamt sagen. Die italienischen Städte sind verwaltungstechnisch mit der Pest besser fertig geworden; sie waren ja bestens organisiert, waren nah an Rom; es gab ein Netz von kleinen Bistümern, da war immer ein Bischof da und in zwanzig Kilometern Entfernung der nächste. Die Ordnung wurde nach Kräften aufrechterhalten. Natürlich haben die reichen Familien sofort die Stadt verlassen und sich auf ihre Landgüter zurückgezogen – wie es Boccaccio in seinem ›Decamerone‹ beschreibt –, aber eine solche Struktur gab es bei uns nicht. Für den nordalpinen Raum, der ja noch sehr unorganisiert war, war es ein Desaster. Die Bevölkerungsstruktur war grundsätzlich ländlich, und Städte von nennenswerter Größe gab es im deutschen Reich kaum. Und das mußte nun alles organisiert werden, im Hinblick auf Verwaltungsvorschriften, Quarantänemaßnahmen oder auch der Reisepaß – er soll auch eine Erfindung des Pestzeitalters sein. Die Verantwortlichen im Rathaus mußten alles in den Griff bekommen: sauberes Trinkwasser, Pflege der Kranken, Beseitigung der Leichen, Seelenmessen, Verhinderung von Plünderungen, Regelung der Versorgung natürlich, Bezahlung der Dienstleistungen. Und sie mußten sehen, daß der Arzt und der Pfarrer dablieben. Das sind so die Maßnahmen und Verhaltensweisen, die sich als Konsequenz entwickelt haben. Es heißt, daß nichts die verwaltungstechnische Infrastruktur so vorangebracht hat wie die Pest. Das war die schärfste Zäsur, man kann sagen, das Ende des Mittelalters, sie hat Institutionen hervorgebracht und Institutionen in Frage gestellt. Die Institution der Kirche vor allem, und das hatte frömmigkeitsgeschichtlich enorme Konsequenzen. Wenn die Gnadenmittel der Kirche versagen, wenn die Geistlichen abhauen – beides ist schlecht –, dann führt das einerseits zu einer ›Verwilderung‹ von Frömmigkeitsbewegungen, wie den ›Geißler-Zügen‹ z. B., vor allem aber zu einer Privatisierung. Was die Kirche ja gar nicht wollte. Man ist jetzt selber dafür verantwortlich, an sein Seelenheil zu kommen. So eine frömmigkeitsgeschichtliche Konsequenz ist auch der Rosenkranz, seine Multiplikation von Gebeten. Das war eigentlich nicht im Sinne der Kirche, denn das hat Beschwörungszüge, magische Züge. Auch das Aufblühen des Amulettwesens gehört dazu. Und die Dramatisierung von Heiligenlegenden im 15. Jahrhundert, besonders des heiligen Sebastian. Eben war er noch Schutzheiliger der Ritter und Kriegsinvaliden und trug eine Rüstung, nun wurde er quasi ausgezogen und von Pfeilen durchbohrt dargestellt und war der Pestheilige. Später kam der heiligen Rochus hinzu, der als Pestheiliger sozusagen aus Italien importiert wurde.

Es war eine Zeit der Hochkonjunktur für Heil- und Schutzzauber, für magische Amulette, Scharlatane und Wunderheiler; sie waren wichtiger als das Wirken von ausgebildeten Ärzten und Chirurgen. Und da ist die Frage nach der Hilflosigkeit der Ärzte: Was konnten sie machen? Deren Angebot war neben dem Aderlaß vor allem das Aufschneiden der Pestbeulen – was nicht ganz verkehrt ist, weil damit ein Einbrechen der eitrigen Lymphknoten in die Blutbahn mit anschließender Sepsis verhindert werden konnte. Das waren so die ersten Maßnahmen bei der ersten Pestwelle, es hat sich aber später nichts Wesentliches geändert. Als Medikament wurde hauptsächlich ›Theriak‹ verabreicht – beliebt übrigens bis ins 20. Jahrhundert; es half tatsächlich gegen alles, indem es durch die u. a. darin enthaltenen Opiate die Stimmung hob und Schmerzen dämpfte. Und was die Hygiene betrifft, so war klar, daß man die Kranken isolieren mußte, zu Hause oder besser noch in den verwaisten ›Leprosorien‹, die, bis zum Abflauen dieser von den Kreuzfahrern nach Europa gebrachten Krankheit, zur Isolierung der Aussätzigen dienten. Wenn irgendwo eine Brücke war vor dem Stadttor, dann lag das Leprosorium knapp jenseits der Brücke. In den späteren Jahrhunderten hat man dann kleinere Pesthäuser gebaut. Ebenso bekannt war, daß man sich nicht nur vor den Ausdünstungen schützen muß, z. B. mit aromatischen Kräutern vor Mund und Nase – so kam dieser lederne Schnabel zustande –, sondern auch die Hände mit ›Pestessig‹ zu waschen hat, vor und nach jedem Krankenbesuch. Und man hatte diese spezielle Kleidung, die sich überall ähnlich entwickelte, ebenso wie der ›Peststock‹, den man trug zum Zeichen dafür, daß man Kontakt mit Pestkranken hat. Die Kleidung war aus dickem Leinen oder Leder, zum Schutz des Arztes, und er legte sie ab, bevor er das eigene Haus betrat. Man hatte Sorge, den Krankheitsstoff zu übertragen, das Ansteckende, das ›Kontagium‹, was ja das zweite aus der Antike stammende Modell für übertragbare Krankheiten ist. Heute nennen wir das Kontagium Bakterien oder Viren, aber selbst nach der Entdekkung der Bakterien in der zweiten Hälfte des 19. Jahrhunderts hat sich die eigentliche Bedeutung dieser Entdeckung nur allmählich durchgesetzt. Die Tuberkulose z. B., die ›Weiße Pest‹, glaubte man lange Zeit, im Sinne der Miasmenlehre, mit ›reiner, guter Luft‹ heilen zu können, und die Hygienebewegung meinte, das

Kontagium in ungünstiger, beengter und unsauberer Wohnsituation verorten zu können. Aber das nur nebenbei.

Ganz kurz möchte ich noch auf die ›Brunnenvergiftung‹ kommen, auf die Judenpogrome, die es gab, die aber zu keiner flächenbrandartigen Ausbreitung geführt haben. Weil es einfach nicht plausibel war, die Seuche durch Einzelvergiftung von Brunnen zu erklären. Erstens starben Christen und gleichermaßen Juden an der Seuche, zweitens hatten die Ärzte ihre Theorie von Miasma und Kontagium. Und selbst der Papst hat die Judenpogrome abgelehnt. Wesentlich wirkungsmächtiger als die Sündenbockerklärung war die der Pest als Strafe für sündhaftes Verhalten, gegen die vor allem eine enorme Intensivierung von Frömmigkeit und Bußpraxis hilfreich schien. Und die Sorge, einen Tod ohne Sterbesakramente befürchten zu müssen, war sicher ein zentraler Bestandteil der allgemeinen Todesangst.«

Auf die Frage, wie hoch die Todesrate durch die Pest etwa war, denkt Frau Prof. Riha einen Moment nach und sagt dann: »Die Chronisten schreiben immer von ›entvölkerten‹ Landstrichen. Es soll angeblich Regionen gegeben haben, wo ihr 30 Prozent der Bevölkerung zum Opfer gefallen sind. Aber ich denke, im Durchschnitt waren es zehn Prozent; das ist schon viel, das ist mehr als die Grippetoten von 1918. Auf zehn Prozent wurden die Folgen des Zweiten Weltkrieges geschätzt, ungefähr. Das ist schon Entvölkerung in der Wahrnehmung. Die Pest blieb ja knapp 400 Jahre in Europa und flammte immer mal wieder regional begrenzt auf, zuletzt 1720 in Marseille. Aber wann die tatsächlich letzte war, ich bilde mir ein, die letzte in Europa wahrgenommene Pestwelle war im 18. Jahrhundert in Rußland. Und ganz Europa hat mit dem Finger auf Rußland gezeigt, daß sie noch mittelalterliche Krankheiten haben, während man sich hier mit Cholera und Pocken herumschlug. Das waren sozusagen ›moderne‹ Krankheiten, die Pest war bereits eine Krankheit des Orients. ›Im Orient holt man sich die Pest‹, das war so das Image. Das hat auch mit diesem ›Prestige‹ von Krankheiten zu tun, was ist wo, was ist exotisch und solche Dinge. Jedenfalls war die Pest für die Wissenschafts- und Medizingeschichte ein großer Einbruch, weil es eine Krankheit ist, die unbekannt war, d. h., man konnte sich nicht auf die Theorien von Alten stützen. Pest war die erste unbekannte Krankheit! Deswegen ist es eine Krankheit ohne Namen; Pest heißt einfach nur ›Seuche‹ – das ist übrigens ganz ähnlich wie bei Aids, was ›Aquiriertes Immundefizienz-Syndrom‹ heißt, das ist ja kein Name, das ist so bei jeder Krankheit, sonst wäre man nicht krank.

Jedenfalls hat die Pest viel ausgelöst, im verwaltungsgeschichtlichen oder im juristischen Bereich, oder wie man das nennen soll, sie hat viele gesellschaftliche Veränderungen mit sich gebracht, ganz bestimmt!«

Auf die Frage: »Und was lernen wir daraus?« sagt Frau Prof. Riha mit überraschender Schärfe im Ton: »Was man auf alle Fälle als Erstes lernt, ist, daß bei diesen einschneidenden Seuchen die verwaltungstechnische Bewältigung wichtiger ist als die medizinische. Die Medizin ist normalerweise individuellen Kranken verpflichtet, im Seuchenfall soll sie aber die globale Problematik bewältigen. Dazu ist die Medizin nicht gemacht, das müssen die Verwaltungsleute machen. Seuchen sind ein politisches Problem und untergeordnet ein medizinisches. Man schiebt der Medizin fremde Aufgaben unter, z. B. die ›Triage‹ (stammt aus der Militärmedizin, das Sortieren des ›Krankengutes‹ im Katastrophenfall durch Ärzte, nach der Faustregel, die noch Brauchbaren bekommen höchste Priorität bei der medizinischen Versorgung. Es gibt Kategorien und Sichtung per Schnelltest. Anm. G. G.). Sie ist nach unserem Verständnis demokratisch überhaupt nicht legitimiert. Ich bzw. der Arzt kann immer sagen: Die kriegen es, die es am nötigsten brauchen! Das ist ein objektives Kriterium. Die Politik weigert sich zu sagen, nicht alle kriegen es. Sie diskutiert nicht über Kriterien bzw. legt pseudowissenschaftliche Kriterien an. Es gibt keine wissenschaftliche Triage. Es gibt nur einen vorgeschobenen Konsens über ›mehr oder weniger wichtige‹ Notfälle.

Prävention hingegen wird vernachlässigt von der Politik, wegen der Kosten. Bei uns hat im Moment auch der Katastrophenschutz kein gutes Prestige. Man setzt einfach die Bundeswehr in Marsch, denn ›freundlichere‹ und weniger machtbetonte Lösungen hätte man ja vorher üben müssen, mit engagierten Bürgern oder auch bei Übungen in der Schule, oder wir machen das nach einem Schneeballsystem. Die Geschichte zeigt aber, der Bürger wird im Katastrophen- bzw. im Seuchenfall immer entmündigt, er wird zum Objekt der Amtshandlungen gemacht. Ja, es könnte auch anders sein, wenn das ein politisches Ziel wäre, man könnte sagen, wir beziehen den Bürger mit ein in solchen Krisenfällen, und wir geben ihm rechtzeitig Gelegenheit, sich darauf vorzubereiten. Das könnte man doch sagen?!«

Wir gehen nun zum biographischen Teil über und fragen unsere Gastgeberin, was sie eigentlich mal werden wollte. Sie lächelt und sagt: »Ich war ewig lang unentschlossen und habe mich dann für Medizin entschieden, weil ich gedacht habe, da kann ich so viel Diverses hinterher machen, das Spektrum ist ja ganz offen. Aber mein Motiv war nicht das ›Helfende‹ – das sagen die Medizinstudenten immer zuerst, daß sie studieren, um zu helfen. Merkwürdigerweise ich nicht. Das ist das Interessante. Das habe ich jetzt erst, seit ich Medizingeschichte mache, in der hippokratischen Medizin gemerkt. Mich interessierte immer das Professionelle am Helfen, also das Wissen darüber. Ich bin kein so karitativer Typ im Sinne von ›guter Samariter‹, habe mich aber schon früh auch mit der Medizinethik-Verbindung von Geschichte und Ethik beschäftigt. Und als ich dann hierher kam, 1996, habe ich auch gleich Ethikangebote gemacht. Das war hochinteressant; die Mediziner sind ausgeblieben, aber von den anderen Fakultäten kamen Studenten: Theologen, Juristen, Politologen, Soziologen. Es ist jetzt für die Mediziner ja Pflichtfach, seit zwei Jahren, und heißt: Geschichte-Theorie-Ethik der Medizin, in der Kombination. Aber, wie gesagt, die Mediziner sind nicht scharf auf Ethik, Geschichte spricht sie schon mehr an. Bei Ethik sagen sie, das ist so ein ›Laberfach‹, was soll's, bis ich entscheiden muß, hab ich's vergessen. Und man muß berücksichtigen, sie haben es nicht leicht heute, es gilt nur noch ein Schema: Wann habe ich welches Testat. Die haben gar keine Zeit, sich mal Gedanken zu machen. Und außerdem macht dieses Fach die Sache noch unkalkulierbarer. Die wollen ja grade Struktur in ihre Gedanken bringen, die wollen nicht, daß einer sagt, überlegen sie doch mal, ob das überhaupt sinnvoll ist, was sie da tun!!«

Wir fragen nach dem sogenannten Hippokratischen Eid, von dem alle, besonders die Patienten, glauben, daß die Ärzte ihn geschworen haben. »Ja, das habe ich jetzt auch wieder gelesen. Der wird nicht geleistet. Nein. Der hat absolut nichts zu tun mit unserer Realität, nicht nur wegen der Leistungsfähigkeit. Die Leute würden sich wundern, das ist ein knallhartes System für Privatpatienten quasi; entweder sie zahlen, oder sie kriegen es nicht, fertig! Wenn er keine Kohle sieht, geht der Arzt weg, dann hat er nichts mit der Krankheit zu tun. Dasselbe System sagt natürlich dann auch, wenn er keinen Erfolg hat, muß der Patient nicht zahlen. Aber es sagt nicht, ich werde helfen, und zwar jedem, der mich braucht. Es steht drin z. B.: Ich werde keine Geheimnisse verraten, das ist so ein hippokratisches Prinzip, die Schweigepflicht. Oder: Ich werde, auch nicht auf Bitten, ein tödliches Gift verabreichen. Dasselbe gilt für die Verabreichung von Abtreibungsmitteln usw. Also der Eid wird tatsächlich nicht geschworen. Er wurde noch nie geschworen. Außer vielleicht von einer kleinen Ärztegilde in der Antike. Man hat in der Neuzeit, als man sich wieder auf die antiken Schriften besonnen hat, versucht, ihn an einzelnen Universitäten zu etablieren, für die Absolventen quasi, im Rahmen einer Feierstunde. Das hat sich aber nicht durchgesetzt. Vor allem deswegen, weil er eben tatsächlich heidnisch ist. Dieses humane Element der Medizin, dieser Samariter-Aspekt, der war ja noch nicht erfunden in der Antike!

Und das ist dann, wie schon gesagt, der Grund, weshalb junge Leute Medizin studieren in der Regel. Sie wollen helfen, möglichst schnell, sie stellen sich dankbare Patienten vor. Aber die Patienten sind nicht dankbar, sie sind unzufrieden, und dann ist man enttäuscht. Dieser Anspruch, mit dem Anfänger kommen, von Ganzheitlichkeit usw., das sind alles romantische Kinderträume. Das merkt man bereits im Studium. Und dann in der Härte des Alltags, denn was man stattdessen macht, ist enorm viel Bürokratie. Und dafür hat man definitiv nicht Medizin studiert. Die Enttäuschung ist absolut enorm. Die Frustration des Alltags, so wie er heute organisiert ist in der Medizin, wird mit jeder noch so großen idealistischen Grundeinstellung fertig. Deshalb kommt auch nur ein Drittel aller Studenten im Arztberuf an. Viele gehen in die Industrie oder auch ins Ausland, wo nicht nur Verdienst und Arbeitszeiten besser sind, sondern auch die Konzentration auf ärztliche Tätigkeiten möglich ist, weil ausgebildete Stationssekretärinnen die bürokratische Arbeit machen, die hier von den Ärzten bewältigt werden muß. Und ein anderer Grund, weshalb so wenige im Arztberuf ankommen, ist der hohe Frauenanteil. Wir haben über 50 Prozent Frauenanteil in der Medizin. Das ist ein hohes Risiko. Deshalb, weil Frauen diese Motivation des Helfens und der Ganzheitlichkeit, des Gesprächs mit dem Patienten usw. noch viel stärker haben als die Männer. Und wenn sie das nicht vorfinden, wenn dafür gar kein Platz mehr ist, dann steigen sie einfach aus und spielen nicht mehr mit. Lieber gehen sie dann irgendwelchen schlechten Teilzeitjobs nach, machen das nur als Job, oder sie machen erst mal Familienpause. Die Frauen wählen sozusagen nicht den Weg in den Zynismus, den die Männer wählen müssen. Zumindest meinen die, daß sie diesen Beruf so ausüben müssen, aus welchem Grund auch immer. Und die Frauen meinen eben nicht, daß sie ihn so ausüben müssen. Also ich glaube nicht, daß man sich das dauerhaft leisten kann, zwei Drittel umsonst auszubilden.

Aber dazu möchte natürlich niemand was hören. Und es ist eben die Imagination von ganz unten bis ganz oben: Die Medizin, so wie sie ist, ist fertig. Und die muß man eben nur noch vermitteln, an die Studenten und zukünftigen Mediziner. Aber wir sind jetzt quasi die Anarchisten, die sagen, die Medizin ›entsteht‹ erst!«

4

LETZTE ZUCKUNGEN

KULTURWISSENSCHAFTLERIN

Anna Bergmann, Prof. Dr. phil., Privatdozentin a. d. Kulturwissenschaftlichen Fakultät d. Europa-Universität Viadrina Frankfurt/ Oder. WS 2005/2006 Lehrbeauftragte a. Inst. f. Volkskunde u. Kulturanthropologie d. Karl-Franzens-Universität Graz; Gastprof. a. d. Fakultät f. Kulturwissenschaften d. Univ. Klagenfurt; Maria-Goeppert-Mayer-Gastprofessur a. d. Abt. f. Geschichte d. Naturwissenschaften m. Schwerpunkt Pharmaziegeschichte, TU Braunschweig. 1960 Einschulung i. d. kath. Volksschule Lüneburg, 1964 Herder-Gymn., Lüneburg, 1973 Abitur. 1974–1980 Studium d. Politik- u. Sozialwissenschaften a. Otto-Suhr-Institut d. FU-Berlin, 1980 Diplom. 1980–1993 div. Tätigkeiten als freie Mitarbeiterin, u. a. beim SFB; wissenschaftl. Planung d. Forschungsprojektes »Soziale Rationalisierung« a. Hamburger Inst. f. Sozialforschung; wiss. Beratung b. d. Ausstellungen »Der Wert d. Menschen«, Berl., u. »Unter anderen Umständen«, Hygiene Museum Dresden. 1988 Promotion a. Fachb. Politische Wissenschaften, Institut d. Geschichte d. Medizin a. d. FU-Berlin, über d. Geschichte d. Rassehygiene u. Eugenik im Deutschen Kaiserreich. Seit 2002 Dozentin f. medizinische Ethik bei VIA e. V. (Fortbildungsseminare f. Krankenpflegepersonal u. Sozialarbeiter), 2003 Habilitation a. d. Kulturwissenschaftl. Fakultät d. Europa-Universität Viadrina Frankfurt/Oder. (Thema: »Klimakatastrophen, Pest und Massensterben. Staatliche Todesabwehr und todesabhängige Medizin zwischen Rationalität und Magie«), Lehr-

befugnis f. Neuere Geschichte u. Kulturgeschichte. Gastprofessuren
u. Lehraufträge an Universitäten i. Deutschland u. Österreich. For-
schungsschwerpunkte u. a.: Kulturgeschichte d. Anatomie, d. medi-
zinischen Menschenexperiments u. d. Transplantationsmedizin, d.
Wahrnehmungsgeschichte d. Todes. Veröffentlichungen u. a.: »Herz-
loser Tod: Das Dilemma der Organspende«, zusammen m. Ulrike
Baureithel, Stuttg., 1999 u. 2001; »Der entseelte Patient. Die mo-
derne Medizin und der Tod« Berl., 2004. Anna Bergmann wurde
1953 i. Michelbach/Unterfranken geboren, der Vater war Lehrer, die
Mutter Hausfrau. Sie ist ledig und hat keine Kinder.

Anna Bergmann wohnt in Berlin, zwischen Schöneberg und
Kreuzberg, Gartenhaus, fünfter Stock, ohne Lift. Die ausgebaute
Dachwohnung teilt sie mit ihren Katzen, einem Jongleur, der ihr
Untermieter ist, und einer deckenhohen Blattpflanze. Das Arbeitszimmer liegt zum Norden hin, vom Schreibtisch aus kann
der Blick über die Dächer schweifen, Richtung Tiergarten und
Mitte. Zwischen den Bücherregalen hängen Kinderzeichnungen
vom Großvater, ein Jugendfoto der Mutter, ein Foto von Bek-
kett und eins von Rubinstein neben dem offenen Klavier. Die
hölzernen Teile eines Sessels sind von den Krallen der Katzen
kraftvoll bearbeitet, sie haben die Erlaubnis dazu. Anna Bergmann führt uns in die lichtdurchflutete Wohnküche, wo wir neben der Blattpflanze auf Biedermeierstühlen Platz nehmen und
gebannt zusehen, wie eine schon ältere schwarze Katze kopfüber
die schmale steile Holzleiter vom Schlafzimmer herunterbalan-
ziert und Platz nimmt. Frau Bergmann möchte, bevor wir über
die moderne Transplantationsmedizin sprechen, kurz auf die
Geschichte eingehen. Naturgeschichte ist Kulturgeschichte.
   »Unser Wissen vom Körper, unser Körpermodell, verdankt
sich ja der Anatomie. Im 14. Jahrhundert wurden zum ersten
Mal infolge der Pest Leichen seziert. Man wollte in den Körper
schauen, um die Todesursache zu eruieren. Systematischer be-

trieb man das Leichensezieren erst im 16. Jahrhundert. Die Leichensektion war eine starke Tabuüberschreitung – und ist es immer noch. Das Tabu war darin begründet, daß der Tote nicht als endgültig und absolut tot galt, sondern als einer der weiterlebt, der mächtig ist, der Rache nehmen kann. Die Leichensektionen – die von der Kirche legitimiert waren – wurden fast ausschließlich an Hingerichteten vorgenommen. Die Hinrichtungsrituale waren ja so organisiert, daß eine gründliche Zerstörung und Vernichtung praktiziert wurde, um den Toten jede Möglichkeit zur Rache zu nehmen. Nur weil Hingerichtete diesem Ausschluß unterworfen und zerstört wurden, kam man überhaupt auf die Idee, diese Gruppe zur Leichensektion zu verwenden. Auf der Basis des magischen Denkens und aus der Abhängigkeit von der Hinrichtung entsteht dann die Anatomie als Erkenntnisform. Anatomen gingen auch zu den Scharfrichtern und baten, die Todesstrafe so auszuführen, daß der Leichnam noch brauchbar war. Die letztendliche Zergliederung und Zerstörung – zuvor Henkershandwerk – übernahmen nun sie.

Vom 16. bis zum 18. Jahrhundert wurden fast nur Hingerichtete, Männer und Frauen, seziert und präpariert. Das ›Zerstükken‹ auf dem Sektionstisch wurde in England ausdrücklich als Zusatzstrafe verhängt und durchgeführt im Anatomischen Theater. (Amphitheaterartiger Schausaal mit Sektionstisch im Zentrum als Bühne, auf der die Sektion ›aufgeführt‹ wurde vor geladenem Publikum. Es gab eine Kleider- und Sitzordnung in Italien. In Frankreich auch Musik, Anm. G. G.) Es hatten nur die höheren Schichten Zutritt, Fürsten, Adlige, die Geistlichkeit – deshalb ist auch nicht verwunderlich, daß heute die Kirche für Organtransplantationen ist, sie ist diesem Säkularisierungsprozeß, was den Körper betrifft, immer mitgegangen –, sie alle wurden in den ersten Reihen plaziert. Der Anatom hatte aber zwischen dem 14. und 16. Jahrhundert noch keinen Kontakt zur Leiche; er saß auf seinem Lehrstuhl, gab Anweisungen an die

Chirurgen und erläuterte das Geschehen. Die Chirurgie zählte zu den sogenannten ›unehrlichen‹ Berufen, wie Scharfrichter, Abdecker usw. Unehrlich deshalb, weil sie mit Blutvergießen und Tod zu tun hatten.

Das 16. Jahrhundert wird immer als dasjenige bezeichnet, in dem sich die moderne Medizin im Anatomischen Theater begründet hat. Eine entscheidende Zäsur war, daß der Anatom Vesal vom Katheder heruntersteig und als erster eigenhändig Leichen sezierte. Den krönenden Abschluß bildete die Sektion einer trächtigen Sau bei lebendigem Leibe. Diese Vivisektionen waren von bisher nicht gekannter Grausamkeit. Hier entsteht der Zusammenhang von Tod, Geburt, Sterben und Töten. Das alles wird im Anatomische Theater in Szene gesetzt, visualisiert. Hier entsteht ein neues Weltbild, kann man sagen; die Anatomie konstituiert einen zerlegbaren Körper, der aufgespalten ist in einzelne Organe, abgeschnitten von der Umwelt und vom Kosmos, mit autonomen Organen – was dann ganz entscheidend auch für die Transplantationsmedizin wird. Ich sage immer, das ist eine chirurgisch-anatomische Anthropologie, die nun entsteht. Besonders im 17. Jahrhundert, was ja dasjenige ist, in dem am meisten hingerichtet wurde – also in der Frühmoderne und nicht im Mittelalter, wie häufig angenommen wird. Die Gesellschaft war einer extremen Chaotisierung ausgeliefert.«

Frau Bergmann streichelt etwas hektisch eine sehr alte und dünne Siamkatze und hebt die Miauende zu sich auf den Schoß. »Im 17. Jahrhundert hatte ja die ›kleine Eiszeit‹ ihren Höhepunkt. Durch Missernten und Hunger entsteht dann auch eine Anfälligkeit für die Pest. Fast jede Pest zog eine Hexenverfolgung oder ein Judenpogrom nach sich. Es war das Jahrhundert des Hexenwahns, der Hinrichtungsexzesse und der Kriegsdichte, mit einem enormen Anstieg der Gewalt. Und es ist das 17. Jahrhundert, in dem sich die modernen Naturwissenschaften am meisten konstituieren, die Akademien für Wissenschaft entstehen jetzt. Die Hinrichtungsexzesse schaffen quasi eine materiale Voraussetzung für die empirische Erforschung des Körpers. Und seit dem 18. Jahrhundert wurde der für die Anatomie verfügbare Personenkreis dann erweitert durch behördliche Anordnung, und zwar auf sozial deklassierte Gruppen. Also auf alle Armen, die kein Geld für eine Beerdigung hatten, die in Hospitälern, Gefängnissen, Zucht- und Waisenhäusern, Findel- und Invalidenhäusern gestorben sind, auch Selbstmörder und ledige Schwangere usw. Und im Rahmen einer sich rasant entwickelnden experimentellen Medizin wurde dieser Personenkreis dann recht bald auch für den Menschenversuch in Reihenuntersuchungen benutzt, in einem vorher nicht gekannten Ausmaß. Ohne die Verdinglichung der Armen und der Ausgegrenzten wäre die Entwicklung der modernen Medizin des 19. und 20. Jahrhunderts undenkbar gewesen.« Die Katze will wieder auf den Boden, sie verlangt klagend nach Futter und bekommt ein Schälchen gefüllt.

»Und besonders die Chirurgie hat profitiert und erlebte ihren Aufstieg. Im 19. Jahrhundert ist sie die Methode par excellence. Und man beginnt nun mit Transplantationen bei Tieren und Menschen. Man ›verpflanzt‹ Schilddrüsen, Ovarien, Hoden, Knochen, Hirngewebe und scheitert natürlich. Die Chirurgie, die einst als ›unehrlich‹ galt, wurde zur Königin der modernen Medizin, und der Chirurg hatte über lange Zeit den allerhöchsten Status. Seine Methode wird dann auch zur Hauptmethode unserer modernen Medizin. Wie geheilt wird, wie erkannt wird, bis hin zur Gentechnologie, alles das basiert ja auf dem Zergliedern. Das sind ja alles Zergliederungen. Und so zieht sich ein roter Faden durch die Geschichte der modernen Medizin, von der Leichenzergliederung im Anatomischen Theater über die Verwertung der Hingerichteten, die Experimente an Menschen im 18. und 19. Jahrhundert, die Menschenversuche der Mediziner im NS, bis hin zur modernen Organtransplantationsmedizin, zur Verdinglichung des Toten zum Gegenstand der Forschung und der Verdinglichung der ausgegrenzten Todgeweihten zum Menschenmaterial.

Und hier an dieser Stelle mache ich jetzt einen Übergang zur Transplantationsmedizin, die ja per Definition einen Sterbenden für tot erklärt, weil so auch die mentale Voraussetzung geschaffen wird, um Hand an ihn zu legen. Bis Ende der 6oer Jahre galt, daß der Tod mit dem Stillstand von Herz und Kreislauf eintritt. Der Arzt hatte diesen Tod zu bescheinigen anhand der klassischen untrüglichen Todeszeichen wie Fehlen des Herzschlages, Atemstillstand, Blässe, Leichenstarre, Leichenflecken. Im Zuge der ersten Herztransplantation, die 1967 der südafrikanische Chirurg Barnard in Kapstadt durchgeführt hat – was eine ganze Welle von Herztransplantationen in aller Welt nach sich zog –, kam es 1968 zu einer ersten offiziellen Hirntoddefinition, zu den sogenannten Harvard-Kriterien. Die Harvard-Kommission zählte in ihrer Definition das zentrale Nervensystem morphologisch zum Gehirn, man faßte Gehirn und Rückenmark noch als eine Einheit auf, also Gehirntod lag dann vor, wenn kein einziger Reflex mehr nachweisbar war.

Noch im selben Jahr ist diese Definition aufgegeben worden. Stattdessen setzte sich Ende der 6oer Jahre die bis heute gültige Definition einer irreversiblen Schädigung aller Hirnfunktionen durch. Siebzehn mögliche Bewegungen beim Mann und vierzehn bei der Frau gelten dabei mit dem Status einer Leiche als vereinbar. Darauf komme ich später noch zurück. Auch die christlichen Kirchen haben sich dieser Todesdefinition angeschlossen und preisen die Organspende als einen ›Akt der Nächstenliebe‹. Nach der Definition der Medizin handelt es sich beim Hirntoten um eine tote Person mit einem lebendigen Körper. Die Medizin überschreitet ihre Kompetenzen, die Naturwissenschaft verfügt gar nicht über die Möglichkeit, eine Person zu definieren. Der Neurologe und Neurochirurg Zieger sagt, daß das Hirntodkonzept sich auf ein Menschenbild beruft, das in der modernen Hirnforschung mittlerweile als widerlegt gilt. Und der Neurochirurg und Anästhesist Klein erinnert daran, daß es inzwischen vier Todesdefinitionen gibt, den Herz-Kreislauf-Tod, den Ganzhirntod, den Hirnstamm-Tod in England, und den Tod durch Ausfall des Großhirns. Aber der Gesetzgeber hat alle Wege geebnet. Das Transplantationsgesetz wurde 1997 im Bundestag beschlossen, es erlaubt die Organentnahme, wenn der Spender einen Organspenderausweis hat, oder die Angehörigen zustimmen. Der Organspender muß tot sein. Die Definition dessen, was »tot« ist, überließ der Gesetzgeber der Medizin. Seitdem gilt die juristische Festschreibung des Hirntoten als Leichnam.

Diese Todesfeststellung ist überaus kompliziert im Gegensatz zur Herztodfeststellung. Das Gesetz schreibt z. B. zwei Hirntoddiagnostiker vor, die unabhängig voneinander zu diagnostizieren haben, ob ein irreversibler Gehirnausfall vorliegt oder nur ein Koma. Und was ich ethisch auch sehr problematisch finde, ist die diagnostische Methode. Der Körper des Komapatienten wird sehr aggressiv herausgefordert bei der Suche nach Reaktionen, also nach ›Todeszeichen‹. Es wird eine lange Nadel in die Nasenwand gestochen, in den Trigeminusnerv, es wird Eiswasser in die Ohren gespült, es wird ein Tubus im Rachen hin und her geschoben. Und der Komapatient wird zweimal dieser Untersuchung unterworfen. Insgesamt acht Unterschriften sind im Hirntodprotokoll notwendig. Mit der letzten Unterschrift tritt der Tod ein: als bürokratischer Akt. Anschließend wird der Totenschein ausgefüllt, als Todeszeitpunkt wird die Uhrzeit der Unterzeichnung des Schriftaktes angegeben.

Nun kann die Organentnahme stattfinden. Die Explantation hat ja eine ganz eigene Operationslogik; es muß z. B. ein Anästhesist dabeisein, häufig gibt er eine Narkose, denn es kann zu ›spontanen‹ Bewegungen des ›Toten‹ kommen. Vom Zucken beim Eröffnen des Körpers wird berichtet, von Hautrötungen, Schwitzen und einem Anstieg von Herzfrequenz und Blutdruck. Was einst noch ›Lebenszeichen‹ waren, hat jetzt nur noch den Status von Reflexen. Der Anästhesist hat die Aufgabe, sie zu unterbinden und das Herz so lange stabil zu halten, bis es entnommen wird. Würde der Totenschein jetzt erst ausgestellt, müßte als Todesursache Organentnahme angegeben werden. Damit keine Schuldgefühle entstehen, wird eine umfangreiche Arbeitsteilung praktiziert, sie erleichtert die Tabuüberschreitung und neutralisiert sozusagen die Schuld. Die fragmentierte Struktur des Transplantationssystems folgt mit der Zerlegung von Operationen dem Vorbild der kapitalistischen Ökonomie; je zerstückelter der Arbeitsprozeß, desto mehr Entfremdung und Entmenschlichung finden statt. In der Praxis ist das dann so: Ein ›Transplantationskoordinator‹ macht den Zeitplan, er organisiert, wohin die einzelnen Organe danach transportiert werden, und dann kommt ein Team, um die Leber herauszunehmen, ein anderes Team holt die Nieren, wieder ein anderes explantiert das Herz. Vor der Explantation der Organe wird eine kühlende Flüssigkeit eingeleitet, die die vitalen Organe sozusagen für den Transport in der Kühlbox ernährt. Hierbei kann es durch diese innere Kälte zu letzten Zuckungen kommen. Und nach dem Herztod kommt dann noch der Augenarzt, um die Augen zu holen. Und der Dermatologe, denn es gibt Fälle, wo die gesamte Haut abgezogen wird. Auch Knochenmark und Gewebe werden entnommen.

Ich habe eine Petition an den Deutschen Bundestag gerichtet, um Überprüfung gebeten, ob das alles als ethisch berechtigt gelten kann, und habe u. a. einen Film beigelegt, einen Lehrfilm für das Pflegepersonal der Uniklinik Benjamin Franklin in Berlin-Steglitz. Er zeigt, wie Hirntote sich bewegen, die Schultern hochziehen, den Arm heben, das Bein anziehen, und daß sogar der Penis noch erigieren kann. Ich bat um eine Überprüfung der

Hirntoddiagnostik. Meine Eingabe war im Mai 2001. Bis Juli 2004 brauchte der Petitionsausschuß, um mir lapidar mitzuteilen, daß die Hirntoddefinition keine Frage mehr ist, sondern juristisch etabliert. Es steht im Gesetz, und daran ist nicht mehr zu rütteln.

Aber für viele Leute ist das keinerlei Beruhigung. In einem der Interviews, die Ulrike Baureithel und ich 1998 u. a. mit Ärzten und Pflegepersonal aus diesem Bereich gemacht haben, erzählt eine Operationstionsschwester folgendes: Sie war in einer Ausstellung über die Geschichte der Euthanasie im Nationalsozialismus und hat sich danach die Frage gestellt: Was ist eigentlich, wenn bei uns eines Tages der Hirntod keine Rechtsgültigkeit mehr hat, weil sich die Wissenschaft so fortentwickelt, daß sie den Hirntod als Irrtum bezeichnet? Bin ich dann eigentlich eine Täterin? Diese Frage erklärt also der Gesetzgeber als beantwortet. Grade die Schwestern und Pfleger können auf Grund ihrer Praxis nicht ausblenden, daß es sich hier um einen Sterbenden handelt, den man ausweidet, und nicht um einen Leichnam. In beinahe jeder Klinik wurde uns aber auch von Ärzten berichtet, die sich verweigern.

Und selbst der härteste Befürworter, Raimund Magreiter, ›Pionier‹ der österreichischen Transplantationsmedizin, der im Mai 2000 unter großem Medienspektakel zwei Hände verpflanzt hat, wird ausgerechnet bei Knochen schwach. 1998 sagte er uns: ›Wenn es darum geht, lange Röhrenknochen zu entnehmen, die dann nicht ersetzt werden, so daß ein Bein herunterfällt wie bei einem Hampelmann, das wäre etwas, das mich persönlich stören würde (…).‹ Von Knochen ist nie die Rede in der Öffentlichkeit, von Haut auch nicht. Diese Woche ist ja die erste Gesichtsverpflanzung gemeldet worden«. Die Katze schreit plötzlich so laut, daß wir zusammenschrecken. »Was ich damit nur sagen möchte, ist, daß die Verstümmelung jetzt zunehmend auch nach außen geht. Die Werbung für die Organspende suggeriert ja immer nur, es ginge um ein Organ, aber es wird ja eben um Multiorganspende gebeten. Was das bedeutet, bleibt verborgen.

Anfang dieses Jahres war im Deutschen Bundestag eine Anhörung, wo die Transplantationsmedizin sehr offensiv angetreten ist. Man sagte, man könne sich das nicht mehr leisten, ergebnisoffene Gespräche mit Angehörigen zu führen – das Gesetz verbietet ja, sie unter Druck zu setzen. Es wurde auch gefragt, wie das jetzt mit den Händen ist. Und es hieß, Hände gelten als Gewebe. Ja, Haut, Knochen usw., das gilt alles als Gewebe und wird vom Gesetz nicht miterfaßt. Aber sie möchten es noch einfacher haben, die Transplantationsmedizin fordert, daß wir uns dem österreichischen Gesetz anpassen. Dort gilt, daß jeder, der sich *nicht* in einem Zentralregister als ›Organverweigerer‹ eintragen läßt, automatisch wie ein Organspender behandelt wird, ohne jedes Einspruchsrecht der Angehörigen. Das betrifft im Prinzip auch Touristen, die auf österreichischem Boden österreichischem Recht unterliegen. Da gab's dann mehrere Skandale mit Skiunfällen. Um die Tourismusindustrie nicht zu beeinträchtigen, wurde das gelockert. Den Deutschen gegenüber jedenfalls.

Das österreichische Gesetz ist Anfang der 80er Jahre derart unspektakulär – auf Initiative von Prof. Margreiter übrigens – eingeführt worden, daß es den meisten Bürgern des Landes vollkommen unbekannt ist. Das will die Transplantationsmedizin auch hier verwirklicht sehen, statt sich von gutmeinenden Spendern abhängig zu machen. Die Leute denken ja, na gut, wenn ich sowieso tot bin und zu nichts mehr nütze, warum soll dann nicht ein anderer mein Herz haben, der es nötig hat?! Aber die Leute wissen nicht, daß sie gar nicht tot sein dürfen, weil sonst ja die Organe unbrauchbar sind, und daß sie also überhaupt nur als Spender in Frage kommen, wenn ein bestimmter Krankheitsverlauf eingetreten ist, bei dem man als ›hirntot‹ diagnostiziert werden kann. Also wenn z. B. durch einen Schlaganfall die Hirnschwellung so groß wird, daß man ins Koma fällt. Der Schlaganfall steigt im Moment. Also, Hauptspender ist nicht der vielbeschworene junge Motorradfahrer. Aber kein Mensch stellt sich einen Organspender vor, der im Rollstuhl sitzt. Das Alter steigt ständig, die Transplantationswerbung verkündet, daß man nun bis 82 spenden kann. Es werden natürlich auch Säuglinge und Kinder explantiert.

Viele machen sich auch nicht klar, daß das Sterben zu einem medizinischen Faktum wird, im Sinne eines organerhaltenden Prozesses. Und da kann natürlich kein Angehöriger dabeisein und die Hand halten. Wer als hirntot gilt, ist als soziales Wesen quasi ›erloschen‹. Es gibt ja diese Gruppe von geschädigten Eltern, die, ohne zu wissen oder zu ahnen, um was es sich eigentlich handelt, zugestimmt haben in die Organentnahme bei ihren Kindern. Erst hinterher begriffen sie, was geschehen war. Das sind in erster Linie Mütter, die in den Sarg geschaut haben und entsetzt waren. Und diese Eltern machen das auch öffentlich. Das finde ich sehr wichtig, daß andere sich das vorstellen können. Ganz konkret! Es wird ja in der Öffentlichkeit alles getan, um dem Ganzen ein positives Image zu geben.

Der Tabubruch, der stattgefunden hat, ist kaum noch sichtbar. Nur die Organempfänger fühlen ihn in aller Stärke. Die meisten empfinden eine Überlebensschuld. Sie sind natürlich auch nicht die glücklichen und gesunden Organempfänger, wie von der Werbung vorgegaukelt wird. Sie bleiben Patienten und müssen lebenslang bis zu dreißig Tabletten täglich nehmen, mit schweren Nebenwirkungen. Diese Medikamente bewirken eben eine geschwächte Immunabwehr, weil die notwendig ist, damit ihr Körper das fremde Organ nicht abstößt. Schon das erste Jahr nach einer Herztransplantation überleben zwanzig von hundert Patienten nicht (bei einer Lungentransplantation gibt es eine maximale Überlebenszeit von fünf Jahren). Sie bekommen Osteoporose, viele ein parkinsonartiges Zittern, sie können die

Tasse nicht mehr halten, manche werden zum Pflegefall. Und neben den physischen Begleiterscheinungen gibt es eben auch eine ganze Reihe von psychischen Begleiterscheinungen. 50 bis 70 Prozent aller Organempfänger leiden an Persönlichkeitsveränderungen, Identitätskonflikten, Angst und Depressionen. Es gibt psychologische Betreuung und eine spezielle Organtransplantationspsychiatrie.

Ein Psychiater hat erzählt, daß bei allen das Thema Raub und Tötung im Vordergrund steht. Zum einen wird ihnen ja was Ähnliches angetan wie den Spendern. Bei einer Herz-Lungen-Transplantation wird ihnen sozusagen fast der gesamte Inhalt ihres Brustkorbs rausgenommen. Das ist eine furchtbare Vorstellung. Auch daß man sein Herz verliert. Das Herz ist ja das erste sich im Mutterleib bewegende Organ, und es hört normalerweise erst mit dem Tod auf, sich zu bewegen. Viele glauben auch, sie transformieren sich in den Spender. Herzempfänger sind ja meist Männer. Ein hoher Prozentsatz erhält Frauenherzen. In Deutschland ist die Organspende zwar anonymisiert, auf Wunsch wird aber das Geschlecht des Spenders genannt. Grade Herzpatienten gelten als sehr weinerlich, und die führen das dann auf ihr Herz zurück, das sie verweibliche. Also, sie fühlen sich gespalten und beraubt, haben aber andererseits Schuldgefühle, weil sie quasi auf den Tod eines anderen gewartet haben, davon profitiert haben. Da gab es z. B. das große Zugunglück bei Eschede, 1998, mit der Entgleisung des ICE. Viele der Schädelverletzten kamen nach Hannover, dort ist ein Transplantationszentrum. Also, wenn da Leute auf der Warteliste angerufen wurden, weil ein Organ für sie da war, dann haben viele das hinterher natürlich mit dem Zugunglück in Verbindung gebracht – das wurde ja als ganz ganz großer Trauerfall in der Öffentlichkeit wahrgenommen. Manche schaffen das kaum, ihre Schuldgefühle halbwegs unter Kontrolle zu bekommen. Es gibt Beschreibungen, daß manche Organempfänger dann auch kannibalistische Phantasien entwikkeln; z. B. träumen sie, daß sie als Raubtier das Herz eines anderen herausreißen und sich selbst einverleiben. Kannibalismus, das darf man nicht vergessen, ist ja auch eines der höchsten Tabus in jeder Kultur.

Ausgerechnet der Hightech-Medizin ist es gelungen, anthropophage Vorstellungen in ihren Patienten zu erzeugen. Und das liegt einfach daran, daß hier die Therapie tatsächlich in der Einverleibung von Menschenfleisch besteht. Von daher entstehen sehr viele Konflikte. Dazu kommt dann noch ein spezielles Mißtrauen gegen das fremde Organ, besonders gegen das fremde Herz. Sie fühlen ›ihr Herz‹ nicht mehr klopfen, weil es diesen Nervenanschluß nicht mehr gibt. Also, es entstehen enorm viele Konflikte und Probleme, deshalb wird sehr darauf geachtet, schon bei der Indikationsstellung, daß Herzempfänger ein sogenanntes stabiles soziales Umfeld haben. Sie brauchen also eine Frau, die dieses ganze soziale Umfeld herstellt und auch für ein hygienisches Umfeld sorgt. Ohne das wird keine Herztransplantation gemacht. Doch bei aller Bereitschaft zur liebevollen Umsorgung bleibt sein Zustand doch zeitlebens der eines Patienten, der nicht mehr derselbe Mensch ist wie zuvor.«

MIAAAOOO!!! Die alte Katze schreit mehrmals und setzt sich dann vorsichtig.»Ich glaub, es tut ihr was weh«, sagt Frau Bergmann und holt sie sich wieder auf den Schoß. Streichelnd fährt sie fort:»Es gibt eine Studie aus Hamburg, von Kardiologen verfaßt, die ausdrücklich keine Kritiker der Organtransplantation sind. Sie haben unter dem Aspekt des Organmangels über Herztransplantationen herausgefunden, daß in Deutschland zwei Drittel aller Herztransplantierten eine gleich hohe, teilweise sogar höhere Überlebenschance gehabt hätten, wenn sie nicht transplantiert worden wären.«

Draußen senkt sich die Abenddämmerung über die Dächer. Frau Bergmann zündet die Kerzen im Tischleuchter an, und für einen Moment läßt das Gefühl der Beklemmung ein wenig nach. Frau Bergmann, die mir bei der ersten Begegnung vor Stunden überaus klein erschien, scheint in der Zwischenzeit gewachsen zu sein. Wahrscheinlich liegt es an der ungeheuren Energie, mit der sie seit Jahren an diesem Thema arbeitet. Gern möchten wir nun noch ein bißchen was über sie selbst erfahren.

»Ja, also – einmal hat mich schon sehr geprägt, daß meine Großmutter Hebamme war. Die Frauen, die bei ihr entbunden hatten, kamen immer mal, legten sich auf die Chaiselongue und haben zu meiner Großmutter gesagt: Guck doch mal, ob alles in Ordnung ist. Das war in den 50er Jahren. Meine Schwester ist übrigens auch Hebamme geworden, und mein Bruder ist in der Gerontopsychiatrie tätig. Und ich bin, was die Medizin betrifft, dann aber auch sehr geprägt worden durch meine Mutter. Die hatte, so lange ich denken kann, Todeskrankheiten. Ich habe immer diese Angst vor ihrem Tod gehabt, von früher Kindheit an. Mein Vater war ja auch Imker, und sie hatte eine Bienen-giftallergie. Wenn sie gestochen wurde, schwoll alles an, die Luft-röhre ging zu. Ich hatte eine sterbende Mutter vor mir. Das erste Mal war ich vielleicht vier Jahre alt. Ich hab sie dann sogar auch einmal gerettet. Und sie hatte Gehirntumore, was natürlich noch viel schlimmer war. Sie wurde operiert, mehrmals, und es hat sich immer wieder einer neu gebildet. Sie hatte die Vorstellung, daß es etwas Seelisches ist. Das saß ganz tief bei ihr, dieses Wis-sen darum, daß es etwas ist, was mit ihrem Umfeld zu tun hat, mit ihrer Ehe. Daß das eine Verarbeitungsform war. Sie hat es immer als ihr ›Gewächshaus‹ bezeichnet. Und gleichzeitig wurde sie als medizinisches Wunder angesehen von den Ärzten. Damals habe ich einerseits erlebt, daß die Medizin meine Mutter retten kann, immer wieder neu, andererseits war aber unübersehbar, daß es auch *ihre* Leistung war, zu überleben.

Meine Mutter ist in diesem Jahr gestorben, im April, an ei-nem Schlaganfall! Mit Hilfe meiner Schwester habe ich meine Mutter gegen den Willen der Ärzte und unter dramatischen

Umständen aus der Intensivstation ›befreit‹, muß man fast sagen. Wir haben sie nach Hause geholt, und es war ein unbeschreibliches Problem, einen Arzt zu finden, der ihr etwas Wirksames gegen die furchtbaren Schmerzen im Kopf verschrieb, denn im Krankenhaus hatte man sich kategorisch geweigert, ihr ein adäquates Mittel zugeben. Glücklicherweise unterstützte uns der Hausarzt, und unsere Mutter konnte ohne Panik zu Hause sterben. Also, ich habe die Kaltblütigkeit der Medizin hier wieder erlebt. Und ich habe sie auch in meinem Leben schon am eigenen Leibe zu spüren bekommen. Das hat mich wahrscheinlich doch sehr stark für Medizingeschichte motiviert.

Eigentlich habe ich ja Politikwissenschaft studiert, aber dann hat mich eben dieser Zusammenhang zwischen Gewalt und Medizin viel mehr interessiert. Lieber wäre ich ja Pianistin geworden«, sie lacht, »dann hätte ich ein schöneres Leben. Denn Sie können sich ja denken, mit diesem Thema steht man sehr alleine da. Ich habe keine Scientific community, in die ich eingebettet bin, und ich habe dementsprechend auch keine Karriere.«

5

VOM ZITTERN DER ALTEN

KRISENTELEFON

Gabriele Tammen-Parr, Gründerin u. Leiterin d. Krisentelefon, Beratungs- u. Beschwerdestelle »Pflege in Not« in Berlin. 1959 Einschulung in Rauschenberg/Hessen, 1963 Übergang a. d. Gesamtschule. Nach Realschulabschluß Studium d. Sozialpädagogik i. Darmstadt u. Berlin. Abschluß 1973. Nach div. Berufspraktika u. d. Geburt einer Tochter Beratungsarbeit f. pflegende Angehörige sowie Aufbau mehrerer Beratungs- und Familienzentren. Qualifizierung: Ehe- und Familienberaterin, Mediatorin. 1998 Idee und Gründung von »Pflege in Not«. Mitautorin d. Broschüre »Gewalt in der Pflege älterer Menschen« (Bln. 2002). Gabriele Parr wurde 1953 in Bracht b. Marburg a. d. Lahn als Tochter einer Schneiderin u. eines Verwaltungsangestellten geboren. Sie heiratete 1997 den Galeristen Tammen, v. d. Galerie a. Chamissoplatz, u. organisiert seit Juni 1999 die Arbeit v. Krisentelefon, Beratungs- u. Beschwerdestelle.

Etwa eineinhalb Millionen alte Menschen werden als »Pflegefälle« versorgt, 75 Prozent davon zu Hause, 25 Prozent in Heimen. Von den zu Hause Lebenden werden jährlich 600 000 Opfer von Gewalt. (Die Dunkelziffer wird wohl höher liegen, ebenso im Heimbereich.) Von den im Heim gepflegten Alten sind 85 Prozent unterernährt, 30 Prozent leiden an einem Mangel an Flüssigkeitszufuhr, 25 Prozent haben beginnende oder entwickelte Dekubitusgeschwüre, davon fünf Prozent mit hohem Schweregrad. Mehr als 30 Prozent der zu Pflegenden sind dement oder psychisch krank. Magensonden werden gelegt, um die Hilfestellung beim Essen einzusparen, Dauer-Blasenkatheter werden gelegt und Windelung wird aufgenötigt, um das Blasentraining und die Begleitung zur Toilette einzusparen. 400 000 freiheitsentziehende Maßnahmen wie Festbinden, doppelte Bettgitter, Verabreichung von Psychopharmaka (oft ohne richterliche Genehmigung) finden in den Heimen statt (so der Arbeitskreis gegen Menschenrechtsverletzungen). Die an den Alten begangenen Straftatbestände wie Nötigung, Körperverletzung, Freiheitsberaubung, Mißhandlung Schutzbefohlener usf. werden in den seltensten Fällen geahndet. Im Durchschnitt werden 28 schwerst Pflegebedürftige von zwei bis drei Pflegekräften versorgt. Etwa 10 000 Menschen sterben bundesweit jährlich an mangelhafter Versorgung und Pflege.

Die Beratungs- und Beschwerdestelle »Pflege in Not« befindet sich in der Zossener Straße 65 in Kreuzberg, gegenüber der Marheineke-Markthalle, im begrünten Innenhof einer neueren Wohnhausanlage. Unter der Telefonnummer 69 59 89 89 sind täglich von 10 bis 12 Uhr (Mo–Fr, ansonsten 24stünd. Anrufaufzeichnung) Rat und Hilfe erhältlich. Anrufen können die von Gewalt Betroffenen, aber auch in Konflikte verstrickte, pflegende Angehörige, Pflegepersonal, Freunde und Nachbarn.

Frau Tammen-Parr empfängt uns im ebenerdig hinter großen Glasscheiben gelegenen Arbeitsraum. Die Aktenordner auslangjähriger Tätigkeit ziehen sich an den Wänden entlang, im Regal blinken die empfangsbereiten Telefone, auf dem großen ovalen Tisch liegt das Werbematerial für die demnächst stattfindende Benefizveranstaltung. Dazwischen plazieren wir die Kaffeetassen.

Frau Tammen-Parr erzählt: »Wir sind eine unabhängige Beratungsstelle, leben sozusagen von Spenden, unser Träger ist das Diakonische Werk Berlin Stadtmitte e. V. Übrigens sind wir die einzige Beratungsstelle in ganz Berlin und Brandenburg, die sich mit Gewalt gegen Alte und in der Pflege befaßt. Wir haben eineinhalb feste Stellen und zwei sehr engagierte Ehrenamtliche, und das bei 80 000 Pflegebedürftigen allein in Berlin. Das ist natürlich eine Katastrophe! Wir bekommen hier Anrufe aus allen Stadtteilen, aus allen sozialen Schichten. Allerdings, von türkischen Bürgern hatten wir bislang nur zwei Anrufe; wir bräuchten also auch dringend eine Türkin, die hier am Telefon sitzt. Ich mache das alles mit meiner Kollegin, der Psychologin Dorothee Unger, die praktisch von Anfang an mit dabei war und das Ganze mit aufgebaut hat. Ich habe eine volle Stelle, sie eine halbe. Aber mit 1,5 Stellen können wir eben leider nicht die ganze Hauptstadt bewältigen. München z. B hat immerhin sechs Kräfte; dafür gibts in den gesamten neuen Bundesländern nicht eine einzige! Dabei ist der Bedarf riesengroß. Aber die gesamte Problematik wird eben gerne so lange es geht ausgeblendet. Von allen! Grade bei Ehepaaren ist ja vieles ganz auf diese Ehe zugespitzt, das ganze Leben lang, viele schieben ihre Pläne auf, sagen: Später, wenn wir alt sind, dann widmen wir uns den Dingen in Ruhe, können lesen, können reisen – und plötzlich wird der Mann dann mit 55 oder 60 zum Pflegefall. Schlaganfall. Und dann passiert es, daß die Frauen 15 bis 20 Jahre lang pflegen und nichts mehr von all dem machen können, was sie sich mal vorgenommen hatten. Der Anteil der pflegenden Männer ist übrigens gering, aber er steigt, und er ist in den neuen Bundesländern wesentlich höher als in den alten. Aber die Regel ist eben die pflegende Frau. Ich habe mit solchen Frauen gearbeitet, und da war es dann vielfach so, daß sie zunehmend erzählt haben von Spannungen und Konflikten, bis hin zu Handgreiflichkeiten. Ich habe mich damals umgehört, außerhalb dieses relativ kleinen Kreises, und ich habe festgestellt, es ist absolut verallgemeinerbar; alle erzählen eigentlich haarsträubende Dinge – teilweise wird da unsanft angefaßt oder zu heiß gebadet, oder es wird auf den Ruf nicht mehr reagiert ... Und so entstand eigentlich dann bei mir die Idee, diese Stelle zu gründen.

Und ich dachte, am besten ein Krisentelefon, denn die, die beispielsweise einen Dementen pflegen, die kommen ja von zu Hause gar nicht mehr weg. Die müssen einfach dann, wenn der Angehörige schläft, mal zum Hörer greifen und sagen können, so und so sieht's bei mir aus, ich kann bald nicht mehr für mich garantieren. Und so ein halbes Jahr später kam dann natürlich die Problematik der Alten- und Pflegeheime massiv dazu. Heute ist es folgendermaßen: Etwa die Hälfte der Anrufe kommt bei uns von pflegenden Angehörigen an. Die andere Hälfte aus den Heimen – aber eben nicht direkt von den Betroffenen, leider, denn die meisten alten Leute dort sind nicht in der Lage, selbst zum Hörer zu greifen. Es rufen aber die Angehörigen an, die mit der Unterbringung und Behandlung so nicht einverstanden sind, die informieren uns über Mängel und Mißstände. Oder es ist auch das Pflegepersonal, das anruft – die sind ja oft in einer Situation, die sie nicht mehr verantworten können. Die sagen dann z. B.: ›Also ich stehe jetzt hier alleine mit achtzig Heimbewohnern, verteilt über drei Stockwerke, meine Kollegin hat sich grade krank gemeldet. Wenn jetzt oben einer klingelt und ich setzt den auf den Topf, dann kann ich ihn frühestens nach einer Stunde wieder abholen.‹ Und nun bedenken Sie mal. Wir haben in Berlin etwa 80 000 Pflegebedürftige, davon sind 20 000 in Heimen untergebracht, und 60 000 werden zu Hause versorgt, und davon wiederum erhalten 20 000 Hilfe von den Sozialstationen. Rund 40 000 werden ohne jede Hilfe von außen zu Hause gepflegt! Und die Pflege in der Familie ist damit natürlich auch am wenigsten öffentlich. Die Familien haben alle ihre kleinen Geheimnisse, die sie in der Regel lieber hüten. Es gibt auch kaum Forschung zu dem Thema. Aber bei denen, die sich an uns wenden, da bricht es eben heraus, die sagen dann, daß es zunehmend Aggression, Ekel, Abwehr gibt; mancher sagt auch, ich halte das nicht mehr aus – am liebsten möcht ich die die Treppe runterstoßen!

Aber das Gute, sag ich mal, an unserer Arbeit ist, daß die körperliche Gewalt relativ gering ist in der häuslichen Pflege. Die meisten Konflikte sind alt. Sie kommen wieder hoch bei der Pflege, in diesem engen Abhängigkeitsverhältnis unter anderen Vorzeichen, all die Verletzungen und Kränkungen von früher. Die ungeliebte Ehefrau soll plötzlich nur noch geben, geben, geben! Töchter oder auch Söhne sagen, die Eltern waren nie diese wertschätzenden, fördernden, liebevollen Eltern, ihnen war nichts gut genug. Nun haben sie vielleicht den Vater zu sich in die Wohnung genommen, kümmern sich um ihn, aber abends, wenn sie von der Arbeit kommen, sagt der Vater nur: ›Na, kommst du auch mal vorbei!‹. Ein anderes Problem ist auch, wenn die Kinder anfangen müssen, Intimpflege zu machen, da gibt es oft starke Empfindlichkeiten auf beiden Seiten. Ein Sohn war in der Beratung bei uns und sagte, er wird die Mutter unterbringen müssen, wenn die Intimpflege beginnt. Das macht er nicht! Und wir gehen das Problem dann mit ihm durch, fragen, ob es ihm hilft, wenn die Sozialstation mitpflegt. Also die Leute fragen sich das oft gar nicht, was es an Erleichterungen geben könnte. Sie rutschen da einfach so rein und fühlen sich wie in der Falle, aus der es keinen Ausweg gibt.

Reinrutschen tun natürlich vorwiegend die Frauen – also, 80 bis 90 Prozent der Pflegenden sind ja Frauen –, es sind die pflegenden Ehefrauen, und es sind vor allem die Töchter und Schwiegertöchter, also Frauen im Durchschnitt so zwischen 40 und 70 Jahren. Und übrigens, da wir länger leben, sind wir Frauen es dann natürlich auch wieder, die die Gewalt empfangen, letztlich. Aber ich will's mal so sagen: Im häuslichen Bereich gibt es meist kein klares Opfer-Täter-Verhältnis, es schaukelt sich hoch an alten und neuen Konflikten, Verletzungen, Kränkungen und auch Mißverständnissen – und es gibt natürlich auch die 85-Jährigen, die es schaffen, aus dem Bett heraus ihre pflegenden Töchter, Söhne, die ganze Familie zu terrorisieren, zu schikanieren. Eine sagte letztens: ›Wenn ich mal eine halbe Stunde zu spät komme, dann macht sie ins Bett, um mich zu bestrafen.‹ Oder einer erzählt: ›Seit fünf Jahren waren wir keinen einzigen Tag weg, nicht verreist und nichts. Dann wollten wir endlich mal verreisen, die Unterbringung und alles war bestens geregelt, dann sind wir nach zwei Tagen wieder zurückgeflogen, weil die Meldung kam, sie ist erkrankt.‹ Das ist oft eine Spirale aus Schuldgefühlen und Erpressungen, und in diesem Klima, in dieser Atmosphäre, gedeihen eben alle Formen von Gewalt.

Und Gewalt ist ja nicht nur die ganz konkrete, auf den Körper ausgeübte, es ist auch die verbale, emotionale. Das geht von ganz versteckten, kleinen Andeutungen bis hin zur Entwürdigung und seelischen Grausamkeit. Für den häuslichen Bereich wäre das beispielsweise: einschüchtern, isolieren, beschimpfen, verspotten, mit Liebesentzug drohen, mit Heimeinweisung; und körperlich wird eben schon mal hart angefaßt, aggressiv gewaschen, gekämmt, gefüttert, an den Ohren gezogen, bis hin zum Schlagen. Bei der stationären Pflege im Heim sind die Formen der Gewalt meist vielfältiger, der Konflikt ist kein persönlicher, sondern er hat mit der personellen Unterversorgung usw. zu tun; da kommt es dann zu gängigen Maßnahmen wie: Kasernenhofton, unerwünschtes Duzen, Unterwerfung unter einen fürs Heim praktischen Essens- und Schlafenszeitenrhytmus, zu fettes, zu abwechslungsarmes oder mangelhaftes Essen, mangelnde Schmerztherapie, zwangsweises Ruhigstellen durch Fixieren oder Medikamente, Flüssigkeitsmangel, Zwangswindelung, aber nur dreimal täglich Windelwechsel, lieblose, hastige Abfertigung, vergebliches Klingeln oder Entfernung der Klingel aus der Reichweite. Und auch hier kommt es schon mal zu Handgreiflichkeiten oder den noch schlimmeren Sachen, von denen man dann ab und zu mal in der Presse lesen kann. Das Heimgesetz hat zwar allerhand formuliert, um den Bewohner zu schützen; also, das Zimmer hat er ja gemietet, hat einen Mietvertrag unterschrieben, das ist sein ›Zuhause‹ – auch im Zweibettzimmer –, das Personal muß klopfen usw. Aber die Realität sieht anders aus. Wie sagte ein Pfleger letzthin? ›Um 19 Uhr will ich hier keinen mehr auf dem Flur sehen!‹ Um 17 Uhr gibt es oft Abendbrot, und dann macht das Personal die Leute fertig zur Übergabe an den Nachtdienst. Aber können die nicht noch im Schlafanzug etwas über den Flur gehen oder im Tagesraum sitzen? Nein! Es muß ruhig sein! Es muß schnell gehen, reibungslos. Dadurch entsteht auch Gewalt. Und das ist bereits schon Gewalt, wenn man, wie unlängst jemand erzählte, um 18 Uhr die Rolläden alle runterläßt im Sommer, damit den Leuten suggeriert wird, es ist dunkel, es ist Nacht, es ist Schlafenszeit. Oder wenn man den Leuten, die zur Toilette geführt werden möchten, sagt: ›Wissen Sie was, machen Sie's einfach wie die anderen auch, Sie haben eine Windel um, lassen Sie's einfach laufen, den Rest erledigen wir.‹ Es gibt ganze Stationen, da sind alle gewindelt. Da kommt morgens eigens ein Lastwagen und holt das alles vom Vortag ab für die Müllverbrennung. Sie wollen einfach die Leute nicht dauernd zur Toilette führen. In guten Heimen, da kommen sie alle zwei Stunden mal vorbei und sagen: ›So, Frau Müller, wollen wir mal?‹ Und so werden die Leute automatisch dran erinnert.

Denn man muß sich ja vergegenwärtigen: Zwei Drittel der Bewohner sind dement, die können sich nicht wehren, die können sich nicht richtig artikulieren, denen hört keiner zu, die sind dem hilflos ausgeliefert. Das Pflegeheim, das ist das Ende, die Finalpflege. Die durchschnittliche Verweildauer in den Häusern ist, glaube ich, zweieinhalb Jahre. Mancher ist vielleicht auch sechs bis acht Jahre da. Aber es heißt zu recht, man geht ins Heim und kommt da nie mehr raus, man geht hin zum Sterben. Und das ist für das Personal natürlich alles auch sehr belastend. Dazu kommt, der Beruf ist schlecht bezahlt und in der Öffentlichkeit schlecht bewertet. Wenn eine sagt, sie ist Altenpflegerin, dann hört sie gleich: Ach, du Arme! Und bei der andauernden Personalknappheit, die in den Häusern herrscht, wird allzu oft auch noch die ganze Last und Verantwortung den wenigen Kräften zugeschoben. Das zermürbt natürlich. Und es gibt eben auch ungeeignete, unempfindliche Kräfte, die gewohnheitsmäßig grob und unfreundlich sind. Das alles verschärft die Lage der Alten und erhöht ihr Risiko, Opfer von Gewalt zu werden. Es existieren aber, das muß man sagen, auch sehr gute Häuser, mit Stationen nur für Demente; die bilden kleine Bezugsgruppen mit kleine Teams von Pflegekräften, die nur für wenige Patienten zuständig sind. Da werden neue Konzepte entwickelt, und man versucht, frischen Wind reinzukriegen. Und seit einer Weile gibt es ja auch richtiggehende Demenz-Wohngemeinschaften. Die ersten Gründungen waren ja ganz klar auch eine Antwort auf die großen Einrichtungen und ihre völlige Überforderung. Ein Demenzkranker braucht eine sehr anspruchsvolle Pflege und Betreuung; die machen ja wilde, abstruse Sachen, reißen aus, gehen halbnackt durch die Gärten, rauchen und stecken die Zigaretten zwischen die Polster ins Sofa, randalieren oder lassen das Gas brennen usw. Da muß man immer wachsam sein. Und oft sind sie auch depressiv, brauchen Aufmunterung, Motivationstraining, Unterhaltung. Deshalb sind ja heute auch die Heime so voll mit Dementen, weil der mobile Pflegedienst der Sozialstationen, der kann natürlich nur zeitweise betreuen, der kann das einfach nicht leisten.

Und bei uns hier laufen dann eben die Meldungen der Mißstände ein. Ein Beispiel will ich Ihnen erzählen: Angehörige haben uns berichtet, daß es in dem betreffenden Heim keine Zwischenmahlzeiten gab, also nur drei Mahlzeiten am Tag wurden ausgeteilt. Es ist aber für alte Leute, die nicht viel essen auf einen Schlag und vielleicht noch Diabetiker sind, ganz wichtig, daß man ihnen Zwischenmahlzeiten anbietet. Da gab's dann auch

Berichte, daß die Besucher im Haus um Essen von den Heimbewohnern oft richtig angebettelt wurden. Die Pflegerinnen haben teilweise den Menschen einfach Essen und Trinken hingestellt und nach einer Stunde wieder abgeholt, obwohl vielleicht gar nichts angerührt war, weil der Kranke, aus seiner Demenz heraus, gar nicht verstanden hat, daß er das Essen selber nehmen kann. Es kam auch vor, daß Seltersflaschen tagelang voll dastanden, ungeöffnet, ohne daß getrunken wurde daraus. Und das Personal hatte aber immer die Legitimation, daß eine frische, volle Flasche dasteht. Also in diesem Fall war es so, daß die Angehörigen auch selber gehandelt haben und bereits eine Anzeige gemacht hatten. Ich war dann dort und habe dem Heim erklärt, wir sind »Pflege in Not«, wir vermitteln neutral bei solchen Konflikten – es ist so, daß die Häuser uns ja nicht reinlassen müssen –, ich habe also meine Vermittlung angeboten, aber das war ein vollkommen eisiges Gespräch. Die Parteien waren derart aufgeladen, da ging nichts mehr. Die Angehörigen haben ihre Mutter dann auch da rausgenommen. Wir sind aber drangeblieben, denn den anderen Heimbewohnern mußte ja auch geholfen werden. Da wurde dann auch die Pflegekasse eingeschaltet.

Also für die Anrufer, die sich hier an uns wenden, da ist es wichtig, daß die wissen, wir hören denen zu, wir nehmen uns Zeit, wir gehen auf die Probleme ein – und was ganz besonders wichtig ist, wir halten sie nicht für Monster, auch dann nicht, wenn sie uns drastische Dinge erzählen. Und was auch manchmal vorkommt, ist, daß die Anrufer sagen, wir möchten sehr gerne, daß sich was ändert, aber bitte-bitte, bringen Sie nicht meine Person ins Spiel. Also, wir reagieren auch auf anonyme Anrufe, allerdings muß man dann im Gespräch genau abklären, daß die Dinge hieb- und stichfest sind. Aber ich muß sagen, die meisten Anrufer nennen sofort ihren Namen. Meine Kollegin, die Psychologin Dorothee Unger und ich, wir wechseln uns ab. Momentan ist es so, daß sie sehr viele der Telefongespräche führt, während ich als Mediatorin im Moment auch in die Einrichtungen gehe und da Beratungsgespräche mache, wenn Leute einfach in einer schwierigen Pflegephase solche Gespräche brauchen. Am Anfang dachten wir ja, daß die Leute anrufen und sagen: Hilfe, was soll ich nur machen, gleich tu ich meiner Mutter was an?! Aber das passiert gar nicht, sie sagen eher, daß sie schon 'ne ganze Weile die Nummer haben, und ob sie nicht mal kommen können, zu einem Gespräch. Manche Gespräche dauern ein halbes Jahr.

Wie viele nicht anrufen, das wissen wir natürlich nicht. Weil wir keine Mittel haben, können wir natürlich auch nicht für uns werben in der Öffentlichkeit. Und wirklich ganz tragisch ist, daß es in den neuen Bundesländern überhaupt kein Krisentelefon dieser Art gibt. Keiner will es finanzieren; Mecklenburg-Vorpommern war sogar so vermessen, zu behaupten, daß sie keine Gewalt in der Pflege haben, was ein Schwachsinn ist! Das sehen wir ja hier in Berlin, wo wir Anrufe aus Ost- und Westberlin gleichermaßen haben. Und es ist, grade auch auf dem Land, in den neuen Bundesländern besonders, ja ganz schlimm mit der Arbeitslosigkeit. Da wird die Aufnahme der gebrechlichen Eltern natürlich zu einem unverzichtbaren Einkommen. Es lebt dann die ganze Familie mit von der Rente und vom Pflegegeld. Dabei möchte die Mutter aber vielleicht lieber ins Heim, als in irgendeinem Hinterzimmer auf den Tod zu warten. Die Kinder sind aber strikt dagegen, der Sohn befürchtet, er muß dann das Haus verkaufen, um für die Heimkosten mit aufzukommen – was unrichtig ist –, oder, wenn sie ins Haus der Mutter gezogen sind, dann wird die Sache schon schwieriger. Jedenfalls ist die gegenseitige Abhängigkeit in der Pflegesituation oft noch mal durch den materiellen Faktor verschärft, und da entstehen mit Sicherheit Probleme, für die es nirgendwo Rat und Hilfe gibt.

Seit 1995 besteht ja die Pflegeversicherung; es gibt verschiedene Pflegestufen, in die der Pflegebedürftige eingeordnet wird, und da bekommt er derzeit bei Stufe I 205 Euro, bei Stufe II 410 Euro und bei Stufe III 665 Euro. So, und nun kann der Pflegebedürftige selbst bestimmen, wer ihn pflegt. Er kann seinen Partner einsetzen, seine Kinder, aber auch Freunde, Nachbarn, wenn er will. Also es könnte im Prinzip jeder pflegen. In diesen Fällen gibt's dann einmal im halben Jahr eine Art Kontrolle, es kommt jemand von der Kasse vorbei zu einem Beratungsgespräch; da wird dann gefragt, ob alles zufriedenstellend ist usw., denn die Kasse will ja, daß das Pflegegeld dem Gepflegten zugute kommt. Oder aber der Pflegebedürftige entscheidet sich für professionelle Hilfe, nimmt einen Pflegedienst. Die bekommen so etwa 180 Euro mehr von der Kasse; es werden die Pflegestufen ja berechnet nach Pflegeminuten, die da über den Tag verteilt anfallen, und das soll an sich ganz genau ausgeführt werden, was da an Leistungen anfällt, und es wird auch vom Pflegebedürftigen – oder vom ›Kunden‹, wie es ja heute heißt – gegengezeichnet. Übrigens kommen bei uns relativ wenig Beschwerden über die Sozialstationen an, was öfter mal moniert wird, ist, daß sie nicht korrekt abrechnen, daß sie von den Alten da ihr Kürzel auf dem Blatt haben wollen, für Dinge, die teilweise gar nicht erbracht worden sind. Wichtig ist aber, daß durch die Arbeit der Sozialdienste heute viele Menschen zu Hause in ihrer eigenen Wohnung bleiben können, bis zuletzt, oft bis zum Tod.

Aber das ist eben nur ein kleiner Teil, die überwiegende Mehrheit wird zu Hause von den Angehörigen oder im Heim gepflegt, und von dort erreichen uns auch die meisten Anrufe von verzweifelten, überforderten Frauen. Und da sagt dann eben eine Tochter: ›Ich habe solche Aggressionen gegen meine Mutter. Ich gehe immer ins Badezimmer, reiße die Frotteetücher aus dem Schrank und schlage sie so lange auf den Badewannenrand, bis sich der Stau etwas gelöst hat.‹ Eine andere Tochter hat die Mutter mit der Bürste geschlagen und weiß nicht weiter. Und da sagen wir, wollen Sie denn nicht mal einfach vorbeikommen, da können wir in Ruhe mal gucken, was gibt's genau für Probleme, was gibt's für Möglichkeiten der Lösung in Ihrem Fall. Das ist oft eine solche Erleichterung und Befreiung für die Leute, es ist unglaublich. Bei den Heimen ist es schon schwieriger. Manche Heime sind einfach beratungsresistent. Nach einer Beschwerde, bei bevorstehender Prüfung, stellen sie dann vorübergehend mehr Leute ein, wie oft haben wir das gehört – die Prüfungen sind ja angemeldet –, vier Wochen später sind alle wieder weg. Jetzt muß ich leider mal was Negatives sagen über die sogenannte Heimaufsicht, die von ihrer Aufgabe vollkommen überfordert ist. Man kann nicht mit zwölf Personen über fünfhundert Heime beaufsichtigen in dieser Stadt, also, da sind auch Behinderte und Psychiatrie mit dabei, Altenheime sind es etwa dreihundert. Sie schaffen es höchstens, jedes Haus einmal in zwei Jahren zu sehen, und da zeigt man ihnen natürlich nichts! Die Einzigen, die für uns momentan wirklich ein große Hilfe sind, das ist der MDK, der Medizinische Dienst der Krankenkassen. Die gehen wirklich, wenn es sein muß, auch nachts und unangemeldet in die Häuser, auch auf Grund von Beschwerden die wir hatten. Die sammeln die Beschwerden eine Weile, und dann gehn sie los, und die müssen eben auch eingelassen werden. Das finde ich klasse!

So, jetzt hol ich einfach mal unser Buch, jeder eingehende Anruf wird da aufgeschrieben, also die wichtigsten Fakten usw. – und dann haben wir noch einen speziellen Auswertungsbogen, da ›stricheln‹ wir nur, damit wir vielleicht mal was Statistisches vorlegen können. Von diesen Bögen haben wir ganze Ordner voll, über 6000 sind es, aber das ist ein Schatz, den wir gar nicht heben können, dazu fehlt einfach das Geld. Neulich haben wir mal ganze Abende gesessen und drei Monate nur ausgewertet. Ich würde gerne mal eine richtige Untersuchung über Berlin machen, über bestimmte Auffälligkeiten, über bestimmte Heime, aber es geht nicht! Daß wir hier überhaupt so komfortabel in diesen schönen Räumen arbeiten können, das verdanken wir der Kirchengemeinde Heilig Kreuz-Passion; das ist eine ganz lebhafte, auch politisch rührige Kreuzberger Institution, die bezahlt uns hier die Miete. So, jetzt habe ich unser Buch – mal sehn – ja, also eine Tochter ruft an, die Mutter ist im Heim und hat Angst vor dem Pfleger. Die Mutter ist als junge Frau vergewaltigt worden und möchte keine Intimpflege haben durch männliches Personal. Das wurde ihr beim Einzug zugesichert, man hat das aber irgendwie für Prüderie gehalten, jedenfalls haben nun dauernd zwei Pfleger allein auf dieser Station Spätdienst. Und ein anderer Fall, der sehr typisch ist, eine Tochter hat gegen das Heim, in dem die Mutter war, Anzeige erstattet wegen schwerer Körperverletzung. Sie hatte bereits drei Heime verklagt, in denen die Mutter im Laufe der Zeit lag, denn es hatte sich bei der Mutter ein schweres Dekubitusgeschwür entwickelt, das gar nicht, oder nicht gut, versorgt wurde und zuletzt sogar chirurgisch behandelt werden mußte. Wobei ich sagen muß, die Tochter ist sehr schwierig – aber was zählt, ist die Sache mit dem Dekubitus, und der ist nicht durchs Schwierigsein der Tochter entstanden!

Zum Thema Dekubitus, was ein ganz wichtiges Thema ist, denn auch alle Formen der Verwahrlosung und Unterlassung sind Formen von Gewalt, und da gibt es das Kuratorium für deutsche Altershilfe, die haben einen Standard entwickelt und sind sehr bemüht darum, daß alle Pflegeheime nach diesem Standard Dekubitusbehandlung machen. Und – Moment, ich schau mal nach – es gibt auch eine sehr interessante, städtevergleichende Sache, bei der Berlin am allerschlechtesten abschneidet. So! Also 1999 hat ein Hamburger Gerichtsmediziner, Prof. Püschel, die Öffentlichkeit auf einen verborgenen Skandal aufmerksam gemacht. Zu den Aufgaben der Gerichtsmedizin gehört ja auch, die Leichen in den Krematorien vor der Verbrennung noch einmal zu begutachten, weil ja sonst Spuren eines eventuellen Verbrechens endgültig zerstört wären. Bei den Untersuchungen von 10 000 Verstorbenen aus der Hansestadt hat er in circa elf Prozent der Fälle Druckgeschwüre durch Wundliegen festgestellt, zwei Prozent davon waren schwere, großflächige Geschwüre. Mehr als die Hälfte der Verstorbenen mit schweren Dekubiti hatten zuletzt in Pflegeheimen gelebt. Damals ging ein Sturm der Entrüstung durch die Medien, ›Exitus durch Vernachlässigung‹ titelte der *Spiegel* usw. Einige Zeit später machte der Gerichtsmediziner Dr. Eidam aus Hannover seine Untersuchungsergebnisse bekannt: Von 12 218 untersuchten Leichen wiesen 14,4 Prozent Druckgeschwüre auf! Und dieser Gerichtsmediziner sagte, ich lese mal vor: ›Von den Dekubitalgeschwüren, die ich im Krematorium sehe, sind einige behandelt worden. Bei vielen fällt jedoch die Haut in schwarzgrauen Fetzen ab. Da ist nichts unternommen worden, denn sonst hätten keine zum Teil pizzatellergroßen Zonen entstehen können, in denen man in der Mitte durch alle Gewebeschichten bis in den Knochen sehen kann. Und eine in der Öffentlichkeit ziemlich unbekannt gebliebene Untersuchung aus Berlin aus dem Jahr 2000, veröffentlicht in der Zeitschrift der Berliner Ärztekammer, kommt zu einem noch erschreckenderen Ergebnis. Da kam man bei den untersuchten Leichen in dieser Stadt auf eine Dekubitusrate von 16,2 Prozent. Und das ist natürlich katastrophal, und es zeigt, daß sehr viel mehr und sehr viel genauer hingeschaut werden muß bei denen, die sich nicht mehr selbst entrüsten können. Wie wichtig es ist, daß die Angehörigen eine Anlaufstelle haben wie unsere, denn Beschwerden beim Pflegepersonal und bei der Heimleitung sind ja meist unergiebig, denen ist ja bekannt, wenn es Dekubitusfälle auf den Stationen gibt.

Deshalb muß man eben schon frühzeitig eingreifen. Einen Fall hatten wir, da hat sich über längere Zeit eine Pflegekraft, eine Nachtwache, sehr beschwert, weil sie im Nachtdienst permanent unterbesetzt wurden, und das bei schwer pflegebedürftigen Bewohnern. Es war nicht möglich, die Leute gegen das Wundliegen alle zwei Stunden zu drehen, weil keiner da war. Da gab's dann auf unsere Initiative hin eine nächtliche Begehung durch den Medizinischen Dienst, und danach sind Tränen geflossen im Heim. Aber so erfolgreich sind wir nicht jedesmal. Im Grunde, sage ich immer, müßte man das alles anders organisieren, mit Kindern, mit Nachbarn, mit Freunden, so daß es für alle einfacher und angenehmer ist.«

6

RESTRISIKO

BÄUERIN

»Hohe Energiequanten deformieren die
sozialen Beziehungen ebenso unvermeidlich,
wie sie das physische Milieu zerstören.«
Ivan Illich

Monika Tietke, Biobäuerin i. Landkreis Lüchow/Dannenberg, ak-
tives Mitglied d. »Bäuerlichen Notgemeinschaft gegen Atomanla-
gen«. Einschulung 1959 i. Weetzen/Hannover. 1964–1969 Realschule
u. Abschluß i. Ronnenberg/Hannover. 1969–1972 Ausbildung z. Da-
menschneiderin i. Modeatelier Whitman i. Hannover, Gesellen-
prüfung. 1972–1975 Besuch d. Hedwig-Heyl-Fachgymnasiums, Fach-
abitur. 1975–1976 Studium a. d. Pädagogischen Hochschule Kiel i. d.
Fächern Mathematik u. Deutsch, 1976–1980 Studium a. d. Pädago-
gischen Hochschule und a. d. Freien Universität Berlin, daneben
Teilnahme a. Widerstand gegen die geplanten Atomanlagen i. Gor-
leben, 1979 Teilnahme a. »Gorleben Treck« nach Hannover, zur bis
dahin größten Anti-AKW-Demonstration. 1980 Umzug ins Wend-
land auf d. landwirtschaftlichen Betrieb ihres Mannes. Seither un-
unterbrochen aktiv im Gorleben-Widerstand, Mitglied d. Bäuerli-
chen Notgemeinschaft seit 1981. Umstellung d. Betriebes auf ökologi-
schen Anbau. Mitglied bei »Bioland«. 1989 Eröffnung e. Naturkost-
ladens i. Gartow. Monika Tietke wurde 1953 i. Hannover geboren,
der Vater ist Schlosser, die Mutter Hausfrau, sie ist seit 1982 verhei-
ratet mit d. Bioland-Bauern Eckhard Tietke u. hat zwei Kinder.

Seit 1953 zum ersten Mal Atomenergie in elektrischen Strom um-
gewandelt wurde und der amerikanische Präsident Eisenhower
das Programm »Atome für den Frieden« verkündete, verursacht
diese als Segen für die Menschheit gefeierte Energiegewinnungs-
methode eine Vielzahl von Störfällen und Unfällen aller Schwe-
regrade, bis hin zum Super-Gau im April 1986 in Tschernobyl.
Über die Zahl der Krankheitsfälle und Todesopfer, die billigend
in Kauf genommen werden, streiten sich die Statistiker, während
die Betroffenen elend zugrunde gehen. Die »friedliche Anwendung der Atomenergie« hatte von Anfang an die Rolle einer eh-
renwerten Anstandsdame zu spielen, während im Hintergrund
das unfriedliche Geschäft weiterbetrieben wurde und immense
Summen in die Erforschung, Testung und Entwicklung immer
neuer Waffen und Waffensysteme investiert wurden.

Die Anti-Atom-Bewegung – der älteste politische Widerstand
in der BRD – hat erst in den 70er Jahren, als die Atomkraft-
werke in großem Maßstab konzipiert und gebaut wurden, so
richtig realisiert, daß es sich hier um ein und dasselbe Problem
handelt. Unter den Marschierern »gegen den Atomtod« (von
SPD und Gewerkschaften 1958 organisiert) und den Teilnehmern
der Ostermärsche, die in den 60er Jahren gegen eine militärische
Nutzung protestierten, herrschte durchaus noch eine positive
Einstellung zur »zivilen Nutzung der Kernenergie«. Durch die
Großaktionen gegen den Bau des AKW Brokdorf im Herbst
1976, bei denen der Atomstaat zum ersten Mal unverhüllt seine
polizeistaatlichen Krallen zeigte, entstanden rasch regionale und
überregionale Widerstandsgruppen.

2005 ist Deutschland der viertgrößte Atomstromproduzent
der Welt. Whyl, Brokdorf, Kalkar, Wackersdorf, diese und andere Namen scheinen heute beinahe vergessen, nur Gorleben
»lebt« noch und verdankt das den seit 1995 stattfindenden Ca-
stor-Trasporten. Bereits 1977 regte sich heftiger Widerstand, als
der niedersächsische Ministerpräsident Albrecht bekanntgab,

daß in Gorleben ein »Nukleares Entsorgungszentrum« gebaut wird, die weltgrößte Wiederaufarbeitungsanlage, samt Endlager im Salzstock. Die Wahl des Standortes war zugleich eine politische Antwort auf das zentrale DDR-Atommüll-Endlager Morsleben bei Helmstedt. Inzwischen grenzenlos, arbeitet sich bereits die dritte Generation ab im Widerstand gegen die exekutiven und judikativen Einschüchterungs- und Disziplinierungsmaßnahmen durch Politik und Atomindustrie. Teilweise erfolgreich. Verhindert wurde die WAA. Zum Stillstand gebracht wurde das Endlager-Projekt (die Bohrungen ruhen seit 2000), aber die rotgrüne Regierung hat keinen Riegel davorgeschoben, so daß alle Optionen offen sind. In Gorleben gibt es heute ein Faßlager für schwach- und mittelradioaktive Abfälle und die Castor-Halle zur sogenannten Zwischenlagerung hochradioaktiver/heißer Abfälle aus den Plutoniumfabriken La Hague/F und Sellafield/GB (die nur in Gorleben gelagert werden dürfen). Und es gibt eine bislang noch ungenutzte sogenannte Pilot-Konditionierungsanlage. Sie ist technisch ausgerüstet zur Umfüllung des hochradioaktiven Inhaltes der Castor-Behälter in Pollux-Behälter für die Endlagerung. Nur, es gibt weltweit noch kein einziges Endlager, obwohl seit vielen Jahrzehnten Atommüll produziert wird.

Das Wendland mit dem ehemaligen Elbfischerdorf Gorleben lag einst als »Armenhaus der Nation« quasi fast in der DDR. Zwei Drittel des Landkreises Lüchow-Dannenberg waren vom Hochsicherheitsgrenzstreifen umgeben. Abseits der Hauptverkehrswege, dünn besiedelt, mit einem großen Salzstock versehen und vorwiegend mit Westwind, galt das Gebiet unter den Interessenten als ausgesprochen »störfallfreundlich«. Der Fall der Grenze hat nicht viel geändert. Sogar die Idylle ist geblieben. Es gibt weite Elbauen und Weiden, überschaubare Felder und Wälder, in denen nicht nur Schnittholz herumsteht, sondern richtig ehrwürdige alte Eichen überleben dürfen. Die Dörfer fallen durch schöne alte Gebäude aus rotem Backstein

oder Fachwerk auf und auch durch die aufgenagelten, gelb gestrichenen X-förmigen Latten, das Zeichen des Gorleben-
Widerstandes. Auch Monika Tietke lebt in einem solchen großen alten Gehöft, wie man sie hier sieht. Sie scheinen mitten auf
dem Gras zu stehen, so nah darf es bis ans Haus heran, es gibt
nicht diese Trennung zum Garten hin. Hollunder, alte Bäume,
Blumenpracht und Hecken gehen ganz natürlich ineinander
über. Das alles zu pflegen, statt sich der Dekoware von Bau- und
Gartenmärkten zu bedienen, erfordert Geduld und Zeit. Die
werden in der Regel aufgebracht von den Alten, mit denen man
hier immer noch unter einem Dach lebt.

Monika Tietke führt uns in die wohnlich umgebaute ehemalige Futterküche, wir nehmen um den Eßtisch herum Platz. Ein
paar Stufen führen hinauf zu einem offenen Raum mit Bücherregalen. Aquarelle von Sommerblumen hängen an der Wand, die
Zeit scheint ein wenig stehengeblieben.

»Sie kommen ja grade richtig, wir haben hier einen trauri-
gen Jahrestag, den 25. Jahrestag zum Ende der ›Freien Republik
Wendland‹. Am 4. Juni 1980 wurde da mit dem größten Polizei-
einsatz in der Nachkriegsgeschichte das gesamte Hüttendorf der
AKW-Gegner niedergeknüppelt und dem Erdboden gleichge-
macht. Die ›Freie Republik Wendland‹ war ja von uns errichtet
worden, auf der Bohrstelle 1004. Das war eine Besetzung. Tausende waren dort. Es gab einen eigenen Paß, einen Radiosender,
die verschiedensten Hütten, Küchen, Sauna, Theater, ein großes
Freundschaftshaus, Wachtürme, Spielplätze für die Kinder. Es
kamen Künstler und auch Politiker hin, es gab viele Diskussionen und auch Debatten zur Frage der Militanz. Die Mehrheit
war für ausschließlich passiven Widerstand. Das war sehr lebendig und phantasievoll damals, und die Brutalität auf die das stieß,
die war absolut erschreckend und deprimierend.

Ich bin ja hier eine ›Zugereiste‹. Ich war zum ersten Mal 1978
hier mit einem Freund und war sofort in den Bann dieses Land-

kreises gezogen. Wir haben teilgenommen an dem ersten großen Sommercamp auf dem Schützenplatz; da kamen viele Auswärtige zusammen, die wollten den Widerstand hier unterstützen. Unter anderem habe ich damals Robert Jungk kennengelernt, den Zukunftsforscher, der ja schon in den 5oer Jahren ein Atomkritiker war. Er hat für uns Vorträge gehalten, und ich war tief beeindruckt. Also, das hat mich damals – in anderen Kreisen hätte man gesagt: Das hat mich ›politisiert!‹ Und ich habe dann angefangen, mich mit der ganzen Thematik intensiv zu befassen. Und je mehr ich darüber wußte, desto weniger konnte ich verstehen, daß Politiker so blauäugig sein konnten und so unvernünftig. Ich hatte natürlich schon einige Erfahrungen, ich war ja ein Kind der 68er – in Hannover, da hatte es diese Demonstrationen gegen die Verkehrsbetriebe gegeben, gegen die Preiserhöhung, und die ›Rote-Punkt-Aktion‹ wurde ins Leben gerufen. ›Bürger nahmen Bürger mit‹, im Auto. Wer einen roten Punkt vorn auf der Autoscheibe kleben hatte, der nahm andere mit, das hat sich wahnsinnig lange dann noch gehalten und war in Berlin und der ganzen BRD in Gebrauch.

Also, ich hatte das schon so ein bißchen in meinem Bewußtsein, das Aufbegehren. Und bin dann auch mit dabeigewesen, beim Bauerntreck nach Hannover, im März 1979. Das war ein enorm großer Zug von Traktoren, die sich überall angeschlossen haben und nach sechs Tagen in Hannover ankamen. Alle hatten Schilder und Transparente drauf, und in Hannover, da warteten schon 150 000. Das war eine wahnsinnig große Kundgebung, und da waren eben viele Leute, auch alte Bürger, die man sonst nie auf der Straße gesehen hat. Es war so eine wunderbare Stimmung, alles war so ermutigend auf der einen Seite, aber auf der anderen Seite war ja am 28. März der Reaktorunfall in Amerika, in Harrisburg, und das hat die Diskussionen natürlich sehr angeheizt.

1980 bin ich dann ganz hierhergezogen in den Landkreis, hab' dann halt auch in den ganzen Widerstandsgeschichten meinen Mann kennengelernt. Er kommt hier von dem Hof, der wird schon in der siebten Generation von der Familie Tietke bewirtschaftet. Mein Mann ist natürlich in der ›Bäuerlichen Notgemeinschaft‹, ich bin auch gleich am Anfang mit dazugekommen. Gegründet wurde die, glaube ich, 1977. Erst mal hatte die Notgemeinschaft das Ziel, die WAA zu verhindern. Die Bauern haben dann aber sehr schnell begriffen, daß es um eine noch sehr viel größere, prinzipiellere Gefahr geht, und daß es technisch nicht möglich ist, den strahlenden Müll irgendwo sicher endzulagern.

Damals haben viele Bauern hier unterschrieben; manche wollen davon heute nichts mehr wissen, aber viele sind sich treu geblieben. Damals war das alles ganz ungewöhnlich, außerhalb des Landvolkes gab es nichts. Keine Vertretung politischer Art. Man war in der Partei, und da waren damals so schätzungsweise 90 bis 95 Prozent in der CDU. Wer hier in der SPD war, der hat das geheimgehalten. Die Grünen waren ja noch kein Thema, die haben sich ja erst 1980 gegründet, aber die haben uns auch nichts gebracht, außer Enttäuschungen! Also, daß so viele der ›Bäuerlichen Notgemeinschaft‹ beigetreten sind, das war auch sehr der Undine von Blottnitz zu verdanken; sie war Gründungsmitglied, hat dann später auch längere Zeit für die Grünen im Europa-Parlament gesessen. Sie ist mein großes Vorbild, leider ist sie gestorben. Sie ist die tollste Frau, die ich kennengelernt habe – und diese Frau haben die Grünen auf dem Gewissen. Ein paar Tage vor ihrem Tod sagte sie noch: Herr Trittin hat die gesellschaftlichen Werte, für die wir gemeinsam mit ihm gekämpft haben, schmählich verraten. Aber das gehört nicht hierher, denke ich.

Jedenfalls hat sie den ganzen Papierkram für die ›Notgemeinschaft‹ über viele Jahre gemacht, den hat sie vor ihrem Tod mir anvertraut und gesagt, ich muß das jetzt machen und mich darum kümmern, das mußte ich ihr versprechen. Und ich tue es in ihrem Sinne. Das schönste Kompliment ist, wenn jemand sagt, ich wäre ja noch schlimmer als Undine. Sie sehen, die ›Notgemeinschaft‹ lebt. In ruhigen Zeiten sind es so um die vierzig Bauern und Bäuerinnen, die sich sporadisch treffen, und zur Zeit der Castor-Transporte, da kommen dann Hunderte zu den Treffen, auch aus Lüneburg. Und da gibt's eben diese wunderbare Solidarität. Auch von außerhalb, z. B. durch die ›Solidar-Aktie‹. Aus diesem Solidarfonds können wir die Schäden bezahlen, die uns die Polizei regelmäßig und absichtlich zufügt, indem sie am Trecker die Scheiben einschlagen oder die Reifen zerstechen, da sind regelrechte Messerstecher-Einheiten am Werk, und so ein Treckerreifen kostet schon so um die 500 Euro.«

Sie schenkt uns Kaffee nach und fährt fort: »Also, für die bäuerlichen Betriebe ist jeder Einsatz mit ihren Traktoren bei den Widerstandsaktionen ein Risiko, das sogar empfindlich an die Existenz gehen kann, das ist ja unser Arbeitsgerät. Und so ein Traktor der Mittelklasse, der kostet mehr als ein Luxusauto, der kostet leicht 60 000 Euro. Aber unsere Existenz ist noch mehr gefährdet durch das, was hier praktiziert wird. Denn wer will Nahrungsmittel kaufen aus einer radioaktiv belasteten Region, wenn mal was passiert?! Wir leben hier von der Landwirtschaft. Aber wir schaun nicht nur auf uns! Wir wissen sehr genau, daß das kein Problem nur von Lüchow-Dannenberg ist, sondern ein ungelöstes und womöglich unlösbares Problem weltweit, mit dem die Atomindustrie und die Politiker vollkommen verantwortungslos umgehen. Es gibt bis heute kein Gesetz zur Endlagerung; wenn man sich das überlegt, daß die Politiker das über viele Jahrzehnte schon verschleppen, dann macht das auch noch mal diese Verantwortungslosigkeit sehr deutlich. Ich habe das mal direkt erlebt, das war so 1982 rum; die Bürgerinitiative hatte von Plänen erfahren, die WAA nun in Dragahn, statt in Gorleben zu bauen – das ist etwa vierzig Kilometer von hier weg. Und da gab's eine Rieseninformationsveranstaltung, bei der auch der

Herr Andreas von Bülow war, damals noch in seiner Eigenschaft als Bundesminister für Forschung und Technologie. (Das ehemalige Ministerium für Atomfragen, vom Atomminister Franz Josef Strauß. Anm. G. G.) Und dieser Herr von Bülow hat vor 1000 Leuten auf die Frage, wie er denn damit umgeht, wenn hier mal in fünfzehn oder zwanzig Jahren tatsächlich was passiert mit dieser Anlage, Folgendes gesagt: ›Ja wieso, da ist meine Amtszeit doch längst zu Ende, da übernehme ich doch keine Verantwortung mehr!‹

Damals wußte man schon von den Störfällen in den WAAs in La Hague und besonders in ›Windscale‹ in England, das man deshalb dann ja auch in ›Sellafield‹ umbenannte, um das vergessen zu machen. Eine WAA gibt das Tausendfache von dem ab, was ein AKW bereits im Normalbetrieb an Radioaktivität an die Umwelt abgibt – aber das stört einen Bundesforschungsminister ja nicht. Man hätte ihn windelweich prügeln müssen, aber Gewalt lehnen wir ja ab. So gab es nur ein langes Pfeifkonzert. Der nächste WAA-Standort, nachdem er in Dragahn auch nicht durchsetzbar war, war ja dann Wackersdorf… Aber auch dort war's politisch nicht durchsetzbar!

Ein anderes Beispiel ist Morsleben. Bei Helmstedt liegt das. Es war das ›zentrale DDR-Endlager für radioaktive Abfälle‹, und in den Einigungsvertrag damals wurde die DDR-Betriebsgenehmigung mit übernommen und Endlagerung von schwach- und mittelaktivem Müll für weitere zehn Jahre ermöglicht. Angela Merkel hat in den 90er Jahren, in ihrer Zeit als Bundesumweltministerin, dreist gelogen. (Bundesamt für Umwelt, Naturschutz und Reaktorsicherheit, BMU, gegründet 1986 nach Tschernobyl. Minister: Wallman, Töpfer, Merkel, alle CDU, ab 98 Trittin Bündnis 90/Die Grünen, Anm. G. G.) Bedenken Sie mal, die Frau ist promovierte Physikerin, und sie hat damals quasi garantiert, Morsleben sei ›10 000 Jahre sicher‹. Sie gab eine Verlängerung der Genehmigung bis 2005. 2001 löste sich ein mehrere tausend Tonnen schwerer Salzblock von der Grubendecke, und es war nur ein glücklicher Zufall, daß er keine Behälter getroffen hat. Bürgerinitiativen und Greenpeace mußten per Gerichtsbeschluß den Betriebsstop erwirken; bis heute wird ›stillgelegt‹, ohne daß was passiert.«

Wir machen eine kurze Pause. Frau Tietke bringt zwei widerspenstige Pferde auf die Weide, wir betrachten die gradezu südländisch strotzenden Blumen und Kletterpflanzen in Hof und Garten, die von der Schwiegermutter hingebungsvoll gepflegt werden.

»Ich will vielleicht kurz noch mal die Anfänge etwas deutlicher machen, damit auch die Jungen sehen, wie das hier mit uns gemacht wurde. Die ›Deutsche Ges. z. Bau u. Betrieb v. Endlagern f. Abfallstoffe‹ brauchte ja zwölf Hektar Land. Bevor die Aufkäufer hier aufkreuzten, hat es damals an insgesamt drei Stellen größere Waldbrände gegeben, zufällig genau an den Flächen, die dann zur Debatte standen. So einige Bauern haben damals verkauft, es wurden vier- bis achtfach überhöhte Preise geboten für schlechtestes Land, das zudem abgebrannt war und auf eigene Kosten hätte wieder aufgeforstet werden müssen. Viele Bauern aber haben widerstanden, und auch Graf Bernstorff, der hier ansässig ist und Grundbesitz hat, weigerte sich kategorisch und ist bis heute einer unserer unerbittlichsten Kämpfer. Na, jedenfalls wurde dann zum Glück die WAA abgeblasen; wir hatten in diesem Punkt gesiegt, aber sie hatten ja jetzt das Gelände. Und dann ging's um die Zwischenlagergenehmigung. Hier mußte durch den Landgemeinderat abgestimmt werden. Und da hatten die Mitglieder ein Schriftstück von 1200 Seiten zu lesen vorher, um sich sachkundig zu machen. Also, das übersteigt die Kapazität von jedem, besonders aber von Bauern, die morgens um vier aufstehen zum Melken und um elf in der Nacht ins Bett gehen. Die Mehrheit hat einfach zugestimmt. Das war 1981. Hier im Landkreis brannte natürlich die Luft. Das war extrem, diese

Feindschaft, die plötzlich ausgebrochen war, bis hin zu Schlägereien.

Wir haben damals gesagt, die einzige Möglichkeit, die wir jetzt noch haben – denn Argumente scheinen nichts zu bewirken –, wir müssen es Politik und Betreibern so schwer wie nur möglich machen. Das ist ja bis heute unsere Prämisse. Und als das Zwischenlager genehmigt war, da gab es ja dann weitere ›Probebohrungen‹. 1001, 1002, 1003, und um jede Tiefbohrstelle gab es Kämpfe, bis hin, daß Bauern nachts Jauche reingepumpt haben. Und dann kam 1004. Von der Besetzung dieser Bohrstelle habe ich vorhin am Anfang erzählt; darauf wurde ja die Freie Republik Wendland errichtet. Der spätere Bundeskanzler Schröder, er war damals Juso-Vorsitzender, der hat dort auch mitgemischt. Er hat die Bewegung unterstützt. Als er Bundeskanzler war, hat er zu verstehen gegeben, ihr könnt gern zu mir nach Berlin kommen ins Kanzleramt, wir können fressen und saufen, aber bitte keine Politik!

Zu den Probebohrungen gibt es auch noch eine sehr interessante Geschichte, die zeigt, mit welcher Unverschämtheit wir hier verschaukelt werden. 1981 wurde ja der erste Schacht abgeteuft, im September. Im Juni saß der Hamburger Geschichtsprofessor Helmut Bley im Intercity-Speisewagen und hörte zufällig eine lautstarke Unterhaltung zwischen mehreren Herren. Einer war ein Ministerialbeamter von der Genehmigungsbehörde, ein anderer war der Leiter der Abteilung ›Sicherstellung und Endlagerung‹ bei der Physikalisch-Technischen Bundesanstalt. Das stellte sich aber erst später heraus. Und bei dem Gespräch ging es also darum, ob man den Erkundungsstollen, der maximal einen Durchmesser von 3,50 Metern haben darf, ob der nicht gleich 7,50 Meter Durchmesser bekommen soll, denn so breit muß ja der Stollen sein, um die Endlagerbehälter da nachher runterzukriegen. Das sind exakt die Endlagermaße. Die Herren haben ein bißchen rumgeredet, ob man das wohl durchsetzen kann usw.

Gebohrt wurden dann, glaube ich, 7,80 Meter! Das zeigt uns, daß die es ernst meinen mit ihren Absichten und vollkommen sicher sind, daß die Standortfrage entschieden ist.

Ich war da ja jetzt mit unten im Gorlebener Salzstock, im Zusammenhang mit dieser HA-Schult-Aktion, die sozusagen eine ernsthafte Aktions-Kunstsache war zu diesem Problem, und da konnte man sich das unten angucken, mit Führungen. Und das war schon gigantisch, was da gebaut wurde – unterirdisch und oberirdisch. Also, das ist kein Erkundungsbergwerk, das Ding ist fertig! Das ist eine komplette unterirdische und oberirdische Anlage fürs Endlager. Es sind ja schon, ich glaube, 1,3 Milliarden Euro in die ganze Anlage reingeflossen, spätestens bis 2030 muß ein Endlager her für hochradioaktive Abfälle. Da lassen sich alle erst mal Zeit. Und irgendwann, so hofft man anscheinend, wird der Widerstand ermüden, wird man vergessen haben, daß es bereits einen toten Arbeiter gab, beim Abteufen des Schachtes. Beton haben sie reingekippt, weil ihnen das zusammenzubrechen drohte, und gegen den Grundwassereintritt muß die Außenhülle tiefgefroren werden, mit Riesenaggregaten, mit einer Leistung von 50 000 Kühlschränken, mit Strom aus der Steckdose. Zahlreiche Gutachten seit 1977 haben eindeutig nachgewiesen, daß der Salzstock vollkommen ungeeignet ist, weil er nicht mal das Mindestkriterium ›Geschlossenes, durchgehendes Deckgebirge, aufweist‹ das zur Abschirmung notwendig ist. Verlangt wird ja Abschirmung von der Biosphäre für, ich glaube, eine Million Jahre. Na! Sie waren ja nicht mal fähig, den Fußboden in der Zwischenlagerhalle richtig zu berechnen. Da sind die mit dem Castor drübergefahren und *krkrkrkr* ... ging's, und sie mußten die ganze Halle neu betonieren. Oder sie hatten eine zu kleine Schiebetür eingebaut und kriegten ihren ersten Castor gar nicht rein usw. Und da wollen sie über unvorstellbare Zeiträume verbindliche Zusagen machen?!

Zehn bzw. elf Jahre konnten wir die Nutzung des Zwischenlagers verhindern. Am 25. April 1995 kam dann der erste Castor-Transport nach Gorleben, einen Tag vor dem neunten Jahrestag von Tschernobyl! Und da hat Angela Merkel wieder was sehr Aufschlußreiches gesagt. Angesprochen auf die riskanten Verladepraktiken, antwortete sie: ›Beim Kuchenbacken geht auch mal ein bißchen Backpulver verloren.‹«

Das Handy gibt jubelnde Töne von sich. Frau Tietke lächelt und sagt: »Komisch, das ist eine Castor-SMS mit Infos über den Stand der Dinge; es finden ja grade drei Castor-Transporte vom Forschungsreaktor Dresden-Rossendorf ins Zwischenlager nach Ahaus statt, sechzig Stunden Fahrt. Da wird natürlich blockiert und demonstriert, der Widerstand ist überall! Sehen Sie, an solche Kommunikationsmittel war ja früher nicht zu denken. Aber wir haben trotzdem Wege gefunden, uns zu vernetzen bei den Aktionen. Bei uns hier findet die sogenannte ›Grüne Woche‹ immer im Herbst statt. Für uns Bauern heißt das, die Herbstbestellung ist dann abgeschlossen, Kartoffeln sind eh raus, das einzige, was noch ansteht, sind Rüben, die müssen aus der Erde raus und in die Zuckerfabrik gebracht werden. Die Zeit ist relativ günstig, aber es bleibt natürlich noch genug Arbeit liegen. Früher, als hier andauernd was war, da haben mein Mann und ich z. B. oft dermaßen unsere Arbeit vernachlässigt, daß es Krach gab mit den Schwiegereltern.

Also, wir kennen das Procedere heute auswendig, obwohl die Auflagen die man uns macht, z. B. Demonstrationsverbot, Beherbergungsverbot usw., immer schärfer werden. Das Neueste aus dem niedersächsischen Innenministerium: Wer sich in Gorleben ankettet, hat mit Gentests zu rechnen! Das ist die Antwort, die sie gefunden haben auf den tödlichen Unfall eines jungen französischen Castor-Gegners im Herbst 2004. Der hatte sich in Lothringen am Gleis angekettet und ist vom Zug überrollt worden. Es war in einer Kurve, der Zug ist viel zu schnell gefahren, der Beobachtungshubschrauber war zum Tanken. Also, daß dieser junge Mensch, der Sébastien Briat, sterben mußte – er ist so alt wie mein Sohn –, das hat mich zutiefst berührt, berührt mich immer noch. Und es ist wirklich eine Tragik, daß er *unseren* deutschen Atommüll blockiert hat, der aus der WAA La Hague kam. Aber damit hat er zugleich ein Prinzip der großen Widerstandsbewegung gezeigt: Es geht uns nicht um ein regionales Problem, um kein nur nationales, es geht uns um die Beendigung jeglicher Atomtechnik weltweit, egal, ob militärisch oder zivil. Das möchten wir wirklich dick mit Rot unterstreichen! Die verschiedenen Widerstandsgruppen haben dann damals beschlossen – trotz oder wegen dieses Todes –, weiterzumachen mit den Aktionen. Es wurden dann auch sehr viele schwarze X verwendet neben den gelben, um die Trauer auch damit zu dokumentieren.« Wir fragen nach der Herkunft dieses verbindlichen Widerstandssymbols.

»Das kam so, daß ja der Transporttermin immer so lange wie möglich geheimgehalten wurde und wird, und da hat man gesagt, wir mobilisieren für den Tag X. So war es plakatiert, so war es im Umlauf, und so wurde das gelbe X zum Widerstandssymbol. Das gibt's inzwischen sogar in Silber, mit Brillis besetzt. Andre haben ein X im Nummernschild oder ein kleines gelbes am Spiegel hängen. Aber das Wesentliche ist, es ist bekannt, und man kann es überall schnell zusammenbasteln, mit Stöcken im Wald, mit Eisenbahnschienen, mit allem. Und diese X hier an den Fenstern und Häusern, die zeigen allen, wenn wieder ein Castor-Transport ansteht, hier könnt ihr klingeln, hier werdet ihr aufgenommen. Das sind so selbstverständliche Formen, die sich hier einfach über lange Zeit entwickelt haben. Und wie es aussieht, wird das auch so bleiben. Die Castor-Transporte werden uns weiterbeschäftigen, auf unabsehbare Zeit. Rot-Grün hat ja den versprochenen Atomausstieg nicht hingekriegt; der Atomkonsens ist ja eine reine Schwindelpackung, die Reststrommengen sind zu hoch, und die Urananreicherungsanlage Gronau z. B.

wurde *nach* dem Atomkonsens ausgebaut usw. Die Atompolitik orientiert sich nicht an Ökologie und Strahlenschutz, sondern an den Interessen der Stromwirtschaft. Jedenfalls, diese unsinnigen Atommülltransporte müssen aufhören, Verträge hin, Verträge her! Der sicherste Platz ist in unseren Atomkraftwerken, nachdem sie abgeschaltet wurden. Stattdessen produzieren wir in Deutschland jährlich weiterhin 20 000 Tonnen Atommüll, bringen ihn ins Ausland und holen ihn wieder zurück. Und dort wird er ja nicht ›aufgearbeitet‹, das klingt nur gut. Dort zerlegen sie die Dinger lediglich für eine Endlagerung, die noch kein Mensch kennt! Und man würde ja denken, dadurch wird's weniger, aber wir bekommen die vierzehnfache Menge von dem wieder, was wir hingebracht haben, alles, was beim Zerlegen verseucht wurde. Und das alles geht nach Gorleben. So ein Castor-Behälter wird herumtransportiert über große Strecken, im Dannenberger Bahnhof auf Tieflader umgeladen, hierhergefahren. die Polizisten, die ihn ›schützen‹ mit ihrem Körper, werden ständig ausgewechselt wegen der Strahlung. Das radioaktive Potential in einem einzigen Castor-Behälters entspricht der Radioaktivität von bis zu vierzig Hiroshima-Bomben – also jetzt nicht Sprengkraft und so, sondern quasi der Fallout, der radioaktive Niederschlag nach einem schweren Unfall. Ein ganz leichter wäre auch schon eine schwere Katastrophe. Und diese ganzen Behälter, die stehen hier in einer Leichtbauhalle rum, strahlen Hitze ab. Also, unsere Kartoffelknollen sind besser geschützt! Es gibt in der Halle keinen Filter, keine Abschirmung. Nur Lüftungsschlitze, um die Wärme abzuführen. Und irgendwo gibt's ein Strahlenmeßgerät.

Meine Schwiegermutter, die über achtzig ist, eine sehr besonnene Frau und frühere CDU-Wählerin, wie alle hier, die hat kürzlich gesagt: ›Da hilft alles nichts mehr, da müßt ihr mal eine Bombe reinschmeißen!‹«

7

ÜBERMANNUNG

SOZIALARBEITERIN

Uta Ludwig, Leiterin von »Bella Donna«, Fachberatungsstelle für Opfer von Menschenhandel, Frankfurt/Oder. 1960 Einschulung Karl-Marx-Oberschule. 1970 Bezirksbeste bei der Bezirksolympiade i. Bereich Chemie (die Bezirksbesten durften 14 Tage in einem Unilabor tüfteln). 1971 Geburt d. Tochter. Ausbildung z. Chemielaborantin i. Leuna, 1974 Abschluß. Abitur 1977, VHS Weimar. Ausbildung z. Krankenpflegerin. 1984 Abschluß. Ab 1985 Studium d. Textilgestaltung a. d. Kulturakademie Marxwalde (extern), Abschluß 1988, daneben verschiedene Tätigkeiten u. a. auf d. geschlossenen Psychiatrie (Forensik) d. Uniklinik Halle; Knastarbeit i. d. Freizeit; Leitung d. »Wichernheimes« (Pflegeheim) Frankfurt/Oder; künstlerische Leiterin im »Haus der Lehrer«. 1989 Gründung eines Künstlerclubs, frauenpolitische Aktivitäten, Abgeordnete im Stadtparlament Frkf. O. u. Gründung von Belladonna e. V. Der Verein gründete 1990 ein Frauenhaus. Aus diesen Gründungen entwickelte sich die Arbeit der heutigen Fachberatungsstelle »Bella Donna«; die Arbeitsschwerpunkte sind: Hilfe f. Zwangsprostituierte, Opferschutz, Streetwork-Arbeit mit Prostituierten, langfristige Zeugenbegleitung, Akquisition v. finanziellen Mitteln. Frau Ludwig ist Verfasserin zahlreicher Texte z. Thema Sexarbeit, Zwangsprostitution, Migration, Opferschutz und -hilfe. Sie ist u. a. Mitglied i. »Europäischen Forum f. angewandte Kriminalpolitik« und arbeitet zusammen mit diversen Frauen in Selbsthilfe- und Hurenprojekten i.

In- und Ausland (Schwerpunkt Polen, Ukraine, Weißrußland). Uta Ludwig wurde 1954 als Tochter eines Chemie-Dipl.-Ingenieurs und einer Dipl.-Pädagogin geboren, sie ist geschieden u. hat eine Tochter.

Die »Ware Frau« ist ein Marktsegment, der Frauenhandel zum Prostitutionszweck wird international organisiert. Er wuchs seit dem Ende der Sowjetunion 1991 zum gewinnträchtigsten kriminellen Geschäftszweig der globalisierten Welt. Die Profite überflügeln inzwischen die des illegalen Waffen- und Drogenhandels. Frauenkörper werden unter dem geschäftstüchtigen Zugriff krimineller Profis und Laien zur Ressource. Ihre Plünderung entspricht der Nachfrage, sie unterliegt keinen Börsenschwankungen und geschieht vor aller Augen. Mitteleuropäische Käufer sexueller Dienstleistungen erwarten ganz selbstverständlich eine ethnisch breite Palette junger Frauen. Und dieses Selbstverständnis teilt der kleine Arbeiter und Angestellte, der sich auf dem polnischen Straßenstrich zum Schnäppchenpreis bedienen läßt, mit dem leicht perversen Fernsehmoderator, der mehr kauft, oder auch mit dem ehemaligen VW-Manager und »Sozialreformer« Hartz, dem die Ware nicht teuer genug sein kann.

Unter »normalen« Bedingungen kaufen in Deutschland schätzungsweise täglich 1,2 Millionen Männer bei 400 000 Prostituierten Sex. Die Lebensbedingungen der Frauen bleiben ihre Privatsache.

Das Hilfsprojekt »Bella Donna« residiert in Frankfurt/Oder in einem dreistöckigen Steinhaus. Im parkartigen Gelände des 1891 gegründeten Lutherstifts ist es ruhig geworden. Heute arbeiten nur noch die Geriatrie, ein Diakonissen-Mutterhaus, ein Altenwohn- und ein Pflegeheim. Frau Ludwig empfängt uns herzlich und bittet uns in den Konferenzraum. An der Wand hängt eine große Karte der ehemaligen Sowjetunion mit kyrillischer Beschriftung. Solch eine Karte sahen wir zuletzt 1994 in einer eben verlassenen russischen Kaserne. Damals waren wir bestürzt, Europa aus einer so vollkommen ungewohnten Perspektive, ganz klein am linken Rand, zu sehen.

Frau Ludwig bewahrt ihre Zigaretten in einer alten graublauen Blechschachtel mit der Aufschrift »Flagship« auf. Sie nimmt eine heraus, zündet sie an, und mit dem Ausblasen des Rauches beginnt sie zu erzählen:

»Ich habe diesen Verein gegründet. Zwischen '89 und '90 damals – nee, ich fang andersrum an, das hat sich ja eins nach dem anderen entwickelt. Genau zur Wende habe ich einen Künstlerverein gegründet; wir wollten an diesem neuen Gestaltungsprozeß ja aktiv mitarbeiten, da eindringen in das Neue. Meine Freunde waren alle beim Forum damals; es gab da erste Demonstrationen, und bei einer Kundgebung wollte ich einfach nur ein Liebesgedicht vorlesen, aber ich wurde daran gehindert. Stattdessen haben lauter Männer geredet, und ich hörte immer nur: Wir müssen, wir müssen! Ich wollte nicht schon wieder gesagt kriegen, was ich muß! Da habe ich einen unabhängigen Frauenverband gegründet. Ich war dann hier auch mit am Bezirks-›Runden Tisch‹. Weil sich aber im Frauenverband immer mehr Frauen organisierten und dann outeten als ›informelle Mitarbeiter‹ der Stasi, gab's Probleme. Ich sagte, nein, mit solchen Leuten will ich auch nicht arbeiten. Wer direkt bei der Staatssicherheit gearbeitet hat, o. k., der hat seinen Arbeitsvertrag unterschrieben, das lag offen. Aber informelle Mitarbeiter, die sich nebenbei ein Zubrot oder sonstige Vorteile verdienten und heimlich ihre engsten Freunde bespitzelten, die lehne ich ab. Ich war da ein Hardliner; ich war genug observiert worden, auch von ›Freunden‹, habe ein paar Hausdurchsuchungen hinter mir, ich wollte diese Leute nicht. Da haben wir paar, die dagegen waren, uns hingesetzt und gesagt: Was machen wir nun? Der unabhängige Frauenverband ist sozusagen unterwandert, das Forum ist frauenunfreundlich, das haben die Männer an sich gerissen, da lassen wir uns nicht als Alibi benutzen. Also gründeten wir einen neuen Verein, der hieß erst ›Brücke‹, dann haben wir ihn aber umbenannt in ›Belladonna‹. Belladonna e.V, zusammengeschrieben, das ist heute der Träger, und ›Bella Donna‹, getrennt geschrieben, ist die Fachberatungsstelle. Der Name Belladonna war von mir, ich bin drauf gestoßen, daß das ein sehr interessantes Gift mit vielen Eigenschaften ist; die weisen Frauen haben es benutzt für die ersten schmerzlosen Geburten usw.

Ich saß ja dann auch im Stadtparlament für die SPD und habe dann so richtig mitgekriegt, wie das läuft, mit Fraktionszwängen und allem. Ich hab den Sozial- und Gleichstellungsausschuß geleitet, und 1999 hat unser Verein Belladonna dann ein Frauenhaus gegründet. Zu DDR-Zeiten gab's das ja nicht, obwohl es viel häusliche Gewalt gab, das weiß nur keiner mehr. Ich habe mir dann vom ersten autonomen Frauenhaus in West-Berlin das Konzept besorgt. Und dann habe ich mich ganz darauf konzentriert. Die Stadtverwaltung hat mich zwei Jahre in ABM angestellt, mein Arbeitsauftrag: Errichten eines Frauenhauses und Frauenzentrums, und für Letzteres haben wir sogar eine kleine, feine feministische Bibliothek mit reingekriegt, im Endeffekt. Wir hatten ja so viel nachzuholen. Es war eine gute, aktive Zeit, vier Jahre lang.« Eine drahtige dunkelhaarige Frau kommt freundlich grüßend herein. »Das ist Sylvia, eine ganz langjährige Mitarbeiterin«, sagt Frau Ludwig. In freundschaftlichem Tonfall werden ein paar Fragen geklärt. Dann können wir fortfahren. »Ich habe mir damals gesagt, ich will einfach gute, aktive Frauen als Mitarbeiterinnen haben, die Ausbildung ist nicht die Voraussetzung, die können wir später nachholen. Ich hab' viele ausgebildete Pädagogen und Psychologen gesehen, die menschlich gar nichts konnten. Mir war einfach ein guter Mitarbeiterstab das Wichtigste. Die sind von überall her gekommen, auch aus dem Kuhstall. Die Mitarbeiterin von eben, Sylvia, die hat früher Kühe gemolken in der LPG und wurde eine der Besten hier. Wir haben uns vom Europäischen Sozialfonds Fördermittel besorgt für Aus- und Weiterbildung und zusammen mit erfahrenen Frauen so eine Ausbildung zusammengeschustert, dreijährig, und die war so hieb- und stichfest, die Mitarbeiterinnen waren so fit und kompetent, daß das Land Brandenburg nach gründlicher Prüfung sich gewundert hat und sagte, das finden wir sehr gut und werden diese Ausbildung im Land Brandenburg anerkennen, das hieß ›sozialpädagogische Mitarbeiter für den Frauenbereich‹. Wir waren Pilotmodellprojekt.

1993 haben wir dann die zwei ersten Prostituierten aufgenommen, sie waren sechzehn und auf der Flucht. Es war Freitagabend, und weil sie minderjährig waren, hätten wir sie gar nicht aufnehmen dürfen. Beide waren verletzt. Es gab Ärger, wir hatten keine Erfahrungen und ein Riesenproblem, wir waren davon einfach überfordert. Ich hab' dann angefangen, mich auch politisch mit diesen Fragen zu beschäftigen. Und inhaltlich, mit Prostitution, Pornographie, SM, Hardcore- und harter Pornographie. Ich hatte ja keine Ahnung, hatte noch nie eine Prostituierte in den alten Bundesländern gesehen – in der DDR gab's das nicht bzw. nur in einer bestimmten Form, z. B. zu Messezeiten. Ich war befreundet mit einer Frau, die hat sich da als Informationsdame ihr Westgeld verdient, in den 70er und 80er Jahren. Sie hat versucht, mir die Vorteile zu erklären, aber das war nicht in meinem Denkvermögen. Und als ich dann das ganze pornographische Material gesichtet hatte, immer erst ein kleines Stück, also, ich fand das abstoßend, degradierend, für mich hat das nichts mit Sexualität zu tun, mit Nähe, Intimität. Aber ich wollte mich mit der Materie mal bekannt machen, denn es war inzwischen die Elfriede Steffan vom Sozialpädagogischen Dienst in Berlin bei uns gewesen zu einem Besuch, die sagte, sie brauchen Streetworker zur Aidsprävention im grenzüberschreitenden Raum, nach Polen zu, wir seien ihr als Projekt aufgefallen – wir waren bei Aids-Konferenzen auch in Berlin –, und nach einer Viertelstunde waren wir uns einig, wir machen das. Ich dachte,

o. k; das Frauenhaus läuft, das Frauenzentrum läuft; wir hatten ein wunderbares Haus in der Bergstraße 155, Eckhaus, drei Etagen Frauenzentrum, zwei Etagen Frauenhaus, es gab eine akute Etage, Bibliothek und Café, ein Lesben- und Schwulentreff war drinnen – also das lief alles. Dann muß ich noch dazusagen, 1994 habe ich mein Mandat abgegeben. Ich hatte schon Magenschmerzen; einerseits habe ich voll in der Praxis gearbeitet, und andererseits das Geeiere im Rathaus ständig gehabt. Dann kam noch eine Anfrage vom Ministerium, ob ich das ›Referat Frauenhäuser‹ übernehmen will, das hab’ ich gleich abgelehnt, ich zieh doch nicht nach Potsdam um! Ich bin auch kein Schreibtischmensch. Ich wollte das alles nicht mehr. Da habe ich der SPD-Fraktion und auch dem Stadtparlament geschrieben als Begründung, mein Anspruch und die Realität der Abgeordnetentätigkeit stimmen nicht überein, ich entscheide mich für die Praxis und gebe deshalb mein Mandat ab. Jetzt war ich alles los und konnte mich auf das Neue konzentrieren.«

Sie streichelt unseren Hund, der aufgewacht ist und sich eine kühlere Liegefläche sucht, zündet sich ein Zigarette an und fährt fort: »Ich habe beschlossen, die Streetworkarbeit mit Sylvia zusammen zu machen, wir beide kommen sehr gut klar. Das wurde für drei Jahre von der EU finanziert, angeregt durch die WHO, die ein Interesse hatte herauszufinden, wie sich bei einem solchen wirtschaftlichen Gefälle die sexuell übertragbaren Krankheiten ausbreiten, d. h., unser Auftrag war Aidsprävention und Daten sammeln über die medizinische Infrastruktur usw. Dann war aber das Problem, daß wir eigentlich keine Ahnung hatten von Streetwork und Prostituierten, da haben wir beschlossen, wir müssen kompetente Beratung einholen. Und so haben wir von ›Hydra‹, dem Prostituiertenprojekt aus Berlin, Hilfe bekommen. Eine Aussteigerin hat uns aufgeklärt über Sextechniken, also, worauf kommt es besonders an, wie ziehe ich unbemerkt ein Kondom mit dem Mund drüber, was ist und wie geht ›Falle schieben‹ – das eine Arbeitsmethode zur Vortäuschung des Geschlechtsverkehrs durchs Hinschieben der Hand – also, die Hurenorganisationen haben uns da sehr geholfen, auch ›Kassandra‹. Als wir uns dann einigermaßen ›fit‹ fühlten, sind wir los über die Grenze, hatten Sprachmittler dabei von der Universität Viadrina. Ja – aber wie erkennt man nun Prostituierte? Da stehn zwar Frauen, sehen schick aus, aber die sehen nicht aus wie im Westen, die haben keine Stiefelchen an, nicht diese Arbeitskleidung. Wir haben dann einfach gefragt, auf eine nette, akzeptierende Art, da konnten sie sich entscheiden, wollen sie mit uns reden oder nicht. Wir waren dann fast täglich auf dem Straßenstrich, auch in den Clubs, die anfangs reine Schmuddelclubs waren. Es hat etwa zwei Monate gedauert, dann waren wir drin. Wir hatten überlegt, wie ziehen wir uns an? Ich ging in Schwarz, mit langem Rock, Sylvia ging mehr sportlich. Und wir stießen auch auf so scheinbar kleine Probleme wie das, daß sie kein Gleitgel hatten. In Polen gab's nur eine Fettcreme, aber die ist katastrophal, denn sie macht ja gleich das Gummi vom Kondom kaputt. Da haben wir also Gleitgel mitgebracht, in Fläschchen, die bekamen wir vom Sozialpädagogischen Institut kostenlos. Heute ist Gleitgel etabliert. Ich war immer so etwas zurückhaltend, wenn wir ins Bordell rein sind, aber Sylvia nicht, die hat gesagt zu den Zuhältern, wenn was vorlag: Also, hör mal, du kannst machen, was du willst, aber die Frauen werden nicht geprügelt! Behandle sie ordentlich, und wehe, ich komme das nächste Mal und sehe ein blaues Auge! Irgendwie ist das gut angekommen. Wir hatten einen Ruf. Wir haben uns auf die laufenden Geschäfte nicht schädlich ausgewirkt, vielleicht sogar im Gegenteil.

Es gab z. B. viele Nachfragen der Frauen wegen SM-Sex. Das war neu für die osteuropäischen Frauen, die waren ja keine Prostituierten, und zuvor gehörte das nicht gerade zu ihrem sexuellen Alltag. Es wurde aber immer mehr nachgefragt von den Freiern. Ebenso Sex ohne Kondom. Was wir auch noch gemacht haben, waren Selbstverteidigungskurse. ›Kassandra‹ hatte eine Tagung damals und am Ende wurde Selbstverteidigung angeboten. Das konnten wir dann weitergeben an die Frauen, damit sie wissen, was sie machen können bei Übergriffen, wenn Freier nicht bezahlen wollen oder noch mal Sex ›ohne‹, oder zum selben Preis wollen usw. Mir gefiel das gut mit der Selbstverteidigung. Wir haben uns darauf spezialisiert, mit den Frauen zu üben, z. B.: Wie zerlege ich das Auto eines Deutschen? Sein Lieblingsteil. Wo fange ich an? Am Kopfteil, an der empfindlichen Verkleidung, das merkt die Ehefrau am meisten! Wir haben dazu richtiggehend ein Seminar gemacht, auf der Straße, mit Demonstrationsobjekt. Und die Zuhälter haben wir weggeschickt und gesagt, es geht um Menstruation und Schwämmchen. Die Frauen brachten gebratenen Fisch mit und Wodka, das hatten sie von den Bauern besorgt. So ist es in Rußland üblich, wenn man zusammensitzt. Es wurde viel gelacht. In der Regel waren das damals meist Russinnen. Und Roma- und Sinti-Frauen aus Bulgarien. Die kommen mit ihrem gesamten Familienverband, der kümmert sich um sie, paßt auf, versorgt sie mit Wasser zum Waschen, mit frischen Sachen usw. Das müssen die anderen Frauen alles auch selber organisieren. Also, heute arbeiten wir mit Frauen aus der Ukraine, aus Rußland, Weißrußland, Kasachstan, mit Tschechinnen usw. und natürlich mit Polinnen. Alle haben natürlich ein Handy. Der Straßenstrich, auch hier im Grenzbereich, gilt als niedrigste Arbeit, höher angesehen ist die Arbeit im Bordell. Wobei ich denke, daß der Straßenstrich besser ist, da muß die Frau nicht animieren, nicht trinken, da geht's um die reine Dienstleistung, 15 bis 20 Minuten. Allerdings gibt's weniger Geld. Also, das war so die Hauptaufgabe, den Frauen in diesen Problemen beratend zu helfen. 80 Prozent unserer Arbeit haben wir im Grenzbereich gemacht, drei Riesen-Straßenstrichbereiche und Clubs, 20 Prozent der Arbeit war in Brandenburg. Wir hatten so um die 26 Bordelle, in die wir gingen, denn wir wußten ja, daß der Zuhälter in Brandenburg meinetwegen auch noch involviert ist in ›Begleitagenturen‹ auf polnischer Seite.

Und 1995 passierte dann etwas Gravierendes, was unsere Arbeit grundlegend verändert hat: Wir wurden von einer jungen Zwangsprostituierten um Hilfe gebeten und haben versagt. Es war mein Fehler, es war schlecht gelaufen, schlecht getimt, und als wir endlich alles geregelt hatten, war sie nicht mehr da. Und da haben wir die Geschichte recherchiert, überall nachgefragt, und es stellte sich heraus, sie war siebzehn oder achtzehn, ist durch einen Freund da reingezogen worden, er hat sie zur Prostitution gezwungen, sie eingesperrt, überwacht usw. Und da wurde uns klar, wir haben es hier nicht nur mit Prostitution zu tun, mit Aids-Prävention und ein paar guten Tricks, wir haben es hier mit handfester Gewalt und Kriminalität zu tun, mit Menschenhandel und Zwangsprostitution. Wir brauchen ein völlig verändertes Hilfssystem. Und da habe ich ein Konzept geschrieben und bin damit zum Innenministerium und konnte sie sogar überzeugen. 1996 bekamen wir die erste Schutzwohnung hier finanziert. Und 1997 haben wir dann die Fachberatungsstelle ›Bella Donna‹ – auseinander geschrieben – für Opfer von Menschenhandel gegründet. Alles im Frauenhaus, unter der Trägerschaft von Belladonna e. V. Es gab auch Finanzmittel, so daß wir zwei Streetworkerinnen angestellt haben und ich die Gelegenheit hatte, mich aus diesem Arbeitsbereich zurückzuziehen. Ich hatte die Arbeit ja sehr intensiv gemacht und war immer mehr ins Grübeln gekommen mit mir selbst. Ich habe immer mehr das Gefühl bekommen, das ist schmutzig, und das haftet auch an mir. Meine Vorstellungen von Sexualität sind andere geworden, haben sich verändert, stark verändert, so daß ich z. B. vorsichtiger geworden bin. Also, dieses reine Fallenlassen, so wie es früher mal war, das war vorbei. Meine Kollegin, die Sylvia, hat damit überhaupt kein Problem, aber sie ist auch aktive Lesbe, d. h., sie hat keinen Bezug zur Mann-Frau-Sexualität, wie ich vielleicht.

Ich konnte jedenfalls von Sex nichts mehr hören, und wenn dann auch noch mein Mann abends was wollte ...« Sie lacht und sagt dann ernst: »Es hatte sich für mich was geändert. Ich wollte nicht mehr. Und ich wollte auch nicht das, was ich früher konnte, ich wollte nicht mehr darüber reden.

Und da war das für mich wie eine Fügung. Ich sagte mir, mach, was dir am besten gefällt: Projekte zum Laufen bringen und dann an Mitarbeiter abgeben. Also bin ich raus aus der Streetworkarbeit und habe mich dem Auf- und Ausbau der Fachberatungsstelle gewidmet, die gesamten Außenverhandlungen geführt, bin reingegangen in die politischen Strukturen. Das mußte ja alles erst aufgebaut werden, zusammen mit anderen Personen und Institutionen, die sich auch mit der Hilfe für die Opfer von Menschenhandel und Gewalt in der Prostitution befaßt haben. Heute arbeiten wir eng zusammen mit dem Generalstaatsanwalt des Landes Brandenburg, mit den Kommissariaten, dem LKA, dem BKA, dem BGS, Ausländerbehörden, Sozialämtern, Ausländerbeauftragten, Rechtsanwälten usw., mit den Stellen jenseits der Grenze und natürlich mit den Selbsthilfeprojekten hier und dort; es gibt eine starke Vernetzung, und nur so kann man dem Problem ja begegnen. Aber das hat natürlich seine Zeit gedauert, ich kehre jetzt erst mal ins Jahr '98 zurück. Damals bekam ich übrigens, als Auszeichnung für mein soziales Engagement quasi, als einzige Frau von ganz Brandenburg eine Einladung zum Neujahrsempfang beim Bundespräsidenten Herzog. In der Einladung stand drin, ich soll in einem kleinen, kurzen Kostüm erscheinen. So was hatte ich gar nicht. Und ich hasse es, wenn man mir Vorschriften macht, was ich anzuziehen habe. Also bin ich gar nicht hingegangen. Und dann hatte sich hier ein Problem unerträglich zugespitzt: Der Bürgermeister – ein CDU-Mann, mit seinem Vorgänger von der SPD habe ich mich prima verstanden –, der hat sich zu meinem persönlichen Feind entwickelt. Ich kannte ihn noch aus DDR-Zeiten, da war er ein

kleiner Diakon. Nun hat er mich und das Frauenhaus mit halt-
losen Vorwürfen überzogen, das ging so ein ganzes Jahr lang, und
wir haben uns besprochen im Vorstand und beschlossen, wir geben das Frauenhaus zum 1. 1. 1998 ab, übergeben es dem Bürgermeister. Der wollte ja nur mich als Person weghaben und war gar
nicht vorbereitet.

Wir haben uns deshalb so entschieden, weil inzwischen die
Aufgaben Aids-Prävention, Streetwork und vor allem Opfer-
betreuung, Zwangsprostitution immer intensiver geworden waren. Wir mußten dann natürlich raus aus dem Frauenhaus und
uns neue Räume suchen und haben ganz schlechte gefunden, in
Eisenbahnnähe, eine Art Kellerwohnung, und dort hat man uns
immer noch nachgeschnüffelt usw. Ich kannte aus meiner Arbeit
im Wichernheim die hiesige Oberin vom Lutherstift. Das Wichernheim hat sich ja nach dem Krieg um ›gefallene Frauen‹ gekümmert, das ist also ein reiner diakonischer Auftrag, und deshalb begreift es die Diakonie auch als ihre Aufgabe, Opfern von
Menschenhandel zu helfen. Die Oberin hat uns also das alte
Holzhaus angeboten hier auf dem Gelände, und inzwischen sind
wir ja in einem Steinhaus, wo mehr Platz ist. 2003 wurden wir
Mitglied im Diakonischen Werk Berlin-Brandenburg, und das
war das Beste, was wir tun konnten! Hier haben wir ein Dach
über dem Kopf und sind in Sicherheit, man läßt uns in Frieden.
Wir sind im Dachverband der Diakonie, wir sind ein Länder-
projekt und haben auch eine Länderaufgabe. Inzwischen finden
die Vernehmungen der Opferzeuginnen sogar hier in unseren
Geschäftsräumen statt, das ist für die Zeuginnen viel angenehmer als auf einem Revier, denn sie kennen uns ja.«

Wir bitten sie, uns mal von einem solchen Fall zu berichten.
Sie überlegt kurz und erzählt: »Eine junge Frau aus Litauen
kam zu uns, der war Folgendes passiert: An ihrem Geburtstag
zu Hause, da hat eine Freundin, noch aus der Buddelkiste, gefragt, wollen wir nicht an irgendeinen See fahren und feiern? Die

Freundin hatte einen türkischen Freund. Sie fuhren zu dritt zu einem See, um zu feiern. Aufgewacht ist sie erst wieder, da war sie bereits in Deutschland. Sie sieht, wir ihre Freundin von dem Türken Geld kriegt. Man hatte ihr K.o.-Tropfen verabreicht. Dann wurde sie in ein Eros-Center gebracht, sie war vollkommen unter Schock. Der Paß wurde ihr abgenommen, man schloß ihre Tür ab. Und als sie sich grade aufs Bett gelegt hat, um etwas zur Ruhe zu kommen und nachzudenken, da wurde die Tür aufgeschlossen und einer kam rein und hat sie vergewaltigt. Das ist eine übliche Methode, um die Frauen durch Terror gefügig zu machen. Dort mußte sie dann arbeiten, hatte viele Kunden zu bedienen, zehn bis fünfzehn pro Tag. Sie klagt heute noch über Unterleibsschmerzen, ist hochtraumatisiert und kriegt immer so einen Tick, wenn sie davon erzählt. Ganz schlimm! Also, sie konnte durch Zufall entkommen und kam zu uns, hat auch umfangreich ausgesagt; das Verfahren lief so etwa zwei Jahre, der Türke wurde verurteilt, dem Mädchen wurde zu Hause der Prozeß gemacht, der Menschenhändlerin. Übrigens, 15 bis 20 Prozent der am Menschenhandel beteiligten Personen sind Frauen dieser Art. Na ja, das zog sich hin, sie brauchte auch therapeutische Hilfe, und wir haben sehr um einen Aufenthaltsstatus gekämpft. Plötzlich teilte sie uns mit, daß sie zurück will nach Litauen. Wir haben sehr abgeraten, aber sie hatte Heimweh. Wir sprachen alles mit der Staatsanwaltschaft ab, mit der Ausländerbehörde, dann fuhr sie weg. Wenig später bekamen wir einen herzzerreißenden Anruf aus einem Krankenhaus in Litauen. Man hatte sie erneut entführt, dort, in eine andere Stadt, sie sollte sich bereit erklären, in Spanien oder Griechenland als Prostituierte zu arbeiten. Und als sie sich weigerte, hat man mit einer Kalaschnikow aufs Bett geschossen, und dabei wurde sie verletzt, am Oberschenkel. Sie hatte dann versucht, sich das Leben zu nehmen, ist aber gefunden worden. Wir haben uns wieder mit der Staatsanwaltschaft in Verbindung gesetzt usw., sie zurückgeholt und gleich der Gerichtsmedizin vorgestellt, denn nur ein gerichtsmedizinisches Gutachten zu den Verletzungen zählt. Sie ist immer noch da, es geht ihr nach wie vor psychisch schlecht, wir machen ›Nachsorge‹. Sie hat ein Kind von einem deutschen Mann, lebt mit einem deutschen Mann, und kriegt jetzt ein zweites Kind von einem türkischen Mann. Sie sucht immer nach einer Entschuldigung irgendwie, ist aber natürlich unfähig zu einer, wie auch immer gearteten Partnerschaft. Um solche Frauen also kümmern wir uns, setzen ihre Ansprüche durch und begleiten sie.

Zur Erfüllung des Tatbestandes Frauenhandel gehören Nötigung, Zwang und Täuschung. Natürlich sind nicht alle in der Prostitution arbeitenden Migrantinnen Opfer von Frauenhändlern, wie es immer in den Medien dargestellt wird. Viele werden aber nichtsdestotrotz, aufgrund ihrer Lage, sozialen Situation, Illegalität, mit Verhältnissen konfrontiert, die sie in existenzbedrohende Abhängigkeiten bringen. Und für diese Probleme müssen politische Lösungen geschaffen werden, muß der Status der Frauen sich ändern, dafür setzen wir uns ein.«

Wir möchten zum Schluß noch ein bißchen über ihre Kindheit und Jugend wissen. »Ach, als Kind wollte ich mal Lehrerin werden, für Mathematik und Chemie. Ich liebte es, wenn was knallte und explodierte. Aber es ist anders gekommen. Also, bis zu meinem fünften Lebensjahr war ich bei meinem Lieblingsopa, den Großeltern väterlicherseits. Das war ein Kommunistenhaushalt, mit Bäckerei und Landwirtschaft. Ab dem sechsten Lebensjahr kam ich dann zu meiner Mutter und ihren Eltern. Das war ein Beamtenhaushalt und von den Großeltern her ein Nazihaushalt. Da paßte ich überhaupt nicht hin. Wäre das umgekehrt gewesen, hätte ich für mein Leben bestimmt miese Voraussetzungen gehabt. Ich bin eine Kämpfernatur geworden, durch meinen Lieblingsopa. Mit sechzehn habe ich etwas erlebt, das mich geprägt hat. Mehrere Mädchen meiner zehnten Klasse und ich sind am hellichten Tage mitten in Naumburg von russischen Soldaten mit Koppeln geschlagen und fast vergewaltigt worden. Am Ende haben wir alle im Krankenhaus gelegen. Die Kripo hat uns vernommen im Krankenhaus und gesagt, wir sollen keine Anzeige machen. Das fand ich ungerecht. Ich war empört. Daraufhin wollte ich aus der FDJ austreten. Man hat mich nicht gelassen, weil, ich war ja GOL-Sekretär der Schule. Und vor lauter Wut und Protest habe ich meinen FDJ-Ausweis genommen und angezündet beim Fahnenappell. Das hat aber immer noch nicht gereicht als Provokation. So habe ich dann bald darauf eine Fahne runtergerissen in der Stadt, vor den Augen eines Polizisten. Das war Mißachtung von staatlichen Symbolen. Ich mußte eine schriftliche Aussage machen bei der Polizei, und da habe ich reingeschrieben: Wenn Marx und Engels diesen Sozialismus sehen würden, dann würden sie sich im Grabe rumdrehen und heulen. Da kam ich dann sechs Wochen in Untersuchungshaft nach Halle. Mußte eine Zelle mit sieben kriminellen Frauen teilen – ich war sechzehn –, und ich war dermaßen entsetzt in diesen sechs Wochen, daß mich das verändert hat. Ich verlor meinen Studienplatz und bekam eine Menge Auflagen, sollte zu Hause bleiben usw. Also habe ich mit siebzehn ein Kind bekommen und konnte aus dem Haus gehen, hatte einen Mann. So kam ich zu meiner Tochter Mona. Die Sache hat nicht lange gehalten, ich habe mich getrennt und allein gelebt mit dem Kind, erst mal. Ich habe viel gearbeitet und meinen Mann kennengelernt. Die zweite Situation, in der ich gesehen habe, wie es wirklich ist, das war so 1975/76. Da habe ich beim Bezirkshygiene-Institut für Umweltschutz in Halle gearbeitet. Wir haben die Emissionswerte für Leuna und Buna gemessen. Ich war zur Geheimhaltung verpflichtet, hatte unterschrieben, daß ich die Werte nicht nach außen gebe, zehn Jahre lang. Es gab damals in der DDR kein Emissionsschutzgesetz. Wir sind mit dem Hubschrauber über Leuna und Buna geflogen und haben die Luftwerte gesammelt. Mein Chef hat rote Kreise drumrum gemacht, die durfte ich dann später wieder ausradieren. Das habe ich dann drei Jahre lang gemacht, und es hat mich wahnsinnig aufgeregt und verbittert, besonders auch, daß die in Leuna nachts die Filter ausgebaut haben, so daß ganz Halle nicht wußte, warum sie gehustet haben. Nach drei Jahren habe ich den Sinn meiner Existenz angezweifelt, ich konnte doch nicht zehn Jahre lang schweigend Werte ausradieren! Ich habe aufgehört und mich in der Psychiatrie beworben und wurde genommen. Nebenbei habe ich in der Freizeit Leute besucht im Gefängnis. Und so lernte ich auch Heike kennen; sie war in Bautzen, weil sie einen Bus angemalt hatte mit ›Laßt Biermann wieder frei!‹. Also, sie war hochgradig motiviert, und wir kamen auf die Idee, wir wollen doch jetzt Umweltmärsche organisieren in Buna und Leuna – inzwischen war auch meine Schweigepflicht fast um. Wir sind ständig in U-Haft gelandet, natürlich, es gab Hausdurchsuchungen, Leute standen vor der Haustür usw. Sie wurde ausgewiesen, und mich hatte man im Visier. Daran ist auch meine Ehe zerbrochen, weil er immer furchtbar gezittert hat. Meine Person war nicht mehr sicher, und da bekam ich über Stolpe einen Job bei der Kirche, im Wichernheim, damals zum Ende der DDR. Das war dann sozusagen der erste Schritt in die Zukunft. Hätte ich das alles nicht erlebt und gelernt, Belladonna wäre schon längst weg vom Fenster!«

8

ENTFESSELUNGSKUNST

OLIVIA P.

>»Die Diagnose ist eine der
häufigsten Krankheiten.«
Karl Kraus

Olivia P. (Pseudonym), Dipl.-Pädagogin, Mitarbeiterin i. »Weglaufhaus«, Berlin (Haus zum Schutz vor psychiatrischen Maßnahmen). 1968 Einschulung i. Berlin, 1974 Übergang z. Gymnasium, ab 1977 Schulfarm Scharfenberg, 1981 Abitur, 1982 Studium d. Erziehungswissenschaften a. d. TU Berlin. m. d. Schwerpunkt Sozialpädagogik (Studienschwerpunkt Frauenforschung bei Frau Prof. Thürmer-Rohr), 1987 Diplom (Diplomarbeit über: »Feministische Kritik an der Moral, die das Experiment am Menschen ermöglicht«). Danach div. Jobs m. Zeitverträgen, u. a. als Erzieherin, zeitweise Arbeitslosigkeit. Arbeit i. e. Mädchenprojekt, daneben berufsbegleitende Zusatzausbildung a. Kunsttherapeutin, 1996, Heilpraktikerinnen-Schein. Ab 2001 (neben d. Arbeit i. Mädchenprojekt) Tätigkeit als Einzelfallhelferin bei Support (gegr. v. VEREIN ZUM SCHUTZ VOR PSYCHIATRISCHER GEWALT E. V., dem Gründer und Träger d. »Weglaufhauses«). Nach Kündigung d. d. Mädchenprojekt (wg. Sparmaßnahmen) Bewerbung u. Anstellung i. »Weglaufhaus«. Olivia P. wurde 1962 i. Berlin als Tochter einer medizinisch-technischen Assistentin geboren, sie ist ledig und hat keine Kinder.

Er ist omnipräsent und als sprachliche Metapher, die sich von selbst zu verstehen scheint, vollkommen gesellschaftsfähig. Er ist eine der meistgebrauchten Worthülsen, mit deren Hilfe der Konsument – spätestens seit 1989 – seiner Empfindung für das unbegreifliche Walten von Geschichte und Marktwirtschaft Ausdruck verleiht: der Wahnsinn. Das bleibt aber ohne Folgen. Die sind bereits eingetreten. Eine solide Besessenheit innerhalb des Rahmens ist durchaus erwünscht, repräsentiert Vernunft und Ordnung. Manische Persönlichkeiten wirken kompetent, besonders in den oberen Etagen der Gesellschaft.

Wer aber Stimmen hört, die nicht, wie allerorten üblich, aus dem Handy kommen, sondern aus dem eigenen Kopf, wer Werbebotschaften und Endlosberieselung nicht im Flughafenklo oder Aufzug hört, sondern sie sich nur einbildet, der hat ein Problem. Wer manisch vor aller Öffentlichkeit die Realität leugnet, Psychopharmaka konsumiert, eine verzerrte Wahrnehmung der Wirklichkeit an den Tag legt, auf Fehlhandlungen beharrt und fremdgefährdendes Verhalten zeigt, ohne Politiker oder Mann der Wirtschaft zu sein, wird rigoros als pathologische Persönlichkeit diagnostiziert und bis zur Besserung der Symptome der Psychiatrie zugeführt.

Damit gerät der Betroffene in eine undurchschaubare Domäne ärztlicher »Heilkunst«. 95 Prozent der Patienten bekommen Psychopharmaka verabreicht, ein großer Teil davon in Form von Neuroleptika – trotz krankmachender, oft lebenslang fortbestehender Nebenwirkungen. Neuroleptika »fesseln« das ungewollte Erscheinungsbild, wirken als »chemische Zwangsjacke«, und damit wird ihre antipsychotische Wirkungsweise, der daran gekoppelte Heilerfolg, als bewiesen erklärt. Wer die Behandlung ablehnt, dem wird entgegengehalten, ihm fehle die Krankheitseinsicht. Dieses renitente Verhalten kann zur Zwangsbehandlung führen.

Es gibt eine flächendeckende psychiatrische und sozialpsychiatrische Erfassung und Versorgung von Verrückten aller Art, aber nirgendwo gibt es ein Schlupfloch für diejenigen, die genau davor fliehen möchten oder geflohen sind. Ein solch winziges Schlupfloch bietet sich lediglich in Berlin, im »Weglaufhaus Villa Stöckle«. Es entstand nach dem Vorbild der Weglaufhäuser, die Anfang der 80er Jahre in allen größeren Städten der Niederlande entstanden. 1996 eröffnete eine Gruppe von Vertretern der »Neuen Antipsychiatrie« – Leute mit Psychiatrieerfahrungen am eigenen Leib – das bis heute einzige »Weglaufhaus« Deutschlands (es gibt mehrere Projekte, sie scheitern aber mangels öffentlicher Mittel). Und auch dieses Haus gäbe es nicht ohne das jahrelange, rebellische Anrennen der Gründerinnen und Gründer gegen parteipolitische und bürokratische Hindernisse, und auch nicht ohne die Millionenspende eines Vaters, der seinen Sohn durch Suizid in der Psychiatrie verloren hat. In diesem Haus ist Psychiatern der Zutritt verboten. Es bietet wohnungslosen Männern und Frauen (ab achtzehn und mit Psychiatrieerfahrung) einen sicheren Unterschlupf auf Zeit. Wer unter der Psychiatrie gelitten hat, kann hier seine Fesseln loswerden, Diagnosen und chemische Zwangsjacke abwerfen und sich für ein anderes, selbstverordnetes Heilmittel entscheiden: das schrittweise Wiedererlernen von Selbstverantwortung, Selbstbeherrschung und Selbstbestimmung. Wer eine solche Zuflucht sucht, kann unter der Telefonnummer 40 63 21 46 jederzeit einen der Mitarbeiter erreichen.

Wir fahren an einem Frühlingsmorgen in den Norden Berlins. Das »Weglaufhaus«, eine Altberliner Villa von 1912, steht hinter einem Jägerzaun in Frohnau. Man würde hier eher erwarten, daß ein alter Herr mit Stock und Lodenmantel aus dem Haus auf die Straße tritt, nicht aber ein zerzauster junger Mensch mit einem Buch in der Hand, der lesend auf und ab wandelt. Der »Schandfleck« liegt mitten in einem gutbürgerlichen Villenviertel mit stillen Straßen, alten Bäumen, gepflegten, umzäunten

Grundstücken. S-Bahn und Bus sind gut erreichbar, in bequemer Entfernung liegen Felder, Wald und Brachland. Den Anwohnern scheint es an kaum etwas zu fehlen. Gegen die Nutzung des Hauses gingen sie anfangs vor Gericht, heute herrscht eine Art Waffenstillstand. Ein auffallend hoher Zaun trennt das »Weglaufhaus«-Grundstück von dem des Nachbarn.

Wir treten ein durch die offene Haustür, gleich daneben liegt eine wohnliche Küche mit schachbrettartigem alten Fliesenboden. Hier finden wir Olivia, die gerade Kaffee kocht, während eine Bewohnerin energisch die Einkäufe hereinträgt und verstaut. »Den Kaffee nehmen wir gleich mit, sonst ist er weg«, sagt Olivia und gibt uns lächelnd die Hand, »ich bring ihn schnell runter, dann machen wir vielleicht zuerst einen kleinen Hausrundgang.«

Die sehr eilige Besichtigung läßt nur kurze, scheue Blicke zu, in leger eingerichtete große Gemeinschaftsräume mit Terrasse und Ausblick hinaus zum Garten mit Teich und alten Bäumen. Wir sehen ein helles, mehr wie ein Arbeitszimmer wirkendes Dienstzimmer, in dem eine Bewohnerin sitzt und unseren Gruß mit abweisender Sprödheit erwidert. In den beiden oberen Stockwerken befinden sich die privaten Zimmer der Bewohner, meist Doppelzimmer. Eine Etage ist Frauen vorbehalten. Der gesamte Privatbereich ist für uns tabu, verständlicherweise. Wir steigen ins Souterrain hinunter. Dort liegen eine Menge Kleidungsstücke auf dem Boden herum, als seien sie von den Leinen gefallen. Neben Waschküche, Trockenraum, Wäschekammer, Heizungs- und Handwerkerraum gibt es auch noch ein Sportkabinett mit Sandsack zum Boxen sowie ein kleines Fernsehzimmer. Hier stören wir einen jungen Mann auf, der sich offenbar im halbdunklen stillen Raum zum Schlafen auf der Liege zurückgezogen hat. Er nimmt sofort eine sitzende Haltung ein, birgt sein Gesicht in den Händen und wirkt durch die Störung äußerst gepeinigt. Wir bitten um Entschuldigung, und Olivia schließt schnell die Tür. Nebenan in einem kleinen Büro und Bereitschaftszimmer nehmen wir erleichtert Platz. Olivia schenkt Kaffee ein, wirkt nervös und beginnt zu erzählen:

»Also ein Teil der Mitarbeiter sind Psychiatriebetroffene; nach der Quotenregelung müssen es mindestens 50 Prozent sein, angestrebt wird, daß es mehr sind. Aber der Öffentlichkeit gegenüber sagen wir das nicht, wer von den Mitarbeitern Betroffener ist und wer nicht. Es gab die Erfahrung, daß dann sofort durch die ›Diagnosebrille« geguckt wird. Aus diesem Grund spreche ich hier auch unter dem Pseudonym Olivia. Ich möchte schon gern authentisch sein können, aber wenn das nun mit meinem Namen und meinem Bild in die Zeitung kommt, dann ist mir das zu persönlich, und ich wäre zu befangen.« Sie fährt sich mit einer zarten Geste durchs Haar. »Also das ist von uns ausdrücklich so gewollt, Psychiatrieerfahrung, wir betrachten das bei den Mitarbeitern als Ressource, als Qualifikation, als Erfahrungsschatz, der eingebracht werden kann. Die Öffentlichkeit sieht das leider anders, da wird man ausgegrenzt, abgestempelt – man trägt den Diagnosestempel immer auf der Stirn. Ja, und ansonsten gelten für alle Mitarbeiter die gleichen Voraussetzungen: Unvoreingenommenheit und antipsychiatrische Haltung, Arbeiten ohne Diagnose-, Therapie- und Zwangsinstrumentarium, Bereitschaft zu gleichberechtigtem, basisdemokratischem Arbeiten, gleicher Lohn für alle, unabhängig von der Ausbildung. Sowie Geduld und Diskretion.« Sie lächelt, fährt sich durchs Haar und wirkt immer noch ein wenig aufgeregt.

»Und was die Nutzerinnen und Nutzer betrifft, so richtet sich unser Angebot hier besonders an Leute mit Psychiatrieerfahrung, die wohnungslos sind oder von Wohnungslosigkeit bedroht, weil Kündigung oder Zwangsräumung bevorsteht, und die sich insofern auf Grund ihrer Notlage schnell in einer akuten Krisensituation befinden, also Hilfe brauchen. Daß es nur obdachlose Psychiatriebetroffene sein dürfen, hat etwas mit der Bürokratie, mit der Finanzierung zu tun. Das ursprüngliche

Konzept war mal, daß das quasi zur ›Gesundheitsfürsorge‹ gehört hätte, finanzierungsmäßig. Das wäre dann aber voll über die ›Psychiatrieschiene‹ gelaufen. Dann wurde das Projekt zum Glück bei ›Soziale Wohnhilfe‹ angesiedelt, für Menschen in schwierigen Lebenslagen, nach § 72 BSHG – seit 1. 1. 2005 ist das jetzt § 67 SGB –, und diese Regelung hat Vor- und Nachteile für uns. Der Vorteil ist, daß mit den ›schwierigen Lebenslagen‹ die Situation der Leute ganzheitlicher berücksichtigt werden kann und eben, entsprechend unserer Konzeption, nicht psychiatrisch-diagnostisch argumentiert werden muß. Der Nachteil ist, daß Leute, die zwar Psychiatriebetroffene, aber nicht wohnungslos sind, nicht hierherkönnen, weil da eben die Finanzierung durch die ›Soziale Wohnhilfe‹ nicht gegeben ist. Allerdings ist die Anzahl wohnungsloser Psychiatriebetroffener groß; viele wohnten bei Lebenspartnern und landen in der Krise auf der Straße, Leute leben in Wohngemeinschaften, in betreuten Einrichtungen. Oder sie haben eine Wohnung, sind aber so durcheinander, daß sie die Miete nicht mehr zahlen, auf Mahnungen nicht mehr reagieren, in der Wohnung vielleicht nachts ›rumrasten‹ oder sogar die Möbel zerhacken oder aus dem Fenster werfen oder völlig vermüllen, so daß die Nachbarn die Polizei rufen, und dann kommt eben schnell eine Kündigung. Und ebenso schnell landet man mit so einer Krise wieder in der Psychiatrie. Genau für so jemanden ist das ›Weglaufhaus‹ da.

Das ist unsere Zielgruppe. Wir bieten Hilfe und Unterstützung in Form einer Krisenintervention, das heißt, wir helfen, die ganz konkreten Probleme zu lösen – was natürlich schon mal sehr entlastet. Also manche haben keine Sozialhilfe oder Rente, obwohl sie berechtigt sind, das leiern wir dann an, daß das läuft, oder jemand hat keine Krankenversicherung, das kommt immer häufiger vor, andere haben keinen Paß, keinerlei Papiere, oder sie haben Schulden, anhängige Strafsachen, verschiedene gesundheitliche Probleme, das alles muß geregelt werden, gemeinsam.

Also, eigentlich sind es die ganzen grundlegenden bürgerlichen Rechte, die wiederaufgebaut werden. Und natürlich müssen wir uns als erstes um die Kostenübernahme kümmern. Die Ämter wollen immer ganz deutlich die Krise sehen, die Aufnahme muß sehr gut begründet sein, denn wir sind ja eine relativ teure Einrichtung, im Vergleich zu den üblichen Wohnungsloseneinrichtungen. Wir bekommen pro Tag und Person etwa 113 Euro. Aber wir sind dafür auch einzigartig in unserem Angebot, eine absolute Ausnahme. Hier ist eine Rund-um-die-Uhr-Betreuung, 24 Stunden! Manchmal bewilligen die Ämter erst mal für drei bis vier Wochen. Dann machen wir einen Verlängerungsantrag, den müssen wir wiederum gut begründen. Die Ämter werden natürlich, wie es jetzt allgemein üblich ist, immer sparsamer. Sie machen immer mehr Druck. Krisen müssen jetzt schneller überwunden sein als früher. Wobei ja grade dadurch die Krisen sich verschärfen, bei sehr vielen Leuten. Im ungünstigsten Fall wird die Bezahlung nicht mehr übernommen, und der Betroffene wird in eine Obdachlosenpension gesteckt. Da geht er dann unter mit seinen Problemen, und dort gibt es keinerlei Betreuung. Aber in der Regel sind bei uns Aufenthalte bis zu einem halben Jahr möglich, in Ausnahmefällen auch länger.

Was ich vergessen habe zu erzählen – es findet bei uns hier immer auch ein Aufnahmegespräch statt, mit beiden diensthabenden Mitarbeitern, und die entscheiden dann, ob derjenige paßt, ob wir ihn aufnehmen können oder nicht. Von vorneherein ausgeschlossen ist die Aufnahme von forensisch Untergebrachten, wir nehmen auch keine Eltern- oder Elternteile mit Kindern auf. Wir sind auch nicht geeignet für Leute, bei denen das Hauptproblem Alkohol- und/oder Drogenabhängigkeit ist. Weil aber viele Psychiatriebetroffene natürlich auch damit Probleme haben, wird auf Grund der individuellen Situation entschieden, sofern sie bereit und in der Lage sind, im ›Weglaufhaus‹ jeglichen Konsum von Drogen und Alkohol zu unterlassen. Beim Aufnahmegespräch wird im Wesentlichen Folgendes geklärt: Entspricht unser Angebot den Bedürfnissen des Betreffenden, hat er die Voraussetzungen für die Kostenübernahme, in welchem Umfang kann er sich am Alltag der Hausgemeinschaft beteiligen, besteht die Bereitschaft, die Grundregeln für das Zusammenleben im ›Weglaufhaus‹ zu akzeptieren und einzuhalten, besteht der Wunsch, psychiatrisch verordnete Psychopharmaka abzusetzen – wobei das natürlich keine Voraussetzung ist, sondern lediglich ein Hilfsangebot von uns. Und wir erklären auch genau, daß wir eine Hausordnung haben und den Nutzungs- und Betreuungsvertrag, das muß sich jeder gut durchlesen und unterschreiben. Und da sind eben solche Sachen geregelt wie, daß es eine Gemeinschaftsessenskasse gibt, in die jeder 3,50 Euro pro Tag geben muß, daß jeder zweimal wöchentlich an den Hausversammlungen teilnehmen muß, denn da werden die gemeinschaftlichen Aufgaben verteilt, wie Einkaufs-, Putz- und Küchendienst. Ansonsten gibt es hier keinen Gemeinschaftszwang, überhaupt wenig Ge- und Verbote. Absolut verboten sind Gewalt und eben Drogen und Alkohol.

Die zentrale Frage von uns beim Aufnahmegespräch ist: Was ist dein Ziel? Was möchtest du hier erreichen? Also, manche sagen dann, ich möchte meinen Betreuer loswerden; oft sind es auch Leute, die möchten Psychopharmaka absetzen und brauchen dabei natürlich Hilfe und Unterstützung. Die anderen Punkte, Wohnungssuche usw., habe ich ja schon genannt. Wenn diese Punkte alle geklärt sind, nehmen wir den Betreffenden oder die Betreffende – Männer und Frauen halten sich anzahlmäßig so in etwa die Waage – auch sofort auf. Und in diesem aktuellen Moment geht es erst mal um die Entlastung von der Obdachlosigkeit, ums Zur-Ruhe-kommen. Wenn irgend möglich, geben wir den Neuen erst mal ein Einzelzimmer – sie können erst mal Kraft schöpfen, um sich zu stabilisieren, ihre Krise hier in den Griff zu kriegen oder zu überwinden. Vielen hilft es schon sehr, wenn sie die Ordnung der nächsten Schritte erkennen, daß sich in ihrem Leben systematisch was tun wird, was ihre Lage verbessert. Also, man kann sagen, es sind so in etwa vier große Schritte vorwärts: I. Beendigung der Wohnungslosigkeit und Sicherung der sozialen, gesundheitlichen und finanziellen Grundversorgung. II. Verarbeitung von Psychiatrie- und anderen Gewalterfahrungen, aufgefangen werden in einer Krise und das Erlernen von Bewältigungsstrategien künftiger Krisen, Wiederherstellung sozialer Kontakte. III. Perspektiven entwickeln, Organisation des zukünftigen Lebens, Suche nach geeignetem Wohnraum, Beschäftigung, nach speziellen Hilfsangeboten. IV. Aktivierung der Selbständigkeit, Erlernen von Strategien zur Krisenbewältigung und Selbsthilfe, Informiertsein über Rechte und Pflichten usw. Also, das ist eigentlich das Programm, auf das wir uns hier im ›Weglaufhaus‹ spezialisiert haben, und damit sind wir absolut einmalig; wir bieten einen Weg jenseits von üblichen Krankheits- und Behandlungsverfahren. Aber dazu braucht es eben viele kleine Schritte, und die sind oft schwierig für die Betroffenen.

Aber was ihnen vielleicht lange unmöglich schien, z. B. ein Betreuerwechsel, ist in der Regel gar nicht so schwierig. Viele sind ja mit ihrem Betreuer unzufrieden. Manche möchten ihn loswerden, das ist schon schwieriger, ist aber auch möglich. Das Gericht muß entscheiden, denn der Betreuer wurde ja vom Gericht bestellt, nach dem Betreuungsgesetz. Das Gesetz gibt es seit 1992; damals wurde die sogenannte ›Entmündigung‹ abgeschafft bzw. reformiert, gelockert. Es gibt eben nicht mehr die volle Vormundschaft wie früher, sondern die Betreuer haben nur in bestimmten Bereichen was zu sagen: Gesundheit, Wohnung, Verwaltung der Finanzen, Aufenthaltsbestimmung, manchmal ist's auch nur ein Bereich, z. B. Finanzen. Im Prinzip soll der Betreuer Unterstützung geben, und zwar in ›Übereinstimmung und mit Willensberücksichtigung‹ des Betroffenen, was aber im

Grunde genommen nur sehr selten stattfindet. Oft funktioniert gar nichts richtig, und das Verhältnis ist aufgeladen. Der Betroffene kann beim Amtsgericht einen Antrag auf Aufhebung des Betreuungsverhältnisses stellen, dann kommt es zu einer Anhörung durch den Richter, und wenn der Betroffene den Richter klar und deutlich überzeugt, davon, was er will und kann, dann dauert es vielleicht noch zwei Monate, und er ist den Betreuer los. Ist der Richter nicht überzeugt, kann man immer noch einen Betreuerwechsel beantragen; wir kennen da einige fitte Betreuer, die nicht autoritär sind und ganz gut mit den Leuten zusammenarbeiten, ihre Wünsche und Rechte akzeptieren – also, das ist für viele schon eine enorme Erleichterung.« Es klopft, eine Mitarbeiterin kommt herein und fragt, ob sie sich schnell was am Computer ausdrucken darf. Olivia sagt: »Ich brauche sowieso eine Pause, ich gehe schnell eine rauchen...«

Die Mitarbeiterin hat Probleme mit dem Computer, gibt das Vorhaben auf und geht unverrichteter Dinge. Durch die offene Tür kommt kurz darauf eine Bewohnerin, sie ist barfuß und gut gelaunt, sucht die Mitarbeiterin und hat zwei Kannen Kaffee bei sich. »Habt ihr überhaupt noch Kaffee?!« fragt sie, und als wir in unsere leeren Tassen blicken, schenkt sie energisch ein. Olivia kommt zurück. Die Bewohnerin füllt auch Olivias Tasse und sagt: »Sie hat ein bißchen Angst vor euch, hat sie oben gesagt, ihr seid ein bißchen rigoros mit euren Fragen!« Olivia protestiert: »Ich habe das *so* nicht gesagt, ich habe gesagt: ›anstrengend.‹« Die Bewohnerin lächelt fein, empfiehlt, das Fenster zu öffnen, die Luft sei verbraucht, und geht. »Ja, ein wenig anstrengend ist es schon – wo waren wir gewesen? Ach ja, also, das war das Thema Betreuer.

Viele haben den starken Wunsch, die psychiatrischen Psychopharmaka abzusetzen, würden das aber alleine nie wagen. Und das ist eben unser ganz spezielles Angebot hier im ›Weglaufhaus‹, daß wir die Bewohner auf eigenen Wunsch hin beim Absetzen kompetent und zuvezlässig unterstützen. Hier ist dann auch noch mal die spezielle Qualifikation der psychiatriebetroffenen Mitarbeiterinnen und Mitarbeiter von besonderem Wert, weil sie über jahrelange Erfahrungen verfügen. Allerdings ist unsere Kompetenz natürlich nicht anerkannt, wir dürfen aus juristischen Gründen nur beratend begleiten, es muß also geklärt werden, daß das Absetzen, Reduzieren und auch die Einnahme von Psychopharmaka in der Verantwortung des Betroffenen liegen und unter ärztlicher Beratung erfolgen. Damit steht dann einer Bearbeitung des Problems nichts mehr im Wege. Und da engagieren wir uns auch noch mal besonders, denn der zentrale Punkt unserer antipsychiatrischen Grundposition ist ja unsere Kritik an der Verabreichung von Neuroleptika und anderen Psychopharmaka, von Elektroschocks und anderen Zwangsmaßnahmen, die oft gegen den erklärten Willen der Betroffenen durchgeführt werden. Das ›Weglaufhaus‹ ist das einzige Projekt in Deutschland, das mit diesem Konzept, das wir haben, eine derart umfassende Aufklärung und Beratung über die Wirkungsweise dieser Psychopharmaka leistet und die entsprechenden Hilfen beim Absetzen bietet. Und wir wissen, daß es hier kein Patentrezept gibt, oft ist es sehr schwierig, oft langwierig. Psychopharmaka wirken eben auch ganz individuell, man kann keine allgemeingültigen Aussagen treffen. Manche haben schon Erfahrung mit dem Absetzen gemacht, manche nicht. Manche machen es vorsichtig, Schritt für Schritt, andere machen es aber auch abrupt, das ist allerdings oft mit Problemen verbunden. Und das erklären wir eben alles. Es wird ein Absetzprotokoll geführt, was derjenige schreibt, und es finden regelmäßige Gespräche statt.

Eine weitere sehr wichtige Aufgabe hier im ›Weglaufhaus‹ ist es, den Bewohnern behilflich zu sein und beizustehen, wenn sie in die Krise kommen, und ihnen auch zu ermöglichen, ihre Krisen mal ganz anders zu erleben, zu bewältigen, ihnen zu zeigen, daß es auch Möglichkeiten gibt, ohne Medikamente aus so einer

Krise rauszukommen.« Wir fragen, was genau mit »Krise« gemeint ist. »Also für uns ist eine Krise der Ausdruck von verschiedenen ungünstigen psychosozialen Bedingungen, die sich zugespitzt haben. Wir sprechen von psychosozialen Krisen, da steckt alles drin: das psychische Durcheinander und die soziale Situation. Wir arbeiten nicht mit Krankheitsbegriffen und Diagnosen. Neben der Stigmatisierung kann so auch vermieden werden, daß sich der Betroffene ausruht auf der Diagnose und auf dem festgeschriebenen Krankheitsbild. Die Bewohner sind für uns keine Kranken, sie bleiben für ihre Handlungen und Äußerungen selber verantwortlich. Wir prognostizieren nicht Krankheitsverläufe, sondern stehen bei der Lösung der Probleme bei. Das ist eigentlich das Prinzip. Wenn hier jemand sehr durcheinander ist, dann nennen wir das nicht ›psychotisch‹, wir sagen allenfalls ›verrückt‹, weil das der Zustand ist, im wahrsten Sinne des Wortes. Die Realitäten wirken verrückt, die Wahrnehmung ist verrückt. Das ist oft heftig. Also, manchmal liegen unsere Nerven schon blank. Aber wir haben hier im Vergleich mit der Psychiatrie eine sehr hohe Toleranzschwelle. In der Klapse hätten die Leute schon längst eine Spritze gekriegt, damit sie ruhig werden und pflegeleicht. Wir haben hier vierzehn bis sechzehn Mitarbeiter, dazu ›Springer‹ und auch noch Praktikanten; im Dienst sind jeweils immer zwei Mitarbeiter, es sind auch die ganze Nacht über zwei Mitarbeiter anwesend, falls einer der dreizehn Bewohner, die wir bei vollem Haus haben, nachts irgendwelche Probleme hat. Also, derjenige, der oben schläft, der ist dann der Hauptansprechpartner, und der zweite Mitarbeiter schläft hier unten in diesem Raum eigentlich meistens sehr ungestört. Es ist so, daß viele Bewohner schlecht schlafen und dann natürlich in der Nacht kommen und ein Gespräch wollen. Das machen wir dann schon, aber wir machen auch deutlich, wenn das dann leerläuft, daß wir an unsere Grenzen kommen. Und, wie gesagt, wir sind alle krisenerfahren, viele eben auch aus persönlicher Erfahrung, das macht uns keine Angst. Wir wissen, solche Krisen haben ihre Dynamik, da gibt's dann eben die akute Phase, wo es schlimm werden kann, und man ganz doll durcheinander ist, aber das geht dann auch wieder vorbei – mit und ohne Psychopharmaka übrigens.«

Wir möchten nun zum biographischen Teil kommen. Olivia wirkt befangen, sie beginnt dann aber zögernd zu erzählen:»Im Grunde genommen hängt so eine Normalität am seidenen Faden, man weiß es nur nicht. Nach dem Studium bin ich das erste Mal damals in die Krise gerutscht, es war die Arbeitslosigkeit und auch all das andere. Ich kann's ja sagen, ich bin ja unter Pseudonym, bei mir war's wohl hauptsächlich die kaputte Beziehung und eine Abtreibung. Ich wollte das Kind eigentlich gern haben, es war bereits meine dritte Abtreibung, aber angesichts meiner Lage, arbeitslos und mit dem kaputten Typen*, da hat mich der Mut verlassen. Und danach kam ich in die Krise, ziemlich tief habe ich mich verstrickt, und bin dann halt in die Klapse gelandet, das erste Mal. Na, da gab's dann Psychopharmaka. Und da erst fühlt man sich dann wie unter einer Käseglocke, total abgeschirmt und zugleich aber abgestumpft, tot. Man hat das Gefühl, man kann sich nicht mehr bewegen. Man sieht das auch in der Psychiatrie, wie seltsam sich die Leute bewegen, wie sie zittern, wie ihnen die Spucke aus dem Mund läuft. Es herrscht so eine totale Steifheit. Bei krassen Erstbehandlungen, da ist die Dosis, die verabreicht wird, meistens zu hoch, ›Volle-Kanne-Prinzip‹, erst mal wird ›runtergespritzt‹. Und da gibts dann diese Krämpfe, Blickkrämpfe, Schlundkrämpfe, die Augäpfel drehen sich nach oben, der Nacken krampft, man zieht totale Grimassen und kann nichts dagegen tun. Erst unlängst erzählte mir eine Bewohnerin, daß ihr die Zunge in den Hals gefallen ist. Und da wird dann wieder ein Gegenmittel gespritzt, meistens Akineton.

---

*war Alkoholiker

Aber in der Regel bekommen alle eben erst mal Haldol und 'ne Diagnose. Bei mir lautete die beim ersten Mal: ›manisch-depressiv‹. Dann hatte ich zwei Jahre später noch mal so einen Zustand, und da wurde eine ganz andere Diagnose gestellt, in einem anderen Krankenhaus, diesmal war es ›schizo-affektiv‹. Ich habe eine Psychotherapie gemacht und gehofft, daß ich nie wieder in die Krise komme, dem war aber nicht so. Insgesamt war ich dreimal in der Krise zwischen 1990 und 1997, seitdem nicht mehr.

In der Schulmedizin ist es ja so: Die Psychiater sagen, beim ersten Mal muß man die Psychopharmaka soundso lang nehmen, beim zweiten Mal ein bis zwei Jahre, beim dritten Mal lebenslänglich! Ich fand eine Ärztin, die mich unterstützte beim Absetzen, und ich habe es geschafft! Ich hatte auch wieder eine Psychotherapie gemacht, wurde gut unterstützt und habe ziemlich viel aufgearbeitet. Er ist Lehrtherapeut, und ich habe zugleich eine Lehranalyse machen können. Und da habe ich endlich mal meine Vaterfigur gefunden, endlich eine wohlwollende Vaterfigur, mit viel Wertschätzung. Ich hatte ja keinen Vater. Als ich dreizehn, vierzehn war, kam der Stiefvater, der Alkoholiker war, und übergriffig war, mich geschlagen und auch an mir rumgefummelt hat. Vorher waren ich und ein zweites Mädchen in der Klasse die einzigen Kinder von alleinerziehenden Müttern, heute ist das Verhältnis umgekehrt. Und ich stellte mir halt vor, wie es wäre, wenn man einen Vater hätte. Wie schön das wäre, weil die Mutter nicht immer von morgens bis abends aus dem Haus müßte. Es war dann aber etwas anders. Ich selbst hätte für mich gerne so eine Friede-Freude-Eierkuchen-Familie gehabt, wie aus dem Bilderbuch, aber ich habe damals leider den Partner dazu nicht gefunden. Erst jetzt irgendwie – mein Freund war übrigens mal Reprofotograf bei der *taz* –, ja, und nun bin ich 43 Jahre und schon zu alt, um noch ein Kind zu bekommen.

Daß ich heute hier sitze, ist ein Glück. Ich hatte bereits im Eröffnungsjahr '96 vom ›Weglaufhaus‹ gehört, irgendwo in einem

Wartezimmer lag das Flugblatt rum, und ich dachte, ist ja toll, daß es so was gibt! Später hab' ich die Werbung in der U-Bahn gesehen, dann kam auch das Buch übers ›Weglaufhaus‹ raus, es heißt ›Flucht aus der Wirklichkeit‹ und ist im Antipsychiatrieverlag vom Peter Lehmann – einer unserer Mitbegründer hier – erschienen. Ich bin im Laufe der Jahre immer wieder aufs ›Weglaufhaus‹ gestoßen, war immer neugierig, wußte aber nicht, wie ich da mal auftauchen könnte, und habe es dann aber immer wieder vergessen. Eines Tages war im Stadtmagazin *Zitty* eine Annonce von einem Projekt im Aufbau, SUPPORT. Sie suchten Leute, Stundenkontingent verhandelbar, psychiatriebetroffen sollten sie sein. Da fühlte ich mich angesprochen und habe mich formlos beworben. Es kam dann tatsächlich zu einem Vorstellungsgespräch mit zwei Leuten, und da habe ich erfahren, daß sie vom ›Verein zum Schutz vor psychiatrischer Gewalt‹ sind, an dem ja auch das ›Weglaufhaus‹ mit dranhängt. Sie haben mich dann genommen, wir machten Einzelfallhilfe, es war, wie gesagt, noch im Aufbau 2001. Ich hatte ja auch noch meine dreißig Stunden im Mädchenprojekt jede Woche, habe die zehn Stunden Einzelfallhilfe dann nebenberuflich gemacht. Nach dreizehn Jahren im Mädchenprojekt bekam ich die Kündigung, wegen Sparmaßnahmen wurden Stellen abgebaut. Und durch Zufall wurde grade zu dieser Zeit eine Stelle frei im ›Weglaufhaus‹, ich habe mich beworben und wurde genommen. Ich und eine andere Psychiatriebetroffene waren in der engeren Auswahl. Warum jetzt die nicht genommen wurde und doch lieber ich? Keine Ahnung. Vielleicht deshalb, weil der Wunsch so lange gereift ist bei mir hierherzukommen?«

9

SINNESEINDRÜCKE

SCHULLEITERIN

Ulrike Kegler, Lehrerin, Leiterin d. Montessori-Gesamtschule Potsdam. 1961 Einschulung i. d. Bodelschwingh-Grundschule, Deilinghofen/Sauerland. 1963 Umzug n. Berlin. Besuch d. Galilei-Grundschule u. ab 1968 Besuch d. Leibnitz-Gymnasiums i. Berlin-Kreuzberg. 1974 Abitur. 1975–1980 Lehrerausbildung (Projektstudium) an der Universität Oldenburg, 1980 Abschluß m. d. 2. Staatsexamen, Lehrbefähigung f. d. Lehramt i. Grund- und Sekundarschulen f. d. Fächer Kunst, Geschichte/Politik. 1980–1981 Lehrerin i. Oldenburg (Grundschule), 1981–1992 Lehrerin a. zwei Grundschulen i. Berlin-Zehlendorf, 1993–1995 Lehrerin a. d. Karl-Liebknecht-Oberschule i. Potsdam, Eröffnung u. Leitung d. ersten Montessori-Klasse der Stadt. Seit 1995 Leiterin d. Karl-Liebknecht-Gesamtschule, die seit 2000 Montessori-Gesamtschule ist. Damit wurde gleichzeitig ein Modell geschaffen, an dem sich eine grundlegende Erneuerung d. Unterrichtspraxis a. staatlichen Schulen orientieren könnte. Erfolgreich erprobt u. umgesetzt wurden u. a. differenzierte Lern- u. Lehrmethoden in heterogenen Lerngruppen, ebenso wie neue Formen d. Leistungsbeurteilung u. -dokumentation. Gründung zahlreicher Initiativen (u. a. Elternschule, ästhetische Gestaltung v. Lern- u. Lehrräumen, Gestaltung d. kulturellen Schullebens, systematischer Schulberatung). Verfasserin div. Beiträge i. Fachzeitschriften u. d. Buches »Die Montessori-Gesamtschule in Potsdam«, zusammen m. Annedore Prengel. Ulrike Kegler wurde 1955 als Tochter einer Kinder-

gärtnerin i. Hemer bei Iserlohn i. Sauerland geboren, sie ist verhei-
ratet u. hat drei Söhne.

Die Tatsache, daß sich allmorgendlich Heerscharen von Schülern
und Lehrern auf den Weg in eine Schule machen, die sie hassen,
fürchten und verachten müssen, wurde lange Zeit wie ein unaus-
weichliches Verhängnis hingenommen. Unerbittlich vollzogen
wurde ein genauestens geregeltes Schulsystem, obwohl es für
Lebensfreude, Gesundheit und Charakterbildung der Betroffenen schädlich ist. Erst seit durch die PISA-Studie amtlich wurde,
daß es auch im internationalen Vergleich zu miserablen Bildungs-
ergebnissen führt, ist Unruhe in die Bildungspolitik gekommen.
Die Änderungsvorschläge reichten von verstärkter Vorschulförde-
rung bis hin zur Verschärfung von Auslese und Drill. Zwangsläufig schlägt nun auch die Stunde der Reformpädagogik, die sich
seit über hundert Jahren bewährt, aber eigentlich immer nur in
Zeiten des historischen Umbruchs eine Chance zur Durchsetzung hatte. So auch in der Umbruchphase in Ostdeutschland
nach dem Ende der DDR, und dann wieder, mit gesamtdeut-
scher Auswirkung, nach PISA. An einigen wenigen staatlichen
Schulen durften reformpädagogische Konzepte, versuchsweise
und unter wissenschaftlicher Beobachtung, erprobt und praktiziert werden. Sie durften tun, was sonst nur freien Schulen möglich war: ihren Schülern etwas Außergewöhnliches bieten.

Eine dieser – ich glaube, es sind fünf insgesamt – staatlichen
Schulen ist die Schule Nr. 20, ehemals Karl-Liebknecht-Schule
und heutige Montessori-Gesamtschule in Potsdam (ein Schulversuch im Auftrag d. Ministeriums f. Bildung, Jugend und
Sport d. Landes Brandenburg). Sie ist eine staatliche Regelschule
mit den Klassen eins bis zehn für circa 500 Schülerinnen und
Schüler im Alter von sechs bis sechzehn Jahren. Seit 2005 ist sie
Ganztagsschule. Ihr Konzept ist an den pädagogischen Grund-
sätzen von Maria Montessori orientiert.

Maria Montessori, 1870–1952, Italienerin, Pädagogin, Anthropologin und Ärztin, befaßte sich als junge Frau mit den medizinisch-pädagogischen Arbeiten der beiden französischen Ärzte Gaspard Itard (1774–1838) und Edouard Séguin (1812–1880). Itard konnte im Fahrtwind der Französischen Revolution eine Pädagogik für geistig Behinderte und Taubstumme entwickeln; er galt als der Experte der Sprachlosigkeit und war der Erzieher des »wilden Kindes« Viktor. Séguin war sein Schüler, fand ebenfalls vorübergehend gute Forschungs- und Arbeitsbedingungen durch die 48er Revolution, bei der er aktiv war, emigrierte dann nach Amerika. Er ist der Begründer der wissenschaftlichen Geistesbehinderten-Pädagogik. Montessori nutzte und erweiterte Theorie und Instrumentarium der beiden und hatte ihre ersten großen Bildungserfolge mit geistig Behinderten, danach erst erweiterte sie ihre Erfahrungen zu einem allgemeinen pädagogischen Modell, in dem nicht Erziehung im Mittelpunkt steht, sondern die behutsame und intelligente Hilfestellung für die Kinder auf ihrem Weg zu Wissen und Welterkenntnis.[*] Ihre Methode fand zahlreiche begeisterte Bewunderer und Anhänger, u. a. auch Freud, Tagore, Mahatma Ghandi, de Vries oder auch Bell, der nicht nur der Erfinder des Telefons, sondern auch ein Taubstummenlehrer war; er gründete die erste Montessori-Schule Amerikas. Die weltweite Ausbreitung der Montessori-Pädagogik zeigt, daß hier ein allgemeinverbindlicher Puls ertastet wurde, der unter allen nationalen Unterschieden klopft.

Für die Schüler der Montessori-Schule in Potsdam bedeuten all die historischen Vorarbeiten: anschauliches, individuelles, freiheitliches Lernen statt Frontalunterricht und Paukerei; verbale Beurteilung bis Klasse acht statt Ziffernnoten; keinerlei Aussonderung nach Leistungskriterien (Fehlerfreudigkeit ist ausdrücklich erlaubt); gemeinsames Lernen in jahrgangsgemischten

---

[*]Sie kooperierte eine Weile mit den Faschisten, ohne selbst Faschistin zu sein.

Klassen bis zur achten Klasse. Großer Wert wird gelegt auf freundliche Umgangsweisen und Respekt vor dem Anderssein (z. B. gegenüber den behinderten Mitschülern). Überhaupt wird auf eine grundsätzliche Vermittlung von Friedfertigkeit und Frieden sehr geachtet. Das war auch ein zentrales Thema Montessoris, und an diesem Punkt herrscht vollkommene Übereinstimmung mit Karl Liebknecht und seinen Anstrengungen für eine antimilitaristische Erziehung der Jugend. All das bewerkstelligt ein westöstliches Lehrerkollegium, das sich gemeinsam mit den Schülern und Eltern vor einigen Jahren an die Arbeit gemacht hat. Entstanden ist eine Schule, die nicht nur etwas lehrt, sondern auch unentwegt lernt, in der nicht nur auf die Selbstentwicklungskräfte der Kinder, sondern auch auf die der Lehrer vertraut wird. Sie müssen nicht nur taktvolle Pädagogen mit breitem Fachwissen sein, sie müssen auch, ohne die Konkurrenz anzustacheln und ohne Hilfe der üblichen Disziplinierungsmaßnahmen wie Notenvergabe, Lob, Tadel, Strafe, die Kinder zum selbständigen Lernen animieren. Sie müssen sich damit arrangieren, daß ihre Rolle nicht mehr die des übermächtigen Zentralgestirns innerhalb der Klasse ist, sondern die des zurückhaltenden, aber aufmerksamen Beobachters beim jeweils individuellen Lernprozeß. Es geht um die Herstellung eines Klimas der Inspiration, um Ruhe und Muße zum Lernen.

Die Montessori-Schule liegt südwestlich vom Schloßpark Sanssouci, nah am Wildpark in der Schlüterstraße, einer ruhigen Seitenstraße. Das Tierheim ist nicht weit, Siedlungshäuser und die Kolonien »Krähenbusch« und »Unverzagt« umgeben das auf den ersten Blick unauffällige DDR-Funktionsgebäude aus den 60er Jahren. Innen ist es aber, dank großer Fenster und eines offenen, lichten Treppenhauses, sympathisch. Der erste Blick fällt durch die Fensterfront des gegenüberliegenden Ausgangs in den liebevoll gestalteten großen Schulgarten. Es gibt alte Bäume, wild aussehende Balanciergerüste aus Holzstangen, es gibt

Schaukeln und Klettersteine, kultivierte Ecken und Gebüsche, gepflasterte Areale und sandige Flächen. Im Zentrum steht ein hoher, teils bearbeiteter Brunnenstein, von dem im Sommer offenbar für vergnügte Kinder Wasser fließt. Nun ist noch Winter und alles verschneit, auch die Büste von Karl Liebknecht hat ein Schneehäubchen.

Die Schulleiterin, Frau Kegler, empfängt uns herzlich und schlägt einen kleinen Rundgang durch die Schule vor. Es ist neun Uhr morgens. Wir sehen einen Werkraum, in dem besonders ein im Bau befindliches großes Kanu auffällt; das bauchige Holzgerüst ist bereits fertig. Wir sehen eine überraschend kleine Kantine, in der jeden Mittag 310 Kinder essen.[*] Das Essen wird gebracht, kostet 2,40 Euro und besteht zu 70 Prozent aus ökologischer Erzeugung. Wir sehen die breiten Flure, in denen ab und zu Sitzecken eingerichtet sind, und es gibt große, kniehohe Podeste, auf denen lesende Kinder liegen. Überhaupt begegnen wir unentwegt Kindern, die sich allein oder gemeinsam beschäftigen, plaudern, auf dem Boden kniend große Papierbögen hingebungsvoll bemalen. Die Geräuschkulisse ist nicht laut oder kreischend, eher ein Kaffeehauston, gleichmäßig und angenehm unaggressiv. Alle Kinder und Jugendlichen tragen Hausschuhe oder nur Socken. Straßenschuhe und Schultaschen stehen vor den Klassenräumen auf dem Flur. Die Kinder wirken freundlich und unbefangen. »Dieser Anblick erschreckt viele unserer Besucher«, sagt Frau Kegler, »die Kinder auf dem Flur wie in der Pause! Sie haben jetzt Freiarbeit, und Freiarbeit ist bei uns Unterricht, sie ist bei uns das Kernstück. Sie sehen ja, die Kinder lernen aus freien Stücken und nach ihrem eigenen Interesse, und das durchaus konzentriert.« Ein Knabe legt am Rande des Flures eine lange Kette aus Holzperlen aus und kennzeichnet sie nach Abschnitten. Ich entschuldige mich für die Störung und

---

*Heute gibt es Eier in Senfsoße und Hirsebrei mit Zucker und Zimt.

bitte ihn, zu erklären, was er da macht. Er blickt ernst auf die Kette und sagt dann: »Das ist die Tausenderkette, die teile ich jetzt in Zehner auf, es fehlen aber noch ein paar, und am Ende hab' ich's dann in Hunderter aufgeteilt.« Ich frage: »Und was weißt du dann?« Er zögert und lacht: »Na ja, was ich dann weiß, das weiß ich eigentlich jetzt schon – aber ich bin ja noch nicht am Ende.«

Wir steigen die Treppen hinauf, betrachten die überall an den Wänden hängenden Portraits, die die Kinder voneinander und von den Lehrern gemacht haben. Sie haben den sprühenden Charme unbeeinflußter naiver Kunst. Alle Klassenzimmertüren stehen offen. Die Unterrichtsräume sind hell, und man sieht ihnen an, daß hier nicht nur Unterricht empfangen wird, sondern daß man sich hier auch bewegt und auf verschiedene Weise arbeitet. Bücher stehen in den Regalen bereit und die Montessori-Demonstrations und -Lernmaterialien. Die Einrichtung ist spartanisch und wird ständig variiert; mal sitzen die Schüler im Kreis, mal arbeiten sie an den Tischen oder auf dem Teppichboden sitzend, das gilt hier nicht als unbotmäßiges Verhalten, sondern ist Bestandteil der körperlichen Entwicklung und Bewegungsfreiheit. Das ist, so Frau Kegler, eines der obersten Gebote. Dann zeigt sie uns die Bibliothek, in der lebhafter Betrieb ist. Sie wird von den Müttern verwaltet, jeden Tag hat eine andere Mutter Dienst. Mitten im Raum steht ein mongoloider Junge und liest in einem Buch, das er fest und in Augenhöhe hält. »Darf ich mal kurz stören, bitte, und fragen, was du liest?« sage ich vorsichtig. Er betrachtet mich kurz und sagt bereitwillig: »›König der Löwen‹, das ist von Walt Disney. Ich gucke da jetzt so die … Vergangenheit …, die soll ich dann erzählen … ein Video habe ich auch angeschaut…« Dann senkt sich sein Blick wieder ins Buch. Draußen im Flur erklärt Frau Kegler: »Wir haben in jeder Klasse zwei bis drei Kinder mit sonderpädagogischem Förderbedarf – so heißt das –, also, wir haben geistig behinderte Kinder, autistische Kinder, auch körperbehinderte Kinder. Sie nehmen ganz normal am Unterricht teil, gemeinsam mit ihrer Klasse, aber sie müssen nicht die Lernziele erreichen, die für die anderen gelten. Da gibt es Sonderpädagogen und einen eigenen Rahmenlernplan; danach wird z. B. der Junge unterrichtet, mit dem Sie grade sprachen, jedes dieser Kinder hat seine ganz individuellen Fähigkeiten und Bedürfnisse.« Sie grüßt zwei ältere Schülerinnen mit Namen und sagt im Weitergehen: »Ich bemühe mich sehr, alle 460 Schüler mit Namen zu kennen, denn ich finde es unglaublich wichtig, jeden einzelnen Schüler als Person wahrzunehmen, ihm das auch zu signalisieren. Gehen wir noch nach oben, wo die Großen sind, da herrscht übrigens die wirkliche Revolution, die machen überhaupt keinen gelenkten Unterricht mehr, die sind ganz souverän.« Wir kommen vorbei an einer großen, eurozentristischen Weltkarte, die die Wand im Flur bedeckt, auf der anderen Seite ist eine ozeanische Weltkarte, und am Unterschied lernen die Schüler, sozusagen auch im Vorbeigehn, daß die scheinbar allgemeingültige Darstellung der Welt nur eine Frage der Perspektive des Betrachters ist und der seiner Macht, die sie zur verbindlichen für alle zu machen.

Bevor wir im Erdgeschoß ins Direktionszimmer geführt werden, zeigt uns Frau Kegler noch das Schwarze Brett, an dem, wie an der Uni üblich, Kurse usw. angekündigt werden. »Hier finden die Kinder die Präsentationen und *welcher* Lehrer heute *was* anbietet, so können sie sich frei entscheiden, wohin sie gehen möchten. Und sollte jemand bestimmte Themen deutlich meiden, so gibt es einen Beratungslehrer für solche Fälle, der darauf hinweist und das Problem lösen hilft.« Frau Kegler bespricht sich kurz mit der Schulsekretärin im Vorzimmer. Danach steht sie uneingeschränkt zur Verfügung, bewirtet uns mit Kaffee und belegten Baguettebrötchen. Sie erzählt: »Wir fangen um acht Uhr an, wie überall, aber wir fühlen uns sehr für die Schüler verantwortlich und nehmen sie bereits ab 7.30 Uhr in Empfang. Die

Klingel, wie gesagt, ist abgeschafft, dennoch finden sich alle rechtzeitig ein. Wir haben einen sogenannten rhythmisierten Schulalltag, d. h.: wir machen einen mindestens neunzigminütigen Unterricht, statt der üblichen 45 Minuten. Zwischendurch gibt es eine halbstündige Pause, in der sie in die Cafeteria gehen können, in der Klasse bleiben, in den Hof gehen oder auf dem Flur irgendwas machen, jeder, wie er mag. Mittags haben sie eine Stunde Pause zum Essen, Plaudern, Spielen. Es ist uns wichtig, daß die Schüler lange Zeit für die Arbeit und auch für die Pause haben. Danach geht es dann weiter bis vier Uhr, denn wir sind ja nun Ganztagsschule, aber nur für die Großen. Das geht in Brandenburg momentan nicht anders, aber für die Kleinen bieten wir dafür eine ›verläßliche Halbtagsschule‹, verläßlich bedeutet, es gibt keinen Unterrichtsausfall, man hat jeden Tag von acht bis 13.30 Uhr Schule, danach gehen sie in den Hort nebenan. Und wir vollbringen das Wunder dadurch – wir haben z. B. derzeit vier kranke Lehrer –, daß wir die Schüler aus diesen Klassen verteilen auf andere Klassen, statt uns mit dem oft unlösbaren Problem der Lehrervertretung herumzuschlagen bzw. den Unterricht ausfallen zu lassen. Das funktioniert bei uns sehr gut, denn die Kinder kennen sich untereinander und freuen sich, wenn sie mal sehen, was in anderen Klassen gemacht wird. Wir haben ja jahrgangsgemischte Lerngruppen, also: erste, zweite, dritte Klasse – vier, fünf, sechs – und sieben und acht. Jetzt wollen wir sieben, acht, neun machen. Dadurch verändert sich jede Lerngruppe jedes Jahr, es wächst immer ein Drittel raus, ein Dritte kommt neu hinzu. Dadurch kennen sich die Kinder in der ganzen Schule, und wir haben überhaupt keine Konkurrenz unter den Klassen oder Lehrern.

Wir haben 38 Lehrer. Fast nur Frauen. Also, diese Schule ist total weiblich geprägt! Es gibt nur zwei Männer. Das ist hier ein spezielles Phänomen. Ich war neulich auf einer Schulräte-Fortbildung, vierzig Brandenburger Schulräte, es wurden dann zu den jeweiligen Schulen Arbeitsgruppen gebildet, freiwillig. Ich habe nur vier Sätze gesagt: meinen Namen und daß ich die Montessori-Schule in Potsdam leite, wir jahrgangsgemischte Lerngruppen haben und keine Zensuren bis zur achten Klasse. Die Männer im Raum sind daraufhin alle wie die Hasen zu den Männern gelaufen. Zu mir kamen ausschließlich Frauen. Die Ost-Männer fühlen sich offenbar nur in autoritären Strukturen sicher. Lediglich entwickelte West-Männer können anscheinend etwas mit so einem System anfangen. Ich war viel im Ausland, mache jedes Jahr pädagogische Reisen, war in Kanada, Finnland, Schweden, in Neuseeland; da gibt es überall viel mehr Männer, in den alten Bundesländern bei uns übrigens auch. Also, damit kein Mißverständnis entsteht, ich habe überhaupt kein arrogantes Verhältnis gegenüber Ostdeutschen. Z. B. ist meine Stellvertreterin eine Ostfrau, und sie ist die beste Arbeitsbeziehung, die ich in meinem ganzen Leben hatte. Phantastisch. Wir sind ja hier überhaupt ein deutsch-deutsches Projekt. Allerdings sind vom ursprünglichen Kollegium nur noch sechs da, alle anderen sind neu gekommen, wieder gegangen, wieder neu gekommen. Meine wesentliche Aufgabe ist Personalentwicklung, neben dem Unterricht, den ich auch mache, und allem anderen. Und es gibt eben immer auch mal jemanden, der hier nicht herpaßt. Das dem Betreffenden zu sagen, ist meine Aufgabe. Der größte Fehler von Leuten, die hier nicht herpassen, ist die Respektlosigkeit gegenüber den Kindern, d. h. autoritäre und beschämende, die Würde verletzende Verhaltensweisen. Das dulden wir nicht. Alles andere kann man lernen, aber *das* können eben manche nicht lernen, und dann müssen sie gehen. Wir haben ganz wenig Konfrontation hier – Sie haben ja vorhin beim Rundgang gehört, daß keiner sich schreiend Gehör verschaffen muß. Das kultivierte Klima gehört eben auch zu einer guten Lernumgebung, ist auch Voraussetzung für soziales Lernen, was ja ein Herzstück unseres Schulkonzeptes ist, es ist überhaupt die Basis. Die Kinder reagieren da sehr sensibel. Im Lauf der Jahre hat sich hier an der Schule eine eigene Lern- und Lebenskultur entwickelt.

Es gab ja sechs Jahre lang einen Schulversuch, und innerhalb dieses Versuchs durften wir diese ganzen Sachen machen, altersgemischt arbeiten, ohne Zensuren, mit individuell passendem Lernangebot usw., das darf man ja sonst vom Gesetz her gar nicht. Und wir dürfen damit jetzt weitermachen, weil der Schulversuch erfolgreich abgeschlossen ist – er wurde ja wissenschaftlich begleitet. Und jetzt steht draußen dran: ›Schule mit besonderer Prägung‹. Das ist für uns sehr erfreulich. Wir liegen in allen Bereichen leicht über dem Landesdurchschnitt. Da sind natürlich nur die Fachleistungen erfaßt, die anderen Kenntnisse und Kompetenzen der Kinder werden ja gar nicht geprüft, leider, denn da sind unsere Kinder exzellent! Wir haben auch einen ersten Preis bekommen für innovative Schulen, also, wir fallen schon auf. Aber es gibt natürlich immer noch kritische Nachfragen von Eltern, ihre Hauptsorge ist: Lernen die hier auch genug? Sie haben es eben noch anders erlebt, für sie ist Schule primär ein Ort der Wissensvermittlung. Aber in Zeiten, wo jeder sich Informationen zu allen Wissensbereichen sekundenschnell aus dem Internet holen kann, hat die Schule nicht mehr diese Aufgaben wie vor 100 Jahren. Sie muß das Wissen innerhalb einer Gemeinschaft nutzbar machen, die Jugendlichen müssen lernen, wie man sich austauscht, gemeinsam Projekte entwickelt statt gegeneinander zu arbeiten, wie man Verantwortung übernimmt und Probleme originell und auf verschiedene Weise löst. Also 45 Minuten Geschichte, dann 45 Minuten Mathe usw., das halte ich für eine Vergeudung von Potential, das ist sträflich. Unsere Schüler erwerben nicht nur das Wissen, sondern auch die Kompetenz, etwas damit anzufangen. Trotzdem schicken manche Eltern ihre Kinder nach der sechsten Klasse ins Gymnasium, weil sie den sicheren Weg zum Abitur gehen wollen. Aber im allgemeinen ist das Verhältnis zwischen den Eltern und uns vertrauensvoll und intensiv. Wir haben ja eine ganz gemischte Elternschaft, es ist eher so ein, na sagen wir mal, bildungsnahes Publikum, es sind schon Leute, die sich viele und gute Gedanken über die Erziehung der Kinder machen, die auch oft aktiv mitarbeiten. Also, unsere Eltern sind in diesem Sinne Avantgarde, aber keine Geldelite, es gibt hier auch Eltern, die arbeitslos sind, die Sozialhilfeempfänger sind. Unser Prinzip ist ja Heterogenität. Aber es gibt keine Ausländer. Wer zieht denn schon nach Potsdam, wenn Berlin vor der Tür ist – um sich hier ›aufschlagen‹ zu lassen, vielleicht?!

Also, wir legen sehr großen Wert darauf, daß bestimmte Tendenzen, die an vielen anderen Schulen große Probleme verursachen, besonders Gewalt, bei uns sofort ausgegrenzt werden. Und sie haben es ja vorhin auch sehen können, wir haben z. B. keine Schüler die gepierct sind oder tätowiert. Unsere Kinder gehen aufrecht, weil sie sich frei fühlen und wir haben fast keine adipösen Kinder, weil sie sich auch viel mehr bewegen. Also, unsere Kinder sehen auch anders aus als an den Gesamtschulen üblicherweise. Das Äußerste ist, wir haben drei bis vier Schüler, die einen Ohrring tragen. Manchmal kommen ja hier Studenten und auch Lehrer her, die sind vernietet und beringt hier und hier und hier. Eine kam mal von der Uni, voller Ringe, sie wollte hier ein Praktikum machen. Ich sagte ganz rigoros: Es tut mir leid, ich muß das ablehnen, ich möchte meine Kinder an dieser Schule nicht mit ihrem Problem konfrontieren. Sie nannte mich intolerant, aber auf diesen verwaschenen Toleranzbegriff wird in solchen Momenten ja immer zurückgegriffen, auf dieses ›Alles ist möglich‹. Also mit diesem ständigen Bestreben, ein richtiges Verhältnis zwischen Freiheiten und Struktur herzustellen, damit ist das gesamte Lehrerkollegium beschäftigt, und da herrscht auch weitgehend Einigkeit.

Den Lehrern wird hier ja eine Menge an Mehrarbeit abverlangt, nicht nur durch die vielen pädagogischen Gespräche mit

Kollegen, Schülern und Eltern, Konferenzen usw. Sie müssen zusätzlich die sehr umfangreichen und sehr genauen Lernentwicklungsberichte über jedes Kind schreiben – das sind sozusagen unsere Zeugnisse, die, als Ergänzung auch zu unseren selbstentwickelten Pensen-Büchern, sachlich und differenziert Auskunft geben, damit sich auch die Eltern über den Leistungsstand ihrer Kinder informieren können. Trotzdem genießen wohl fast alle die Befreiung aus den alten Verhältnissen. Sie haben hier als Lehrer eine demokratische Ebene erreicht. Die ist schon beachtlich. Denn sie müssen sich ja auch in dieser veränderten Rolle immer sicherer fühlen. Sie stehen nicht mehr frontal vor der Klasse, sondern müssen sich frei im Raum bewegen, sie werden von vorn, von hinten, von allen Seiten und aus unmittelbarer Nähe gesehen. Sie sitzen auf der Erde und machen eine Präsentation – Präsentation, das bedeutet, Einführung in ein Thema. Und da gibt es auch mal Lehrer, die sagen: ›Ich gehe nicht auf die Erde!‹ Das gibt es auch, diese Angst, sich lächerlich zu machen. Also Lernen ist wild und chaotisch, auch für die Lehrer. Mal zurück, dann wieder vor, deshalb ja auch die altersgemischten Lerngruppen. Das ist eben auch Montessori-Pädagogik: Jeden da individuell abholen, wo er grade ist.

So, jetzt zeige ich Ihnen noch, was Montessori-Pädagogik ist. Es ist – die Dinge *begreifen*.« Sie steht auf und bringt ein Kästchen voller Bausteine. Sie baut, mit Hilfe eines Stützteils, das sie nach Vollendung herauszieht, zügig einen romanischen Gewölbebogen auf. Während sie den Schlußstein mit routinierter Geste einfügt, sagt sie: »Normalerweise bau ich es langsam auf und so, daß ich jeden einzelnen Stein hinlege. Ich hab's jetzt grade mit den 14-Jährigen gemacht, sie waren begeistert. Man kann auch noch einen Eimer Wasser draufstellen und zeigen, wie sich die Steine unter der Last nur noch mehr gegenseitig stützen statt einzustürzen. Es gibt auch faszinierende Mathematikmaterialien, ich könnte Ihnen stundenlang davon erzählen. Das Entscheidende bei diesen Montessori-Materialien sind immer drei Prinzipien. Erstens: Es geht immer nur um eine Sache. Nicht alles auf einmal. Zweitens: Es geht um Chaos und Ordnung und Struktur, um die Verbindung miteinander. Drittens: Es geht um Fehlerkontrolle. Wenn man hier was falsch macht, funktioniert es nicht. Also, die Sache unterrichtet das Kind beim Ausprobieren und nicht der Lehrer. Das ist sozusagen der Kern der Pädagogik. Das ist Begreifen. Die Fehlerfreundlichkeit hat Montessori gut beschrieben. Man lernt eigentlich *nur* aus Fehlern. Also, Heiner Müller hat gesagt: ›Macht Fehler, und macht sie schneller! Woraus sonst wollt ihr denn lernen?‹ Das ist ein Lieblingssatz. Mein allerliebstes Lieblingsmaterial von Montessori ist aber das sogenannte schwarze Band. Ja, das sieht aus wie eine Stoffbahn beim Schneider, aufgewickelt auf einen Bambusstock. Diese fünfzig Meter schwarzen Stoff rolle ich langsam und in Phasen auf dem Flur aus. Ich erzähle dazu die Geschichte der Entstehung der Erde und des Lebens. Nach dreißig Metern, da kommt dann so allmählich das Leben im Wasser, der Stoff bleibt schwarz, der Stoff bleibt auch nach fünfzig Metern noch schwarz, denn die Geschichte der Menschheit, auf die ja alle warten, beginnt erst auf dem letzten Zentimeter. Und dieser letzte Zentimeter ist rot. Da habe ich Erwachsene schon weinen sehen, wenn der entrollt wird. Da erst tauchen *wir* auf. Alle wissen es, rein theoretisch, aber ich bekomme heute noch eine Gänsehaut, wenn ich das sehe: So viele Millionen Jahre ist die Erde alt, dann tauchen wir auf und schaffen es in kürzester Zeit, daß vielleicht mal alles den Bach runter geht.« Sie legt den Stoffballen zurück aufs Regal und sagt: »So, das ist es also im Prinzip das, was wir hier machen.«

Wir möchten nun auch noch ein wenig zur Biographie erfahren. Sie sagt: »Ach je!«, lacht amüsiert und sagt: »Das beginnt finster! Ich bin im Sauerland geboren. Mein Vater hat im Suff eine Frau totgefahren, er hat meine Mutter verprügelt vor mei-

nen Augen, er war Alkoholiker. Und die schicksalshafte Wende
kam sozusagen durch John F. Kennedy, der 1963 in Berlin sagte:
›Ich bin ein Berliner‹, denn in diesem Zusammenhang wurden
damals Arbeitskräfte angeworben für Berlin. Das war ja ›Front-
stadt‹. Meine Mutter war Kindergärtnerin. Und so sind wir – ich
war sieben, mein Bruder war zwei – von einem Tag auf den anderen mit unseren Köfferchen von einem kleinen Dorf im Sauerland in die Großstadt Berlin gefahren. Anderer Dialekt, und ich
hatte einen Seitenzopf! Alle haben gelacht. Wir wohnten in
Kreuzberg, Hinterhof, am Mittag mußte man schon Licht an-
machen. Ich war ein Schlüsselkind, mein Bruder war im Hort,
und abends hat sich unsere Mutter dann allerdings sehr um uns
gekümmert. Aber es war alles sehr schwierig. Meine Kindheit
war irgendwie mit einem Schlag beendet, ich bekam diese ganze
existentielle Krise unmittelbar zu spüren. Ich mußte viele Aufgaben übernehmen, habe meinen Bruder verdroschen, mich irgendwie durchgeschlagen in der Schule und Abitur gemacht.
Die Schule war für mich eine einzige Qual. Und es war klar, ich
wollte Lehrerin werden, unbedingt, schon seit der fünften Klasse.
Aber nicht, um es besser zu machen, sondern weil ich in diese
Machtposition wollte, weil ich meine Machtlosigkeit haßte!
Durch eine Lehrerin kam ich dann an die Uni Oldenburg in
diese Lehrerausbildung, wo von Anfang an Theorie und Praxis
verzahnt wurden, ein Modellversuch. Für mich war das ein Erlebnis; zum ersten Mal in meinem Leben erfuhr ich, daß lernen
Spaß machen kann, daß es nicht um Fragen der Macht geht. Da
habe ich eigentlich meine Basis her. Dort bin ich sozusagen fürs
normale Leben verdorben worden. Also, mein besonderer Hoch-
schullehrer war Rudolf zur Lippe, mit dem bin ich heute noch in
Kontakt. Ich habe da auch viel gemacht, politisch und kulturell,
war auch im Frauenzentrum in Oldenburg dann. Aber kaum
war ich als Lehrerin an der Schule, konnte ich alles vergessen, was
ich gelernt hatte. Tasche auf den Tisch, runterbeten, das war es

nicht für mich. Ich war dann lange in Berlin-Zehlendorf, und man sagte mir immer nur: ›Was haben Sie denn, Frau Kegler, warum so unzufrieden, die Schule läuft doch?!‹ Aber das kann doch nicht das Ziel sein, daß die Schule läuft. Ich bin krank geworden plötzlich. Die Haare sind mir ausgefallen. Ich hatte Schuppenflechte und Bronchitis, Lungenentzündung – alles in mir hat sich gewehrt gegen diese Verödung, und da habe ich mich nach acht Jahren beurlauben lassen für ein Jahr, ich bin ja Beamtin. Ich hatte Familie, hatte inzwischen drei Kinder.

Und in diesem Jahr habe ich dann durch einen Workshop den ich besucht habe, die Montessori-Pädagogik kennengelernt. Ich wußte sofort, das ist es! Und dann habe ich die Ausbildung gemacht, und es war grade zur Zeit der Wende. Im Osten gab's ein Vakuum, im Westen ein betoniertes Schulsystem. Ich habe hier in Potsdam einfach das Schulamt angerufen und hatte Glück. Die Schulrätin bot mir an, einen Vortrag vor allen Schulleitern Potsdams zu halten, die sollten dann entscheiden, ob sie das wollen oder nicht. Es waren sechzig; ich habe ihnen von der Montessori-Pädagogik erzählt, mit Herzklopfen, danach haben sechs bis sieben Schulen ihr Interesse bekundet. Und so kam ich an diese Schule hier, hatte zuerst nur eine Klasse; mit den Eltern zusammen habe ich das Klassenzimmer renoviert und eingerichtet, und das war eine Provokation, daß bei mir alles anders war. Ich habe dann Kurse angeboten für die Kollegen. Ein paar sind sofort auf meine Seite gekommen, die sind auch heute noch da. Und nach zwei Jahren wurde ich Schulleiterin. Der Schulleiter alten Modells war der Sache nicht mehr gewachsen. Ich habe meine Karten auf den Tisch gelegt und gesagt, wenn ich hier Schulleiterin werde, dann will ich eine Montessori-Schule aus dieser Schule machen. Und das ist gelungen. Und es wird sich weiterentwickeln, hier wird es keine Stagnation geben, wir haben noch viel vor.«

10

DER KIOSK

Süßwaren, Tabakwaren, Zeitungen, Getränke

KIOSKFRAU

Ingrid Reinke, Kioskbetreiberin am Ludwig-Beck-Platz in Berlin-Lichterfelde West. 1940 Einschulung in die Volksschule Bernstein/ Kreis Soldin, Westpommern, 1945 Vertreibung u. Flucht nach Berlin, 1946–48 Beendigung der Volksschule daselbst. Ab 1949/50 Arbeit im Kiosk d. Großvaters. Ingrid Reinke wurde 1934 auf dem elterlichen Gutshof Elisenhöhe bei Bernstein geboren, ihr Vater war gelernter Landwirt u. Jäger, ihre Mutter war f. d. Hauswirtschaft zuständig. I. R. ist verwitwet und hat zwei Töchter.

Der Kiosk ist ein magischer Ort. Ausgewandert aus den feudalen Parkanlagen des 18. Jahrhunderts, wo er den Part des orientalischen Lustpavillons zu spielen hatte, gelangte er Ende des 19. Jahrhunderts als Zeitungskiosk auf die Pariser Boulevards (daher »Boulevard-Zeitung«) und dann auch zu uns, wobei der türkische Name KÖŞK zu Kiosk eingedeutscht und das Sortiment erweitert wurde. Lustpavillon ist er immer noch. In ihm warten immerwährend Süßigkeiten auf die Kinder, Zeitung und Zigaretten und Alkohol auf die Erwachsenen. Sein Innenleben aber bleibt weitgehend unsichtbar. Verkauft wird durch die Luke hindurch. Von der Kioskfrau kommen nur Gesicht und Hände zum Vorschein, ein Lächeln vielleicht, ein Gruß, eine treffende

Bemerkung, der Rest bleibt verborgen, und der Kunde geht sehr zufrieden seiner Wege. Das ist für uns der Kiosk.

Für Frau Reinke, Kioskfrau aus Fleisch und Blut, die ihr ganzes Leben lang innen saß, ist der Kiosk ihre Rettungskapsel, ihre Schutz- und Trutzburg, mit der sie sich die Welt draußen auf Distanz hält. Er ist das Metronom für ihren Lebensrhythmus.

Ihr Kiosk steht auf dem Ludwig-Beck-Platz in Lichterfelde West, er ist mehreckig, hellgrün, aus Metall und pavillonartig zusammengebaut. In den Fenstern hängen Zeitschriften und Werbung. Innen gibt es auf kleinstem Raum Heizung und WC, Waschbecken, Spülmaschine, Kühlschränke für Eis und Getränke und ein ausgefeiltes Stell- und Regalsystem für die große Menge von Druckerzeugnissen, Zigaretten, Süßigkeiten, Bier- und Limonadenflaschen. Frau Reinke ließ uns ein wenig widerstrebend in ihr Allerheiligstes ein. Es fanden sich sogar zwei Sitzgelegenheiten in der Enge. Sie nahm routiniert Platz auf ihrem mit Kissen und einem weißen Lammfell bedeckten Stuhl. Streng sagt sie, wir sollen uns Kaffee nehmen und Kekse. Dann ist sie bereit, zu erzählen:

»Den gab's hier gar nicht, den Kiosk. Den habe ich erst aufgebaut, nach langem Kampf mit dem Amt. Der kostete mich Unsummen, und ich hatte nicht einen Pfennig, den mußte ich abzahlen, abzahlen, abzahlen! Morgens um viere aufgemacht, offen bis in die Nacht. Ich muß Miete zahlen nach Umsatz – der wird immer weniger – und Grundsteuer auch noch. Hab' ich nie verstanden. Das ist doch nicht mein Grund und Boden! Zwanzig Jahre bin ich jetzt hier in diesem Kiosk, am 9. Dezember. Insgesamt stehe ich mehr als 56 Jahre in einem Kiosk und verkaufe, aber jetzt geht's nicht mehr. Sie sehn ja, mein Bein ist ein großes Handicap. Ich habe ja ein offenes Bein. Aber das ist eine andre Geschichte. Irgendwann ist Schluß!« Ein Kunde wünscht zwei Päckchen Zigaretten und sagt im Weggehen: »Nee, also da kommen einfach keene Weihnachtsjefühle uff bei mir, wenn ick keene Winterreifen druff habe. Tschüs!, Frau Reinke.« Sie fährt fort: »Ich war immer gern hier am Marktplatz. Der hat mich all die Jahre erinnert an unseren damaligen Hof. Der war auch gepflastert. Bei uns standen oft die Kühe und Pferde im Hof; ich habe Schularbeiten gemacht, und sie haben den wilden Wein abgefressen an der Veranda, wenn keiner aufgepaßt hat. 1945 wurden wir vertrieben von den Polen.« Sie ignoriert das Klingeln des Telefons und sagt nebenbei: »Das ist nur ER. – Na, also im Herbst wurden immer Gänse gerupft, unsre Knechte kamen heraus mit den ganzen Federn auf dem Kopf, wir Kinder haben gelacht. Der Hund hieß Hektor. Wie ich vier war, kam meine Schwester Helga, da war ich eifersüchtig. Mein Vater war stellvertretender Bürgermeister, wenn er wegfuhr, sagte er immer zu mir: ›Rosa Schulze, kommst du mit?!‹ Wie er gestorben ist, 1940, einen Tag vor Heiligabend, da bin ich fast mitgestorben. Er war über die ganzen Weihnachtstage in der Stube aufgebahrt. Meine Mutter sagte: ›Gib ihm mal einen Kuß, er kommt nicht wieder.‹ Ich war sechs. Er war 26 Jahre älter als meine Mutter. Er hat sich immer so aufgeregt über die Zustände.

Wir hatten eine große Landwirtschaft, da waren im Krieg Leute, Franzosen, Polen, Russen, die für uns gearbeitet haben.« »Zwangsarbeiter?« frage ich. »Ja. Die waren im Gefangenenlager beim großen Markt eingesperrt und kriegten da kaum zu essen, hatten nichts auf den Knochen und sollten arbeiten! Mein Vater hat gesagt: ›Halt! So geht das nicht.‹ Dann hat er immer Essen runtergebracht und gesagt: ›So, hier kommen Kartoffeln, hier kommen Rüben, Äpfel und auch mal Fleisch.‹ Mein Vater war kein Nazi. Man hat es ihm übelgenommen, und er wurde eingesperrt. Es hieß, er hätte kollaboriert mit dem Feind, mit den Leuten. Und dann war er also tot. Es war furchtbar. '43 hat meine Mutter wieder geheiratet, der ging dann in den Krieg. Ich habe zu meiner Mutter gesagt: Ich helfe dir immer, ich heirate nie! Bei der Vertreibung war ich elf, hab' da einen Handwagen geklaut, Kartoffeln reingemacht, ein Kochgeschirr genommen und gesagt: So, damit werden wir schon ein Ende weiterkommen. Ich hatte immer so eine Beschützertour drauf. Wir wurden nach Berlin evakuiert, fanden eine Unterkunft in der Machnower Straße. Opa, meine Mutter, meine Schwester Helga und ich. Oma ist '45 verhungert, wir hatten ja nichts. Uns wollte ja keiner haben.« Ein Junge will ein Center-Shock und zwei Schlangen. R.: »Dich kenn ich doch, du kommst gar nicht mehr so oft vorbei wie früher?!« J.: »Fünfte Klasse, hat man viel um die Ohren. Tschüs.«

Frau Reinke schüttelt den Kopf, sie ist klein von Statur, läßt sich auf ihr Fell sinken und streicht über ihr rechtes Bein. Sie trägt Hosen, das Hosenbein ist vollkommen ausgefüllt. »Heute habe ich die Ärztin kommen lassen für eine Spritze, damit ich schmerzfrei bin, scheint aber nicht ganz zu klappen. Wollen sie noch einen Kaffee? Nehmen Sie nur, ist ja alles da! Wo war ich stehengeblieben? Ich will ja der Reihe nach. Also, 1949, da hatte der Großvater schon einen Kiosk an der Wiesenbaude. Ich war fertig mit der Schule, und der Opa sagte zu seiner Tochter, die meine Mutter ist: Kannst mir ja mal die Ingrid schicken. Für die Handelsschule war ja kein Geld da. Ich hab' es dann versucht und bin am 11. Januar 1950, zwei Monate vor meinem sechzehnten Geburtstag, fest mit eingestiegen. Menschenscheu war ich, aber es ging mit der Zeit.« Sie ignoriert das Telefon und bedient einen Kunden, ruft: »Tschüs!, Günther!«, und fährt fort: »Der Kiosk war an der großen Hauptpost, Hindenburgdamm, Ecke Königsberger Straße. Damals war dort noch was los! Opa hat um sechs aufgemacht, und ich kam dann um zwölf bis abends um zehn zur Ablösung. Da hatten wir viele Süßigkeiten und Erfrischungen, haben auch viel Eis verkauft. Opa hat dafür so 'ne Waffel selbst gemacht, das Eis kam auf zehn Pfennig. Und Bockwurst gab's. Da war direkt die Haltestelle. Man hat die Wurst schon auf den Pappteller gemacht, da ruft so ein Kunde: ›Nein, ich kann nicht, mein Bus kommt!‹ Also, da mußte man aufpassen. Am besten gingen die ›Plombenzieher‹, die Sahnekaramellen. Auch Vivil und die kleinen Lutscher für zehn Pfennig, Nappo – gibt's auch heute noch – kam drei Pfennig, Ahoi-Brause kam, glaub ich, fünf Pfennig. Ja, da gab's auch noch das Pfefferminz in Platten, weiß und rosa, das war sehr gut, auch die Kokosflocken waren rosa und weiß. Hab' ich viel verkauft.«

Eine *BZ* wird verlangt. Frau Reinke erhebt sich jedesmal derart schnell und leicht, es ist erstaunlich. »Ja, und die Bonbons waren in bauchigen Gläsern, so gekippt. Mit Schäufelchen habe ich die in spitze Tüten getan und gewogen, ein viertel Pfund für 45 Pfennig. Schokolade ging immer besonders gut am Monatsende. Da gab's die Rentenauszahlung auf der Post, die Rentner haben angestanden in langen Schlangen. Danach kamen sie an den Kiosk, kauften Mokka-Sahne oder die mit den Kühen da, ›Im Dorf‹ stand drunter, die kam 1,20 Mark. Da waren richtig Kühe auf der Weide abgebildet...« Kunde: »Guten Tag, einmal West, und noch die BZ bitte mit zu. Dankeschön, bis morgen.« – »Ich hab' mich so durchgebissen. Die Rentner haben mich immer geneckt. Meine Mutter hatte mir alles in Rot gestrickt, rotes Käppi, roten Pullover und Schal. Der Kiosk an der Wiesenbaude ging von '49 bis '52. Dann hat Opa sich von einem Kriegskameraden beschwatzen lassen, hat verkauft und ein kleines Ladengeschäft in Neukölln gekauft. Zwei Zimmer mit Küche waren dabei, dort haben wir dann zusammen gewohnt, 59 Mark Miete kam alles, aber es gab keinen Umsatz. '57 haben wir den verkaufen können, den Laden, und sind von da aus für eine Saison nach Wannsee raus, Heckeshorn, das hatte Opa in der Zeitung gelesen. Da war Werner, der hatte auch noch einen Bootsverleih. Wegen ansteckender Tuberkulose durfte er den Kiosk nicht weitermachen, und Opa hat den also gepachtet, gut ein Jahr, für 1500 Mark.«

Ein Kind steht schon eine Weile und schabt mit dem Geldstück auf der Blechtheke. R.: »Nun?« K.: »Ähmm ... Eine Schlange, und von den süßen ... ähm.« R.: »Auwarte! Bist du ein Politiker, sagst immer ähm? Weißte nicht, was du willst?« K.: »Doch! Eine Schlange und von den süßen Bonbons zehn Stück.« »Na siehste!« Sie angelt mit einer Zange die lange rotgrüne Fruchtgummischlange aus einem Plastikbehälter und läßt sie in eine Papiertüte gleiten. »90 Cent. Wiedersehen.« Sie seufzt. »In Wannsee hatten wir auch Tische. Den Kartoffelsalat und die Bouletten hat Opa selbst gemacht und natürlich den Kuchen. Opa war ja Bäckermeister von Beruf. Ich fand es dort draußen schön. 'Ne kleine Katze war mir zugelaufen, die Angler haben immer Fisch mitgebracht. Von Pfingsten bis zu Opas Geburtstag im November haben wir draußen geschlafen. Hatten uns jeder ein Zelt gekauft; so schliefen wir, denn wir hatten ja gar keine Wohnung mehr, nachdem der Laden verkauft war. Dann wurde es aber zu kalt. Ende '57 fand Opa eine Wohnung in der Fuggerstraße 22, Schöneberg. Der Hausherr fragte nach Referenzen. Der Opa sagte: ›Was soll ich mit Referenzen? Nehmen Sie die Miete für ein Jahr, dann ist es gut!‹ Das war auch ein Ladengeschäft.« Das Telefon schrillt. »Das war eine ehemalige Plätterei, zwei Zimmer und der Laden, ein schöner Ofen drin. Wir haben die Scheibe von innen weiß gemacht und uns eingerichtet. 130 Mark Miete kam die Wohnung. Opa hatte eine kleine Rente, also habe ich Arbeit angenommen in einem U-Bahn-Kiosk. Es war Station Hallesches Tor, mächtig zugig war's. Morgens von sechs bis vierzehn Uhr, für vierzig Mark die Woche. Nach einem viertel Jahr habe ich gesagt, das ist ja furchtbar, und den Opa gedrängelt, wieder einen Kiosk zu kaufen.« R.: »Guten Tag, was soll's denn sein?« K.: »Einmal Puffreis und zwei Schlangen. Danke.« Frau Reinke legt die Münzen in die Kasse. »Dann hat er den Kiosk in der Wilmerdorfer gekauft, er wurde aber mit den Umsatzzahlen betrogen. Wir standen da rum für einen Hungerlohn, das Geschäft hat sich woanders konzentriert, in der Markthalle, da war auch ein Zeitungsstand.« Das Telefon klingelt, Frau Reinke ignoriert es. »Opa hat dann jemand gefunden, der hat uns den wieder abgekauft. Und dann hatten wir endlich mal Glück. Einer gab uns die Adresse, den seh' ich wie heute – wunderschöne blaue Augen hatte der, als wenn man in einen See geguckt hätte. Wir sind hingegangen zu dem Kiosk, da stand eine Frau Krauskopf drin, die konnte kaum Luft holen, so viel hatte die zu tun.

Das war hier vorn, Augusta-/Ecke Holbeinstraße. Direkt neben der Litfaßsäule hat der Kiosk gestanden. Opa hat gleich gekauft, und wir sind am 1. Januar 1958 rein. Der war klein. So ein Kasten, aber der Umsatz war doll! Allein an Romanheftchen habe ich zweihundert am Tag verkauft, so viele wie heute nicht mal im ganzen Jahr. Das war noch vor der Mauer. Da kamen sie aus dem Osten, haben hier dreißig, vierzig Romane gekauft und drüben weiterverkauft. Aber im Kiosk war kein Elektrisch. Da hat der Opa sich umgehorcht und ist zu Stücklen gegangen. (Heinz Stücklen, SPD, Bezirksbürgermeister. Anm. G. G.) Der hatte da direkt sein Haus und hat uns erlaubt, den Kiosk in seinen Vorgarten zu stellen. 1962 sind wir da rein, und der Tischler in der Dürerstraße hat den Kiosk ein bißchen verlängert. Da hatten wir dann Licht, es war ein kleiner Ofen drin, wo wir das Verpackungsmaterial eingeheizt haben, einen Hocker hatten wir, alles. Wir haben Zeitungen, Zigaretten und Süßwaren verkauft, keine Getränke. Damals habe ich fünfhundert *BZ* verkauft am Tag, heute nicht mal dreißig. Achtzig *Bild*, dann die *Nachtdepesche* und der *Abend*, das waren noch mal achtzig. Und es gab noch all die anderen. *Telegraph*, *Der Tag*, erster *Kurier*, zweiter *Kurier* – den zweiten gab's am Nachmittag. Damals wurde ja auch noch zweimal am Tag Post zugestellt für den Bürger, alles vorbei! Also Zeitungen gingen weg wie nichts.

Nur einmal, 1968 war das, um Ostern, da war der Studentenaufstand, da wurden die ganzen Autos angesteckt von Springer, ein heilloses Durcheinander war das, da gab es keine *Bildzeitung* und keine *Morgenpost*. Hier war ein Hotel, kam 70 Mark die Nacht; da waren viele Journalisten, die kamen an den Kiosk und haben gesagt: Das wurde inszeniert! Von Springer aus, aber das kann man ja nicht einfach so sagen, die bekamen Geld dafür, daß sie randaliert haben. Ob's stimmt, das weiß ich nicht. (Die Rede ist von den Anti-Springer-Aktionen nach dem Attentat auf Rudi Dutschke am 11. April 1968. Studenten und Schüler verhinderten durch Blockaden und Sitzstreiks in der gesamten BRD die Auslieferung von *Bild* und *BamS*, Anm. G. G.) Ja, und 1969 habe ich dann meinen Mann kennengelernt. Geheiratet habe ich 1971. Mit 37. So spät, ja. Keine Zeit gehabt und keine Lust. Opa war wunderbar, er hat gekocht zu Hause. Gut gekocht. Und er war sehr für Neuerungen. Auch mit diesem Schnellkochtopf in den 60ern, den hat er gleich gekauft für 160 Mark. Pellkartoffeln in fünf Minuten! Ich hatte doch den Himmel auf Erden.« Ein älterer Mann wünscht zweimal Zigaretten und ein Bier. R.: »Ist teurer geworden, wissen Sie, ja?« M.: »Hauptsache, der Staat kommt uff die Beene! Is doch so. Dankeschön.« Frau Reinke sagt: »So isses. Also zurück … Ich habe 22 Jahre mit Opa zusammengelebt, war wunderschön. 1970 ist er gestorben. Ich bin mit ihm zur Haltestelle, hab' ihn noch so gestützt, da kam der Bus, hier bei Hillmann an der Ecke. Ich habe ihn hochgeschoben, und da ist er zurückgesunken und war tot. Die Feuerwehr hat ihn hier ins Klinikum Steglitz gebracht, und als ich dann hinkam, da lag er in so 'nem blauen Sack. Ich habe die verflucht! Der Mann hat so viel für Steglitz getan, hat seine Steuern bezahlt, mit dem Fahrrad ist er bis in die Schloßstraße gefahren zum Finanzamt. Und das ist das Ende? In eine blaue Tüte gesteckt, kurz vor dem 81. Geburtstag, der Vater meiner Mutter, Leonhard von Wicki!

1971 habe ich dann geheiratet, er war 26 Jahre älter und Gärtner im Botanischen Garten. '71 mußte ich auch umziehen mit dem Kiosk, ein Haus weiter nur. Da wohnte der Lüder. (Wolfgang Lüder, Rechtsanwalt, 75–81, FDP-Chef, Wirtschaftssenator und Bürgermeister in Berlin, G. G.) Der hat mich immer beschützt. Mein Mann hat den ganzen Kiosk selber gebaut, hat mit so einem Material aus Kühlschränken alles isoliert und das Holz noch mal verschalt, drinnen und draußen. Im Fußboden war Holzwolle drunter, nicht so ein kalter Zement wie hier. Der Kiosk war zweimal so groß wie dieser, hinten in den Gang konnte ich dreißig Kästen Bier reinstellen. Mein Mann hatte alles auf einer Zigarettenschachtel aufgezeichnet und es dann gebaut. So war der, der Josef Reinke. Er starb 1975. Wir sind noch im Kiosk gewesen vorher, dann nach Hause gefahren. Er hat noch seine Katzen da, seine Hühner und Enten und alles gefüttert, und ist dann hoch. Wie ich raufkomme, liegt er schon da. Tot. Die Franziska, die Tochter, war vier Jahre, die andere hatte ich noch im Bauch. Und dann einfach so zur Tagesordnung übergehen, das war nicht schön.

Nee, das war ein schlimmes Jahr für mich... Und wie ich wieder auf den Beinen war und meine Mutter sich auch um die Kleine gekümmert hat, da gab's für mich nur noch Arbeit, Arbeit, Arbeit! Fünf Jahre habe ich im Kiosk auf der Erde geschlafen mit der Luftmatratze. Ich mußte ja viel bezahlen, die Wohnung von Mutter, für jedes Kind 400 Mark, Lebensmittel und alles. Da habe ich manchmal nachts um zwei aufgemacht, so 'ne Art 24-Stunden-Bereitschaftsdienst.« Das Telefon läutet nicht enden wollend. Sie steht auf und nimmt resigniert ab. R.: »Na, was gibt's Heinz? Geht jetzt nicht. Ich habe dir ja gesagt, daß ich hier heute ein Gespräch habe den Tag über, also, 'tschuldige bitte, bis später, ich hab' Kunden!« Ein Uhrenkatalog wird verlangt. Frau Reinke reicht ihn hinaus, legt den Schein in die Kasse und setzt sich. »Es ist so, 1975 ist mein Mann gestorben, und bis 1999 war ich alleine. Dann stand ER mit einmal da, wie so 'n armer Sünder. Und Weihnachten war's. Frag ich, na, was machen Sie denn nun, Herr L.? Sagt er, ich? Also ich bin alleine. Sag ich, ich auch. Wenn Sie wollen, ich mach' ein bißchen Kartoffelsalat und

Bouletten. Erst hat er mir viel geholfen. Bis 2003 ging das wunderbar. Seither sitzt er nur noch bei mir zu Hause und macht Theater jede Nacht bis zwei. Und andauernd ruft er hier an. Er ist schlicht und ergreifend ein Säufer! Ich habe ihn zweimal zum Entzug gebracht. Danach war's besser. Vorübergehend. Jetzt ist er 57 und denkt, Muttern wird's schon richten.« Sie lacht bitter und singt sehr schön: »... der Mann durchs Leben rollt mit der Zigarre Handelsgold«. Ein Kunde möchte eine *BZ* und ein Päckchen Zigaretten. R.: »Na, wie geht's, länger nicht gesehen?« K.: »Bescheiden schön. Man wurschtelt sich so durch. Wiedersehen.« Frau Reinke sagt seufzend zu uns: »Die Zeiten sind schlecht und werden nicht besser. Ich war immer ein bißchen mitfühlend mit den Kunden. Auch heute noch, wenn sie ankommen: ›Kein Geld.‹ Aber ich hab' ja selber nichts. Bei dem Umsatz!« Telefon …

»Jetzt wieder zurück. Fünf Jahre Luftmatratze, ich mußte ja ganz alleine weitermachen. Verdienen sie erst mal für zu Hause einen Tausender jeden Monat! Das war nicht leicht. Ich habe einen Schlüssel bekommen vom Klohäuschen da drüben, das ist heute zu. Heute hab' ich ja zum Glück mein eigenes hier drin. Morgens konnte ich da rein, bevor aufgesperrt wurde für den Tag. Es war sogar beheizt. Da habe ich mich gewaschen und alles. Einmal in der Woche zum Frisör, und meine Mutter hat mir immer frische Sachen gebracht. So habe ich gelebt die ganzen Jahre. Und plötzlich, 1980, wurde das Haus verkauft. Ich war ja die ganze Zeit über geschützt durch den Lüder, aber wie der dann rausgegangen ist, war's aus. 1980, am 5. Mai, bin ich umgefallen. Ich wußte das zwar schon vorher. Aber als ich das Kuvert aufgemacht habe und sehe: Kündigung, da ging's mir wie so ein Feuer durch und durch. Die ganze rechte Seite wie gelähmt.

Dann habe ich zu Hause gelegen für vierzehn Tage, mit vierzig Grad Fieber. Die Lieferanten haben die Zeitungen einfach in den Garten geschmissen, über den Zaun. Die wurden teils geklaut, teils hat es geregnet. Ich war ja nicht ansprechbar, und meine Mutter hatte keine Ahnung, wie und wo sie die abbestellen konnte. Da durfte ich dann tausende Mark zahlen für die Lieferungen.« Telefon … »Am 30. Mai war ich dann wieder einigermaßen auf den Beinen und bin in den Kiosk, habe beim Lieferanten alles gekündigt, dann das, was da noch war, alles eingepackt. Mir ging's gar nicht gut.« Telefon … »Da war ein netter Herr von Siemens, der sagte, ja, meiner Frau ging's genauso, die hatte auch ›die Rose‹.« Ein Vater mit seinem Sohn steht vor der Luke. R.: »Guten Tag, was soll's denn sein?« K.: »Eine Schlange bitte, eine rote.« V.: »Ist die lang! Und für mich noch die *Computer-Welt*. Danke, auf Wiedersehen.« Frau Reinke streicht über ihr Bein. »Ich hatte eine Wundrose, von der Haarwurzel bis zum Zeh, durch Schock ausgelöst. Ich sah aus wie neunzig, ging am Stock. Und die Gesundbeterin, die er mir empfohlen hatte, die sagte: ›Nein, so was habe ich noch nicht gesehen. Ich mach' das vierzig Jahre schon. Mein Sohn darf das gar nicht sehen, das kostet mich so viel Kraft!‹ Insgesamt drei Mal war ich da, dann wurde es besser, und ich konnte wieder ein bißchen laufen.« K.: »Tag, eine Marlboro light und ein Bier, bitte.« Frau Reinke reicht das Gewünschte hinaus und auch ein paar kleine Hundekuchen, für den vierbeinigen Begleiter. Sie bewegt sich trotz ihres Alters und ihres kranken Beines energisch und rasch in ihrem winzigen Reich hin und her, bückt sich, greift weit hinauf, hebt Bierkästen und rückt Zeitungsbündel zur Seite, um die Kundenwünsche zu erfüllen.

»An den Tatsachen war aber nun nichts mehr zu ändern. Der Kiosk wurde abgerissen, das Fundament kriegten sie kaum klein. Das hatte mein Mann gemacht. Die Kriegsgeneration, die hat ja alles gebaut für die Ewigkeit. Und dann war ich acht Jahre zu Hause, ohne Einkommen. Wenigstens hatten wir eine Wohnung. Opa hatte ja damals das Haus gekauft in Lankwitz, altes Mietshaus mit drei Wohnungen, oben drin wir, im dritten Stock. Da sitzen wir heute noch drin. Und in diesen …« Telefon.

»… sechs Jahren, da habe ich darum gekämpft, daß ich hier diesen Kiosk aufstellen darf, in dem wir jetzt sitzen. Jeden Tag auf's Amt in den Steglitzer-Kreisel gefahren. Immer haben sie's mir abgelehnt. Drei Jahre habe ich alleine gekämpft, dann bin ich zum Lüder gegangen, der ist ja Rechtsanwalt. Wie ich noch in meinem Kiosk war, in seinem Vorgarten, da war er ja Bürgermeister damals. Ich habe immer seine Schlüssel gehabt, das war ein Vertrauensverhältnis. Ich habe seinen *Tagesspiegel* aufgehoben und seine Post für ihn verwahrt. Es war auch mal so ein verdächtiges Päckchen mit bei. Da war grade die Lorenz-Affäre damals. Eine Weile wurde der Lüder von der Polizei bewacht, Tag und Nacht, und der Kiosk und ich wurden gleich mitbewacht.« (Februar 1975 Entführung d. damal. Berl. CDU-Vorsitzenden Peter Lorenz durch die »Bewegung 2. Juni«, zwecks Freipressung mehrerer inhaftierter RAF-Mitglieder. Nach ihrer Ausreise i. d. Südjemen wurde Lorenz a. 2.3.75 freigelassen, Anm. G. G.). »Na, passiert ist ja nichts, zum Glück. Und der Lüder hat mir dann ab 1983 sehr geholfen. Der hat drei Jahre für mich gekämpft, und für die drei Jahre hat er nur 1500 Mark insgesamt verlangt.« Mehrere Kunden werden bedient. R.: »Na?« K.: »Schon wieder bin ich der Letzte – egal, wo, ich bin immer der Letzte! Ich möchte endlich mal der Vorletzte sein.« R.: »Ich nicht! Die Letzten haben auch was Gutes. Wiedersehen.

»Ich wollte diesen Kiosk unbedingt, hier auf diesem Platz, und es hat ja dann geklappt. Nee, auch die Summe hat mich nicht abgeschreckt. Ich habe das Haus verpfändet. Meine Mutter hat geschimpft und geklagt: Du machst uns heimatlos, wir haben wieder keine Heimat! Meine Mutter starb 1986 an einem bösartigen Tumor im Kopf, mit 72 Jahren. Sie hat meine beiden Töchter großgezogen, und ich war der ›Ernährer‹, sozusagen. Sie hat die ganzen Kämpfe noch mitgekriegt, aber den Kiosk, den hat sie nicht mehr gesehen.« Telefon. Wir erwähnen, daß im April 1986 auch die Reaktorkatastrophe in Tschernobyl war.

»Ach, das war auch '86? Aufgemacht habe ich ja erst am
9. Dezember. Na, und seither sitze ich hier und gucke mir das
an, wie alles schlechter wird. Es war schon vor der Wende schlechter. Nach der Wende ist es für kurze Zeit ein bißchen aufwärtsge-
gangen. Und ganz schlecht wurde es nach der Euro-Einführung.
Ab da ist alles furchtbar geworden! Früher haben wir noch viel
verkauft, so über Astrologie und Horoskope, das ist total zurückgegangen. Die Leute glauben an nichts mehr! Früher haben wir
z. B. auch sehr viele *Spiegel* verkauft, jetzt nur noch 25 bis 30.
Focus habe ich höchstens fünf. Von den ganzen Tageszeitungen
ist zwar *BZ* am meisten, aber auch viel weniger als früher. *Tagesspiegel* sind's in der Woche nur noch zwanzig, am Sonntag dreißig. Einige Zeitungen habe ich nur für Stammkunden – *taz* habe
ich zwei bis drei da, für Stammkunden. Es ist viel verlorengegan-
gen, teils durch die Abos und weil man Zeitungen heute auch
an der Tankstelle und im Supermarkt kaufen kann. Teils aber
auch, weil die Leute weniger Geld zum Ausgeben haben – oder
sie halten es mehr zusammen.«

Ein junger Mann möchte Zigaretten und verabschiedet sich
freundlich. »Den kenne ich noch von früher, wie er hier drüben
in die Schule ging, als Kind. Morgens kamen sie schon an, die
Kinder: 'ne Schlange, Brausepulver, Center-Shock. Da hab' ich
ja immer von sechs bis 22 Uhr offen gehabt. Seit zwei Jahren ist
das Ganztagsschule, die Kinder kriegen dort alles zu essen. Sie
kriegen auch Eis. Und der Markt hier auf dem Platz ist auch so
gut wie tot, drei Stände sind's grade mal noch an den Markt-
tagen. Sie glauben gar nicht, was das hier früher für ein Leben
und Treiben war! Und die Polizei oben am Augustaplatz …
Zwar ist die immer noch dort, aber die verlängern keine Aus-
weise mehr. Da kamen immer massenhaft Leute an, besonders
vor der Reisezeit.« Wir fragen, ob sie sich noch an die Abschiebe-
häftlinge erinnert, die in der Silvesternacht 1983 in den Polizei-
zellen am Augustaplatz verbrannt sind. »Ja, ich erinnere mich,

daß so was passiert ist, aber nicht mehr an die Einzelheiten. Ich lebe ja dauernd mit den Schlagzeilen, viel davon vergißt man wieder.« Sie hat sich erhoben und füllt einen Stapel Illustrierte ins Regal, akkurat überlappend, so daß der Titel noch zu sehen ist. »Bei mir muß alles an seinem Platz sein. So und nicht anders! Da kann ich blind hingreifen.« R.: »Na, was möchtest du denn haben?« K.: »Eine Schlange und fünf Center-Schock, bitte.« R: »Und welche Geschmacksrichtung? Gemischt? Bitteschön.« Sie setzt sich wieder und schenkt Elisabeth und mir je drei dieser trendigen Kaugummis mit der sauren Füllung. »Das lieben die Kinder. Ich selber mag die Schlangen, da esse ich jeden Tag eine.« Telefon …

Eine älterer Mann will eine Zeitung und Zigaretten, er erzählt, daß er grade ein bißchen Weihnachtsschmuck am Gartentor angebracht hat und daß das alles ja doch zu nichts nütze ist. Er ist mürrisch. Bis auf die Kinder wirken alle mehr oder weniger verstimmt. »Es gibt so viele einsame Menschen. Manchmal ist das hier ein richtiges Treffen, da erzählen sie mir dann alles, Sorgen, Krankheit, die kommen her, um ihr Herz auszuschütten. Ich find' die Aussichten für die Zukunft auch nicht schön. Ach, jetzt gehn die Schmerzen wieder los … Auweh!« Wir fragen, was denn mit ihrem Bein ist. Sie setzt sich, bläst die Luft aus und sagt: »Na ja, das Bein hab' ich mir 1971 verbrüht, im Kiosk drüben, zehn Tage vor der Geburt meiner Tochter. Ich wollte mir einen Kaffe machen mit dem Tauchsieder und bin mit meiner Unförmigkeit angekommen an das kochende Wasser. Alles lief über mein Bein. Ich hatte Nylonstrümpfe an. Hab' geheult und weitergearbeitet. Wie abends mein Mann kam, sag' ich, du, kannste mich mal schnell hinfahren zum Klinikum, ich hab' mir das Bein verbrüht. Er hat nur gesagt: Ach, Weiber! Sag' ich: Ist gut, ist erledigt! Na ja, und am nächsten Tag kam dann eine Krankenschwester, eine nette, die sagte: Um Gottes willen, warum haben Sie denn nichts unternommen?! Sie haben da eine Verbrennung dritten Grades. Sie hat den Strumpf und die dikken Blasen vorsichtig runtergerissen, das war alles rohes Fleisch nur noch. Mit der Zeit ist es dann verheilt.« R.: »Was darf's sein?« »Einmal Pall Mall, die rote.« Sie erzählt weiter: »Wie das verheilt ist, da war nur noch so 'ne dünne Pergamenthaut darüber. Und 1978 bin ich dann im Kiosk an so eine scharfe Kante angekommen, und von da an ist das Bein offen. Mein Arzt hat gesagt: ›Frau Reinke, wenn wir das wieder zukriegen, geh' ich mit Ihnen zum Tanzen.‹

Es kann aber nicht zuheilen, weil keine Ruhe da ist. So ein Bein braucht Ruhe. Und ich hatte doch die vielen Schulden, ich konnte ja nicht einfach alle viere von mir strecken. Nee, Tabletten nehme ich nicht. Ich lebe mit den Schmerzen, schon 28 Jahre. Wenn's zu doll wird, mache ich Chinasalbe drauf. Ich spreche nur auf Natur an. Heute ausnahmsweise ist die Ärztin hergekommen und hat mir eine Spritze gegeben, damit wir in Ruhe reden können. Das ist ja richtig roh, blutig, eitrig und alles, und da ist noch ein Knochen, was rauskommt schon. Hier unten ist alles weggefault. Morgens um fünf stehe ich auf und brauche für mein Bein fast zwei Stunden damit es keine Sepsis gibt. Erst mal saubermachen. H_2O_2, dreiprozentig, drübergießen, zum Reinigen und Desinfizieren. Da gieße ich täglich eine Literflasche drauf, die kostet auch schon fünf Euro.« Zwei Mädchen möchten Snickers, Schlangen und Zwiebelringe. Die Gaslaterne draußen ist fauchend angegangen. Wir haben die Dämmerung gar nicht bemerkt.

»Ich hab' vor, alles zu verkaufen. Auch das Haus. Ich brauche für mich nur Zimmer mit ›KONI‹ – mit Kochnische. Ich möchte auch wirklich mal nur an mich denken und mit dem Bein noch mal was versuchen, im Krankenhaus. Und wenn ich das schaffe, daß das besser wird, daß es zugeht, daß ich Treppen steigen kann und alles, dann gehe ich zur Musikschule und lerne noch singen. Ist mir wurscht. Ich möchte Opern singen!« Sie singt mit voller, schöner Stimme: »Ich trete ins Zimmer von Sehnsucht erfüllt...«

II

PLÜNDERN, ZAHLEN, AUFATMEN

BALLERINA

> »Beim tragischen und bedrückenden Thema
> der Zwangsarbeit darf es nach unserer Mei-
> nung nicht in erster Linie um das Aufrech-
> nen von Stundenlöhnen gehen. Ansonsten
> besteht die Gefahr, die Tragweite des Gesche-
> hens zu verkennen.«
> Rechtsabteilung Daimler-Benz

Marina (ukrain. Maritschka) Schubarth, Tänzerin, Choreogra-
phin, Regisseurin, arbeitslos. Kümmert sich i. eigener Initiative
(u. m. Hilfe d. Vereins Kontakte) seit d. 90er Jahren um ehem.
Zwangsarbeiter (»Ostarbeiter«) aus d. Ukraine u. Rußland. 1973
Einschulung i. d. Ukrainische Schule Kiew/UdSSR. 1976 Ausreise
zu den Eltern n. Basel, 1978 Umzug n. Bonn, 1983 Schulabgang m.
Mittlerer Reife. Aufenthalt i. Lausanne. 1984–86 Ausbild. z. Ballerina in Budapest, Fortsetzg. i. Köln, 1987 Diplom u. Hochschulab-
schluß i. Köln als Ballerina. Engagements als Tänzerin u. a. in Genf,
am Staatstheater Karlsruhe (1987–89), am Theater d. Westens in
Berlin (1989–94). Operation, Arbeitslosigkeit. Seit 1987 Initiatorin
div. sozialer u. künstlerischer Projekte, u. a. Benefizveranstaltungen
f. d. Kinder v. Tschernobyl. 1997 Hauptrolle i. Film »La Montagne
muette«, erster Eindruck v. Thema Zwangsarbeit. 1999 Dolmetsche-
rin u. Organisatorin f. e. Team d. Filmhochschule Babelsberg während einer Reise i. d. Ukraine (z. Film »Der Garten«, Thema Tscher-

nobyl), erste Begegnung m. einer Überlebenden d. KZ Ravensbrück.
1999 Reise auf d. Krim, Begegnung m. d. Opferverband Jalta, Sim-
feropol, u. vielen Zeitzeugen. Arbeitslosigkeit u. Aktivitäten f. d.
Rechte d. »Ostarbeiter« (Recherchen z. Beschaffung v. Arbeitsnach-
weisen i. Archiven v. KZs, Behörden u. Betrieben). 2000 ehrenamtl.
bei Kontakte (Verein f. Kontakte zu Ländern der ehem. Sowjet-
union), m. Hilfe d. Vereins Ausstellung »Ost-Arbeiter« i. Roten
Rathaus, Berlin, gleichzeitig Gründung d. Spendenaufrufs »Sofort-
hilfe« f. ukrainische Zwangsarbeiter. 2001–2004 bezahlte SAM-
Stelle (»Strukturanpassungsmaßnahme«) bei Kontakte, daneben
u. a Choreographie a. Berliner Ensemble. 2002 Gründung d. Doku-
mentartheaters »Ost-Arbeiter«, zus. m. Natalia Bondar, 2003 Pre-
miere des gleichnamigen Stücks im Bunker am Blochplatz, Berlin.
Von 2000 bis heute 13 Reisen i. d. Ukraine, um Spendengelder d.
»Soforthilfe« an die ehem. Zwangsarbeiter zu übergeben. Nieder-
schrift d. 13 Reiseberichte (Eigendruck Kontakte e. V.). Auszeichnun-
gen: u. a. des Opferverbandes Jalta, f. Völkerverständigung u. hu-
manitäre Hilfe f. d. Opfer des NS. 2001 Carl-von-Ossietzky-Me-
daille. 2004 Urkunde ukrainischer u. russischer Zeitzeugen, Aus-
zeichnung f. d. Stück »Ost-Arbeiter« u. d. Theatergruppe. Marina
Schubarth wurde 1966 in Kiew/UdSSR geboren. Ihre Mutter war
Germanistin i. Kiew, später i. Deutschland Arbeit als Germanistin
u. Slawistin an d. Uni. Der Vater war Schweizer Bundesrichter. Sie
ist nicht verheiratet u. hat eine Tochter.

Nach dem Überfall auf die Sowjetunion und der Besetzung der
Ukraine wurden bald umfangreiche Deportationen junger Menschen zur Zwangsarbeit nach Deutschland durchgeführt. Der
Begriff »Ostarbeiter«, die Unterbringung, Ernährung, Entlohnung und Versicherung derselben, wurde 1942 gesetzlich festgelegt und sah, entsprechend ihrer Kennzeichnung als »rassisch
minderwertige Fremdvölkische« oder »russisch-bolschewistische
Untermenschen«, härteste Behandlung vor. Sie mußten täglich

zwölf Stunden und mehr, oft ohne Ruhetag, schuften. Sie erhielten dafür Groschenbeträge und Hungerrationen an Essen. Etwas besser erging es den westlichen Zwangsarbeitern. Ende 1944 arbeiteten fast acht Millionen Zwangsarbeiter aus etwa zwanzig Ländern in Deutschland. (Dazu zählen noch mehr als eine halbe Million jüdischer KZ-Häftlinge, die vor allem zur unterirdischen Rüstungsproduktion gezwungen wurden. Und es fehlt auch die bis heute weitgehend unberücksichtigte Anzahl der in ihrer okkupierten Heimat zur Zwangsarbeit für die deutschen Besatzer Verpflichteten.) Von den fast acht Millionen waren 1,9 Millionen Kriegsgefangene. Von den übrigen circa sechs Millionen stammte die überwiegende Mehrheit aus der Sowjetunion und 1,7 Millionen aus Polen. Mehr als die Hälfte davon waren Frauen und Mädchen zwischen fünfzehn und zwanzig Jahren. Nutznießer der Arbeit waren vor allem die Rüstungsindustrie, die Landwirtschaft sowie staatliche Betriebe und Gemeinden. Nach der Befreiung 1945 ging für viele »Ostarbeiter« der Alptraum weiter; sie wurden der Kollaboration mit dem Feind bezichtigt, einige wurden in die Stalinschen Lager nach Sibirien verbannt.

Ein halbes Jahrhundert lang waren diese gewaltige Ausplünderung fremder Arbeitskraft und die dabei gemachten Gewinne keinerlei Thema in unserem Land. Erst als Ende der 90er Jahre in den USA Sammelklagen gegen deutsche Firmen eingereicht wurden, haben VW und Siemens unter diesem Druck einen »Entschädigungsfonds« eingerichtet, wurde die Bundesstiftung »Entschädigung, Verantwortung, Zukunft« gegründet, die diesen Fonds verwaltet. Weitere Firmen folgten, viele zahlten widerstrebend ein, viele Firmen weigerten sich. Während sich die Zeit mit Streitereien hinzog, besonders um die Rechtssicherheit der Firmen, starben unbemerkt 50 000 der anspruchsberechtigten Zwangsarbeiter. Am Ende mußten 5,1 Milliarden Euro zur Verfügung gestellt werden, je zur Hälfte von Industrie und Bund (wobei die Industrie fast die halbe Summe von der Steuer absetzen konnte, so daß dieser Teil dann auch auf den Bund entfiel). Die tatsächliche Höhe der geraubten Löhne wird von unabhängiger Seite auf etwa 92 Milliarden Euro geschätzt. Von den nun 5,1 Milliarden Euro sind 4,1 Milliarden Euro für die Zwangsarbeiter zugestanden worden, im Regelfall ist das die einmalige Zahlung von insgesamt 2500 Euro pro Person. Zwangsarbeit unter »besonders schweren Bedingungen« (KZ u. ä.) wird mit maximal 7600 Euro »entschädigt«. Ausgezahlt wurde ab 2002 in zwei Raten. Viele erlebten die Auszahlung ihrer zweiten Rate nicht mehr. Die Bundesstiftung »Erinnerung, Verantwortung, Zukunft« ist »zuversichtlich, die Auszahlungen bis zum Sommer 2005 im wesentlichen abschließen zu können«. Ein günstiger Ablaß. Rechtssicherheit gab es nicht für die ehemaligen Zangsarbeiter, sondern nur für die deutschen Firmen und die Bundesrepublik. Alle Reparationszahlungen sind sozusagen damit abgegolten, »etwaige weitergehende Ansprüche im Zusammenhang mit nationalsozialistischem Unrecht sind ausgeschlossen«.

Marina Schubarth hat damals vielen Antragstellern bei der Beschaffung des Arbeitsnachweises geholfen; viele konnten sich kaum die Kosten für Porto und Übersetzung ihrer Briefe nach Deutschland leisten, die Archive, Behörden und Versicherungen arbeiteten schleppend, waren trotz massiver Anfragen chronisch unterbesetzt. Viele Anträge wurden abgelehnt, viele Zwangsarbeiter gingen leer aus. »Solidarität mit den noch lebenden NS-Opfern darf sich nicht auf anonym gezahlte Kompensationsleistungen beschränken, zumal das bürokratische Auswahlverfahren zwischen Berechtigten und Nichtberechtigten viele betroffene Menschen beleidigt«, sagt Marina Schubarth.

Wir treffen sie an einem eisigen Februartag im Schöneberger Ladenbüro von KONTAKTE-КОНТАКТЫ e. V. und nehmen um ein hübsches Tischchen herum Platz. An der Wand hängen großformatige Fotos von ehemaligen Zwangsarbeiterinnen und auch von leukämiekranken Kindern nach Tschernobyl. Marina schaut auf ihre schmalen Hände und erzählt:

»Auf das Thema Zwangsarbeiter kam ich eher zufällig, durch die Rolle in dem Schweizer Film *Der stumme Berg*, und dann 1999, zwei Jahre später, als ich die Absolventinnen der Filmhochschule Babelsberg begleitet habe, bei ihren Dreharbeiten in Tschernobyl. Die Regisseurin kannte eine Überlebende des KZ Ravensbrück. Sie wohnte in einem ganz kleinen Ort in der Ukraine, wir haben sie oft besucht. Eines Tages sagte sie: ›Maritschka, du lebst doch in Berlin, ich brauche, um die Entschädigung zu bekommen, einen Nachweis, daß ich in Ravensbrück war, man antwortet mir von dort nicht. Kannst du helfen?‹ Das war dann meine erste Recherche. Und es war ein brutales Erlebnis, als ich da am Computer saß in Ravensbrück, und diese Tausende von Frauennamen beginnen so zu flimmern. Ich dachte, um Gottes willen, hinter jedem Namen ist eine Seele, eine eigene Geschichte. Und plötzlich sticht der gesuchte Name heraus. Der ›Zivi‹ im Archiv war übrigens anfangs frech und wollte mir keinen Zugang gewähren. Ich blieb aber eisern, und so kam's zu einem unbürokratischen Kompromiß: Ich darf nachschaun, und dafür übersetze ich ihm einen Brief aus der Ukraine, denn einen Übersetzer haben sie nicht mehr seit der Wende. Und es war genau dieser Brief, den die gesuchte Frau geschrieben hatte, mit Häftlingsnummer und allem. Er war ein halbes Jahr alt.

Und so ging es dann weiter, es sprach sich natürlich rum. Im Sommer wollte ich eigentlich auf der Krim Ferien machen. Ich wohnte bei einer befreundeten Familie; dort habe ich mal einen Scherz gemacht und sagte: ›Polina, bei dir sieht es so aufgeräumt aus, so was sieht man nur in Deutschland!‹ Sie hat gelacht und sagte: ›Ich war auch in Deutschland! Und übrigens möchte unser Opferverbandsvertreter von Jalta mit dir sprechen, man wartet auf dich.‹ Der Opferverband war in einer Art Baracke, das ganze desolat und auf einem Hügel. Mir ist fast das Herz stehengeblieben beim Anblick der alten Leute, wie sie mit ihren Stöcken mühsam heraufkamen. Sie setzten sich auf die teils kaputten Stühle, es wurde erzählt, und dann haben alle geweint, Männer und Frauen. Und plötzlich weinte auch der Opferverbandsvertreter los, der war in Anzug mit Krawatte, und wenn so ein Mensch weint, dann sind alle Grenzen erreicht, eigentlich.

Das war dann der Beginn einer Lawine. Der Satz ›Unsere Stimmen werden nicht gehört, uns kennt niemand, nicht in Deutschland, nicht hier‹ blieb mir im Gedächtnis, und er hat mich zu der Entscheidung gebracht, etwas zu tun. Damals gab es die große Debatte um die Stiftung ›Erinnerung, Verantwortung, Zukunft‹, und ich fand das traurig, wie kleinlich das alles war, wie zäh es sich hinzog wegen formaljuristischer Streitereien, wo doch die Zeit drängte. Denn wenn man es mit Opfern zu tun hat, die vielfach nicht nur alt, sondern auch krank und gebrechlich sind, dann ist es einfach sehr schäbig, sich jahrelang Zeit zu lassen! Ich dachte, da muß man gleich was machen. Was ich kann, das will ich tun. Neben meinem Arbeitslosengeld verdiente ich noch ein bißchen dazu durch Ballettunterricht, und dieses zusätzliche Geld habe ich dann investiert in Recherchen, Faxe, Porto, Telefon, um einerseits Nachweise zu beschaffen und andererseits irgendwie die Öffentlichkeit zu erreichen mit diesem Problem. Aber egal, wohin ich auch schrieb, ich bekam keine Reaktionen von den Redaktionen und Fernsehanstalten. Man konnte sich nicht mit der Angelegenheit befreunden, es war kein Thema, daß ehemalige Zwangsarbeiter keine Möglichkeit haben, an ihr Recht zu kommen, weil sie keine Möglichkeit haben, nach Deutschland zu schreiben und um ihre Unterlagen zu bitten, weil sie kein Deutsch sprechen, kein Geld für Porto und Dolmetscher haben, keine Adressen, nichts!

Was ein Ostarbeiter ist, war weitgehend unbekannt, dabei wurden die armseligen Zwangsarbeiterkolonnen morgens und abends mitten durch alle deutschen Städte getrieben damals, jeder hat sie gesehen. Der Verein KONTAKTE, auf den ich dann stieß, hat mir geholfen dabei, das Thema etwas bekannt zu machen, durch eine Ausstellung im Roten Rathaus. Es ist wichtig, daß die Leute sehen, das ist das Gesicht eines Menschen, er hat dies und das Schicksal, er hat diese und jene Probleme heute. Und es kamen dann tatsächlich die ersten Berichte in der Zeitung, und unsere Arbeit wurde allmählich bekannter; gleichzeitig gründeten wir den Spendenaufruf ›Soforthilfe‹ für ukrainische Zwangsarbeiter, alles im Jahr 2000. Und seitdem habe ich dreizehn Reisen gemacht in die Ukraine, um den Leuten das Geld selbst zu bringen, damit nichts versickert auf langen Umwegen. Es braucht immer Zeit, bis das Geld zusammenkommt; meistens zahlen bei uns eher Leute was ein, die nicht so viel haben, Studenten, Arbeitslose, Leute in kleinen Jobs; wir haben fast immer Beträge so zwischen 25 und 50 Mark bekommen.« Eine junge Frau betritt den Laden, sie will sich vorstellen und wird weitergeschickt, nach hinten ins Büro.

Wir bitten Marina, etwas von den Reisen zu erzählen. »Also, jede Reise hat ein eigenes Konzept. Ich sehe zu, daß mich immer jemand von der Presse begleitet, und in den jeweiligen Orten treffen wir dann erst mal die Opferverbandsvertreter bzw. die Vertreterinnen; inzwischen sind es fast nur noch Frauen, mit denen ich zu tun habe, die Männer sind bereits gestorben. Alle Vertreter sind übrigens selbst NS-Opfer. Und wir bereden dann, wo herrscht große Not, wer ist krank und braucht dringend Medikamente usw. Und wir besuchen dann auch die Leute gemeinsam. Das ist besser. Auf Grund der hohen Kriminalität in diesem Lande möchten die alten Leute oft die Tür nicht aufmachen, und überhaupt erzählen sie leichter, wenn jemand dabei ist, den sie gut kennen. Manchmal sind wir ein Team von mehreren Frauen, je nachdem, wie viele Journalisten aus Berlin mich begleiten.« Wir fragen, ob das für die Gastgeber kein Problem ist, wenn da Deutsche in ihrer Wohnung sitzen. »Nur ein einziges

Mal habe ich das erlebt. Da war die Frau sehr traumatisiert; sie lag kurz vor dem Sterben, und als man ihr sagte, es sind Deutsche gekommen, da schrie sie: ›Bitte, holt mich nicht ab, kommt nicht mit Stiefeln rein‹ – wir haben dann ihre Hand genommen und sie beruhigt.

Sonst freuen sie sich. Wir kommen ja meist unangemeldet, sehr viele haben kein Telefon. Wir kommen aber auch deshalb unangemeldet, weil die Ukrainer ein sehr offenes Volk sind, sie lieben es, wenn Gäste kommen. Wir müssen unbedingt vermeiden, daß sie es wissen, sonst gehen sie vorher los, kaufen ein und kochen und backen; die würden ihre kleine Rente ausgeben und sogar noch was leihen, nur um die Gäste zu bewirten. Aber wir sagen, wir möchten gerne, daß sie uns Ihre Geschichte erzählen. Viele erzählen uns dann, sehr bewegt, von den Erinnerungen. Das Geld habe ich in einem Umschlag, den übergebe ich am Schluß, denen, die noch gehen können, gebe ich's immer in Euro, das ist günstiger, wegen der schwankenden Wechselkurse. Ist jemand bettlägrig, dann gebe ich's in ukrainischer Währung. Ich habe immer zwei Päckchen, eins in Euro, eins in Griwna, der ukrainischen Währung. Ich sage dann, da drin ist ein ›freundschaftlicher Gruß aus Deutschland‹, ich nenne es eine ›kleine Geste‹. Und sie können das annehmen von uns, die wir aus Deutschland kommen, denn sie betrachten das als eine faschistische Ära, sie trennen zwischen Deutschen und Faschisten, und die Rote Armee hat den Faschismus besiegt. Und ansonsten halten einige sich in der Erinnerung an einem Deutschen fest, der vielleicht damals gut zu ihnen war, ihnen heimlich einen Apfel zusteckte oder etwas Brot, was ja streng verboten war.

Es ist sehr wichtig für die ehemaligen Zwangsarbeiter, daß man aus Deutschland diesen Weg gemacht hat zu ihnen, daß man sich die Zeit genommen hat, ihre Geschichte anzuhören. Und daß man ihnen glaubt, das ist ein besonders wichtiger Faktor! Ich kenne viele Frauen, die z. B. ihren Ehemännern bis zum

Schluß, bis sie gestorben sind, nie etwas davon gesagt haben, daß sie nach Deutschland verschleppt wurden zur Zwangsarbeit. In einem Fall war das besonders tragisch: Die Frau hatte als 15jährige in einer deutschen Munitionsfabrik arbeiten müssen, und sie wußte, gegen wen die Munition abgefeuert werden soll. Sie hat später einen Mann geheiratet von der Roten Armee. Er hatte keinen Arm mehr, und sie hat sehr gelitten unter der Vorstellung, daß vielleicht *ihr* Geschoß es war, das ihm diesen Arm weggeschleudert hat. Also, wie konnte sie ihm das sagen?! Viele hatten auch traumatische sexuelle Erfahrungen. Das deutsche Wachpersonal benutzte die jungen Mädchen einfach nach Lust und Laune. Wenn man die Statistik z. B. für Neukölln anschaut, dann war, glaub' ich, 1944 jedes fünfte Neugeborene das Kind einer Ostarbeiterin. Als diese Mütter zurückkehrten nach dem Krieg, da hieß es: ›Na ja, deutsches Kind!‹ Diese Kinder hatten es sehr, sehr schwer in der Schule, deshalb haben dann alle Betroffenen geschwiegen und hatten mehr als 50 Jahre lang keinen Opferstatus. Die Mütter konnten noch froh sein, daß man sie wegen Kollaboration mit dem Feind nicht ins Lager verbannt hat. Also, 99 Prozent aller Betroffenen, die ich kenne, hatten aufgrund ihrer Zwangsarbeit in Deutschland mit dem KGB zu tun hinterher und wurden dann z. T. absolut demütigenden Verhören unterworfen. Also, ich muß sagen, durch diese Arbeit, die ich da mache, habe ich erst das ganze Ausmaß dieses Krieges begriffen. Ich habe mir eine extra große Landkarte besorgt, auf der viele kleine Örtchen verzeichnet sind, und ich begriff plötzlich, daß die Deutschen auch noch aus dem kleinsten Kaff die gesamte Bevölkerung einfach mitgenommen haben, oder die jungen Menschen wurden weggefangen von der Straße und zur Zwangsarbeit deportiert.

Da kann ich erzählen von Nadeshda Slessarewa, ein Opfer von Stalinismus und Faschismus, Tochter eines Offiziers, der 1937 erschossen wurde; die Mutter kam in ein Lager nach Sibirien, sie selbst kam in ein Waisenhaus für Kinder von ›Vaterlandsverrätern‹. Der Tante gelang es, sie zu adoptieren, doch eines Tages kamen sie in eine Einzingelung von Deutschen. Damit begann 1944 ihre zweite Leidenszeit. Sie wurden in einer endlosen Kolonne mit zahllosen Gefangenen bis nach Stettin getrieben, wo sie als 13jährige zum Bunkerbau abkommandiert wurde. Wenn man sich die Ukraine mal anguckt und weiß, wie groß dieses Land ist, kann man diesen ungeheuren Fußmarsch gar nicht fassen. Ihre Tante hat ihr die Augen verbunden, damit sie die zerstörten Dörfer nicht sieht, aber trotzdem konnte sie unter der Binde durch die Beine der Gehängten und die Leichen am Boden sehen. Später wurde sie eine Konstrukteurin, hat Brücken gebaut und U-Bahnen, ungefähr 4000 Männer hat sie unter sich gehabt auf dem Höhepunkt ihrer Karriere. Nadeshda ist heute ehrenamtlich im ukrainischen Opferverband tätig und ist seit dem Jahr 2000 eine unserer wichtigsten Kontaktpersonen; sie hat uns auf zahllosen Hausbesuchen begleitet und kümmert sich um mehr als dreihundert ehemalige Zwangsarbeiter. Diese Frau ist unglaublich aktiv!«

Neuer Tee wird aufgebrüht und eingeschenkt. Marina fährt fort: »Aber sie ist eine der Ausnahmen. Viele waren zeitlebens traumatisiert, manche haben resigniert, und die meisten leiden sehr unter der massiven Altersarmut, die nun in der Ukraine herrscht. Deshalb brauchen sie das Geld sofort und nicht erst in einem halben Jahr. Viele werden die Auszahlung der zweiten Rate nicht erleben. Viele sitzen krank zu Hause, ohne Medikamente! Die Durschnittsrente liegt so in etwa bei umgerechnet 30 Euro. Wenn ich für mich dort dreimal einkaufe, sind 25 Euro weg – und ich bin Vegetarierin. Die Leute können die Miete nicht mehr zahlen, geschweige denn Heizung und den Strom. Und dann haben sie ja keine Krankenversicherung und nichts – zuvor waren alle medizinischen Leistungen kostenlos –, seit ein paar Jahren müssen die Alten und Kranken alles selber zahlen:

Medikamente, Arztbesuche, Operationen. Das Gute ist, daß es bei uns immer noch eine große Hilfsbereitschaft gibt; der Nachbar bringt schon mal ein Süppchen vorbei und hilft, wenn er kann. Wem das fehlt, der ist arm dran. Ich war bei einer Frau, die hatte noch ein kleines Stück Weißbrot, sonst nichts. Eine andere hatte nur noch Äpfel zu Hause und mehrere Gläser voll Weihwasser, das trank sie gegen die offenen Beine, das war ihre letzte Medizin, davon lebte sie. Wir kaufen dann natürlich erst mal ein. Kartoffeln, Nudeln, Mehl, Öl, Zucker, einen Vorrat für längere Zeit. Das steht dann in der Küche, und ansonsten sind viele Wohnungen leer, eine Glühbirne, Bett, Schrank, Tisch ein Foto, fertig! Die haben alles, solange es noch ging, zu Geld gemacht, um zu überleben. Bei anderen hingegen kommt man in die Wohnung und merkt erst gar nichts, fragt sich, warum klagen sie denn? Sie haben doch Teppiche mit Elchen an der Wand, haben Kristall. Kristall aus Polen. Eine tickende Uhr aus der DDR. Jeder konnte sich diese Dinge früher leisten. Heute sind sie keinen Cent mehr wert, weil keiner sie mehr will, die Leute wollen Dinge aus dem Westen, aus Amerika. So ist das. Wir versuchen, den Ärmsten zu helfen. Auch in Zukunft. Denn viele wurden, trotz glaubhafter Berichte über ihre Zwangsarbeit, abgelehnt, weil sie keinerlei Nachweise erbringen konnten. Oft wurden die Nachweise und Unterlagen vernichtet, gingen verloren oder wurden auch versteckt.

Dazu kann ich folgende Geschichte erzählen: Für die Frau, die mit einem Rotarmisten verheiratet war und ihm zeitlebens ihr Zwangsarbeiterschicksal verschwieg, habe ich damals in Weißenburg gesucht, nach Dokumenten und alten Aufnahmen von der Stadt. Sie erzählte mir nämlich, wie sie mit geschorenen Haaren, Holzschuhen und mit OST gekennzeichneter Kleidung in der Arbeitskolonne durch Weißenburg getrieben wurde, wie einige Leute spuckten und riefen ›Russenschweine‹. Und sie sagte: ›Das einzige, wo ich immer hingeguckt habe, das war auf den Boden, und da waren plötzlich wunderbar schöne Rosen, die geblüht haben in Rabatten, entlang dieser Straße.‹ Und die gibt es heute noch! Ich habe sie gefunden. Dann ging ich ins Archiv der Stadt, fragte nach alten Postkarten und Bildern aus den 40er Jahren und auch, ob sie Unterlagen über Zwangsarbeiter haben. ›Nein, leider nicht!‹ Man gab mir aber einen großen Ordner mit alten Aufnahmen, und als ich die durchgehe, fällt eine dicke Mappe aus dem Ordner raus, ich mach' sie auf, und das war ein Schock: Es waren Namenslisten von den Zwangsarbeitern. Ich gehe sie mit dem Finger durch, und bei tausendfünfhundertnochwas steht ihr Name plötzlich da. Der junge Archivar war sehr erstaunt und sagte: ›Nach dem Krieg wollte man vielleicht nicht, daß es jemand findet.‹ Ich bat ihn dann, mir eine Kopie zu machen mit einem Stempel, denn das war ja ein Nachweis. Schlußendlich habe ich alles kopiert, was mit Ostarbeitern zu tun hatte, und habe es an die Ukrainische Stiftung geschickt.

Aber neben der materiellen Hilfe und der Beschaffung büro-kratischer Dokumente ging es mir als Drittes auch immer schon um die Lebensberichte, von denen so viele wie möglich aufbe-wahrt werden müssen als Zeitdokumente, damit die Geschichte nicht anonym bleibt und nach der Auszahlung im Vergessen ver-sinkt. Und das ist auch der Sinn des Theaterstücks. Ich habe ein Szenario geschrieben, zwei Biographien ausgewählt und zusam-men mit meiner Freundin Natalja Bondar, mit der ich seit sehr vielen Jahren schon Theater spiele, das dann umgesetzt. Das war vor zweieinhalb Jahren. Seitdem spielen wir jeden Samstag abend das Stück; die Schauspielergruppe ist inzwischen von zehn auf 38 Personen angewachsen, Profis und Laien mit vier-zehn Nationalitäten, darunter viele Jugendliche. Ich finde das phantastisch, alle spielen ohne Bezahlung, die Einnahmen gehen an die Zwangsarbeiter. Manchmal haben wir auch Besuch von Zwangsarbeitern, die sich das Stück anschauen. Dann nehmen wir immer eine sanftere Variante, d. h. wir lassen nicht, wie sonst, das Publikum vor dem SS-Mann erzittern. Also jeden Samstag um 20 Uhr im Bunker am Blochplatz, Bad-/Ecke Hochstraße, gegenüber vom Bahnhof Gesundbrunnen im Wedding, Einlaß ab 19.45 Uhr. Der Bunker wurde übrigens 1941 von Zwangsarbeitern zum Luftschutzbunker umgebaut. Also, mir bzw. uns ist das alles sehr wichtig, und es wird, wie immer, wieder mal von niemandem unterstützt. Es laufen Kämpfe um Geld, für eine Tournee in die Ukraine, ich hoffe und glaube, daß wir Geld von der deutschen Stiftung dafür bekommen. Und ich möchte hervorheben, diese Tournee haben die Zwangsarbeiter selbst initiiert, das waren nicht Politiker! Nicht Kulturministerien. Von da kommt absolut kein Signal. Wir haben den Kultursenator Berlins, Thomas Flierl von der Linkspartei schon mehrmals eingeladen, ich habe ihm sogar persönlich die Karte in die Hand gegeben. Es passiert nichts! Da herrscht vollkommenes Desinteresse...«

Wir würden gerne noch etwas über ihre Kindheit und Jugend erfahren. »Ich will es mal kurz machen. Also, ich bin in Kiew geboren, meine Großmutter war Physikerin, mein Großvater ukrainischer Schriftsteller, meine Mutter war Germanistin. Ich bin eigentlich sehr typisch sowjetisch erzogen worden: Freundschaften pflegen, der älteren Generation helfen, Völkerverständigung usw. Das ganze Bild brach, als ich so acht Jahre alt war und meine Mutter einen Schweizer geheiratet hat. Meine Mutter mußte ausreisen, und ich durfte damals nicht mit. Erst mit neuneinhalb durfte ich ihr folgen in die Schweiz, denn, so hatte ich erfahren müssen, es war was ganz Schlechtes, was meine Mutter da getan hatte mit einem Kapitalisten. Das hatte ich in der Schule zu spüren bekommen. Und dann, in der Schweiz, da galt ich als Kommunistin. Die Eltern haben ihren Kindern gesagt, daß sie sich wegsetzen sollen. Diese Wunderwelt Schweiz hat mich überrascht; zuerst war ich geblendet, aber in der Schule war die Bildung weit hinter dem Stand zurück, den ich gewohnt war. Ich schrieb meinem Großvater: Bitte, schick mir die sowjetischen Lehrbücher, damit ich lernen kann. Und selbst bei den einfachsten Fächern war es schlimm. In der sowjetischen Schule hatten wir Werkunterricht, gemeinsam mit den Jungen. Wir haben Tische gemacht, Stühle. In der Schweiz gab's für die Mädchen nur Handarbeiten. In Bonn später war es dann auch nicht besser. Ich habe neben der Schule Ballett gemacht, das war es, was ich wirklich wollte. Als ich noch klein war, vier oder fünf, nahm meine Großmutter mich schon mit zu Balletten. Den Geruch von Spitzenschuhen habe ich heute noch in der Nase – sie wurden früher mit einem Kleber gemacht, der wahrscheinlich von Bäumen kam. Also, es gab einen Harzgeruch, verbunden mit Puder. Und dann Samt und Satin in rosaroter Farbe ... Das waren die Kiewer Spitzenschuhe. Damals waren auch die Eintrittskarten für alle erschwinglich. Also, bei uns wußte jede Marktfrau, wann und wieviel die Ballerina sich drehen muß. Wenn was nicht stimmte, haben sie schon ›Buh‹ gerufen. Ich bin dann mit achtzehn nach Ungarn zur Ballettausbildung. Nach Französisch und Deutsch lernte ich so auch noch Ungarisch neben dem Tanzen; ich hatte Freundschaften, es war schön. Und dann passierte Tschernobyl! Ich war zwanzig, und in dieser Nacht hat es mich so geschüttelt, daß ich aufstand und einen Freund gebeten habe, mich nur schnell rauszubringen aus der Wohnung. Wir saßen an einem schönen Dom in Budapest in der Nacht, und ich habe geweint. Und dann sahen wir die Vögel, wie sie um zwei Uhr nachts total aufgeregt zwitscherten und herumflogen. Ich habe das alles in meinem Tagebuch aufgeschrieben. Was passiert war, erfuhr ich erst am nächsten Morgen. Es war schrecklich, nichts tun zu können. 1991 war ich dann mit der Ärztedelegation der IPPNW (International Physicians for the Prevention of Nuclear War, Anm. G. G.) dort, sie haben Kinder untersucht und Erdproben genommen, und ich habe die Kontakte gemacht und gedolmetscht. Vor einer Klinik stürzten plötzlich Mütter mit Kindern auf dem Arm vor mir auf die Knie und flehten mich an, ihre Kinder mitzunehmen in den Westen, damit sie überleben.

Als ich zurückkam, haben wir ein Musical einstudiert, und ich merkte, ich pack es nicht, ich kann es nicht mehr trennen! Und so kam es dann zu dieser Benefizveranstaltung am Theater des Westens, das Geld bekamen die Tschernobyl-Kinder. Und als ich dann durch eine Operation nur noch unter Schmerzen tanzen konnte, dachte ich, ich will das Künstlerische und Soziale verbinden. Und das mache ich eigentlich heute. Ein Schlag ins Gesicht ist für mich, daß man diese Arbeit nicht unterstützt. Ich habe mich mit großer Zähigkeit in die Zwangsarbeiterproblematik hineingearbeitet, bin Expertin geworden, gebe meine Erfahrungen weiter, mache eigentlich praktische Versöhnungsarbeit; ich spreche fünf Sprachen, kläre die Jugend über mein Thema auf. Und trotzdem gibt es scheinbar keinen Bedarf für meine Arbeit. Ich habe jetzt noch Arbeitslosengeld ein Jahr lang, und das war's dann...«

12

ADEL, AAL UND WIDERSTAND

FISCHERSFRAU

Gisela Köthke, Fischersfrau a. D., Mitglied d. BI Umwelt- u. Naturschutz (12 Jahre Vorsitzende d. BUND-Kreisgruppe Lüchow-Dannenberg), Vorsitzende Turnverein Gorleben. Einschulung 1931 i. d. Dorfschule Retzin/Brandenburg, 1943 Abitur a. Lyzeum i. Perleberg. Bis 1945 Reichsarbeitsdienst, Flucht, nach der Enteignung des elterlichen Gutsbesitzes Arbeit i. d. Landwirtschaft, u. a. bei Salzwedel i. d. Altmark, 1946 geheiratet (einen Fischer). Gemeinsamer Aufbau eines Fischereibetriebes i. Gorleben. 1947 Geburt des Sohnes (der heute Fischereimeister ist u. diesen Betrieb leitet), seither Fischersfrau mit allen Problemen (Elbe als Grenze-Elbe, ihre zunehmende Verschmutzung usw.) u. mit allen Freuden gemeinsamen Aufbauens, von null an u. mit »eigener Hände Arbeit«. Seit vielen Jahrzehnten aktiv im Umwelt- und Naturschutz u. Teilnahme a. d. Widerstandsbewegung gegen WAA, Endlager u. d. Castor-Transporte. Sie widmet sich d. Dorfarbeit m. Kindern u. Jugendlichen, u. sie veranstaltet Gartenseminare (Volkshochschule). Für ihr Engagement i. Umwelt- u. Naturschutz bekam sie d. Konrad-Buchwald-Plakette vom BUND-Landesverband überreicht, u. 1994 erhielt sie den Umweltpreis d. Landes Niedersachsen. Gisela Köthke, geborene zu Putlitz, kam 1924 i. Stettin zur Welt. Ihr Vater (Sproß d. Familie Gans, edle Herren zu Putlitz) war Dipl.-Landwirt u. bewirtschaftete sein Gut i. Retzin bis 1945, die Mutter wurde nach der Enteignung Krankenschwester und machte mit 54 Jahren Staatsexamen. Frau Köthke ist verwitwet und hat einen Sohn.

An einem sommerlich warmen Nachmittag sind wir mit Frau Köthke verabredet. »Sie fahren die Hauptstraße bis zum Ende des Dorfes, dann sehen Sie schon auf der rechten Seite unser Schild«, sagte sie am Telefon. Das Schild ist aus Holz und zeigt an, daß hier geräucherte Fische zu bekommen sind. Zu jeder Tageszeit kann man ausgezeichnete geräucherte Aale, Forellen und Saiblinge kaufen, gefangen bzw. veredelt vom Fischereibetrieb Köthke. Das Betriebsgelände wirkt teils gartenartig, mit Rosenhecken und Blumeninseln aus Mohn, Rittersporn, Margeriten, Feuerlilien, teils gewerblich. Aus einem der Fischbecken erhebt sich eine Fontäne und sorgt plätschernd für Sauerstoff im Wasser. Zwischen alten Kiefern liegen verstreut mehrere Wohn- und Betriebsgebäude. Im hinteren Teil des Grundstücks, das direkt an einen kleinen Bootshafen grenzt, wohnt der Sohn mit seiner Familie. Frau Köthke bewohnt ein schlichtes einstöckiges Holzhaus, vorn zur Straße hin gelegen.

Wir werden freundlich hineingebeten. Im Flur hängen gut gemalte Aquarelle unserer Gastgeberin, Elblandschaften, Fluß- und Uferansichten. Das Wohnzimmer wirkt bürgerlich und friedlich, mit alter Standuhr und zierlichem Kachelofen mit Gußeisenaufsatz. Das Holz eines deckenhohen, mit Intarsien und Messingbeschlägen verzierten Schranks schimmert im Nachmittagslicht. An der Wand hängt ein großes Gemälde, das Bildnis eines streng blickenden älteren Herrn mit Perücke und dunklem militärischen Brustpanzer. Ein kleineres Ölbildchen zeigt einen Lehrer, der drei Knaben unterrichtet, die Kinder der Königin Luise. In einem Weidenkorb neben dem Fernsehgerät liegen mehrere großformatige Bücher, obenauf die neue Ausgabe der »Ansichten der Kordilleren« von Alexander von Humboldt. »Das sind Geburtstagsgeschenke, Bücher, die man nicht im Bett lesen kann«, sagt Frau Köthke, schenkt uns Kaffee ein und beginnt zu erzählen:

»Ich bin ja jetzt seit sechzig Jahren hier, beinahe. Die Familie meines Mannes, er ist 1987 gestorben, hatte ihren Elbfischereibetrieb von 1822 bis 1845 gleich hier über die Elbe, am Elbdeich drüben. Bis der Grenzzaun kam damals, konnten wir das Haus sehen. Sie haben eines Nachts ein paar Schafe im Kahn angebunden, die Netze mitgenommen und sind hierher über die Elbe. Und diese Möbel, die haben wir später über den Fluß gebracht. In der Nacht, in der die Russen die Bewachung an die Volkspolizei übergeben haben. Das sind Stücke aus der Familie meines Mannes, während die Bilder aus meiner Familie stammen. Geheiratet habe ich dann 1946. Zuerst hatte ich mich in die Elbe verliebt, dann in meinen Mann, sage ich immer. Aber es war natürlich etwas schwierig; wir alle waren Flüchtlinge, man hatte uns hier eingewiesen, hier wohnten meine Schwiegereltern, meine Schwägerin, ein Schwager mit Kindern, irgendwann kamen auch noch meine Geschwister vorübergehend. Das hat sich alles hier abgespielt. Das war ja ein Reichsarbeitsdienstlager, das ganze Gelände, und dieses Haus hier war die Führerwohnung. Es war ›Reichseigentum‹ noch, nachher hatten wir die Möglichkeit, es zu kaufen. Nach und nach kauften wir auch das Grundstück Es besteht eigentlich nur aus Flugsand, es ist eine Sanddüne. Und dann hat sich eben alles so ergeben, der gemeinsame Aufbau, und wir hatte ja einen enormen Vorteil dadurch, daß die Köthkes schon über 100 Jahre Pächter mehrerer Gewässer bei den Grafen von Bernstorff sind. Also die Fischereirechte auf dieser Seite hatten sie auch vorher schon, so hatten wir eine Existenzgrundlage. Und der gemeinsame Aufbau, der war zwar schwer, aber schön. Mein Mann war technisch sehr begabt. Er hat mit achtzehn schon eine Fangtechnik patentiert bekommen, die heute noch auf allen großen Flüssen verwendet wird, das nennt sich ›Köthkescher Scherbrettrahmen‹, und diese Vorrichtung erleichtert den Aalfang. Der Aal war sozusagen die Spezialität meines Mannes. Aal war das Wichtigste, der ging nach Hamburg in die Räuchereien. Oder auch nach Steinhude, die kauften sehr viel Aal bei uns. Heute könnte man, wenn man nicht selber veredelt und verkauft, gar nicht mehr davon leben. Damals schon. Über Nacht wurden die Netze gestellt und morgens wurde der Fang rausgenommen und alles an Land gebracht. Ich war eben hauptsächlich mit draußen und habe in der Fischerei mitgearbeitet, habe eigentlich alles gemacht: Netz rausziehen, töten natürlich, schlachten und ausnehmen. Aber das war später, anfangs wurden die Aale ja lebend im Wasser weitertransportiert, die anderen Fische, die wurden erst mal totgeschlagen, aufgeschnitten, ausgenommen. Es ging vorwärts, wir konnten was tun, das war das Schöne.

Aber es gab dann auch schon bald Probleme mit der Grenze und mit der zunehmenden Verschmutzung der Elbe. Als junge Frau bin ich noch in der Elbe geschwommen. Da war das Wasser sauber. In den Kriegsjahren dann wurde die Elbe schon als Industrieabwasser genutzt, aber ihre Selbstreinigungskraft reichte noch. Das war später dann nicht mehr der Fall, die Verschmutzung hat so zugenommen, daß viele der Fischereibetriebe das nicht überlebt haben. Und wenn wir nicht vermehrt Handel gemacht hätten, mit Forellen, mit Saiblingen, dann hätten auch wir nicht überlebt. Die Teiche, die sie hinten gesehen haben, die wurden damals mit öffentlichen Zuschüssen ausgelegt, das sind sogenannte Hälterteiche, in die man diese verdreckten, schlecht schmeckenden Aale brachte. Unsere Kunden hatten uns Schwierigkeiten gemacht, unsere Abnehmer in Steinhude – denn schließlich kamen viele dieser Steinhuder Aale aus der Elbe –, und da sagte man uns, tut uns leid, die schmecken nicht mehr, die stinken aus dem Pott, nach Phenol, Petroleum … Und da haben wir sie dann hier nach langen Versuchen dazu gebracht, die Aale, daß sie fressen, denn sie fressen an sich in Gefangenschaft nicht, und die Reinigung geht ja nicht, nur von außen. Das haben wir also geschafft, als erste in Deutschland, und so konnten wir, trotz der widrigen Bedingungen, überleben. Also, das ist schon sehr deutlich geworden, wie wichtig ein vernünftiger Umgang mit der Natur ist. Ich bin ja auch – seit der Gründung des BUND eigentlich – hier im Landkreis im Vorstand, war zwölf Jahre Vorsitzende usw. Der BUND wurde 1975 von Horst Stern und Bernhard Grzimek gegründet, er ist also etwas älter als der Gorleben-Widerstand. Energiepolitik war ja von Anfang an auch ein Hauptthema, und ab 1980 war dann ein Hauptthema auch Antiatomarbeit. Wir haben hier eigentlich eine gute Arbeitsteilung, wir machen Naturschutz, und die BI macht ganz kompetent ihre Antiatomarbeit, organisiert den Widerstand. Wir haben hier vom BUND z. B. seit Jahren ein Projekt, das heißt ›Kräuterheu- und Wiesenschutz‹; da geht es darum, zusammen mit Landwirten – und nicht gegen sie, wie es sonst oft nötig ist – dieses besondere Wiesenheu zu ernten, und wir sorgen dann für den Verkauf. Vierzig Landwirte sind da beteiligt, im Südkreis, wo es noch wunderbare kleinstrukturierte Wiesenlandschaften gibt, blütenreiche Wiesen, wunderschön. Das Heu geht z. B. an den Zoo Hannover, für bestimmte Tiere. Es ist sehr beliebt bei Pferdebesitzern, es geht bis in die Schweiz. Und wir verlangen einen 30 Prozent höheren Preis, und das ist es auch wert. Und zugleich dient die Sache der Artenvielfalt, denn es wird zum ökologisch richtigen Zeitpunkt gemäht. Normalerweise ist es ja so, daß in der Landwirtschaft kaum noch Heu gemacht wird, sondern nur noch Silage, und da fängt man im Mai an zu mähen. Früher wurde im Juni gemäht. Beim Mähen im Mai, da kommt natürlich keine Artenvielfalt mehr hoch, die Mähmaschinen zerstören die Gelege und Nester. Deshalb brüten die Grünlandvögel kaum noch hier im Elbbereich, die Brachvögel, die Kiebitze, die Uferschnepfe. Ich finde, das ist eine Verarmung der Elblandschaft, daß diese typischen Rufe nicht mehr zu hören sind. Es herrscht dieser stumme Frühling, den es früher nicht gab. Ein anderes Projekt ist ein Flüßchen, die Dumme, die begradigt wurde, und für deren Renaturierung wir uns eingesetzt haben, also, dieser Graben soll wieder mäandern. Und dann geht es natürlich immer um den drohenden Ausbau der Elbe, der immer noch in der Luft liegt, obwohl längst klar ist, daß der zugrundegelegte Güterverkehr auf dieser Wasserstraße gar nicht stattfindet. Aber was die Bürokratie einmal beschließt... Ausbau heißt z. B., daß man das Flußbett vertieft, noch mehr Bunen baut, den Fluß schottert, ihn immer mehr einengt, damit es mehr Strömung gibt usw. Und wir vom Naturschutz wollen natürlich, daß man die Dynamik dieses weitgehend noch natürlichen Flusses erhält. Daß unser Landkreis hier so ein Juwel ist, und auch der Fluß vergleichsweise, das ist zum großen Teil entstanden durch die Grenznähe. Wenn die DDR nicht gewesen wäre, da bin ich sicher, hätten wir hier Staustufen an der Elbe, wie an allen anderen großen Flüssen. Es gibt nur eine, bei Geesthacht. Der Main z. B. hat 27; für die Aalwanderung ist das ein großes Problem, trotz Aufstiegshilfen, sie kommen nicht mehr die Flüsse hinauf, so wie früher. Von den Turbinen der Wasserkraftwerke ganz zu schweigen, in denen große Mengen der wandernden Aale zerstückelt werden, also, das haben wir hier alles nicht, zum Glück. Das ist mein Schwerpunkt, ansonsten stehe ich natürlich voll hinter dem Widerstand, habe Demos mitgemacht, Unterschriften wurden gesammelt, Anzeigen gemacht, Brote geschmiert usw., das ist ja klar!«

Wir fragen nach ihrer politischen Orientierung in den 70er Jahren. »Na, konservativ. Ich will mal so sagen: Ich war schon eher auf CDU-Linie. Wegen Gorleben bin ich dann auch ausgetreten aus der Partei, später. Ich weiß noch genau, wie es anfing: Es war am 22. Februar 1977, ein milder Tag, ich habe hier gehackt im Garten, und da hörte ich es mittags. Es kam durchs Radio und Fernsehen, daß hier in Gorleben ein gigantisches Atomzentrum entstehen soll, ein nukleares Entsorgungszentrum, mit WAA und allem, bis hin zum Endlager. Da habe ich meine Hacke hingelegt, und die hat nach vier Wochen immer noch so dagelegen. Es war eine andere Zeit angebrochen! Zunächst ist ja die Gemeinde dagegen gewesen, aber diese Geschichte ist ja auch eine Bestechungsgeschichte; es ging um sehr viel Geld, das man den Kommunen bot. Das Argument hier war, wenn wir's nicht machen, nimmt es die Nachbargemeinde, und wir haben dann keinerlei Vorteil, aber den gleichen Nachteil. Ich bin ja fünfzehn Jahre ungefähr im Gemeinderat gewesen, kenne das von innen. Dr. Neuschulz, ein Mann aus dem Naturschutz, und ich, wir waren immer die andere Seite. Also bei neun Ratsmitgliedern waren das immer sieben gegen zwei! Das ist natürlich deprimierend, jahrelang solche Abstimmungen zu ertragen. Nach der Abstimmung zur ›Konditionierungsanlage‹, die natürlich pro war, sind Dr. Neuschulz und ich aus Protest rausgegangen aus dem Rat – mein Sohn war damals bei mir Nachrücker, sonst wäre das ja nicht gegangen. Na ja, sie ist selbstverständlich gebaut worden, steht heute da und wird nicht benutzt. Die Auseinandersetzungen haben natürlich das Dorf gespalten, von Anfang an, das ging quer durch die Familien. Bei uns allerdings nicht, wir waren und sind alle dagegen. Aber sonst, ich bin ja seit 35 Jahren Vorsitzende einer Frauengymnastikgruppe, ein kleiner, dörflicher Verein, wir treffen uns jeden Montag von 19 bis 20 Uhr, machen Gymnastik, und danach gehen wir in die Kneipe, essen ein bißchen und klönen. Und das ist ein sehr wichtiger Abend für uns Frauen – die wir übrigens mal den TUS Gorleben, also den Gesamtsportverein, gegründet haben, in dem sich jetzt die Männer breitmachen. Wir haben damals darauf gedrungen, das Politische aus dem Verein rauszuhalten, denn so ein Dorf muß ja auch noch eine Gemeinschaftsbasis haben, bei allen Meinungsverschiedenheiten. Die muß man eben aushalten. So dachten wir.

Bis dann der Vorsitzende der Fußballabteilung – hinter dem Rücken seiner eigenen Leute – einen Werbevertrag für Trikotwerbung mit den Atomleuten machte. Pro Atom. Die Hälfte seiner

Fußballer ist dann ausgetreten, die gingen in einen Nachbarverein. Der Werbevertrag hat ja Geld eingebracht, und damit hat der Vorsitzende Wittenberger Spieler eingekauft – es war ja alles in der Wendezeit – und damit den Wittenberger Verein auch kaputt gemacht. Denen haben sie auch noch berufliche Möglichkeiten versprochen, die sind dann nachher als Wachmänner hier gelandet. Na, ja. Da laufen die alle heute noch rum, mit der Werbung, ich glaube, es steht TUS Gorleben drauf, in blauer Schrift auf weißem Trikot, und dann das Kürzel BLG, also Brennelemente-Lager-Gesellschaft. Und nun war die Frage, was machen wir? Ich konnte ja erst mal nur für mich sprechen, und ich habe gesagt, ich bin die Vorsitzende vom BUND hier im Landkreis, und ich bin Gegnerin dieser Atompolitik, ich kann und will nicht in einem Verein bleiben, der mit solchen Trikots in Erscheinung tritt! Und ich muß sagen, obwohl das durchaus in unserem Turnverein auch Frauen waren, deren Männer pro sind, haben sich nach der Sitzung 33 Frauen entschieden, mit mir zusammen aus dem TUS Gorleben auszutreten. Das war eine kleine Sensation damals. Wir haben dann den Turnverein Gorleben gegründet, also, das sollte nicht ein Antiatomverein sein, überhaupt nicht, wir waren weiterhin verschiedener Meinung, fertig! Es gibt ihn immer noch, unseren kleinen Turnverein, wir sind noch ungefähr dreißig. Es hat sich alles etwas abgemildert inzwischen; heute sind eigentlich, von der Einstellung her, alle antiatom. Und die Kinder von denen, die dafür waren – also jetzt generell –, die haben ihre eigenen Ansichten, die gehen heute auf die Demo. Wir sind eben hier im Landkreis zwangsläufig etwas anders. Ich vergesse das immer. Wenn man mal außerhalb irgendwo ist, dann sagen die Leute oft mitfühlend: ›Ach, Sie kommen aus Gorleben, da haben Sie ja immer diese Demonstrationen, ist das nicht schrecklich?‹ Und sie sind dann sehr irritiert, wenn ich, mit meinen 80 Jahren, sage: ›Im Gegenteil, ich bin dabei!‹ Worunter wir leiden, das ist die Politik und die Polizei. Den Leuten wird ja durch die Medien diese ›Idealvorstellung‹ vermittelt, hierher kämen ganz viele gewalttätige Demonstranten und die Polizei schützt uns vor *denen*. Es ist natürlich ganz anders. Daß der Castor geschützt wird, und zwar ausschließlich, das nehmen die nicht so wahr.

Ich würde die Leute gern mal einladen. Die Castor-Transporte gehen ja hier genau vor meinem Haus vorbei, die Dorfstraße entlang, ich kann durchs Fenster alles beobachten. Das geht ja schon die Nacht vorher los, es ist ein absoluter Ausnahmezustand, dem wir unterworfen werden. Angekündigt wird es in der Zeitung, z. B. im Amtsblatt. Unsere Rechte werden außer Kraft gesetzt, der Regierungspräsident hatte ja die letzten Jahre z. B. immer einen Fünfzigmeterbereich rechts und links der Straße verfügt, der nicht betreten werden durfte in der Zeit. Bedenken Sie mal, auf unserem eigenen Grundstück! Das nennt sich ›demonstrationsfreier Raum‹, und dann gibt's noch diverse Versammlungsverbote, ein Verbot, Leute zu bewirten, unterzubringen usw., man hat sie gar nicht im Kopf, die ganzer Vorschriften. Wozu auch, wir halten uns ja nicht dran. Also, die Castoren, die werden in Dannenberg vom Zug auf Tieflader umgeladen, es sind immer sechs, oder sind's jetzt bereits zwölf sogar? Jedenfalls kommt ja zu allem auch noch dieser logistische Schwachsinn hinzu, das man das alles hier so über die Dörfer transportiert, statt auf Gleisen direkt in die Halle, wenn schon! Und für die Wegstrecke, da gibt es zwei Möglichkeiten, die werden abwechselnd gewählt, um die Demonstranten zu zersplitten. Also, entweder sie fahren die Hauptstraße entlang, oder sie fahren einen Umweg an der Elbe entlang, über Langendorf hierher. Aber im Zeitalter des Handys ist das für den Widerstand ja kein Problem mehr. Es finden auf der ganzen Strecke Protestaktionen statt, da machen alle soweit mit, die Bauern, die Anlieger usw. Es wurden ja auch schon Straßen untertunnelt, es fällt den jungen Leuten viel ein. Und dann schiebt sich natürlich eine Riesenvorhut vor den Castor. Wasserwerfer, Motorräder, Grüne Minnas, Hubschrauber kreisen im Tiefflug herum …« Sie holt Fotos vom Castor-Transport. »Da ist er drunter, der Castor, unter einer blauen Plane, die Fotos sind hier vom Haus aus gemacht. Das war früher, da hatte wir ja noch schönes Wetter, da war's ja immer im Sommer. Im Frühjahr bzw. im Sommer, da kamen natürlich immer viele Demonstranten. Man hat die Transporte dann aus taktischen Gründen auf den November gelegt. Und nun raten Sie, zu welcher Uhrzeit sie hier durchkommen. Morgens um vier! Wenn sich dann also die Vorhut hier vorbeischiebt, dann schwimmt das ganze Dorf in Blaulicht. Unheimlich wirkt das. Und der Transport bewegt sich im Schrittempo, die Polizei muß ja an der Seite mitgehen. Das Ganze hat die Geschwindigkeit eines Leichenzuges … ja, damit kann man es vergleichen.

Wir haben hier immer, nebenan, da wo unser Grundstück zu Ende ist, in genau gemessenem Abstand von der verbotenen Zone, da haben wir so ein Lager, mit Infozentrum und allem, da ist auch das Essen, es gibt Getränke. Viele hier vom Dorf helfen mit, die Bauern schmieren Brote, andere bringen Suppe usw. Da laufen dann auch die Meldungen zusammen. Es klingelt unser Handy, und jemand sagt z. B.: ›Wir sind hier eingeschlossen, könnt ihr uns was zu essen bringen?‹ So läuft das. Und wenn alles vorbei war, sich alles aufgelöst hatte, dann habe ich hier so einen großen Topf Suppe gekocht; es sind dann immer ganz viele, auch ganz fremde Leute im Haus, alle sind müde, hungrig, und empört natürlich. Na ja, aber ich muß ehrlich sagen, daß ich jetzt nicht mehr so viel mitorganisiere wie früher. Es ist ja immerhin jetzt schon die dritte Generation, die hier demonstriert, und das ist eigentlich ganz toll, muß ich sagen.«

Wir bitten unsere Gastgeberin, noch ein wenig über ihre Herkunft zu erzählen. Etwas zögernd sagt sie: »Na ja, ich komme aus Retzin, einem Dorf zwischen Perleberg und Pritzwalk, in der Mark Brandenburg. Wir sind ja enteignet, und dann sind wir geflüchtet mit dem Treck…« Wir fragen, wie groß das Gut war. »1800 Morgen, also ein Hektar hat vier Morgen, ich kann immer nur in Morgen. Leichte Böden, Kartoffeln, Viehwirtschaft usw. Wir mußten ja nicht in dem Sinne mitarbeiten, aber wir Kinder haben alles auch mitgemacht, damit man weiß, wie es geht, das hat uns ja auch sehr geholfen, im späteren Leben. Also, das alles mußten wir zurücklassen. Heute ist dort übrigens eine Enthospitalisierungseinrichtung für geistig behinderte Erwachsene. Na ja, damals also sind meine Eltern zunächst noch dort geblieben, wir waren ja nicht gleich enteignet. Mein Vater ist dann mit meiner Großmutter aus Pommern und meiner Schwester, die verletzt war, mit dem Auto weggefahren. Und meine Mutter, ich sag mal, meine Heldenmutter, die ist auf dem Schloß geblieben. Wir hatten ja eine ganze Menge, natürlich auch Fremdarbeiter…« »Zwangsarbeiter«, werfe ich ein. »Ja, ukrainische Arbeiter, auch Frauen. Meine Mutter hat sich aber eigentlich immer sehr um die gekümmert, vor allen Dingen, wenn sie krank waren. Meine Mutter blieb dort, bis die Russen kamen. Wir hingegen waren in der Altmark bei Salzwedel und haben bei einer Tante gewohnt. Und da haben wir dann erst mal ein Fuhrgeschäft gegründet, meine Cousine und ich, mit unserem Treckwagen und den zwei Pferden. Von Apenburg nach Salzwedel sind wir gefahren. Das wurde immer ausgeklingelt: Dann und dann fahren die Damen zu Putlitz nach Salzwedel. Und die Fahrgäste kamen dann mit ihrem Stubenstuhl, setzten sich auf unseren Planwagen. Das war der Personentransport. Dann war es ja damals so, daß alle Lebensmittel zugeteilt waren, und an die einzelnen Geschäfte in den Orten mußten wir diese Zuteilungen dann liefern. Es war eigentlich sehr schön, solange die Engländer und Amerikaner in der Altmark waren. Aber dann kamen die Russen, und es war aus mit unserem Unternehmertum. Dann mußten wir wieder in der Landwirtschaft arbeiten. Der Krieg hat alles verändert, unser ganzes Leben.«

Wir fragen nach der politischen Haltung der Eltern. »Na, auf Distanz waren die natürlich, und nach dem 20. Juli hat ja Goebbels gesagt, das sind die nächsten, die drankommen, also der Adel. Ich selbst allerdings bin durchaus in der Hitlerjugend gewesen und bin auch sehr gerne im Arbeitsdienst gewesen – das darf man ja heute nicht sagen, aber ich stehe dazu! Bis auf den ersten Vorsitzenden war das ja eine tolle Frauenorganisation, der weibliche Arbeitsdienst. Und es war ja keine Erfindung des dritten Reiches, sondern stammte noch von den Brüningschen Notverordnungen her, und einige waren noch aus dieser Zeit dabei. Es gab dann ja auch viele arbeitslose Sozialarbeiterinnen, Krankenschwestern, Lehrerinnen usw., und deshalb war der Geist ein guter. Und auch so vom Kulturellen und von der Musik her z. B. waren das ganz tolle Frauen zum Teil. Ich muß es immer wieder so sagen: Ich war gerne im Reichsarbeitsdienst, weil ich es so empfunden habe.« Wir fragen, ob die Eltern Kontakte zu Juden hatten. »Nein, eigentlich nicht. Aber das war normal bei uns im Landkreis; in Perleberg, glaub ich, da gab es nur einen Juden, der bekannt war, das war ja nicht wie in Berlin.« (Nach Auskunft von G. Radegast v. Prignitzer Heimatverein gab es sowohl i. d. sog. Reichskristallnacht Ausschreitungen gegen die Juden i. d. Prignitz als auch Deportationen der Perleberger Juden in die Vernichtungslager, Anm. G. G.) »Wir selber hatten keine Judenfreunde und haben das deswegen eigentlich auch nicht in dem Sinne erlebt. Ich meine, daß man, als alles ans Tageslicht kam, natürlich total entsetzt war, ist ja selbstverständlich. Also, über Konzentrationslager oder so, da wurde zwar immer was gemunkelt, aber kein Mensch wußte die Wahrheit. Wir jedenfalls nicht. Ich denke auch oft, daß unsere Eltern nicht mehr mit uns darüber gesprochen haben, nachher, das ist schade. Heute hätte man wahrscheinlich ein intensives Gespräch mit seinen Eltern gehabt.«

Wir alle schweigen einen Moment, der strenge Herr aus einer

anderen Zeit blickt von der Wand, ich frage, ob das ein Vorfahr ist. »Ja, ein Ur-Ur-Ur-Urgroßvater, General von Winterfeld. Er hat 1730, als Freundschaftsdienst sozusagen, die Kosten für eine Enthauptung übernommen, damit man die Rechnung nicht den Eltern des Enthaupteten zustellt.« Wir fragen, ob es sich beim Enthaupteten um Katte handelte? »Ja, ja. General von Winterfeld hat die Enthauptungs- und Beisetzungskosten für Katte beglichen, um den Eltern wenigstens diese Schmach zu ersparen. Aber ich möchte eigentlich das Familiäre nicht so unbedingt hervorheben, meine Familiengeschichte ist doch gar nicht so interessant, viel interessanter ist die Biographie der Aale.« (Die Familiengeschichte der »edlen Gänse«, eines der ältesten u. bedeutendsten Adelsgeschlechter seit d. 12. Jh. i. d. Prignitz, ist natürlich kulturhistorisch sehr interessant, Anm. G. G.)

»Kennen Sie die Geschichte der Aale, nein? Man muß die Biographie der Aale kennen! Sie ist etwas Großartiges, Geheimnisvolles:

Also, alle Aale, die es hier in Europa gibt, in unseren Flüssen, Bächen, die sind im Golf von Mexiko geboren, in der sogenannten Sargassosee. Sie wandern dann drei Jahre lang als Aal-Larven mit dem Golfstrom fast 6000 Kilometer über den Atlantik. Sie sind ganz durchsichtig, also ihrem Element angepaßt. Wenn sie dann an die europäischen Küsten gelangen, sind sie etwa sieben Zentimeter lang und haben sich zum Glasaal entwickelt. Die Franzosen fangen die ja leider, das ist jetzt der große Streit, der Fischereistreit in der EU. Die Franzosen sagen, wir sollen keine großen Aale fangen, damit es wieder kleine gibt, und wir sagen, die Franzosen sollen nicht so viele kleine fangen, damit es wieder mehr große gibt. Mein Sohn ist da sehr engagiert und in Verhandlungen immerzu.« (Frankreich fängt z. B. allein an der Mündung der Loire mehr als 100 Tausend Tonnen Glasaale mit Schleppnetzen, der größte Teil davon ist bereits von Japan und China geordert als Besatzfisch für die dortigen Aalfarmen, der Bedarf in Asien ist so groß, daß zwischen 300 bis 600 Euro pro Kilogramm lebendem Glasaal bezahlt werden, Anm. G. G.)

»Sie halten sich ein bißchen an den Küsten auf, und dann pigmentiert sich der Bauch und paßt sich dem Untergrund an. Sie sind noch Zwitterwesen, im Wartezustand bis zu einer Größe von 25 Zentimeter, dann wandern die Weibchen, und nur die Weibchen – die Männchen bleiben in den Küstengewässern zurück – die Flüsse hinauf und verteilen sich in Nebenflüsse und Bäche, bis in die letzten Gräben. Da halten sie sich etwa zwölf bis fünfzehn Jahre auf. Also, mein Mann erzählt, wenn er, so wie jetzt im Frühsommer, am Bunenkopf saß, war es oft so, dann konnte er manchmal ein schwarzes Band sehen, einen Meter breit; es bewegte sich dahin, und das waren alles kleine Aale. Das war früher. Ja, und da setzen sie dann Fett an und werden geschlechtsreif – weibliche Aale können bis zu 150 Zentimeter lang und sechs Kilo schwer werden –, dann wird der Bauch silbriggrau. Und sie müssen nun aus all den Gräben, Flüssen, Bächen wieder Richtung Meer wandern. Das ist der qualitativ beste Aal und der wird natürlich gern gefangen. An der Küste warten bereits die Männchen auf die Weibchen – die Männchen erreichen übrigens nur eine Länge von maximal 60 Zentimetern und werden deshalb als sogenannte Bundaale verkauft. Und gemeinsam mit den Weibchen treten sie dann die lange Rückreise über den Atlantik zum Sargassomeer an. Sie fressen nicht, ihre Augen haben sich vergrößert, ihr Verdauungstrakt und Magen bilden sich zurück, verkümmern. Sie leben nur noch von den Fettreserven. Man hat übrigens noch nie laichreife Aale gesehen, kein Tier hatte Rogen oder Milch im Bauch. Das Ganze ist noch von einem Geheimnis umgeben. Man sagt, daß sie im Sargassomeer laichen, das warm und tief ist. Es hat seinen Namen wegen der großen, obenauf schwimmenden Teppiche aus Beerentang, dem Sargassum, erhalten. Angeblich laichen sie also dort in tausend Meter Tiefe und sterben dann. Warum sie überhaupt hierherkommen, ist ein Geheimnis. Es gibt so eine Atlantistheorie dazu, manche gehen auch davon aus, daß durch die Kontinentalverschiebung vielleicht der Weg auch so weit geworden ist, man weiß es einfach nicht. Mein Mann hat sich immer sehr für die Aale interessiert. Natürlich auch beruflich, Räucheraal ist gefragt, und er schmeckt sehr gut. Manche haben aber Bedenken. Günter Grass hat ja gesagt, sie fressen Leichen. Er hat uns damals das Geschäft verdorben. Aber der Aal ist ja ein Raubfisch, der frißt mitten im Wasser.

Na ja, jetzt sind uns die Aale plötzlich so dazwischengekommen, ich will abschließend aber noch was zum Endlager hier sagen und zur Atompolitik – denn die Verantwortlichen gefährden ja sämtliches Leben, auch das des Wunderwesens Aal, das wesentlich älter ist als der Mensch. Wenn da einer sagt, er wird für eine Million Jahre garantieren, daß der Atommüll keinen Kontakt zur Biosphäre hat, dann kann man ja nur noch hohnlachen über eine solche Vermessenheit.«

13

UMSONST IST NUR DER TOD?

ARBEITSLOSE

Gabriele Grüttner-Gau, arbeitslos, Aktive i. Berliner Umsonstladen-Kollektiv. 1961 Einschulung i. d. Fritz-Reuter-Schule Neubrandenburg (Allgemeinbildende Polytechn. Oberschule), 1971 Abschluß 10. Klasse i. Binz. 1971–74 Ausbildung (Elektronikfacharbeiter mit Abitur) a. d. Betriebsschule d. Kombinats Halbleiterwerk Frankfurt/Oder. 1976 Geburt v. Sohn Andreas. Tätigkeit i. Servicebereich d. Funkwerkes Berl.-Köpenick. 1982 Studium d. Betriebswirtschaft/ Ingenieurökonomie d. elektron. u. elektrotechn. Industrie a. d. Ingenieurschule f. Elektrotechnik u. Maschinenbau, Eisleben, Abschluß Ingenieurökonom. Während d. Zeit d. Studiums Geburt v. Sohn Thilo (1983) u. Tochter Anna (1984). Ab 1988 Ökonomische Mitarbeiterin d. Kombinatsleitung (VEB Kombinat Nachrichtenelektronik, Berl.-Köpenick) i. Bereich Export, Abt. Marktbearbeitung Nachrichtenelektronik. Nach d. Wende arbeitslos. 1990–1997 leitende Tätigkeit i. Berliner Bestattungsunternehmen. Seit 1998 arbeitslos. 1995–1998 engagierte Mitarbeit i. d. »Berliner Hilfe f. Tschernobyl e. V.«. Im Jahr 2000 Krebserkrankung, mehrere Operationen i. Jahr 2000 u. 2003, Krebs- u. Psychotherapie, Rehamaßnahmen, div. Nebentätigkeiten i. Architektenbüro, Werbe- u. Computerfirma, Verlag, ABM usw. Seit 1/2004 Erwerbsunfähigkeitsrente (befristet). 2001–2002 Aufbau d. »NET-Selbsthilfegruppe e. V.« (Neuroendokrine Tumore), ehrenamtl. Tätigkeit a. Vorstandsmitglied. Seit 2003 Aktive i. Umsonstladen-Kollektiv. Gabriele Grüttner-Gau wurde 1955 i. Neubrandenburg als Tochter eines NVA-Offiziers u. einer Lehrerin geboren, sie ist i. zweiter Ehe mit einem Metallbildhauer verheiratet und hat drei Kinder.

Der Berliner Umsonstladen wurde 2001 gegründet, die Idee dazu kam aus Hamburg, wo der »Arbeitskreis lokale Ökonomie« bereits 1999 einen Umsonstladen gegründet hatte. Inzwischen gibt es in Deutschland zahlreiche Läden dieser Art. In Hamburg und Berlin verfolgte man von Beginn an ein politisches Konzept, antikapitalistische Gesellschaftskritik sollte aus der theoretischen Auseinandersetzung heraus auf praktische Füße gestellt werden. Man wollte eine Alternative schaffen zu Terror und Magie des Geldes, eine Alternative zur Konsumgesellschaft. Und man wollte gründlicher sein als die Tauschring-Aktivisten, die zwar das Geld als solches, nicht aber Tauschwertbeziehungen in Frage stellen, wenn sie Dienstleistungen berechnen, verrechnen und den Nutzen kalkulieren. Gut, es ist vielleicht ein etwas zu frommer Wunsch, zuerst das Geld, mit dem Geld den Tauschwert, mit dem Tauschwert die Ware, mit der Ware die kapitalistische Produktionsweise loswerden zu wollen statt umgekehrt. Aber wenn eine originelle Idee realisiert wird, inmitten der Einöde des Immergleichen, dann ist schon viel gewonnen. Die originelle Idee war: Gründung eines Ladens ohne Kunden, ohne Kasse, in dem man nichts einkaufen kann, eines Ladens ohne Lohn, ohne Preis, ohne Profit – und natürlich ohne Waren. Statt dessen ein Laden voller Gebrauchsgegenstände, von denen ein jeder, der etwas braucht, gratis mitnehmen kann, Nach dem einfachen Prinzip: »Jedem nach seinen Bedürfnissen«. Lieferanten sind diejenigen, die ihren Computer oder anderes Gerät nicht mehr benötigen, die Bücher, Kinderspielzeug, Kleidung, Wäsche, Geschirr aussortieren, aber nicht wegwerfen wollen. Vorgabe für die Bringenden: Die Dinge müssen funktionsfähig und sauber sein, und nur so schwer, daß eine Person allein sie transportieren kann (für Schwereres gibt es ein Schwarzes Brett). Vorgabe für die Holenden: Pro Besuch und Person können bis zu drei Dinge für den persönlichen Gebrauch mitgenommen werden. Wiederverkauf ist nicht im Sinne des Projektes und wird mit Hausverbot geahndet (so hofft man, u. a. Flohmarkthändler abzuschrecken).

In den drei Jahren seit Gründung des Ladens haben sich die gesellschaftlichen Verhältnisse deutlich verändert. Während sich die Besitzprobleme der »Besserverdienenden« in den Lebenshilferegalen der Buchläden widerspiegeln, mit Titeln wie »Weg damit«, »Wohnungsdiät«, »Magisches Entrümpeln in 14 Tagen«, »Ballast loslassen«, sind die arbeitslosen Massen durch »Hartz IV« und die Zwangsverpflichtung zu »Ein-Euro-Jobs« der Abschaffung von Konsumdenken, Geld und Lohnarbeit schon einen Schritt näher gekommen.

Brunnenstraße, Berlin-Mitte. Hier, so scheint es, haben Immobilienhai und Luxussanierung noch nicht so richtig zugepackt. Es gibt bröckelnde dunkle Fassaden, Trödler, türkische Imbißbuden, kleine Cafés und einen verlassen aussehenden Sexshop von Beate Uhse aus der Zeit, als mit den neuen Ostkunden noch ein gutes Geschäft zu machen war. Der Autoverkehr wälzt sich aus Richtung Hackescher Markt gen Wedding und umgekehrt. Die wenigen Fußgänger halten sich die Jacken zu gegen den kalten Wind und streben mit gesenktem Kopf zur U-Bahn Rosenthaler Platz. Am Haus Brunnenstraße 183 hebt sich türkisfarben und etwas schrill gestaltet der Umsonstladen von den übrigen öden Hausfassaden ab. Tür und Schaufenster sind mit Zetteln vollgehängt. Es ist Freitag, elf Uhr, offizielle Öffnungszeit ist heute von 14.00 bis 18.00 Uhr, ansonsten Mo und Do 16.00 bis 20.00, Di 11.00 bis 14.00. Wir treten in den Laden ein. Er war ehemals Drogerie und nach langem Leerstand vorübergehend Kommune-Café. Der große Raum ist düster, die Wände aus freigelegtem Backstein sind geweißelt, teils bemalt und mit großen Bildern behängt. Gaby empfängt uns freundlich. Sie wirkt befremdlich distinguiert im abgewrackten Ambiente. Während sie den Tee zubereitet, sehen wir uns ein wenig um. Ein Mitglied des Kollektivs hat den großen Kachelofen vorgeheizt, sagt sie, damit wir es etwas warm haben. In einem kleinen Raum im hinteren Teil des Ladens gibt es Wäsche und Schuhe. Die Kleidung hängt auf einem Garderobenständer bereit, dazwischen sogar ein gut erhaltener Lammfellmantel in 60er-Jahre-Qualität, für Herren. Im vorderen Raum hängt von einer robusten hölzernen Empore herab ein rotes Tuch mit der Aufschrift »Jeder Kauf ist ein Fehlkauf«. Auf der Empore befinden sich fünf Computerplätze. Es gibt die Möglichkeit, CDs zu brennen und kostenlos ins Internet zu gehen. Derzeit ist die Technik aber nicht nutzbar. Neben einer Sitzecke mit Couch, Sesseln und wachstuchbedecktem Tisch stehen die Bücherregale, gut gefüllt, liebevoll geordnet und beschriftet nach Sachgebieten. Von G. Ch. Lichtenberg bis zu »1000 Steuertricks«, Bachofens »Mutterrecht«, DDR-Bastelbuch ist vieles da. Und auch eine kleine rote Spendenbüchse, ein Zugeständnis an die Notwendigkeit, Betriebskosten zu bezahlen (der Laden wird mietfrei genutzt). Auf der anderen Seite der Eingangstür ist die Kinderecke eingerichtet, mit Spielen, Spielsachen, Bilder- und Schulbüchern sowie einem Berg von Kuscheltieren. Hier können die Kinder selbst wählen. Den übrigen Raum füllen stabile Regale, in denen ein Sammelsurium, vom Computer über Fußwärmer, Langlaufskier, Eierkocher, Lesebrille, Toaster, Schreibmaschine, Schirmständer, Aktenordner bis zum Uhrenradio und vielem mehr, beieinander steht. Dazwischen mahnt ein handbeschriebenes Pappschild anzüglich: »Brauchst Du das wirklich, oder bist Du gierig?« In einer Ecke stehen Geschirr, Gläser, Vasen, Kochtöpfe und Besteck ordentlich wie im Küchenschrank, alles bunt zusammengewürfelt und tadellos. Man spürt es deutlich beim Anschaun der ehemaligen Waren: Ihr Tauschwert gibt immer noch deutliche Lebenszeichen. Und über all den ausgemusterten Dingen schweben wie aufgewirbelter Staub die Geschichte ihrer Vorbesitzer und die vergessene Arbeit jener Unbekannten, die sie einst gemacht haben.

Wir setzen uns zum Gespräch, unser Hund nimmt ungerührt Platz auf einem schmutzstarrenden Teppich, und Gaby beginnt mit verhaltener Stimme zu erzählen:

»Ich bin seit einem Jahr dabei. Wir sind eine offene Gruppe von derzeit etwa fünfzehn Personen, das Durchschnittsalter bei uns liegt so zwischen zwanzig und dreißig, in anderen Umsonstladengruppen liegt es meist zwischen vierzig und fünfzig. Es gibt keine Hierarchie. Alles wird im monatlichen Plenum besprochen und abgestimmt – auch daß das Gespräch heute hier stattfindet.« Sie lächelt aufmunternd. »Unsere Philosophie ist euch ja schon bekannt. Also, die ganzen politischen Fragen sind natürlich nach wie vor bei uns, den Aktiven, Thema. Aber entscheidend sind natürlich die, die hierherkommen. Wir sagen dazu ›die Nutzer‹. Die meisten von uns Aktiven sind ehemalige Nutzerinnen und Nutzer gewesen, ich auch. Ich weiß noch genau, wie ich auf dieses Schild ›Brauchst Du das wirklich, oder bist Du gierig?‹ reagiert habe. Es war so eine Art Schock für mich, ich fühlte mich ertappt.« Sie lacht. »Ich hab' alles zurückgestellt – Tassen und eine Kanne. Ich habe ja zu Hause Tassen und Kannen, aber diese sind mir irgendwie schöner erschienen. So, und natürlich über die Gespräche, bin ich dann dazu gekommen. Und nun versuche ich, das Konzept den Nutzern näherzubringen, was oft nicht ganz leicht ist. Es gibt natürlich viele Mißverständnisse. Also, wir sind kein Tauschring, kein ökologisch orientiertes Recycling-Dienstleistungsunternehmen. Wir sind auch keine caritative Einrichtung, die Bedürftige versorgt. Wir werden krachsauer, wenn das Sozialamt einem Sozialhilfeempfänger was ablehnt und ihm dann rät, in den Umsonstladen zu gehen und es sich dort zu holen. Das ist nicht das, was wir wollen. Wir machen nichts für den Staat. Und wir sind auch keine ehrenamtlichen Helfer. Wir leisten Widerstand gegen die Geldmacht, und hier drin wird das Geld entmachtet, sozusagen. Das ist unser Anliegen.

Und das wird eben manchmal nicht ganz verstanden. Was auch häufig vorkommt, ist, daß dieser Laden mißverstanden wird als günstige Bezugsquelle. Leute kommen jeden Freitag und nehmen ein elektrisches Gerät mit. Alles, was einen Stecker hat. Und da weiß man dann, denn jede Woche braucht man keinen Computer oder einen Toaster, daß diese Leute die Sachen verkaufen. Und dann gehen wir auf sie zu, sprechen sie direkt darauf an. Also, mir persönlich fällt diese Rolle nicht leicht: zu sagen, stop! Diese Sache stell bitte zurück, die bleibt hier, weil ich denke, du hast schon genug davon mitgenommen, du brauchst sie nicht, ein anderer aber schon. Da entstehen natürlich oft Situationen, daß man angegriffen wird, verbal. Soweit es möglich ist, wird diskutiert, mitunter haben wir Erfolg, mitunter nicht. Ein anderes Mißverständnis ist, daß Bedürftigkeit nachgewiesen werden muß, per Sozialschein, aber das ist schnell geklärt. Hierher kann jeder kommen, Sie können im Prinzip auch mit dem Porsche vorfahren, sollten Sie was brauchen.« Sie lacht kurz. »Aber wir sehen natürlich die Entwicklung; viele der Nutzer haben über die Jahre einen sozialen Abstieg gemacht, das wird durch Hartz IV noch beschleunigt. Hier gegenüber ist der Volkspark, und wenn's kalt ist, dann kommen die Alkoholiker, die Obdachlosen, sag ich mal, hier in den Laden, wärmen sich auf, trinken Tee, essen Kekse. Also, ich habe da schon ein Problem, zu sagen, warum wir das nicht wollen, zu sagen, wir sind keine Wärmestube. Also, bitte, wenn du Wärme suchst, wenn du Kekse suchst, dann geh dorthin, wo dieses Angebot so gemeint ist. Die Adressen sind ja bekannt, und hier im Hinterhof gibt es eine Volksküche, wo man also für ganz wenig Geld essen kann. Wir geben Hinweise, aber wir sind konsequent. Ebenso bei den psychisch Kranken, die hier manchmal reinkommen und massiv

Gespräche suchen. Das wollen und das können wir auch nicht leisten, wir geben Hinweise, wo es Hilfe gibt, das ja. Aber wir müssen einfach hart sein, sonst sind wir im Handumdrehen die Wärmestube für das ganze Wohngebiet hier, und das geht einfach nicht. Dafür sind wir nicht zuständig. Da komme ich mir dann natürlich ein Stück weit schlecht vor, bei dieser Härte. Und dann brauche ich das Plenum und die Gespräche mit den Aktiven, um das loszulassen, daß wir eben keine caritative Einrichtung sind. Wir sind auch kein Gebrauchtwarenladen, aber letztlich haben wir zwangsläufig von allem ein bißchen dabei.

Aber man muß natürlich wissen, was man will, und seine Pappenheimer kennen. Da gibt's z. B. eine Familie, das sind fünf Personen, Mutter etwa fünfzig, mit Sohn und Tochter um die zwanzig, ein Baby im Kinderwagen und ein Freund. Macht bei drei mal fünf fünfzehn Dinge. Und es ist ja auch Eigeninitiative gefragt hier; die gehn also nach hinten, machen Tee, setzen sich hier hin und warten auf die Dinge, die frisch reingebracht werden. Die Tochter rafft und packt dann einfach alles schnell in den Wagen, sie nimmt besonders ›schöne‹ Dinge, wie Monopoly, Scrabble, eine Kaffeemaschine, Kindersachen sowieso. Ich habe mir das angeschaut und dachte: Wieso muß sie so viel nehmen? Sie hat es einfach nicht begriffen, bzw. sie entmachtet uns mit ihrer Anzahl von Leuten. Da habe ich sie angesprochen, obwohl sie das Prinzip ja eigentlich kennt. Dann war sie blubberig, wurde im Tonfall laut, hat sich so aufgeregt, daß ich dann sagte: Bitte, nimm alles mit, du hast es einfach nicht begriffen, auch daß es ein Stück Solidarität ist, wenn man anderen auch noch was Schönes übrigläßt, was sie gebrauchen können. Sie sagte dann nur: Ja wieso der und ich nicht?! Da bin ich dann auch am Ende mit meiner Weisheit. Wir haben Aktive, die sich dann trotzdem durchsetzen und die Herausgabe verweigern, aber wir sind eben alle unterschiedlich. Unser Gemeinsames ist diese Idee, ist dieses Projekt, und da sind wir uns hier alle einig, auch in der Geldfrage. Wir hier wollen ja nichts mit Geld zu tun haben, aber in Hamburg, wo sie Miete zahlen müssen, da sprechen sie die Leute schon an. Das war für mich das Interessante beim Umsonstladen-Treffen vor kurzem im November, daß die Läden eigentlich so verschiedenartig sind in der Art, wie das gehandhabt wird – nur die Generallinie, die ist schon klar, und darum treffen wir uns auch.

Wir haben ja das Schild draußen an der Tür hängen, auf dem steht: ›Sie verlassen jetzt den kapitalistischen Sektor‹, das ist ja schon mal das Erste, worüber man nachdenken könnte, und viele tun es. Also, es gibt immer noch welche, die sagen, ja, da mache ich mit, das interessiert mich, da bin ich Feuer und Flamme. Sie sehen, hier gibt es einen Freiraum, den man nutzen kann, außerhalb der Geldmechanismen. Wir sind da ganz offen für neue Leute, es ist ein Angebot, dieser Umsonstladen. Wenn ich eine Idee habe, kann ich sie reinbringen und selbstbestimmt mitwirken. Man kann das machen. Was verboten ist quasi, es darf damit kein Geld verdient werden. Ich kann die Räume nutzen, ich kann die Technik nutzen. Die ist allerdings momentan defekt. Daß der Internetzugang wieder funktioniert, daran wird gearbeitet, und wir haben ja jetzt einen Aktiven dazubekommen, der computermäßig viel Ahnung hat. Der wird das aufbauen und betreuen. Es ist wichtig, wenn man was ins Leben ruft, daß man sich dafür dann auch verantwortlich fühlt. Das betrifft natürlich letzten Endes auch die Sauberkeit im Laden hier. Ihr habt das ja vorhin so rübergebracht, daß es ziemlich keimig ist, verkommen. Ich persönlich habe das Gefühl auch, und ich werde es noch mal ansprechen in der Vorbereitungsgruppe, daß es mir schon wichtig wäre, regelmäßig sauberzumachen, um das, was ich als keimig empfinde, wegzubekommen. Wir werden sehen, ob das alle wollen. In der Gruppe, wenn man da sagt, du, ich hätt das gerne sauberer, da wird dann gern gesagt: Gut, dann mach es! Ich kann von mir nur sagen, wenn die Nutzer das so rüberbringen, dann rede ich genauso und sage, der Laden sieht so aus ›wie du mit ihm umgehst‹, wir sind hier keine Angestellten! Ich tu hier mit und mach meinen Teil sauber, wenn du also dieses Regal zu unordentlich oder zu staubig findest, dann wäre es schön, wenn du, während du suchst zwischen den Sachen, es einfach saubermachst und aufräumst. Das ist natürlich bei allen ein wunder Punkt. Der Laden ist nun mal so entstanden. Als linksautonomes Projekt hat man andere Schwerpunkte als Putzen. Aber es ist natürlich schon eine Hemmschwelle für den Mittelstand, das Aussehen. Deswegen bin ich damals ja auch nur mit starken Hemmungen hier reingegangen – ich mußte wegen meiner Krebserkrankung zur Körpertherapie, das ist direkt nebenan, und habe so den Laden entdeckt –, aber ich habe mich zum Glück überwunden. Also, das ist eine Sache, die ich beispielsweise sehr gut gelernt habe, mit diesem Kram und mit der Keimigkeit umzugehen, zu sagen, es ist nicht so wichtig. Wichtig ist, was wir inhaltlich wollen und daß es funktioniert. Und es funktioniert. Trotz allem, was vielleicht dagegensprechen mag, haben wir diese wunderbare Mischung der sozialen Schichten, die Leute bringen die Dinge, andere kommen und nehmen die Dinge, und so wälzt sich der Bestand des Ladens in kurzer Zeit immer wieder vollkommen um. Und wenn es uns dann auch noch gelingt, den Nutzern den Sinn unseres Projektes rüberzubringen, Leute anzuregen, dann haben wir doch schon einiges erreicht. Aber wir möchten natürlich noch mehr erreichen; woran wir seit längerer Zeit arbeiten, das ist so eine Art ›Gratisring für gegenseitige Hilfe‹ aller Art, wir wollen uns ja nicht auf Gebrauchsgegenstände beschränken.«

Wir fragen, ob es »Ladenhüter« gibt. Sie zeigt auf die Kinderecke neben der Tür und sagt: »Ja, z. B. Plüschtiere. Da ist der Bedarf anscheinend nicht so groß, oder auch bestimmte Bücher, die ewig nicht weggehen, Lehrbücher aus der DDR-Zeit etwa, auch manche Kleidungsstücke. Wir machen alle viertel oder halbes Jahr eine Revision, möchte ich fast sagen, und mustern dann aus, geben es an die Caritas oder in den Müll, wenn's unbrauchbar ist. Den Nutzern sollen ja nützliche und brauchbare Dinge zur Auswahl stehen. Was am besten und schnellsten weggeht, das sind neben den elektrischen Geräten Kleidung und Textilien, also Tisch- und Bettwäsche, das geht gut weg. Auch Haushaltsgegenstände. Auch Geschirr geht gut weg, Musik auch; bei Kindersachen gibt es manchmal Pausen, aber dann kommen wieder Leute mit Kindern, gehen in die Spielecke und nehmen natürlich auch gerne was mit.« Wir bitten sie, einen ganz normalen Umsonstladen-Tag zu schildern. »Ja, also das ist so, ich kann ja nur von dem Tag erzählen, an dem ich da bin, und das ist freitags, aber es ist an anderen Tagen sicher ähnlich. Wir sind meist zwei bis drei Leute, anders ist es kaum zu schaffen, wir nehmen ja nicht nur die gebrachten Dinge entgegen, wir führen ja auch Gespräche, um das Anliegen rüberzubringen, um Mißverständnisse zu klären, oder einfach auch nur so, als freundlichen Austausch. Um 14 Uhr machen wir auf, der Bernd ist im Winter meistens schon etwas eher da, wegen der Heizerei, und wir, um Tee zu kochen, Kekse hinzustellen, ein bißchen was zu sortieren und zu ordnen. Wenn wir dann aufschließen, stehen oft schon Leute vor der Tür. Die Nutzer kommen rein und verteilen sich, je nach ihren Interessen. Es wird gebracht, es wird geholt, es ist ein Kommen und Gehen. Sagen wir mal, so etwa hundert Leute kommen im Laufe des Nachmittags herein, davon sind vielleicht fünfzehn Personen alte Bekannte, die fast jeden Freitag kommen. Der Altersdurchschnitt, würde ich mal sagen, liegt bei den Nutzern so zwischen dreißig bis fünfzig. Viele kommen paarweise und nicht einzeln, es kommen mal auch kleine Grüppchen, Freundinnen, Bekannte. Selten kommen Touristen. Es kommen oft auch Neugierige, die von uns gehört haben und sich das nur mal anschaun möchten, also gar nichts brauchen. Unter denen, die kommen, sind auch Ausländer – einige Aktive von uns können sehr gut Fremdsprachen, ich leider nicht. Na ja, und es kommen viele Studenten, viele Leute auch aus der Szene, aber auch eben Rentner und ganz normale Leute hier aus der Wohngegend. Und dann, wie ich schon erzählt habe, kommen auch Obdachlose und Alkoholiker, gehn nach hinten zur Kleidung und gucken, daß sie frische warme Sachen zum Anziehen finden. Manche tauschen ihren Mantel und hängen ihren alten auf den Bügel oder ziehen frische Schuhe an und wollen ihre dalassen – die Ansichten über das, was noch brauchbar oder tragbar ist, gehen ja sehr auseinander. Wir bitten sie dann eben, ihre alten Sachen mitzunehmen, denn wir haben hier keine Möglichkeit zur Reinigung oder zur Entsorgung. Und das sehen sie eigentlich auch ein, in der Regel, auch daß hier keine Wärmestube ist.

Unser Freitag ist ratzbatz vorbei. Um 18 Uhr schließen wir, das ist aber nicht so rigide, wenn noch viele Nutzer da sind, bleiben wir einfach noch ein bißchen offen. Und bevor wir gehen, räumen wir hier noch den Tisch ab, spülen das Geschirr, damit die, die am Montag kommen, es ordentlich vorfinden. Ach ja, dann ist freitags auch immer noch … wir haben so eine Food-Coop, und da kommen dann zwischendurch auch noch Leute und holen sich ihre Sachen ab. Also, das ist was Selbstorganisiertes; die bestellten Sachen sind verpackt in Kisten, das sind ›biologisch-dynamische‹ Lebensmittel. Die sind nicht umsonst, natürlich, die müssen von den Bestellern bezahlt werden, das Geld geht an die Erzeuger. Leider muß ich ja für die meisten Dinge im Leben bezahlen. Es gibt ja radikale aktive Leute, die in den Geschäften überal alles ›umsonst mitnehmen‹, also klauen, und das dann wieder auch anderen zur Verfügung stellen. Also, das ist eine Sache, die ich nicht bereit bin mitzutragen!

Aber ich habe unlängst eine andere Erfahrung gemacht: Als das bundesweite Umsonstladen-Treffen hier in Berlin war, hieß es, wir gehn ›containern‹, also Lebensmittel organisieren, die von den Geschäften weggeworfen werden. Das wollte ich miterleben. Es war das erste Mal in meinem Leben, und es war sehr aufregend. Für die anderen war das nichts Besonderes. Die jungen Leute sind in so einen Container reingesprungen, muß ich schon sagen – ich hätte das körperlich gar nicht mehr drauf. Ich stand draußen. Es war eine Bäckereikette. Das Personal kam raus mit den Sachen zum Wegwerfen. Die waren noch warm! Die waren nicht verbrannt und nichts! Die waren in Ordnung! Das kippten sie alles in den Container rein. Die drinnen drückten sich an die Wand und packten nur noch ein. Aber man hat uns natürlich bemerkt, und die von der Bäckerei schimpften erst, ich bin aber dann hingegangen und habe denen alles erklärt, daß wir also vom Umsonstladen sind und ein Treffen haben; ich habe ihnen auch so einen Flyer von uns gegeben, sie auch eingeladen, mal in den Laden zu kommen. Die waren direkt ein Stück sprachlos. Dann haben wir tütenweise gekriegt. Sie kamen immer wieder raus mit Körben voll Brötchen, Brot, Schrippen, Kuchen, einfach alles. Ich war entsetzt, wieviel da weggeworfen wird, normalerweise, man bekommt eine Wut bei dem Gedanken. Es war für mich ein gutes Erlebnis, erstens, gegen was zu verstoßen, was man nicht macht, zweitens, aus dem Container was zu essen, drittens, die Gespräche mit den Leuten dort. Wir hatten es ja vorher mit der ›Berliner Tafel‹ versucht, ob wir von denen was bekommen können für das Treffen. Erst sah es positiv aus, dann haben sie uns plötzlich, nach wochenlangem Warten, hängen lassen, weil wir kein soziales Projekt sind und keine Bedürftigen versorgen. Das sind eben deren Vorgaben, und die akzeptieren wir natürlich. Wir haben ja schließlich auch die Vorgabe, kein caritatives Projekt zu sein.«

Es klopft. Chris, eine junge Kommunikationswissenschaftlerin wird eingelassen. Sie gehört zum Gründungskollektiv und will uns Fragen zur Geschichte des Projektes beantworten. Wenig später kommt auch Bernd zum Dienst, er wird sich, während wir bei vollem Betrieb das Gespräch weiterführen, um die

Besucher kümmern. Dann wird geöffnet, und die ersten Interessenten betreten den Raum. Die meisten gehen selbstsicher zu den Regalen. Eine ältere Frau, gut gekleidet, mit hochgestecktem Haar, verweilt länger in der Kinderecke und geht dann nach hinten zur Kleidung. Eine junge Frau in Jeans und Dufflecoat schaut die Platten durch. Etwas mittellos wirkt eine Großmutter mit etwa achtjährigem Knaben, die sich in der Kinderecke umschaut. Eine studentisch aussehende Frau hat sich für einen Toaster entschieden und geht sogleich. Eine sportlich recht teuer gekleidete Frau kommt grüßend herein, verbindlich lächelnd bringt sie zwei Kartenspiele in Lederetuis, Gläser und einen Porzellanleuchter. Sie geht, ohne etwas angeschaut zu haben. Während uns Chris ausführlich die Gründungsgeschichte des Ladens erzählt, kommt eine ältere, resolute Frau und erklärt, sie habe eine ganze Lastwagenladung Briketts abzugeben, wegen eines Heizungseinbaus. Die Ladung muß abgeholt werden. Bernd notiert die Adresse, die irgendwo am östlichen Stadtrand Berlins ist, und sagt, man müsse das erst organisieren und werde sich melden. »Aber bald!« ruft die Frau und eilt davon.

Chris erzählt, daß die Existenz des Umsonstladens in Gefahr sei. Das Haus, so erfahren wir, ist in den 90er Jahren Objekt von Immobilienspekulanten geworden. Vorderhaus, Hinterhaus und Seitenflügel. Massive Entmietungsaktionen waren die Folge, Abfindungen wurden betrügerisch angeboten, aber nie bezahlt, Schikanen praktiziert, wie Kappung der Wasserleitungen, Auswechseln der Schlösser. Selbst die ehemalige Besitzerin, eine alte Frau, wurde um ihr Geld betrogen. Die Firma scheint verschwunden und pleite, und die Bank, der sie den Kredit für den Hauskauf schuldig ist, schreitet jetzt zur Zwangsversteigerung. Mindestgebot sind 200 000 Euro, 440 000 Euro betragen die Schulden. Die Schulden werden quasi mitgesteigert. Nun hoffen hier alle, daß sich keiner für das Objekt interessiert, und daß das Projekt Unterstützug findet, falls sich doch ein

Interessent findet. Vom Bezirk erwartet man keinerlei Hilfe. Mehr als die Auszeichnung mit dem »Umweltpreis 2002/2003« durch das Bezirksamt Mitte könne das Umsonstladen-Projekt nicht erhoffen.

Chris wendet sich einem älteren, gutgekleideten Herrn zu, Etwas verlegen überreicht er eine Kamera und ein originalverpacktes Beschriftungsgerät. Gabi sagt leise: »Die älteren Leute sind skeptisch, meine Eltern verstehn das hier ja auch nicht. Sie haben einen Bericht im Fernsehen gesehen über den Umsonstladen, und meine Mutter saß da und hat zu meinem Vater gesagt: ›Guck mal, Adolf, das ist doch das, wo Gabi immer hinrennt.‹ Ich kam auch vor im Bericht, und sie sagten: ›Da ist sie ja!‹ Sie hatten eine Menge rumzunörgeln hinterher, fragten, wie ich hier klarkomme mit den bemalten Wänden, ob denn die Sachen gereinigt sind und daß es nicht grade sauber wirkte, und: ›Wer ist denn der Chef? Das ist wohl der Hans?!‹ Ich sagte: ›Nein, bei uns gibt's keinen Chef, wir machen es gemeinsam.‹ Und dann dieser Gedanke, das Geld abzuschaffen, der ist für sie überhaupt nicht nachvollziehbar. Gut, als DDR-Bürger, geschult am Kommunismus, wissen sie natürlich, daß man dem Kapitalismus die Stirn bieten muß – aber doch nicht so! Wer arbeitet, der stellt was dar, und wer gutes Geld verdient, der ist auch was. Das ist einfach so drin in den Köpfen. Wir gehörten zu DDR-Zeiten ja zu denen ... Also, meine Eltern haben gut verdient. Mein Vater war NVA-Offizier, meine Mutter Lehrerin. Durch den Beruf meines Vaters sind wir viel umgezogen, immer dahin, wo die Armee war natürlich. Wir haben viele Jahre in Prora gewohnt, oben an der Ostsee ... Ja, genau, das ist da, wo diese gigantische ehemalige Nazi-Ferienanlage ist, fast fünf Kilometer lang ist der Komplex, ich hab' gehört, das ist das längste Bauwerk Europas. Ein Teil sind ja Ruinen. Die anderen Blöcke wurden genutzt. Zu DDR-Zeiten war da NVA drin, das ganze Gelände war militärisches Sperrgebiet. Aber der lange Strand bis Binz war ja zugänglich.«

Wir erzählen, daß unlängst ein fast achtzig Hektar großer Teil dieses Nazi-Monuments vom Bundesvermögensamt versteigert wurde bei einer Grundstücksauktion, an einen Käufer, der unbekannt bleiben wollte. Sie schaut erstaunt und sagt: »Ach!«, und fährt dann fort: »Wir haben dort viel gespielt, ich habe eine schöne Kindheit verbracht, muß ich sagen. Ich habe noch vier Geschwister. Wir sind wohlbehütet, aber sehr autoritär erzogen worden. Ich habe viele Jahre gegen meine Eltern gekämpft, weil ich sie unmöglich fand, aber ich habe jetzt meinen Frieden mit ihnen gemacht. Es ist eben so, daß sie nur das weitergeben konnten, was sie selber erfahren haben. Auch bei mir mußte ja erst mal ein Bewußtwerdungsprozeß in Gang gesetzt werden, das ist mühsam und auch schmerzlich manchmal. Aber ich muß sagen, ich kann sie jetzt auch weitergeben an andere, meine Erfahrungen.« Ein junger Mann mit Kapuzenshirt und Ring im Ohr zeigt ein schönes hölzernes Schachspiel und ein Buch im Vorbeigehn vor und verläßt anscheinend sehr zufrieden den Laden.

∗∗∗

Inzwischen wurde das besetzte Haus in der Brunnenstraße samt dem Umsonstladen polizeilich geräumt, und auch der zweimalige Umzug in besetzte Häuser endete mit polizeilicher Räumung.

14

KINDESMISSHANDLUNG

RECHTSMEDIZINERIN

Ulrike Böhm, Dr. med., Fachärztin f. Rechtsmedizin, Oberärztin f. d. Bereich Morphologie am Institut f. Rechtsmedizin der Universität Leipzig. Einschulung 1971 in d. 128. Polytechnischen Oberschule (spätere Egon-Erwin-Kisch-Schule) in Leipzig. 1986 Abitur. Ausbildung u. Arbeit als Röntgenassistentin. 1990 Studium d. Elektrotechnik a. d. Uni Leipzig; 1993–1999 Studium der Humanmedizin an der Universität Leipzig; Arbeit am Institut für Rechtsmedizin. Promotion 2001. Frau Dr. Böhm ist Mitglied d. Deutschen Gesellschaft für Rechtsmedizin u. Verfasserin zahlreicher Beiträge i. wissensch. Zeitschriften u. Büchern. Ihr Forschungsschwerpunkt ist Kindesmißhandlung (u. Bildgebung i. d. Forensik), ihr Forschungsprojekt in Planung: »Tödliche Kindesmißhandlung u. -vernachlässigung in der Bundesrepublik Deutschland vom Jahr 2000–2010« *(als Fortsetzung d. derzeit laufenden Studie f. d. Jahre 1990–1999). Ulrike Böhm wurde 1964 in der DDR in Leipzig geboren, ihr Vater war Ingenieur, ihre Mutter Krankenschwester. Sie selbst ist Mutter dreier Kinder und getrennt lebend.*

Züchtigung, züchtig, Zucht, ziehen und Erziehung sind engstens verwandt in der Wortbedeutung. Das Recht auf die Ausübung des väterlichen Züchtigungsrechtes (das bis etwa 1929 auch die Züchtigung der Ehefrau ganz selbstverständlich mit einschloß) galt lange Zeit als unantastbar. Es wurde zwar 1958 aus unserem Bürgerlichen Gesetzbuch gestrichen, aber nicht zugunsten einer gewaltfreien Kindererziehung, sondern weil es – da es dem Vater vorbehalten war – gegen den Gleichheitsgrundsatz verstieß. Ein Züchtigungsverbot wurde nicht ins Gesetz aufgenommen, das kam erst 42 Jahre später. Bis dahin schlugen beide Elternteile straflos und nach Gutdünken. Auch an unseren Schulen gehörten Körperstrafen zum pädagogischen Kanon. In der Weimarer Republik versuchte man sie abzuschaffen, ohne wirklichen Erfolg. (Wie Erich Fromm in seiner Untersuchung »Arbeiter und Angestellte am Vorabend des III. Reiches« feststellte, waren auch SPD- und KPD-Mitglieder Körperstrafen gegenüber nicht abgeneigt.) Die Nazis führten sie dann wieder ein, und auch nach 1945 – von einer kurzen Aussetzung abgesehen – wurden sie fortgeführt im westlichen Teil Deutschlands. Die DDR erließ ein Züchtigungsverbot bereits 1949.

Die BRD begann die Körperstrafen in ihren Schulen erst 1973 abzuschaffen (auch ich bekam in meiner Schule von den Dominikanern zahllose »Tatzen« mit dem Rohrstock auf die Handflächen verabreicht, das war in den 50er Jahren in Karlsruhe). In Baden-Würtemberg wurde bis 1976 gezüchtigt, in Bayern bis 1979. Was die körperliche Bestrafung durch die Eltern betrifft, so wurde 1980 im Gesetz die »Elterliche Gewalt« in »Elterliche Sorge« umformuliert. Das war alles, und zwar zu einem Zeitpunkt, zu dem andere Länder in Europa bereits ein Züchtigungsverbot hatten. Erst im Jahr 2000 war dann auch Deutschland so weit. Körperliche Bestrafung ist seitdem unzulässig, ebenso seelische Verletzung und andere entwürdigende Maßnahmen. Erst zu diesem Zeitpunkt wird gewaltfreie Erziehung ein einklagbares Recht unserer Kinder. Der Verstoß dagegen entspricht der Kindesmißhandlung. Dennoch hat weiterhin eine unbekannte Anzahl von Kindern unter Gewalt und Schlägen zu leiden. Die Zahlen der schätzenden Experten gehen weit auseinander. Eine Meldepflicht für Kindesmißhandlung gibt es – anders als in vielen anderen Ländern – in Deutschland nicht. Auch nicht für Ärzte. Die unterliegen zudem noch der Schweigepflicht, die sie aber nach Abwägen brechen dürfen, zugunsten des Kindeswohls, denn das ist ein »Rechtfertigender Notstand«. So mancher Kinderarzt scheut diesen Schritt, weil er mit bürokratischem Aufwand verbunden ist.

Am Leipziger Institut für Rechtsmedizin arbeitet Frau Dr. Ulrike Böhm mit einem kleinen Team seit längerem an einer Studie über »Tödliche Kindesmißhandlung und Kindesvernachlässigung in der BRD vom 3. Oktober 1990 bis 31. Dezember 1999«. Wir sind um 8.30 Uhr morgens verabredet. Ihr Institut, 1900 gegründet und eines der ältesten in Deutschland, liegt südöstlich der Leipziger Altstadt, direkt bei den Universitätskliniken. Schräg gegenüber ist der Friedenspark, der bis 1970 der Neue Johannisfriedhof war. Die unscheinbare Fassade des dreistöckigen Gebäudes ist mit alten Wurzeln von wildem Wein überzogen, noch sind sie kahl. Später im Jahr irgendwann werden seine Blätter blutrot die Hauswand bedecken und auch die eiserne schwarze Frakturschrift über dem Portal: »Institut für Gerichtliche Medizin«. Wir klingeln und werden nach einigem Warten und nach Nennung des Namens und Anliegens eingelassen. Jedes Rechtsmedizinische Institut wird fest verschlossen gehalten, von alters her. Eine gestrenge Pförtnerin empfängt uns im Hochparterre und leitet uns weiter, zwei Stockwerke höher, zu Frau Dr. Böhm. Ihr winziges Arbeitszimmer wird beherrscht von einem mit Schriftstücken bedeckten Schreibtisch, hinter dem sie Platz nimmt. Zwischen Schreibtisch und den Bücher- und Aktenregalen ist gerade noch Platz für zwei Stühle und meine Aktentasche. Das Telefon klingelt unentwegt, im Nebenhaus dröhnt ein Preßlufthammer.

»Gerade wird unser Hörsaal renoviert«, erklärt Frau Dr. Böhm, »überhaupt geht bei uns alles etwas drunter und drüber. Sie haben ja sicher die Todesanzeige gesehen auf unserer Internetseite, unser Institutsdirektor Prof. Kleemann ist im Februar gestorben. Mit ihm habe ich ja an der Studie gearbeitet. Die ursprüngliche Idee stammt übrigens von seinem Vorgänger, Prof. Reinhard Vock, der hier von 1995 bis zu seinem Tod im Jahr 2000 kommissarischer Direktor war. Er kam von der Uni Würzburg und hatte die Idee und Teile der vorhergehenden Studie schon von dort mitgebracht. Diese Vock-Studie besteht aus zwei Teilen, also ›Tödliche Kindesmißhandlung (durch physische Gewalteinwirkung) in der Bundesrepublik Deutschland im Zeitraum vom 1.1.1985–2.10.1990‹ und ›Tödliche Kindesmißhandlung (durch psychische Gewalteinwirkung) in der DDR im Zeitraum vom 1.1.1985–2.10.1990‹. Das waren multizentrische Studien, an denen eben die Gerichtsmediziner aus Ost und West mitgearbeitet haben. Die Studien wurden getrennt publiziert, es war die erste Untersuchung dieser Art. Und seine Idee war dann, den folgenden Zeitraum auch zu erfassen, und so wurden Fälle gesammelt von 1990–1999. Und dann ist er eben gestorben. Dann wurde erst mal alles so liegengelassen. 2001 haben dann Prof. Kleemann und ich angefangen, alles zu sichten. Das Aktenmaterieal war ja noch gar nicht geordnet. Es war ganz unklar, was überhaupt da war. Wir haben im Prinzip erst mal zwei Jahre gebraucht, eine Ordnung da reinzubringen. Nebenher hat die Deutsche Forschungsgemeinschaft dieses Vock-Projekt unterstützt, und die haben sich natürlich immer gemeldet und gefragt, was ist denn jetzt? Nur, wir machen das ja nebenbei und haben eigentlich überhaupt keine Zeit.

Aber wir wollten es natürlich gerne machen. Es ist ja ein ganz einzigartiges Projekt. In Deutschland hat es so eine Erhebung noch nie gegeben, wie viele Kinder tatsächlich von ihren Eltern totgeprügelt oder vernachlässigt wurden. Also, es wurden von den Rechtsmedizinischen Instituten in ganz Deutschland die Fälle von tödlicher Kindesmißhandlung hier bei uns gesammelt. Die haben uns die Aktenzeichen gemeldet, und dann sind wir an die Staatsanwaltschaften herangetreten und haben von denen die Ermittlungsakten bekommen. Die Urteile, die Urteilsbegründungen, die psychiatrischen Gutachten usw. – also die gesamte Akte im Original!

Das ist sehr ungewöhnlich, denn welche Behörde gibt ihre Akten aus der Hand? Wir wurden auch alle vereidigt. Die Arbeitsgruppe besteht, seit Prof. Kleemann tot ist, aus fünf Leuten. Also, vier Promoventen und ich machen diese Arbeit, die eben unheimlich aufwendig ist. Was wir machen wollen, ist ja nicht nur Statistik, wir wollen ja eine epidemiologische Aufarbeitung der Fälle machen, ein Risikoprofil festlegen, in welchen Familien passiert so was, unter welchen Bedingungen usw., damit rechtzeitig Interventionen erfolgen können. Und es soll ein kleines Handbuch entstehen, eine Zusammenfassung der typischen Warnsignale und Verletzungsmuster, für die Kinderärzte, für die Polizei. Weil wir eben die Vorstellung haben, daß bei rechtzeitiger Erkennung von Mißhandlung vorher schon eingegriffen werden kann, also bevor die Kinder zu uns kommen.

Die Studie umfaßt einen Zeitraum von knapp zehn Jahren, vom 3. 10. 1990 – also dem Vereinigungstag – bis zum 31. 12. 1999. Ost und West, die gesamte neue Bundesrepublik. Die vorhergehende Studie von Vock hatte im Vergleich gezeigt, daß es da nicht so die ganz großen Unterschiede gab, trotz unterschiedlicher Gesellschaftsordnung. Die Probleme liegen woanders. Früher, in der DDR, war es nämlich so, daß es eine »Anordnung über die ärztliche Leichenschau« gab, mit einer Sektionspflicht für verstorbene Kinder. Also, alle verstorbenen Kinder bis zum sechzehnten Lebensjahr mußten seziert werden. Daher liegen eben auch über die Anzahl der tödlichen Kindesmißhandlung in der DDR verläßliche Daten vor. Dann wurde das ja an den Westen angeglichen, und seither muß eben nur noch obduziert werden, wenn der Staatsanwalt es anordnet. Das heißt, wenn keine sorgfältige Leichenschau vom Arzt, der den Totenschein ausstellt, gemacht wird, wenn er blaue Flecken übersieht oder keine da sind, aber innere alte oder neue Verletzungen, dann wird das Kind bestattet, ohne aufzufallen. Ohne daß die Todesursache erkannt und dokumentiert wurde. Experten schätzen, daß circa 40 Prozent aller Leichenschaudiagnosen falsch sind. Man muß sagen, daß es eine gewisse Dunkelziffer gibt, deshalb wollen wir Vergleiche mit der Todesursachenstatistik und was es da sonst noch gibt. Aber für unsere Studie selbst, da werden dann nur die Fälle erfaßt, die durch Mißhandlung oder Vernachlässigung zu Tode kommen. Also Mißhandlung und Vernachlässigung, und zwar im Sinne einer ›Erziehungsmaßnahme‹. So hat es Prof. Vock damals gesagt. Auch das ›Schütteltrauma‹ gehört da mit rein. Was nicht rein gehört, ist Mord, sind Sexualdelikte oder religiöser Wahn der Mütter, auch nicht der ›erweiterte Suizid‹, also, wenn Eltern erst ihre Kinder und dann sich selbst umbringen. Und drin haben wir auch nicht die ›Aussetzung‹ oder das, was früher die ›Kindstötung‹ war, innerhalb der ersten vier Wochen nach der Geburt. Das ist ein anderes Delikt, kommt aber sehr häufig vor, häufiger, als man weiß. Im Rahmen des Dienstes fischen wir ja auch Kindsleichen aus der Elbe, oder sie werden sonstwo aufgefunden. Zahlenmäßig ist das Verhältnis zwischen dieser und der von uns untersuchten Gruppe so, daß mehr Kinder ausgesetzt als zu Tode geprügelt werden, würde ich mal so vermuten.« Das Telefon klingelt, Frau Dr. Böhm blickt, wie bei den vergangenen Malen, aufs Display. Diesmal nimmt sie ab und sagt: »Ja, ich komme.« Sie erklärt uns mit entschuldigendem Lächeln: »Ich muß jetzt mal schnell runter in den Seziersaal und eine Abnahme machen, bin aber gleich wieder da.«

Einige Zeit später kommt sie zurück, setzt sich hinter ihren Schreibtisch und sagt, während sie sich dem Computer zuwendet, um etwas für uns aufzurufen: »Das mußte sein! In der Gerichtsmedizin ist es so, daß immer zwei obduzieren — bei klinischen Sektionen macht das nur einer —, aber wir Rechtsmediziner müssen gemeinsam zu einem Urteil kommen. Bei Meinungsverschiedenheiten müßten wir im Prinzip so lange diskutieren, bis wir einer Meinung sind. Letzten Endes ist es im Streitfall dann aber so, daß das, was die Oberärztin sagt, und wofür sie ihre Unterschriften geben muß, das ist dann die ›gemeinsame Meinung‹ – wie überall! In der Regel gibt es aber gar keine unterschiedlichen Meinungen.«

Sie hat das Gesuchte im Computer gefunden. »So, das ist ein Vortrag zu unserer Studie zur Kindesmißhandlung, den ich voriges Jahr vor dem Arbeitskreis an der Uni gehalten habe. Diesen Arbeitskreis gibt es, glaube ich, seit mehr als sechs Jahren. Er heißt ›Arbeitskreis für Kindesmißhandlung‹ und wird geleitet von einer Kinderpsychologin, Dr. Petra Nickel, von der Uni-Kinderklinik Leipzig. Das ist sozusagen eine Privatinitiative hier in Leipzig, zur besseren Vorbeugung. Und zweimal im Jahr werden eben auch Vorträge gehalten von Experten, vor Kinderärzten, Psychologen, Jugendamtsmitarbeiterinnen usw. Im Prinzip geht es dabei um die Verbesserung der Früherkennung, damit den Kindern rascher und rechtzeitig geholfen werden kann. In der Praxis hat sich das dann so entwickelt, daß die Kindergärtnerin oder der Kinderarzt bei sichtbaren verdächtigen Verletzungen usw. das Kind dann auch weiterleiten, oder es wird hier bei uns vorgestellt und von uns untersucht. Viele denken ja, bei der Gerichtsmedizin, da geht es um Tote, um Klärung der Todesursachen. Das macht grade noch zehn Prozent unserer Arbeit aus. Maximum! Wir machen viel mehr Untersuchungen an Lebenden, an solchen Personen z. B., die Verkehrsunfälle hatten, an Erwachsenen, die geschlagen wurden, an Frauen, die vergewaltigt wurden; wir untersuchen auch die Täter, auch Messerstechereien usw. Und im Verdachtsfall auf Kindesmißhandlung schauen wir eben auch die Kinder an. Das haben wir uns in Leipzig selber aufgebaut, hier in der Rechtsmedizin, zusammen mit den Kollegen vom Arbeitskreis. Denn wir Rechtsmediziner haben einfach die meisten Erfahrungen damit, wie man z. B. eine Sturzverletzung von einer Mißhandlung unterscheidet. Und wenn wir den Verdacht dann bestätigen, dann beraten wir auch gemeinsam mit den Kollegen über Hilfsangebote. Dann sagen die Kinderärzte, o. k., wir gucken uns die jetzt jede Woche an, später schaun wir die Kinder zweimal im Monat an, oder wir rufen eben das Jugendamt. Das kommt alles auf den Schweregrad an. Wir nehmen das sehr genau, weil wir ja vorbeugen wollen. Wenn wir das Kind dann bei uns auf dem Tisch haben, ist es ja zu spät. Bei den Beratungen sind auch Psychologen mit dabei. Wir sagen, wie schwer die Verletzungen sind, die Kollegen erwägen, wie ist der familiäre und sonstige Hintergrund, wie ist die Prognose, was ist zu tun. Das ist für uns, Kinderärzte und Rechtsmediziner, die Stufenleiter, die wir gehen: ein Mißhandlungsverdacht. Wir diagnostizieren sorgfältig. Bestätigen oder lehnen ab. Nicht jeder Verdacht auf Mißhandlung ist auch wirklich eine. Dann machen wir die Hilfsangebote und Kontrolluntersuchungen. Also, ich muß sagen, wir haben das hier in Leipzig ganz gut organisiert. Es hat sich viel verbessert.

Das schreiben wir uns schon auch auf die Fahnen, weil wir eben relativ viel an Antigewaltarbeit gemacht haben. Das Problem ist nur, daß es eben keinen Paragraphen gibt, der sagt, bei Kindesmißhandlung passiert das und das. Es werden immer verschiedene andere Paragraphen herangezogen, z. B. Körperverletzung Körperverletzung mit Todesfolge, Mißhandlung von Schutzbefohlenen usw. Aber das ist die Angelegenheit der Juristen. Wir können nur sagen, dieses Kind ist mißhandelt worden, es zeigt Zeichen wiederholter Gewaltanwendung. Das sind z. B. bestimmte Narben oder ältere Hämatome – Sie finden bei mißhandelten Kindern oft frische und alte Hämatome gleichzeitig, manchmal Knochenbrüche, die schlecht verheilt sind, also nicht behandelt wurden, und solche Sachen – und das steht dann natürlich im Widerspruch zu den Erklärungen der Eltern. Die bringen ja nicht ihr Kind und sagen, wir haben es mißhandelt, sondern sie erzählen, es sei vom Wickeltisch gefallen, hat sich gestoßen usw., und dann muß man eben sagen, das stimmt nicht, und weshalb das nicht stimmt.

Unser Leitsymptom ist, daß es meist eine ›Mehrzeitigkeit‹ gibt, also auch die Spuren der alten Gewalteinwirkungen. Und es gibt einfach Regionen am Körper, da muß man sagen, die Verletzungen sind nicht durch einen Sturz, sondern durch einen Schlag verursacht worden. Oder beim ›Schütteltrauma‹, das kommt zustande, wenn man ein Baby schüttelt, das seinen Kopf noch nicht selber halten kann. Das kommt häufiger vor, als bekannt ist. Z. B. das Kind schreit und schreit, die Eltern wollen schlafen oder fernsehen, und einer von beiden nimmt dann das Kind an den Oberarmen, hebt es hoch und schüttelt es, um es einzuschüchtern und zur Ruhe zu bringen. Die Folge ist, es reißen die Venen zwischen Gehirn und Schädeldecke, dadurch tritt dann Blut aus, der Hirndruck steigt durch die Hirnblutung, dem Kind wird schlecht, vor Schmerz wird es bewußtlos. Die Hälfte der Kinder sterben daran. Die andere Hälfte überlebt, bleibt aber geschädigt. Es gibt zwar auch äußere Zeichen nach dieser Mißhandlung, aber wenn der Arzt, der den Tod feststellen soll, da so ein vier oder fünf Monate altes Baby vor sich liegen hat, dann kann ihm das trotzdem bei der Leichenschau entgehen. Und da eben nur noch etwa fünf Prozent aller – jetzt egal, an welcher Todesursache – jährlich verstorbenen Kinder obduziert werden, geht eben auch so ein Fall z. B. als ›plötzlicher Säuglingstod‹ durch und kommt als solcher in die Statistik. Denn die Totenscheindiagnosen – von denen wir ja wissen, daß 40 Prozent davon falsch sind – sind die Grundlage für die Statistik, und die statistischen Zahlen sind dann wiederum Grundlage für andere Studien, die dann auch alle falsch sind und so fort. Daran sieht man auch mal, wie wertvoll bzw. wie wertlos eigentlich so eine Statistik ist. Deshalb erfassen wir in unserer Studie ja auch nur die eindeutigen Fälle aus den Rechtsmedizinischen Instituten.

Also, wir umfassen das Hellfeld, das wir von den Rechtsmedizinischen Instituten bekommen, und zwar möglichst das komplette, und für die kriminologischen Aspekte, Dunkelfeldforschung usw., da haben uns Experten von außerhalb ihre Hilfe zugesagt. Die Daten sind unheimlich komplex – es reicht ja nicht, wenn wir wissen, wie viele Fälle sind wo aufgetreten, wie alt waren die Kinder, waren es mehr Jungen oder Mädchen, wir möchten auch alles andere wissen, was noch dazugehört, und natürlich auch den sozialen Kontext. Waren es Kinder aus Risikofamilien oder ›normale‹ Kinder. Wie waren die Eltern bestallt? Da kommt also jetzt schon zum Vorschein, daß es sich nicht wirklich durch die gesamten Schichten durchzieht, gleichförmig. Zwar kommt es überall vor, aber es sind jedenfalls nicht so viele tödliche Kindesmißhandlungen in der Oberschicht wie in der Unterschicht.«

Der Preßlufthammer hat seine Arbeit eingestellt. Frau Dr. Böhm sagt, begleitet vom Klingeln des Telefons, das sie ignoriert: »Damit das nicht so abstrakt bleibt, will ich Ihnen an einem Fallbeispiel noch einiges erklären.« Auf dem Bildschirm ist nun ein magerer nackter Säugling zu sehen. »Das ist ein Fall aus unserer Studie, ein sehr typischer Fall: C., im Oktober 1995 geboren. Ist Frühgeburt gewesen. Was übrigens auch ein gewisses Risiko ist, mißhandelt zu werden, geschüttelt zu werden usw., auch chronisch kranke Kinder und behinderte Kinder haben ein höheres Risiko, weil sie auch mehr Arbeit machen. Ein neuer Lebensgefährte erhöht auch das Risiko.« Der Preßlufthammer setzt wieder ein. »Hier ist C. fünf Monate alt und von der Kinderärztin ins Krankenhaus eingewiesen worden – gegen den ausdrücklichen Wunsch der Mutter –, und der Krankenhausarzt schrieb in einer Stellungnahme fürs Jugendamt u. a.: ›Erbarmungswürdiger Zustand ... länger andauernder Hungerzustand ...‹. Nach dem Aufpäppeln wurde C. entlassen. Fünf Monate später schrieb das Jugendamt ans Familiengericht, daß Frau K., die Mutter, nicht, wie versprochen, Kontakt aufnahm und auch die wöchentlichen Arztbesuche zur Gewichtsüberwachung nicht wahrgenommen hat. Das Jugendamt machte aber Hausbesuche und fand den Jungen ›wohlauf‹. Als das Kind fünfzehn Monate alt und grade wieder aus dem Krankenhaus gesund nach Hause entlassen worden war, schrieb das Jugendamt dem Familiengericht, daß die Mutter, der inzwischen ›Hilfe zur Erziehung gewährt wurde‹, sich zwar kontrolliert fühlt, aber die regelmäßigen Arztbesuche wahrnehme, der Junge entwickle sich ›stabil und positiv‹.«

Auf dem Bildschirm erscheinen Bilder des nunmehr siebzehn Monate alten C., es sind so eine Art »Tatortfotos«. Tatort ist der Körper des Kindes, dessen Verletzungsspuren fotografisch festgehalten wurden, nach einer Anzeige der behandelnden Kinderärzte bei der Polizei. »Also, das Kind hat ›mehrzeitige‹, d. h. verschieden alte Hämatome. Auch hier am Kopf, das sieht ›geformt‹ aus, also, wenn Gegenstände zum Schlagen benutzt werden, dann bildet sich das richtig auf der Haut ab, wie ein Relief. Und hier am Hals Gewalteinwirkung. Gewalteinwirkung auch am Po, an einer Stelle, da kommt bei Stürzen nie was hin! Das hier am Oberschenkel sieht aus wie eine Bißspur, die ist schon ein paar Tage älter. Die Kinderärzte haben sorgfältig untersucht und in ihrem Bericht an die Polizei geschrieben, daß es sich hier nicht um Spiel- oder Hausunfälle handelt. Aber eine ›gezielte Gewaltanwendung‹ war nicht zu beweisen, weil die Mutter behauptet hat, es seien ›Sturzverletzungen‹. Dennoch ist dann verfügt worden, daß C. in eine Pflegefamilie aufgenommen wird. Mit achtzehn Monaten war das, und fünf Monate blieb er dort. Die Pflegemutter sagte in einer späteren zeugenschaftlichen Vernehmung aus: ›Das Kind hatte sich prächtig entwickelt, war auch nie krank gewesen, wurde an den Topf gewöhnt, konnte sitzen, laufen und machte erste Sprachversuche …‹

Dann hat die Gerichtshilfe mit der Kindesmutter ein Gespräch geführt, und dabei hat die Mutter um Rückgabe ihres Kindes gebeten. Sie und ihr Lebensgefährte ›wünschen sich nichts sehnlicher, als C. wieder in ihrem Haushalt versorgen zu dürfen ...‹, protokollierte die Gerichtshilfe und schätzte auf Grund des Gespräches ›... die gegenwärtige Situation als unbedenklich und positiv für die Wiedereingliederung des Kindes C. in die Familie ein ...‹, wichtig sei eine rasche Entscheidung, ›... um endlich Ruhe und Geborgenheit ins Leben dieses Kindes einziehen zu lassen ...‹. Das ist sehr emotional, ja. Oft geht es sehr emotional zu, die Mütter weinen, versprechen alles bei solchen Gesprächen. Und der Familienrichter sagt: Na ja, sie wird jetzt alles besser machen.

Es gibt Berichte, die sind ganz sachlich verfaßt. Ich bin auch Gutachter und schreibe viele Berichte, ich weiß genau, wie ich was schreiben muß, um Wirkung zu erzielen. Ganz klarer Fall. Das Kind wurde also aus der Pflegefamilie auf Beschluß wieder rausgenommen und zur Mutter und ihrem Lebensgefährten gegeben, mit knapp zwei Jahren. Es besuchte auch eine Kindereinrichtung, hatte aber bereits etwa einen Monat später mehrere Krampfanfälle, es hatte Hämatome, war angeblich aus dem Bett gefallen. Zwei Monate später war eine erneute stationäre Aufnahme notwendig. Das war am 1.1.1998. Die Krankenhausärztin schrieb ins Aufnahmebuch: ›Knapp zweieinhalbjähriges KK kommt in dürftigstem, abgemagertem Zustand, kalt, voller Hämatome, exsikkiert (ausgetrocknet, Anm. G. G.) zur Aufnahme. Meines Erachtens liegt extreme Kindesvernachlässigung vor. Kind ist in aller Beziehung retardiert. Trinkt hier gierig wie ein Loch, schreit dabei immer schrill ›haben‹.‹ So also der Eindruck der Ärztin. In der Nacht gab es dann eine Zustandsverschlechterung. C. kam auf die Intensivstation. Dort ist er dann am Nachmittag des 5.1.1998 verstorben.« Auf dem Computerbildschirm ist der magere tote Kinderkörper zu sehen, daneben das Sektionsergebnis. U. a. steht da: Beginnende herdförmige Lungenentzündung. Todesart: natürlich. »Also, natürlicher Tod«, erklärt Frau Dr. Böhm, »das bedeutet, aus krankhafter Ursache verstorben. So geht es dann in die Todesursachenstatistik ein. Normalerweise wäre der Fall ›weg‹. Er lief am gerichtsmedizinischen Institut aber als Mißhandlung; die wurde bei der Sektion ja festgestellt, alte Unterblutungen im Gehirn usw., die hatten das in ihrer Statistik, sonst wäre der Fall verschwunden.

Hier, anhand dieser Gewichtskurve, die wir jetzt im Rahmen unserer Studie angefertigt haben, könne Sie noch mal erkennen, wie das verlief.« Sieben ansteigende Kurven zeigen das Gewichtsspektrum gleichaltriger Kinder an. »Bei der Geburt war er noch in der Mitte, wie die meisten Kinder, und ist dann kontinuierlich rausgefallen, weit unterhalb der Norm. Die letzte große Zacke zeigt aufsteigend den Aufenthalt in der Pflegefamilie, dann kommt das Kind zur Mutter zurück, und es geht steil nach unten, bis zum Ende! Im Falle dieses Kindes ist es dann ein Jahr später zur Anklage gekommen, wegen fahrlässiger Körperverletzung in zwei Fällen – in den zwei Fällen, die aktenkundig sind – und wegen fahrlässiger Tötung. Die Mutter ist zu zwei Jahren Gesamtstrafe verurteilt worden – zur Bewährung. Das sind so die üblichen ›Preise‹. Zwei, vier, fünf Jahre, meist auf Bewährung.

Das Strafrecht, das ist ja was Besonderes, also, die Richter müssen sich sicher sein, und wenn's nicht 100 Prozent nachweisbar ist, wenn es kein Geständnis gibt ... Also, ich war da am Anfang auch immer furchtbar wütend gewesen, über diese niedrigen Strafen. Aber die Richter müssen sich an die Beweise halten, die da sind. Und ich muß heute sagen, das ist eigentlich auch durch Strafe nicht zu regulieren, dieses Problem.« Wir fragen nach den familiären Umständen. »Also, die Mutter ist 1975 geboren, der Lebenspartner – er ist nicht der Kindesvater – ist 1973 geboren. Sie hat Hauptschulabschluß, die begonnene Lehre dann abgebrochen aus familiären Gründen – Pflege des Großvaters –, dann die zweite Lehre abgebrochen, wegen der Geburt eines Kindes – der älteren Schwester des verstorbenen Kindes. Sie hat immer von Erziehungshilfe und Sozialhilfe gelebt. Der Partner? Er war ebenfalls arbeitslos nach zwei abgebrochenen Lehren. Die Wohnverhältnisse waren, nach Auskunft des Jugendamtes – das die Besuche ankündigt –, geordnet und gepflegt gewesen.« Wir fragen: »Neues oder altes Bundesland?« Frau Dr. Böhm sagt seufzend: »Neues Bundesland. Leider. Das bestärkt wieder die Leute, die alles Schlechte hier auf die DDR-Kinderkrippen zurückführen möchten.«

Wir bitten, uns noch etwas zu ihrer Biographie zu erzählen. »Also, mein Vater ist schon lange tot, seit 1993, der war Ingenieur. Meine Mutter ist Rentnerin, sie war Krankenschwester, daher war ich schon mit drei Monaten in der Krippe. Erinnerungen habe ich da gar keine. Später den Kindergarten und auch die Kinderferienlager fand ich furchtbar, man mußte immer das machen, was alle machen. Ich war lieber mit den Kindern aus unserem Hof zusammen. Ich habe noch eine Schwester, sie ist Krankenschwester. Ich war früher Röntgenassistentin, und dann habe ich noch mal mit 26 ein Studium angefangen, da hatte ich schon zwei Kinder. Das dritte bekam ich am Ende des Studiums. Einen Jungen. Ich wollte eigentlich Chirurgie machen und eine Praxis, Landarztpraxis, so was, das war meine Vorstellung. Dann kam aber zufällig der Prof. Vock und bot mir eine Stelle an, fragte, ob ich's denn nicht mal versuchen will. Es hat mich schon interessiert. Rechtsmedizin interessiert ja jeden. Das sind die spannendsten Vorlesungen. Ich mache ja heute selbst Vorlesungen und sehe, wie die Studenten dasitzen, mit solchen Augen!

Ich dachte, probiere ich's mal, und bin eigentlich ›hängengeblieben‹. Nun bin ich hier Oberärztin, also im Prinzip Abteilungsleiterin für den Bereich Morphologie. Das sind Sektionen und eben Klinische Rechtsmedizin, d. h. ›Lebenduntersuchungen‹, wie ich schon sagte, Verkehrsmedizin, Messerstechereien,

Vergewaltigung. Auch Frauen, die von ihrem Mann geprügelt werden; wir untersuchen sie und dokumentieren das als späteren Beweis, wir können ihnen auch Hilfen anbieten, können sie an ein Netzwerk weiterleiten, haben auch ganz enge Verbindung zum Frauenhaus. Also, es ist schon so, daß wir durch sorgfältige Untersuchungen auch den Lebenden etwas helfen können. Was wir noch machen, ist die vorgeschriebene Leichenschau in den Krematorien, vor der Verbrennung. Und was die Sektionen betrifft, so machen wir hier im Haus pro Jahr etwa 350; ich selbst habe eher weniger gemacht, in diesem Jahr waren es nur drei oder vier. Aber gesehen habe ich natürlich fast alle! Ja, also, ob ich mich an Leichen gewöhnt habe? Die Leiche selbst ist eigentlich nicht unangenehm. Aber an den Geruch kann man sich nicht gewöhnen. Er ist immer wieder neu. Der Tod riecht. Das ist ein Geruch, der immer da ist, auch wenn keine Leiche im Haus ist. Wobei, nach fünf Minuten, da riechen Sie es schon gar nicht mehr. Was eigentlich unangenehm ist, sind die Geschichten, die dahinterstehen, manche bleiben im Gedächtnis. Und wenn wir schon nicht ›heilend‹ in dem Sinne tätig sind, so sichern wir doch durch sorgfältige Untersuchung Spuren und Beweise. Es ist unsere Pflicht, die Todesursache festzustellen, und das ist sozusagen das Letzte, was wir für den Toten tun können.«

15

LEICHEN IM KELLER

PRÄPARATORIN

»Kein Tag ohne Präparat«
Rudolf Virchow

Navena Widulin, Museumskonservatorin und Präparatorin am Berliner Medizinhistorischen Museum der Charité, Campus Mitte. 1978 Einschulung i. d. Polytechnischen Oberschule Juri Gagarin, 1988 Beendigung der Schule. 1988–1991 Ausbildung z. Arbeitshygiene-Inspektor an d. Medizinischen Fachschule Köthen. 1991–1992 Ausbildung z. medizinischen Sektions- und Präparations-Assistentin (Präparatorin) an d. Lehranstalt d. Krankenhauses Berlin-Neukölln. Seit 1993 Tätigkeit a. d. Charité (i. Bereich Sektion), seit 1998 Konservatorin und Präparatorin (i. Medizinhistorischen Museum). 2000 u. 2001 über d. UNO jeweils f. zwei Monate i. Bosnien (Exhumierung v. Leichen aus Massengräbern z. Klärung v. Kriegsverbrechen u. Beweissicherung f. d. Haager Kriegsverbrechertribunal). Mitglied i. Verband deutscher Präparatoren; im BHID (British Association for Human Identification); im Team v. Deathcare-Embalming Deutschland. Außerdem begeisterte Motocross-Fahrerin (Teilnahme an Rennen). Navena Widulin wurde 1972 i. Cottbus/DDR geboren. Ihre Mutter ist Spediteurin, der Vater u. a. Philosoph u. Dolmetscher. Navena lebt mit ihrem Freund Sven Philipp zusammen, sie haben ein gemeinsames eineinhalbjähriges Kind.

Es weht ein eisiger Wind an diesem Morgen. Dennoch stehen die jungen Ärztinnen und Ärzte der Charité in ihren weißen Kitteln auf den Straßen rund um den Karlsplatz. Sie streiken für bessere Anstellungs- und Arbeitsbedingungen und verteilen Flugblätter. Auf dem Virchow-Denkmal liegt etwas Schnee. Oben auf dem säulenverzierten Sandsteinsockel winden sich seit 1910 zwei muskulöse Männerkörper in einem immerwährenden Ringkampf, Gut und Böse, respektive Tod und Leben. Rudolf Virchow (1821–1902) kam als junger Mediziner hier an die Prosektur und hat mehr als fünfzig Jahre an der Charité verbracht, unterbrochen durch einen sieben Jahre dauernden Aufenthalt in Würzburg, nach strafweiser Entlassung wegen seiner Teilnahme an der 48er Revolution. Nach seiner Rückkehr entfaltete er ein ungeheures Ausmaß an Aktivitäten auf vielerlei Gebieten und wurde weltberühmt, u. a. als Pathologe mit seiner Zellularpathologie. Er verstand sich nun als Reformer, als politischer Naturwissenschaftler, engagierte sich gegen den Krieg und für den sozialmedizinischen Fortschritt, setzte sich als Abgeordneter für den Bau von Krankenhäusern, Obdachlosenheimen, Markthallen und Schlachthöfen ein (von ihm stammt die bis heute praktizierte Trichinenkontrolle), und er trieb die Versorgung der Stadt mit Trinkwasserleitungen und der Kanalisation der Schmutzwasserbeseitigung voran, zur Verbesserung der Hygiene und Seuchenprophylaxe. Er widmete sich auch den Bedingungen, unter denen das Proletariat in Hinterhöfen und Kellerwohnungen gezwungen war zu leben, plädierte für die Errichtung öffentlicher Parkanlagen und Schrebergärten. Bildung, Wohlstand und Freiheit, sagte er, sind die notwendigen Voraussetzungen für die Gesundheit der Bevölkerung. Auch heute wieder sehr aktuell.

Virchow war aber auch ein passionierter Anthropologe, Rasseforscher und vor allem Sammler. Ein Foto von 1896 zeigt ihn in seinem Arbeitszimmer, umgeben von zahlreichen Skeletten, Schädeln und Knochen, stolz wie ein Großwildjäger. Auch die vorgefundene Sammlung pathologisch-anatomischer Präparate vermehrte er geradezu »messihaft« zu derart ausuferndem Umfang – gemäß seinem Motto: Kein Tag ohne Präparat –, daß ein großes Neubau nötig wurde. Er bekam auf Grund seiner Berühmtheit und der Berühmtheit seiner Sammlung ein Institut für Pathologie nach seinen Wünschen, bestehend aus Museums-Lehr-Forschungs-Obduktionsgebäude und Kapelle. Das einzige dieser Art weltweit, Bestandteil eines Krankenhausgeländes, gelegen am Alexanderufer des Berlin-Spandauer Schiffahrtskanals. 1899 wurde der Museumsbau feierlich eröffnet; er wurde zum Ort der Popularisierung von Wissenschaft zum Zweck der Volksaufklärung, das war neu. Auf zwei Etagen zeigte eine Schausammlung mit Feucht- und Trockenpräparaten anschaulich das Spektrum typischer Krankheitsbilder, nebst Warnungen und Vorkehrungsmaßnahmen. Auf den übrigen Etagen lagerten mehr als 20 000 weitere Präparate dichtgedrängt. Die Nachfolger von Virchow erweiterten die Sammlung, u. a. auch durch die geraubten menschlichen Überreste des ersten deutschen Völkermordes an den Hereros in Afrika. Und durch Köpfe, Augen, Hirne und andere Körperteile von Opfern der Verbrechen des Nationalsozialismus. Kistenweise wurde Material zur sogenannten Rasseforschung u. a. vom Institut für Rassenbiologie eingelagert.

Einige Präparate Virchows gingen durch einen Brandbombenschaden im Zweiten Weltkrieg verloren. Der übrige Bestand konnte aber durch begünstigendes Sektionsrecht der DDR rasch aufgefüllt werden, so daß heute wieder mehr als 10 000 Objekte, inklusive der alten Virchowschen Bestände, existieren. Etwa 700 dieser Objekte wurden der Öffentlichkeit wieder zugänglich gemacht und befinden sich im 1998 wiedereröffneten Gebäude, das nun Medizinhistorisches Museum heißt. Seit 2002, zu Virchows 100. Todestag, wird die an sein Konzept angelehnte neue Dauerausstellung in Virchows original eisernen Vitrinenschränken präsentiert.

Navena Widulins Arbeitsraum liegt im Institut für Pathologie, einem Charité-typischen roten Backsteinbau, der sich unmittelbar ans Museum anschließt, fünfstöckig ist und heute »Rudolf-Virchow-Haus« heißt. Die Hüterin der Sammlung empfängt uns gut gelaunt, zeigt Elisabeth im kleinen Vorraum ihre stattliche Gallensteinsammlung (ich gehe lieber schnell vorbei, weil ich selbst welche habe) und bittet uns dann in ihren Arbeitsraum, der hoch, groß und sehr hell ist. Er ist bis zu halber Höhe weiß gekachelt und war vormals Seziersaal. Wir legen unsere Mäntel mangels anderer Ablagen auf einen der Seziertische aus hellem Marmor und blicken uns um, während unsere Gastgeberin telefoniert. In den Wandregalen, auf Kühlschränken, Ablagen und Seziertischen stehen Arbeitsgeräte, Kartons, Ersatzgläser, Plastikbehälter und schöne rechteckige und auch zylindrische Glasgefäße verschiedener Größe, in denen Präparate in ihren bräunlich gewordenen Flüssigkeiten schweben. Halbe Herzen, Speiseröhren, Hirne, eine aufgeschlitzte Ratte und ein Gewirr aus einem kindlichen Körper und Gliedern, das auf den drei Schultern einen gemeinsamen janusgesichtigen Kopf trägt, mit irgendwie empörten Gesichtsausdrücken. Sie alle dämmern ihrer Aufarbeitung entgegen. Ebenso das vor langer Zeit verstorbene, am ganzen Körper verhornte kleine Kind, das im steinernen Abflußbecken eines der Seziertische ausgestreckt im Wasser liegt wie zum Bade.

»Ehemaliger Sektionssaal«, erklärt Frau Widulin, »nicht zu Virchows Zeiten, das Haus wurde erst 1906 gebaut, da war er schon tot. Es war alles sehr großzügig konzipiert. Und zu DDR-Zeiten wurden ja wirklich 100 Prozent der Leichen seziert, praktisch jeder, dementsprechend viele Tische brauchte man. Das Recht hat sich aber nach der Wende geändert, und das ging dann schlagartig nach unten. (Das Berliner Sektionsgesetz von 1997 erlaubt Sektion nur, wenn im Behandlungsvertrag zwischen Patient und Krankenhaus zugestimmt wurde, bzw. wenn ein begründeter Ausnahmefall vorliegt. Angehörige haben innerhalb von acht Stunden von 8 bis 22 Uhr ein Widerspruchsrecht. Anm. G. G.) Es war eigentlich ein Glücksfall, wie Sie sehen, ich habe für mein Labor viel Licht, viel Platz, den brauche ich auch.

Die Sammlung muß ja gepflegt werden und restauriert, die alten Lösungen müssen durch neue ersetzt werden. Das nennt sich Jores eins und zwei. Eins ist die Fixierlösung, zwei die Konservierungslösung, die Endlösung.« Sie sagt es in aller Unschuld. Bei dieser Gelegenheit fragen wir, ob es Präparate aus der NS-Zeit gibt in der Sammlung. »Wir haben das natürlich überprüft und überprüfen es noch, aber in der Regel betrifft es hauptsächlich die anatomischen Institute und Sammlungen, unsere Präparate stammen von natürlich verstorbenen, also an Krankheiten verstorbenen Personen, das kann man an den Sektionsprotokollen nachvollziehen. Also, sie stammen nicht aus einem Unrechtskontext. Daran sind wir auch selber sehr interessiert, unser Direktor, der Medizinhistoriker Professor Schnalke, ist ja Mitglied im Arbeitskreis ›Menschliche Präparate in Sammlungen‹, wo es auch sehr gezielt um den Umgang mit Präparaten solcher Herkunft geht. Ich habe in den nächsten Jahren noch damit zu tun, die Sammlung zu archivieren und in eine Datenbank einzufügen, und ich hoffe und vermute eigentlich nicht, daß ich etwas finde.

Wir haben zwei Lagerräume; glücklicherweise bekommen wir bald ein richtiges Depot – bis jetzt stehen die über 9000 Gläser teils in der alten Kapelle des pathologischen Instituts, teils im Präparatekeller, ich zeig's Ihnen nachher. Das ist alles in einem ziemlich desolaten Zustand und schädigt die Sammlung natürlich, wenn nicht eingegriffen wird. Zu unserem Fundus möchte ich noch sagen, daß wir auch eine Moulagensammlung haben, die sehr stiefmütterlich behandelt wurde all die Jahre, im Schrank übereinandergestapelt lag und teilweise gebrochen ist. Moulagen sind ja sozusagen die Herzensangelegenheit von Professor Schnalke; er hat ein schönes Buch gemacht. In diesem

Zusammenhang ergab sich auch der Kontakt zu einer alten, sehr erfahrenen Mouleurin in Dresden, Frau Walther, sie hat sich bereit erklärt, unsere Moulagensammlung zu restaurieren. Das ist ein großer Schatz, ihr Wissen und Können. Ich durfte ihr auch schon über die Schulter gucken und versuche mich selbst etwas einzuarbeiten, aber das braucht natürlich viel Erfahrung, so einen Wachsabguß z. B. eines verkrüppelten Fußes zu restaurieren, zu kolorieren. Sie ist ja eine der wenigen auf der Welt, die das noch können, die noch am Patienten selbst abgeformt hat. Also, die Moulagen gehören zu meiner Aufgabe, und dann – was ja auch der Zweck der Präparatesammlung ist –, es kommen immer wieder Anfragen von anderen Museen und Instituten, die etwas brauchen, dann gehe ich ins Depot und muß z. B. ›Nieren bei Cholera‹, finden, was bei der Enge oft schwierig ist, und oft muß die Lösung vorher erneuert werden, weil sie verfärbt, getrübt oder geschwunden ist. Und um die alte Lösung auszuschwemmen, muß ich das Präparat erst mal fließend wässern, so wie in diesem Fall«, sie zeigt auf das Kind im Abflußbecken. »Danach hält es dann aber über Jahrzehnte. Und hier«, sie zeigt auf ein zierliches, schneeweißes Maulwurfsskelett, »dafür habe ich mir bei einer Präparatorentagung ein paar Speckkäfer besorgt, die halte ich da unter dem Tisch in diesem kleinen Terrarium, sie haben gute Kiefer und leisten hervorragende Arbeit bei der Mazeration. Wenn man aufpaßt, daß sie nicht an die Bänder und Knochen gehen, kann man ein hervorragendes Bänderskelett bekommen, auch die Zähne bleiben fest sitzen, während sie bei flüssiger Mazeration ausfallen. Und was noch so in meinen Arbeitsalltag fällt, ist das Problem, daß manche der alten Präparate von 1888 oder 1902 keine Diagnose haben bzw. eine, die heute nicht mehr stimmt. Ich hab jetzt z. B. einen Kopf dort in dem Eimer, mit der Diagnose: vermutlich Lepra Leontina. Das ›Löwenantlitz‹ ist typisch bei Lepraerkrankungen. Ich habe Kontakt aufgenommen zu einem Professor in Hamburg, vom Tro-

peninstitut, der möchte das gerne histologisch untersuchen.«
Wir möchten das »Löwenhaupt« sehen. Sie streift Gummihand-
schuhe über, öffnet den Deckel des schwarzen Plastikeimers
und hebt vorsichtig einen lehmbraunen Männerkopf mit kahler
Schädeldecke aus dem Wasserbad, die Haut ist zerklüftet, Kinn,
Backen und Stirn sind überzogen mit Wülsten und Knoten. Die
geöffneten Augen scheinen trüb herauszuschauen, der Mund ist
ein wenig geöffnet. Sie senkt den von seiner fernen Leidens-
geschichte gezeichneten Kopf wieder in die Flüssigkeit und
schließt den Deckel. »Die Molekularpathologie hat natürlich
phantastische Möglichkeiten, auch in so einem Fall.

Also, jedes Präparat hat sozusagen eine nachvollziehbare Herkunft. Früher waren das die Sektionsbücher und Protokolle,
heute haben wir, seit zehn Jahren etwa, den Sektionsantrag. Der
begleitet die Leiche, und da gibt es eine große Spalte, in der die
Kliniker den Krankheitsverlauf darstellen und auch auf eventu-
elle Infektionsrisiken hinweisen wie Hepatitis, Aids, TBC z. B.
Hier in der Charité ist der Kontakt zwischen Pathologie und Klinik sehr gut. Die Kliniker sind natürlich auch an einer Qualitätskontrolle ihrer Befunde interessiert. Ich selbst habe durch
meine frühere Tätigkeit auch einen guten Kontakt zum Sektionssaal. Das ist mein Plus, sozusagen; ich könnte nach Absprache
mit der Klinik, mit dem Prosektor, mir sozusagen das Organ selber entnehmen, das vielleicht irgendeine seltene Auffälligkeit
oder Erkrankung hat. Also, ich weiß so ungefähr über den Bestand von uns Bescheid, weiß, was fehlt, was nicht. Wenn die in
der Sektion z. B. sagen, wir haben eine tolle Leberzirrhose, dann
winke ich ab. Wir haben schon Unmengen aus der DDR-Zeit.
Alzheimer und so was, das ist rar. Oder hier, was ganz anderes,
die Katze, das Herz und die Lungenscheibe, Tierpräparate aus
dem ehemaligen Reichsgesundheitsamt in Dahlem. In der Virchowschen Sammlung war ja auch einiges an Tierpräparaten, da
läßt sich z. B. mal eine Tuberkulose des Menschen der beim Tier

gegenüberstellen, oder wir leihen uns auch mal ein gesundes Vergleichsorgan. Ich verbringe, das werden Sie nachher sehen, auch viel Zeit mit dem Suchen, weil die Gläser aus Platzgründen so eng gestellt wurden, daß die Aufschriften nicht zu sehen sind, da muß ich mich dann durcharbeiten, wir haben allein 1000 Herzpräparate. Ich denke, wir machen jetzt einen kleinen Rundgang, und ich zeige Ihnen alles zur besseren Vorstellung.«

Sie zeigt uns den neben ihrem Arbeitsraum liegenden Sektionssaal. Er ist leer, ähnelt dem ihren, riecht aber nach Desinfektionsmittel. Die Gummischuhe sind säuberlich aufgereiht. Daneben liegt der Sektionshörsal, überraschend klein, mit steil ansteigenden halbrunden Sitzreihen. Zu Füßen steht wie ein sakraler Opferaltar ein blitzblanker, verchromter drehbarer Sektionstisch mit OP-Lampe. Dahinter eine Tafel. »Hier findet auch die ›Klinikvorstellung‹ statt«, erklärt Frau Widulin, »es werden dann Organschalen auf den Tisch gestellt, pro Organ eine Schale. Die Kliniker stehen hier, die Pathologen gegenüber, und dann wird der Fall durchgesprochen.« Beim Hinausgehen fällt mein Blick durch das einzig verbliebene Fenster aufs Hafenbecken der Spree. Bis 1989 verlief dort die Mauer. Wir gehen die Treppe hinunter. »So. Das ist jetzt unser Leichenkeller«, sagt Navena Widulin und öffnet eine Tür. »Die Leichen liegen bei vier Grad in drei Etagen hier rechts im Kühlraum.« Sie zieht eine der Bahren aus der mittleren Etage halb heraus. Füße, Beine und Windelhose eines verstorbenen alten Mannes werden sichtbar. Das Neonlicht fällt durch die Öffnung ins Halbdunkel des Kühlraumes, es ist zu erkennen, daß auch noch mehrere andere Bahren belegt sind. Erstaunlich, denke ich, wie schnell und präzise das Auge sein Blickfeld abtasten und im Gehirn zu einem »Befund« werden lassen kann. »Diese sind noch nicht geöffnet, wir haben ja diese Woche Ärztestreik«, sagt Frau Widulin und schiebt den Toten zurück. Ich frage, weshalb die Toten Windeln tragen. »Windeln tragen sie, weil sie inkontinent waren«, sagt

Navena Widulin. Ich frage deutlicher. Weshalb sie die Windeln *noch* tragen. Ob die Toten denn nicht mehr, wie es einmal auch in Krankenhäusern üblich war, gewaschen und mit einem Leichentuch bedeckt werden, bevor man sie in die Leichenhalle bringt. »Nein, nein, das ist vorbei, das ist auch ein Opfer der Sparmaßnahmen. Wenn man Glück hat, wird der Kiefer hochgebunden. Die Augen werden natürlich geschlossen bei den Toten, die Urinbeutel usw. werden abgestöpselt. Aber die Zugänge die bleiben drin. Wir haben es auch schon gehabt, daß Leichen teilweise mit allerhand Infusionsflaschen ankamen, dann hat man hier natürlich eine halbe Intensivstation zu entsorgen. Aber es ist einfach so, daß die Schwestern so schon alle Hände voll zu tun haben, sie können nicht auch noch Leichen waschen. Der größte Teil der Bestatter sargt die Leichen hier gleich ein, so wie sie sind. Die waschen auch nicht mehr. Also, wenn's nicht grade Teil von einem Ritual ist, muß eine Leiche ja nicht gewaschen werden, das ist eher was für den Hausgebrauch, wenn ein vertrauliches Verhältnis zu dem Toten da war. Wer allerdings das Geld hat… Ich habe einen Kollegen in München, der Leichen wiederherstellt nach Unfällen, der hat auch für Königshäuser schon einbalsamiert, auch den Franz Josef Strauß und den Modeschöpfer Moshammer.« Wir verlassen den Leichenkeller und gehen zur nahe liegenden Kapelle.

»Das ist der ehemalige Abschiednahmeraum, sozusagen, aber nach dem Krieg wurde er Lagerraum für die Präparatesammlung. Mildes Licht erfüllt den schmucklosen Raum, in dem sich auf den robusten Metallregalen Glasgefäß an Glasgefäß reiht. »Also hier stehen etwa drei- bis viertausend. Sie sind nach Organen sortiert, wie Sie sehen. Da hinten sind Nieren, Hirne und Lungen. Vorne steht alles noch ein bißchen durcheinander. Das ist natürlich für die Öffentlichkeit nicht zugänglich, Wir führen aber z. B. Wissenschaftler in die Depots.« Frau Widulin zeigt Elisabeth im hinteren Teil die schönen eisernen Virchow-

Vitrinenschränke, während ich mich in den Anblick der früher als Monstrositäten bezeichneten fehlgebildeten Kinder vertiefe. Sie schweben mit säuglingshaft geballten Fäusten in ihren Gläsern, einem Krankheitsbild zugeordnet. Trotz ihres Zustandes strahlen sie etwas Souveränes, Würdevolles aus. Das trifft für die Kinderköpfe ganz oben im Regal nicht mehr zu. »Hier sind noch ein paar sehr alte Präparate«, höre ich Frau Widulin sagen, »1883, der Kiefer eines Mannes mit Knochenerweichung. Und hier sind welche von 1852, und das ist z. B. ein Originalpräparat, von Virchow selbst beschriftet, ein Uterus mit Scheide, unten sieht man noch die Haare der äußeren Geschlechtsteile. Und was natürlich immer einen hohen Wiedererkennungswert hat, ist ein Gehirn.« Sie zeigt uns ein Glas mit zwei übereinanderliegenden Gehirnschnitten.

Zum Abschluß gehen wir noch in den Präparatekeller. Er ist nur von außen zu erreichen, über eine von altem Laub bedeckte und vereiste Kellertreppe. Navena Widulin schließt auf. Innen ist es überraschend warm. Der weißgekalkte Gewölbekeller liegt zwei Meter unter Erdniveau und ist gefüllt mit eng stehenden Regalen, zwischen denen sich nur schmale Durchgänge befinden. Ab und zu spendet eine Kugellampe aus Milchglas von oben her etwas Licht, grade genug, um die Aufschriften der Gläser in den oberen Regalen lesen zu können. Hier lagern mehr als 5000 Präparate. Allein 1000 Herzpräparate, 140 davon mit Herzfehlbildungen, Herzinfarkte, es gibt zahllose Tumore aller Art, Darmerkrankungen, Gebärmütter, Hoden und die bereits erwähnten Leberzirrhosen und Fettlebern. Alles, was Organe, Haut und Knochen befallen hat in den vergangenen 150 Jahren und das Leben der ehemals Kranken vorzeitig beendete, ist hier versammelt. Über lange Zeit hinweg kamen für die Gewinnung von Präparaten ja nur die Verstorbenen aus der Unterschicht in Frage, mit ihren spezifischen Krankheiten. Insofern muß man sich vergegenwärtigen, daß es sich hier nicht nur um medizinhistorisch interessante Präparate handelt, sondern auch um Zeugen der Sozialgeschichte.« Das schwarze Klebeband, mit dem bei allen Gläsern der Glasdeckel befestigt ist, erinnert an einen Trauerflor und daran, daß das Präparat ein memento mori ist. »Wir gehen jetzt hier ins Glaslager«, ruft Frau Widulin, »und passen Sie bitte auf, daß sie sich nicht den Kopf stoßen, wie es der Gesundheitsministerin passiert ist, als sie hier durchmarschierte.« Das Glaslager ist ein kleinerer Gewölbekeller mit teilweise aufgegrabenem Fußboden. Schöne alte Gläser aller Größen stehen in einem ziemlichen Durcheinander herum. Bauarbeiter waren hier am Werk und haben einiges zerbrochen. Auf dem Rückweg bleibt Frau Widulin noch mal stehen und hebt ein kleines Glas mit dunklem Inhalt aus dem Regal. Mit »Penis eines Negers« steht auf dem Etikett. »Einfach abgeschnitten und ins Glas gestopft. Hier geht es wirklich nicht mehr nur ums Präparat! Das wäre heute überhaupt nicht mehr tragbar. Das ist auch nicht mit dem Sinn einer pathologischen Sammlung vereinbar, der besteht ja in der Darstellung von Krankheiten und ihren Verlaufsformen.«

Wieder zurück in ihrem Arbeitsraum, nehmen wir am Seziertisch Platz und bitten, uns noch etwas von ihrem Werdegang zu erzählen. »Es war so: Meine erste Ausbildung als Arbeitshygiene-Inspektorin war mir viel zu staubig, zu trocken. Zufällig fand ich beim Arbeitsamt ein Ausbildungsangebot: ›Assistent bei der Durchführung klinischer Sektionen‹. Das war wie die Berührung mit einem Zauberstab. Ich wußte, das will ich machen. Dann habe ich mit der Ausbildung angefangen, und gleich am zweiten Tag durften wir eine Lehrsektion anschauen. Also, 90 Prozent von uns hatten noch nie ein Leiche gesehen, geschweige denn eine Sektion. Der Oberpräparator hat die Leiche seziert, ich hab' durch die Finger hingeschaut und war super aufgeregt. Es hing ja alles davon ab. Und es ging gut. Ich war wie erlöst danach. Und dann ging's gleich am nächsten Tag los. Also, zusehen ist ja was ganz anderes. Nun sollten wir aber selbst Hand anlegen. Das war völlig aufregend. Unsere Ausbilder standen hinter uns, der eine war ein bißchen forsch, weil ich zögerlich war. Man tastet sich ja ran, befürchtet, irgendwas zu zerstören. Der packte dann immer meine Hand und sagte«, sie spricht mit tiefer Stimme, »›so mußt du es machen, mit Druck!‹ Also, Haut ist schon sehr widerstandsfähig. Man muß ganz schön kräftig einschneiden. Es gibt natürlich verschiedene Hauttypen. Dünne Haut, alte Haut. Na ja, ich habe alles gut gemeistert. Aber eigentlich wollten sie mich nicht nehmen, weil ich eine Frau bin. Das war damals nur ein wilder Männerhaufen. Man hatte Sorge, weil es natürlich auch eine körperlich schwere Arbeit ist. Man muß die Leichen hin und her bewegen auf dem Tisch, vielleicht auch Treppen rauf- und runtertragen. Dann hat sich aber der Oberarzt für mich stark gemacht, und das war mein Glück. Ich konnte arbeiten als Präparatorin.

Also, es ist immer üblich, daß ein Pathologe und ein Präparator zusammenarbeiten, Hand in Hand. Und glücklicherweise ist es so, daß man uns dann doch ein bißchen mehr Arbeit überläßt, als nur den Kopf aufzusägen und den Leichnam zu schließen. D. h., wir entnehmen Organe, und der Pathologe eröffnet und diagnostiziert sie. Heute arbeite ich nur noch als Museumskonservatorin und Präparatorin, also, ich fertige Präparate schon auch noch an, neben dem Restaurieren. Ab und zu seziere ich auch noch, sozusagen als Nebenjob auf zweite Steuerkarte. Ich fahre mit meinem ehemaligen Chef zusammen in irgendein Krankenhaus, wenn die jemanden zum Sezieren haben. So bleibe ich handwerklich in Schuß.« Wir fragen, wie es wäre, wenn sie jemanden sezieren müßte, den sie gut kennt. »Das würde ich, glaube ich, nicht machen. Weil, man muß ja auch mal ehrlich sein, das ist sicherlich kein Anblick, den man von seinen Liebsten als letzten Anblick haben möchte. Da ist die Hemmschwelle für mich zu groß. Ich habe natürlich schon Leute aus dem öffentlichen Leben, die man kennt, seziert, aber das ist ja was anderes.« Wir fragen nach ihrem Verhältnis zum Tod. »Ja, das ist schwierig zu sagen. Weil der ja in meinem Beruf allgegenwärtig ist, da geht der Gedanke daran oft völlig verloren. Man bekommt andererseits im Lauf der Jahre viel mit, wie Leute zu Tode kommen, wie sie leiden, was für Schmerzen sie ertragen mußten. Das alles will man selber ja nicht haben. Jeder wünscht sich einen friedvollen Tod. Ich weiß, er wird den wenigsten gegeben. Das andere, was oft problematisch ist, ist das Abschiednehmen der Angehörigen, was, wenn man das sieht, doch sehr an die Gefühle geht. Und es zeigt, wie verletzlich man ist. Wir haben einen Besichtigungsraum. Manche haben den Wunsch, ihre Verstorbenen noch mal zu sehen. Und da gibt es dann die unterschiedlichen Arten zu trauern; also, die Türken, Italiener usw., die sind sehr massiv, die weinen laut, die schütteln die Leichen, sie küssen die Leichen. Bei den normalen Deutschen sind die meisten ›stille Weiner‹, fassen die Toten kaum an. Ich erinnere mich an eine Italienerin, sie wollte ihren jungen Mann noch mal sehen. Sie hat drei Tage gebraucht, um Abschied zu nehmen. Erst am dritten Tag war sie so weit. Ich bin immer hingefahren, ich war schwanger, sie war schwanger. Ich hatte noch Dienst, habe aber nicht mehr seziert in der Zeit, als ich schwanger war. Also, da habe ich dann draußen gesessen und hörte sie klagen, und ich dachte, o Gott!

Und wieder eine ganz andere Erfahrung mit dem Tod habe ich damals in Bosnien gemacht; da kam diese unheimliche Gewalt dazu. 2000 und 2001 bin ich über die UNO hingefahren, in die Nähe von Sarajewo. Dort wurden Massengräber ausgehoben. Man hatte plötzlich mit zweihundert Leichen zu tun, die alle erschossen oder durch Handgranaten hingerichtet worden waren. Fast nur Männer, Zivilisten. Kaum Frauen und Kinder. Ein Rechtsmediziner und einer von uns haben die Leichen auseinandergenommen, so weit das möglich war. Die waren oft schon sehr skelettiert. Wir haben sie entkleidet, und da wurden übrigens plötzlich Gallensteine gefunden bei einigen. Die waren schon so zersetzt, daß die Gallensteine quasi aus der Galle rausgefallen sind in die Kleidung. Die Anthropologen und sogar die Rechtsmediziner haben mir erst nicht geglaubt, die dachten, es ist Schmuck. Dann haben sie sich aber überzeugt und gesehen, es sind Gallensteine. Ich war ganz stolz, daß ich es gleich erkannt habe. Ja, und die Kleidung wurde dann gewaschen und getrocknet zum Zweck der Identifikation; es wurden Proben entnommen vom Knochen, es wurde alles nach Den Haag geschickt zur DNA-Untersuchung. Also, das war eine Erfahrung, die sich schon sehr unterschieden hat vom normalen pathologischen Arbeitsalltag.

Ich weiß auch nicht, was das ist, schon als Kind habe ich das gespürt, diese Faszination. Ich interessierte mich plötzlich nicht nur für lebendige Tiere, sondern auch sehr für tote. Das sind die Gene, also, mein Vater hat mich sehr geprägt. Der ist in Sibirien geboren und aufgewachsen, sehr ärmlich, sehr naturverbunden. Da mußte man natürlich auch jagen und schlachten. Das hat er an mich weitergegeben, dieses Verhältnis zur Natur. Meine Eltern waren geschieden. Ich bin bei meiner Mutter in Potsdam groß geworden. Mein Vater war in Berlin, und in den Ferien war ich bei ihm. Wir sind viel mit dem Schlauchboot unterwegs gewesen und haben uns ausschließlich von dem ernährt, was die Natur hergab, Beeren, Früchte, Fische, Krebse, Frösche. Mein Vater hat mir alles gezeigt, ich hatte aber eine Scheu davor, ein Tier zu töten. Fand es aber wahnsinnig spannend, alles. Und dieses brennende Interesse hat mich eigentlich nie verlassen später. Das ging richtig tief. Bei meiner ersten Ausbildung, da sollte es einen Besuch geben in der Anatomie. Ich war Feuer und Flamme! Wir waren 40 Leute, aber es gab nur zwanzig weiße Kittel, und nur wer einen Kittel hatte, durfte hinein. Ich hatte keinen abbekommen und habe furchtbar geweint. So sehr, daß welche ankamen und sagten, willst du meinen? Hier nimm. In der Anatomie dann sahen wir eine fixierte Leiche, formalinfixiert, grau, wie aus Plaste, gummiartig. Die hatte für mich überhaupt keine menschlichen Züge mehr. Ich war eigentlich fast enttäuscht. Da hat der Anatom gefragt, ob denn jemand mal das Herz halten möchte. Alle drehten sich weg und riefen ›uargg‹ und ›ihhh‹. Ich rief Jaaaa! Und dann bin ich vorgetreten, ich mußte Handschuhe anziehen, dann habe ich das Herz gehalten, ganz vorsichtig, ganz andächtig, ich weiß nicht, was ich alles fühlte. Solche Momente hat man nur zum Anfang in dieser Intensität. Ganz selten später. Es wird dann alles so normal irgendwie, man fühlt nichts mehr, fast schade eigentlich. Aber ich erinnere mich ganz genau, wie es war. So ein Herz, das wiegt etwa 300 Gramm, ja. Das war der Kurs in meiner ersten Ausbildung, sozusagen ein Besuch dieser berühmten Meckel-Sammlung in Halle.«

***

Einige Tage später stieß ich beim Recherchieren zufällig auf folgende kleine Geschichte, die nicht unterschlagen werden soll: Philipp Friedrich Theodor Meckel (1755–1803) war einer der ganz wenigen Anatomen, die vor dem eigenen Körper nicht haltmachten und auch sich selbst der Anatomie zur Verfügung gestellt haben. Er sezierte und skelettierte seine eigenen drei früh verstorbenen Kinder. Ein überlebender Sohn wurde ebenfalls Anatom, und der sezierte und skelettierte die väterliche Leiche und stellte sie, wie testamentarisch verfügt, in die Meckelsche Sammlung, die bereits der Großvater, Friedrich Meckel d. Ä., angelegt hatte. 1836 verkaufte die Witwe diese Privatsammlung dreier Anatome an die Universität Halle. Die erwarb damit die größte Privatsammlung Europas. Und noch heute steht das Skelett Meckels in der Sammlung des anatomischen Institutes der Medizinischen Fakultät Halle, nebst den Schädeln seines Sohnes und zweier Enkel. Im November 2002 initiierte das Institut ein absonderliches Familientreffen: Es lud die Nachfahren Meckels ein. Vor dem berühmten Schrank mit seinem Skelett gruppierten sich die Nachfahren, Männer, Frauen und Kinder, zu einem abschließenden Familienfoto.

16

DIE TOTENMASKE DER KRANKHEIT
KAPAZITÄT
DER MOULAGENKUNST

Elfriede Walther geb. Hecker, Mouleurin, ehemalige Leiterin d. Moulagenwerkstatt am Deutschen Hygiene-Museum, Dresden. 1926 Einschulung in Dresden, Altstädter Höhere Mädchenschule, 1939 Abitur. Hochschule für Lehrerbildung Leipzig u. Dresden, Ablegung d. 1. und 2. Lehrerprüfung. 1941 Einsatz als Lehrerin an Volksschulen in Ostpreußen, Kreis Goldap, bis Ende 1944. Rückkehr nach Dresden. Nach Kriegsende im Rahmen der Entnazifizierung Berufsverbot als Lehrerin. 1946 Anstellung im Zeichensaal d. Hygiene-Museums; Ausbildung als Mouleurin durch die Leiterin d. Moulagenwerkstatt, Ella Lippmann. Ab 1956 Leitung d. Moulagenwerkstatt. 1978 Überreichung d. Hufeland Medaille (Medizinpreis d. DDR f. bedeutende Dienste um den Gesundheitsschutz). Veröffentlichungen z. Thema Moulagenarbeit (u. a. in »Der Präparator« 39/1993). Elfriede Walther wurde 1919 in Dresden geboren, ihr Vater war Schmied, die Mutter Hausfrau, sie ist seit 1992 verwitwet und hat keine Kinder.

Eine Moulage ist eine dreidimensionale, naturgetreu bemalte Wachsabformung einer krankhaften Veränderung von Organen, Haut und Knochen. Besonders in den Kliniken für Haut- und Geschlechtskrankheiten dienten sie als Lehr- und Studienmittel, weil mit ihnen – anders als mit den organischen Feuchtpräparaten – die akuten Krankheitsphasen in farbenfroher Lebendigkeit festgehalten werden konnten. Die Moulagenkunst entstand in Europa um 1880, nahm ihren Aufschwung mit der explosionsartigen Ausbreitung von »Volkskrankheiten« unter der Wucht der Industrialisierung, und sie hatte ihre Blütezeit durch die ungeheuren Verstümmelungen, Verätzungen und venerischen Krankheiten im Zuge des Ersten Weltkrieges. Die Mouleure, unter denen es unerreichte Könner und Künstler gab, arbeiteten teils freischaffend, teils angestellt in den Krankenhäusern. Die Zusammensetzung der Wachse und das gesamte technische Verfahren waren streng gehütetes Geheimnis. Jeder Mouleur hatte seine eigene, unverwechselbare Rezeptur, die er nur an seinen Schüler weitergab, und der wiederum gab sie an seinen Schüler weiter. So entstanden an den Kliniken oft große, weithin berühmte Sammlungen, von denen heute nur noch ein Bruchteil existiert und zu sehen ist, wie z. B. in Wien, Zürich oder Breslau. Moulagen wurden aber auch im Gefolge der deutschen Hygienebewegung ab 1900 zur Gesundheitsaufklärung der Bevölkerung eingesetzt. Und da eine Moulage – im Gegensatz zu einer Abbildung – sehr viel Empathie erzeugt, machte man sich ihre abschreckende Wirkung beim Kampf gegen die Geschlechtskrankheiten zunutze und belehrte zudem über die Früherkennung ihrer Krankheitszeichen.

Der ODOL-Fabrikant August Lingner (1861–1916) – Gründer des Hygiene-Museums – und der bekannte Dermatologe Eugen Galewsky (1864–1935), der als Jude von den Nazis in den Tod getrieben wurde, waren die wichtigsten Initiatoren dieser populärwissenschaftlichen Kampagnen zur Gesundheitsaufklärung, der sich das Deutsche Hygiene-Museum in Dresden bis heute widmet. Von Anfang an gab es eine eigene Moulagenwerkstatt, deren Schwerpunkt Reproduktion und Verkauf der Moulagen war. Hier gab der exzellente Berliner Moulageur Fritz Kolbow

(1873–1946) seiner Schülerin Ella Lippmann (1892–1967) Rezeptur und Technik weiter, und diese gab ihr Wissen an ihre Schülerin Elfriede Walther weiter. Um 1957 ging allgemein die Ära der Moulagen zu Ende. Farbfotografie und Diaprojektor traten an ihre Stelle. Viele Sammlungen, alte Bestände, die den Krieg überstanden hatten, wurden in den Keller verbannt oder vernichtet. So auch die Moulagensammlung der Hautklinik der Berliner Charité, die 1960 eingeschmolzen und zu Kerzen verarbeitet wurde! Die Moulagensammlung des Hygiene-Museums stand zuletzt Anfang der 70er Jahre auf dem Spiel, blieb aber dank einer Anweisung des DDR-Gesundheitsministers Dr. Mecklinger verschont. Zur gleichen Zeit wurde die Züricher Mouleurin Elsbeth Stoiber angewiesen, alle dermatologischen Moulagen des Unispitals Zürich einzuschmelzen. Diesen Auftrag verweigerte sie und rettete so die Sammlung. 1998 lüftete sie das Geheimnis der Wachsrezeptur, das seit 1908 von einer Kolbow-Schülerin und deren Nachfolgerinnen strengstens bewahrt wurde. Inzwischen erleben die Moulagen allgemein wieder eine Renaissance, in Zürich sind sie sogar schon Bestandteil des Curriculums. Es leben heute nur noch zwei große Altmeisterinnen der Moulagenkunst, Elsbeth Stoiber und Elfriede Walther.

Frau Walther lebt in Dresden, nahe dem Großen Garten in einem unauffälligen, gepflegten Mietshaus. Sie empfängt uns an ihrer Wohnungstür im ersten Stock und bittet uns ins Wohnzimmer. Es riecht nach Harz. Den Weihnachsbaum hat sie ganz für sich alleine geschmückt. Der Raum wirkt friedvoll, so ohne Fernsehgerät und das ganze sonst übliche Equipment, das sie nicht benötigt. Über dem Perserteppich scheint noch die Atmosphäre jener langsamer verstreichenden Zeit der 60er Jahre des vorigen Jahrhunderts zu schweben; die bürgerliche Ostvariante. In den Bücherschränken stehen Bildungsliteratur und großformatige Kunstbände. Es gibt u. a. eine kleine Skulptur, einige

Sammelstücke aus Meißner Porzellan, und an der Wand prangt ein Ölbild, das gebundene Ähren zeigt. An der gegenüberliegenden Wand hängen großformatige, detailgenau gemalte Aquarelle von geschützten heimischen Blumen. Gemalt hat sie Herrmann Walther, ehemals Chefgraphiker des Hygiene-Museums. Seine Bilder werden gerade in der Sächsischen Landesbibliothek Dresden ausgestellt, und Frau Walther hat ihr bei dieser Gelegenheit das Gesamtwerk ihres Mannes als Schenkung überlassen. Sie bietet uns Weihnachtskekse an, schenkt Kaffee ein und erzählt: »Ja, also 1946 habe ich angefangen im Zeichensaal, das Hygiene-Museum brauchte Leute, und die waren da nicht so penibel. Das Museum war ja auch teilzerstört, und alles war noch ziemlich improvisiert. Eine Freundin arbeitete auch dort. Früher wurden ja noch ganze Ausstellungen gezeichnet, gemalt, beschriftet. Es gab eine Ausbildung in Schriftgestaltung, und in der Schriftgraphik wurde auch die Beschriftung für die Moulagen gemacht, jede einzelne mit dem Pinsel! Und eines Tages war die Moulagenabteilung unterbesetzt, und da wurden wir ›ausgeliehen‹. Das hat mir dann erst mal ganz gut gefallen. Frau Lippmann, eine Kolbow-Schülerin, war die Leiterin, und sie brauchte Malerinnen. Das hat sie damals erst mal alleine gemacht, sie mußte ja alles erst wieder aufbauen. 1945 ist durch die Brandbomben viel zerstört worden; das Feuer war durch den Fahrstuhlschacht in den Keller vorgedrungen, und hinterher waren die Schränke voll mit geschmolzenem Wachs, und viele Gipsformen lagen zerbröselt herum. Wie nun daran anknüpfen?! Einige Wachsmodelle und Formen waren noch erhalten geblieben oder konnten restauriert werden. Frau Lippmann hat anfangs bemalt nach dem Atlas der Hautkrankheiten von Dr. Jacobi. Und 1949 holte dann Prof. Linser sie für ein ganzes Jahr an die Universitätsklinik Leipzig. Dabei entstanden 140 Moulagen aus dem breiten Spektrum der Haut- und Geschlechtskrankheiten – das war ja nach dem Zweiten Weltkrieg wieder eines der Hauptthemen. Und damit war dann auch ein Neubeginn der Moulagenwerkstatt am Deutschen Hygiene-Museum gemacht. Man muß sich klarmachen, das DHM war in der DDR die einzige Stätte, wo Wachsmodelle von Krankheitserscheinungen hergestellt wurden. Außer Frau Lippmann und dem Gipsbildhauer Walter Ulbricht hatte nach 1945 niemand Kenntnisse auf diesem Gebiet. Walter Ulbricht war ein Meister der Formtechnik, mein Wissen und Können auf diesem Gebiet verdanke ich ihm. Sein Hauptwerk waren später ja dann die weltbekannt gewordene ›gläserne Kuh‹ und das ›gläserne Pferd‹. Es gab damals noch eine enge Zusammenarbeit zwischen der Gipsbildhauerei und der direkt daneben liegenden Moulagenwerkstatt. Und in dieser Phase kam ich da rein und habe erst mal das Malen auf Wachs gelernt. Und dann nur auf Wachs gemalt nach dem Vorbild, in großen Mengen, denn der Betriebsleitung lag natürlich daran, schnell den Verkauf wieder in Gang zu bringen.

Und weil wir in der Lage waren, Geld reinzubringen, war unsere Abteilung auch diejenige, die als erste wiederhergestellt und ausgestattet wurde. Wir waren im rechten Seitenflügel des DHM, Nordseite, das gab für das Malen der Wachsmodelle ein gleichbleibendes Licht und Klima. Es waren zwei Arbeitsräume, also eine große Werkstatt für Malerei und Retusche, mit langen Arbeitstischen und extra angefertigten Holzschränken zur Aufbewahrung. Und dann gab es die Wachsküche für die Wachsherstellung und das Wachsgießen. Wir hatten drei große, gußeiserne emaillierte Behälter, in denen das Wachs im Wasserbad zum Schmelzen gebracht wurde. Zwischen diesen Räumen war eine Kammer mit einer Pritsche, wo man auch mal abformen konnte, wenn ein Patient kam. Und da wurde nun gearbeitet. Mitte der 50er Jahre waren wir zwölf Beschäftigte. Es wurde arbeitsteilig gearbeitet, das gefiel mir weniger. Also, die einen haben gemalt, die anderen Kollegen haben nur retouchiert oder gegossen. Die waren damit zufrieden und sehr gut in ihrem Fach.

Mich interessierte aber die vollständige Sache, ich dachte damals, machst du es ganz oder gar nicht! Und das ist mir dann teilweise auch gelungen. Während meiner Tätigkeit habe ich z. B. seit 1962 über tausend Formen für die Serienanfertigung von Wachsmodellen gearbeitet. Zwei Drittel aller Anfertigungen in meiner Zeit waren ja Wachsmodelle, in großer Zahl für den Verkauf, also z. B. Zahnerkrankungen, Gebißentwicklung, Organe, embryonale Entwicklung usw.; daneben wurden Kopien vom Moulagenfundus angefertigt, z. B. Verbrennungen, Erfrierungen, Karzinome, Geschlechtskrankheiten usw., je auf Nachfrage. Der ökonomische Nutzen hat eben die Auswahl und damit die Arbeitsorganisation bestimmt, man brauchte Devisen.

Sie haben bemerkt, ich unterscheide jetzt zwischen Wachsmodell und Moulage. Der Unterschied ist der: Ein Wachsmodell ist ein überarbeitetes Lehrmodell, eine Vergrößerung oder Verkleinerung usw., während eine Moulage auf einer Patientenabformung beruht und die Krankheitserscheinung absolut wirklichkeitsgetreu wiedergibt. Der Moulagen-Verkaufskatalog des DHM enthielt immer nur ein begrenztes Angebot. An erster Stelle stand natürlich die Konfektionierung der Wachsmodelle. Mir lag aber sehr daran, eine Moulagensammlung aufzubauen und unseren Bestand an Originalabformungen zu vergrößern. Ich war ja dann auch technisch soweit; Frau Lippmann zog sich nach und nach zurück, es war also an der Zeit, daß ich mich auch mit der Patientenabformung beschäftigte, denn nur die Orientierung am Lebenden und wissenschaftlich Richtigen führt zu einer guten Moulagenarbeit.« Frau Walther steht geschmeidig auf – sie ist 86 (!) – und bringt uns eine wächserne Hand, die auf einer schwarzen Unterlage ruht, wie gerade frisch abgeschnitten. »Damit Sie mal zunächst sehen, wovon ich spreche, wenn ich von einer guten Moulage rede.« Die Hand liegt neben den Keksen, und wir betrachten sie andächtig, während Frau Walther die Details erklärt. Die Hand sieht aus wie in Auflösung begriffen, eine kräftige Männerhand mit rötlich entzündeten Fingergliedern und gelblich-weißen, verhornten Nägeln, die teils in der Mitte gebrochen sind, sich schollenartig abheben und schwärzlich blutunterlaufene Stellen haben. Die Haut ist übersät mit eitrigen, teils aufgeplatzten Blasen und Schrunden. »Das ist die Hand eines Röntgenarztes, es dauerte ihm immer zu lang mit den Patienten, da hat er dazwischengegriffen und einen chronischen Strahlenschaden erlitten; beide Hände waren betroffen. Fünfzig Jahre ist sie alt! Im Museum ist die rechte, dies hier ist die linke. Die habe ich beide abgeformt und diese als Anschauungsmaterial behalten.« Sie zeigt uns noch eine weitere, etwas größere, unbemalte Männerhand. Das Wachs ist milchig weiß, zeigt kleinste Hautfältchen und Poren. Es ist die Hand ihres Mannes. »An diesen Beispielen sehen sie alles, wovon wir gesprochen haben.«

Wir fragen, ob Moulagen eigentlich signiert werden. »Ja, das war schon üblich, aber in der DDR war das nicht mehr erwünscht. Leider! Auch aus diesem Grund habe ich eine umfangreiche systematische Kartei angelegt, in der jede Moulage über ihre Nummer mit allen Angaben verzeichnet ist. Bei meinem Weggang habe ich ein lückenloses Bestandverzeichnis hinterlassen. Trotzdem bleiben Namen bis heute ungenannt. Es ist 1995 ein an sich sehr schönes und ausführliches Buch über Moulagen erschienen. Von Prof. Thomas Schnalke*. Leider wurde nicht sehr genau recherchiert.« Sie holt das Buch und blättert. »Sehn sie, da steht immer nur ›Dresden, no date available‹. Also, wenn man so ein Buch macht, dann sollte man dazu auch in einer Kartei nachgucken, wenn es schon eine gibt. Bei meiner Kollegin aus der Schweiz, Frau Stoiber, steht jedesmal der Name, bei mir steht er bei keiner einzigen Abbildung. Das ist auch deshalb ärgerlich, weil das Arbeiten unter DDR-Verhältnissen ja wesentlich schwieriger war. Trotzdem konnte ich viele neue Dinge der

---

* Jetzt Richter des Medizinhistorischen Museums der Charité

Sammlung hinzufügen. Meine ersten Moulagen habe ich im Krankenhaus Dresden/Friedrichstadt abgeformt, beim Chefarzt der Hautklinik, Dr. Hering. 1951.« Sie holt ein handschriftliches Verzeichnis. »Also, hier z. B., am 23. August, ›Ulcus cruris bei Diabetes‹, da habe ich also ein Unterschenkelgeschwür abgeformt bei einer 69jährigen Frau. Der Arzt hat mit ihr gesprochen und mich dann meinem Schicksal überlassen. Mein Material zum Abformen hatte ich mitgebracht, Alabaster-Modellgips, VEB Thüringer Gipswerke Krölpa, einen Gummibecher zum Anrühren des Gipses in Wasser und eine geölte Glasplatte, die ich unterlege. Dann erkläre ich der Patientin, was ich nun mache, denn die Leute wissen ja meist gar nichts Genaueres. Dann gieße ich die erste Schicht Gips ganz dünn auf – das bringt dann später eine feine Zeichnung aller Details –, während es etwas anzieht, überlege ich mir, wo ich die Trennungslinien anlege, damit ich später die Form gut abkriege. Dann kommt auf diese erste, etwa zwei bis drei Millimeter dicke Schicht eine zweite, etwa eineinhalb Zentimeter dicke Schicht Gips, und da baue ich gleich meine zwei Fäden ein, mit denen ich dann die Trennungsfuge herstelle. Und nun muß ich genau den Zeitpunkt abpassen, um die Fäden zu ziehen, bevor der Gips zu fest wird. Nun warte ich auf das Abbinden des Gipses, was an seiner Erwärmung zu spüren ist. Um sicherzugehen, schütte ich ein wenig Wasser drauf, und wenn der Patient dann sagt, es kribbelt, dann ist der Gips abgebunden. Das sind alles Erfahrungssachen. Ja, und dann kommt der Moment der Wahrheit; ich nehme den Gips ab, schau, ob alles gut abgeformt ist, setze dann die Form sofort wieder zusammen und fixiere sie mit ›Gipsschließen‹, damit sie sich nicht verzieht. Ich mache den Patienten wieder sauber, und auch meine Gerätschaften, nehme meine Beute unter den Arm und geh in die Werkstatt.« Auf die Frage, ob bei einem Geschwür denn keine Schmerzen entstehen und ob da nicht Hautteile mit dem Gips abgerissen werden, sagt Frau Walther: »Also, das liegt in der Verantwortung des Arztes, der ja am besten weiß, was er seinem Patienten zumuten kann ... Und ob was hängen bleibt? Eigentlich kaum. Also, es ist so, wenn ein Mann viele Haare hat, dann ja. Wenn ich eine Gesichtsabformung mache, dann fette ich die Braue etwas.

Und als nächstes kommt dann der Wachsguß. Um feinporige Sachen gut rauszukriegen, braucht es eine bestimmte Einstellung des Wachses, man braucht spezielles Wachs, das ›eindringt‹, und genau das war die Schwierigkeit. Diese Wachse, diese Ingredienzien, die waren in der DDR nicht mehr vorhanden. Frau Lippmann benutzte bis 1945 die Rezeptur ihres Lehrers Kolbow, und als sie dann die letzten Bestände aufgebraucht hatte, kam sie mit der Notwendigkeit von Neumischungen nicht mehr zurecht. Und mir war die alte Rezeptur auch kaum mehr nützlich. Es war mir überlassen, eine geeignete Rezeptur zu finden. Es gab kleine Mengen Bienen- und Carnaubawachs, als Importware, und ansonsten mußte ich mich mit Erdwachsen begnügen von ›Leuna‹, die stellten ja viele Wachse her, Paraffin und so was. Für eine repräsentative Moulagensammlung braucht man eigentlich einen hohen Anteil an pflanzlichen Wachsen und an Bienenwachs. Den hatte ich aber einfach nicht zur Verfügung. Also hieß es, herumexperimentieren, prüfen, wie hoch jeweils der Schmelzgrad ist, ob der Gips den Schmelzgrad verträgt, wie ist die Haltbarkeit des Wachses, verfärbt es sich, bleibt es stabil in heißeren Zonen – da wurde viel exportiert, z. B. nach Kuba, dort gibt es auch ein Hygienemuseum. Unsere Produkte sollten ja von langer Haltbarkeit sein. Deshalb habe ich ganze Bücher angelegt und die Mischungen, die Temperaturgrade der einzelnen Grundstoffe zusammengestellt. Und es ist mir gelungen, gute Ergebnisse zu erzielen und eine gute Haltbarkeit, wie sie hier sehen.« Sie zeigt auf die Hand des Röntgenarztes. »Da hatte es Frau Stoiber leichter gehabt, in der Schweiz war die Kontinuität der Materialien eben einfach da, und überhaupt ... Gut, also weiter.

Mit meinem geschmolzenen Wachs gieße ich dann in der Wachsküche mein Positiv. Zuerst gebe ich nur ein bißchen Wachs in
die Form, warte, bis sich das etwas anlehnt, gieße den Rest wieder zurück und wiederhole das so ein- bis zweimal, darf dazwischen aber nicht zu lange warten, sonst verbinden sich die
Schichten nicht mehr miteinander. Dann muß das Wachs gut
auskühlen für ein paar Stunden, und danach nimmt man es aus
der Form. Früher, in den Krankenhäusern, haben die Mouleure
›verlorene Formen‹ gemacht, d. h., sie haben den Gips einfach
abgeschlagen von der Wachsform, man brauchte ja nur das Original und keinen weiteren Wachsguß. In unserem Fall aber ist
eine sehr gute und gut gepflegte Form das Um und Auf.

Jetzt habe ich also in Wachs ein Positiv. Wenn alles gutging,
gibt's keine Luftbläschen und nichts zu retuschieren, ich muß
ihm also nur noch ›Leben‹ einhauchen. Und nun gehe ich mit
meinem Modell, mit Palette, Ölfarben, Terpentin und meinem
Feh- und Rindshaarpinsel ins Krankenhaus zur Patientin und
male dann nach dem lebenden Vorbild sozusagen. Ich fange mit
einem rötlichem Ton an, dann gehe ich noch mal mit einem
bläulichen leicht drüber – zart und stupfend, damit die Poren
und Hautfältchen nicht zerstört werden –, bis ich die Hautfarbe
der Patientin getroffen habe. Und was beim Malen der Wunde
sehr wichtig ist, ist eben nicht nur die Wunde selbst, sondern die
Übergänge von der Wunde in die normale Haut. Zuletzt werden
dann noch, je nach Krankheitsbild, Schuppen aus Wachs, Eiter
aus einer gefärbten Wachs-Dammarlack-Mischung, Blasen aus
Harz oder nässende Stellen mit Lack vorgetäuscht. Am Ende jedenfalls muß die Moulage aussehen wie ihr Vorbild. Die meisten
Patienten waren sehr überrascht, viele waren geradezu stolz. Nun
wird die Moulage dem Arzt vorgelegt, der sie empfohlen hat. Er
macht die Endabnahme, er gibt ihr sozusagen die wissenschaftliche Weihe. Danach geht sie ein ins Archiv, mit Nummer und
allen Karteivermerken. Früher wurden die Moulagen noch mit

einer weißen Stoffumrandung versehen und auf einem schwarzen Grundbrett befestigt, traditionell. In der DDR wurde die Stoffumrandung weggelassen, und dann wurde auch ein weißes Grundbrett benutzt, was den optischen Eindruck nicht grade verbessert hat. Jedenfalls konnte ich durch die Arbeit bei Dr. Hering im Krankenhaus Dresden/Friedrichstadt dem Fundus 153 Orginalmoulagen hinzufügen. Ich habe u. a. auch in der Pathologie der Medizinischen Fakultät Leipzig abgeformt, so daß ich auf insgegesamt etwa 180 Moulagen kam. Ich hätte aber viel mehr machen können. Der Kontakt zu den Ärzten wurde dann von der Betriebsleitung her abgebrochen, leider. Originalmoulagen existieren am DHM einzig von Kolbow, von Frau Lippmann und mir. Aber das Zeitalter der Moulagen war dann auch vorbei, und das hatte schlimme Folgen für die Bestände, überall.

Ein Beispiel nur: In den 50er Jahren gab es die Idee, doch mal eine Moulagensammlung insgesamt im DHM zu zeigen oder sogar anzulegen. 1958 wurde die Moulagensammlung des Krankenhauses Dresden/Friedrichstadt ins DHM gebracht. Eine sehr gute und gut gepflegte Sammlung, 436 Moulagen, u. a. von Kolbow und Frau Kürschner-Ziegfeld. Die wurden auf Tischen ausgelegt und sollten dann noch mal von Dr. Hering nach dermatologischen Gesichtspunkten geordnet werden. Da lagen sie nun. Damals waren die Ausstellungshallen noch größtenteils leer. Ich wartete auf einen schriftlichen Auftrag, aber es kam keiner. Anfragen ergaben nichts. Gesprochen wurde in anderen Kreisen. Sie blieben da bis 1961 (!) ohne Auftragsvergabe liegen. Eines Tages kam eine Kollegin von mir angerannt und sagte: ›Du, die laden die Moulagen auf.‹ Ich ging nach vorn und guckte mir das an. Das war ein Lastwagen mit Hänger, da wurde, unverpackt (!), alles draufgeworfen wie alter Plunder. Dann fuhren sie ab. Später habe ich gehört, dort ist fast nur Bruch angekommen. Es gibt noch 20 bis 30 Moulagen in schlechtem Zustand. Was das bedeutete, das weiß ich bis heute nicht.« Ihre Stimme ist leidenschaftlich. »Das ist das Schicksal der Sammlung von Friedrichstadt, was mich wahnsinnig aufgeregt hat und bis heute aufregt! Und wenn ich nicht so sehr dagegengearbeitet hätte, zu meinem Nachteil, dann wäre auch im DHM vieles nicht mehr da. Die Moulagen waren einfach ›out‹, man wollte den Bestand auf hundert reduzieren, alles andere sollte weg. Und es ist natürlich auch eine Auslese erfolgt – wie bei der Literatur auch. Es kam der Befehl, das und das ist auszusondern. Da waren ältere Moulagen dabei, von 1914, historische Zeugen, Kriegsverletzungen schlimmster Art, am Gesicht usw., dann waren sehr schlimme Krebserkrankungen dabei. Das ist alles unwiederbringlich vernichtet worden, zusammen mit den Formen. Heute wären diese Moulagen sehr wertvoll, weil es viele dieser Verletzungen und Krankheitsbilder so gar nicht mehr gibt. Ich habe das alles dokumentiert in meinen Aufzeichnungen, sie umfassen die Jahre 1945 bis 1980. Das ist alles unveröffentlicht. Kein Mensch interessiert sich dafür. Später sollte ja sogar die Moulagenabteilung insgesamt geschlossen werden, das wurde dann aber durch einen Ministerbeschluß abgewendet.

Grund dafür war die veränderte Lage durch den Kalten Krieg. Wir haben für die NVA, das Kommando Luftschutz beim Innenministerium und auch fürs Rote Kreuz der DDR Moulagen gemacht von Kampfstoffverletzungen, also Nachbildungen nach Abbildungen. Auch von akuten und chronischen Schädigungen durch radioaktive Strahlung, als Vorlagen dienten Patientenfotos aus Hiroshima. Aus dieser Zeit stammt auch die Hand des Röntgenarztes. Ein Großteil dieser Produktion wurde in der DDR verkauft und an die befreundeten Länder. Aber auch in die westlichen Länder wurde natürlich verkauft, gegen Devisen. Ja, das war sozusagen unsere Rettung. Und durch die Einführung des Industriekautschuks aus Radebeul, Anfang der 60er Jahre, war es mir dann möglich, Gipsformen, die unter den vielen Wachsausgüssen ja sehr leiden, zu schonen. Außerdem wurde die gesamte Arbeit natürlich erleichtert. Und wenn ich ein Original gemacht habe, dann habe ich einen zweiten Ausguß gemacht, der dann das Modell für die nächsten Formen war. Also, im Keller lagen wohlgeordnete und durchnumerierte Silikonformen, ausgegossen mit Wachs und mit Gips ummantelt, zur Stabilisierung abgedichtet mit einer Papplatte. Bei meinem Abgang 1980 habe ich das alles so hinterlassen. Ebenso die Kartei und die Rezepte für die Wachsmixtur. 1990 nach der Wende wurde die Moulagenabteilung ja dann geschlossen; heute lagert alles im Keller, bis auf die Sachen, die in die Dauerausstellung integriert sind. Ja, und 1993 wurde dann ein Kolloquium veranstaltet mit Ausstellung, da konnten sie alles noch mal sehen; ich habe meine Technik vorgestellt, es wurde eine Broschüre gemacht, und sogar ein Film wurde gedreht. Anläßlich dieses Kolloquiums bin ich im Keller gewesen. Und das war schon ein Schock. Da lagen die Silikonformen ohne Schutzhülle so labberig rum, ausgegossen waren sie sowieso nicht, und die Gipsformen ... Ich konnte das gar nicht anschaun.*

Ich sah das ja kommen. Ich hatte immer darum gebeten, einen geeigneten Menschen zu bekommen zur Ausbildung, aber nein! Das Rentenalter kam immer näher. Da hat man mir einen Mann in die Abteilung gesetzt, der zuvor in der Kunststoffabteilung so Herzen anmalte usw. Und nach einer gewissen Zeit habe ich ihm dann auf Befehl von oben, die Grundlagen des Gießens, Retuschierens, Malens und Kopierens gezeigt. Also, er war ein angelernter Laie, hat nie Abformungen an Patienten gemacht. Und er war besonders auch für die Pflege und den Erhalt der Sammlung verantwortlich. Und dieser Mann hat sich dann später als Großer der Zunft und als Nachfahre ausgegeben. Er hat 1990 die Gunst der Stunde genutzt und sich selbständig gemacht als Mouleur, mit Sachen die nicht seine sind, die er aber als seine ausgibt. Er hat Formen mitgenommen, und er hat auch abgekupfert. Also, er sagt, er hat das und jenes ›gemacht‹, das z. B.«, sie

---

* Mittlerweile lagert alles wohl geordnet in Schränken und Regalen im Keller des DHM.

deutet auf eine Abbildung im Katalog. »Und diese hier habe ich in Ingolstadt gesehen, in der Ausstelllung von Frau Prof. Habrich, der Leiterin des Medizinhistorischen Museums, mit der Unterschrift versehen: von G. Siemiatkowski. Er hatte es dorthin verkauft und wohl nicht damit gerechnet, daß jemand was bemerkt, daß es noch eine Kartei gibt, oder daß ich sie sehen werde und weiß, die hab' ich dann und dann gemacht, bei Dr. Sowieso, von dem und dem Patienten. Das ist doch unerhört?! Aber ich konnte nichts machen, ich bin ja nicht die Eigentümerin, habe es aber natürlich gemeldet im DHM. Da kam aber nichts. So, jetzt habe ich ihnen ja eine ganze Menge erzählt, fast mein ganzes Arbeitsleben.« Sie lacht sarkastisch.

Wir bitten darum, noch in aller Kürze von Kindheit und Jugend zu berichten. »Als Kind habe ich immer was gebastelt. Mit Ausdauer. Meine Mutter hat gesagt, wo du bist, da ist Dreck. Mein Vater war Schmied und nach der Arbeitslosigkeit dann als Maschinist in der Gardinen- und Spitzenmanufaktur in Dresden, meine Mutter hat Heimarbeit gemacht, Schürzen genäht. 1938 machte ich Abitur. Das war ein Höhepunkt, wir wurden vom BDM überwiesen in die Partei. Man hätte, wenn man politisch schon reif gewesen wäre, nein sagen können. Aber ich wollte ja Lehrerin werden. 1941 habe ich dann eine Lehrerinnenstelle in Ostpreußen bekommen, in Goldap, an der polnisch-litauischen Grenze. Die Lehrer waren alle eingezogen worden. Dort habe ich dann den Kriegsanfang mit Rußland erlebt, den Einmarsch der Truppen. Der Ort wurde geräumt, alle flohen. Auch ich, zusammen mit einer Kollegin. Als wir wieder in Dresden waren und uns meldeten, sagte die Schulbehörde, wir lügen, in Ostpreußen ist kein einziger Ort geräumt. Wenn wir nicht sofort zurückfahren und uns in Gumpingen melden, droht ein Dienststrafverfahren. Wir fuhren über Berlin. Vom Osten her kamen die Flüchtlingsströme rein in den Bahnhof, und wir fuhren auf dem anderen Gleis in Gegenrichtung. 1944. In Königsberg angekommen, war gerade Luftangriff. Königsberg brannte, der Bahnhof war voll mit Flüchtlingen. In Gumpingen saß tatsächlich noch der Regierungsschulrat. Das Militär ratterte. Weil unser Schulort ja geräumt war, wurden wir versetzt. Ich kam an einen kleinen Ort namens Texeln, später verlief durch ihn die Grenze zwischen Polen und Rußland. Dort habe ich als einzige Lehrerin Unterricht gehalten für vierzig Schüler und nachts in der leeren Schule geschlafen. Es gab keinerlei elektrisches Licht und nichts. Von draußen hörte man bereits das Grollen von Kanonendonner näher kommen. Dann war es endlich so weit zu gehen. Ich fuhr mit dem Rad zu meiner Kollegin rüber in ihren Ort, und von da aus radelten wir zur Straße, die nach Westen geht, und da war alles verstopft. Militär und Wehrmacht in Privatautos, Stoßstange an Stoßstange. Wir nahmen lieber einen Feldweg. Es war kalt, Nebel, leichter Regen und stockdunkle Nacht. Rabenschwarz. Da wurde mir mulmig. Dann sah man, daß es brannte, ein roter Schein Richtung Rominten. Wir sind bis zur Kreisstadt Gerdauen gefahren und haben nach langem Warten einen Zug bekommen nach Westen. Mit vielen Unterbrechungen waren wir so vierzehn Tage unterwegs. Jedenfalls, die große Flucht über das Haff mußten wir nicht mitmachen, wie all die Bauern dort mit Pferd und Wagen, die Schreckliches erlebt haben. Ich kam gut in Dresden an, grade rechtzeitig zum Angriff. Meine Eltern wohnten aber weiter draußen, zum Glück. Bei uns sind nur die Scheiben zersplittert, und im Keller waren die Türen eingeklemmt. Na ja, und dann war der Krieg zu Ende. Und ich war nun in der DDR, und da war es so, daß Lehrer, die vor 1920 geboren waren, die galten automatisch als politisch belastet und hatten Berufsverbot. Meine Kollegin, die mit mir war, war Jahrgang 1920, sie hat im Januar Geburtstag, ich habe vierzehn Tage vor ihr Geburtstag, bin aber Jahrgang 1919, und fiel also unter die Regelung. Da war nichts zu machen. Und so kam ich zu den Moulagen«, sagt sie und lächelt.

17

PRODUKTION VON PARIAS

BEAMTIN ARBEITSAGENTUR

>> *Was für ein glücklicher Tag für alle*
Arbeitslosen<<
Peter Hartz

Die Vorläufer der Arbeitsämter wurden, im Aufwind der Bismarck-schen Sozialgesetzgebung, bereits Ende des 19. Jh. von der ersten Frauenbewegung gegründet. Ziel war die Berufsförderung von Frauen und Hilfe für die Arbeitslosen. Staatliche Arbeitslosenpolitik realisierte sich erst 30 Jahre später:

1927 wurde die Reichsanstalt f. Arbeitsvermittlung u. Arbeits-losenversicherung gegründet, um das Risiko der Arbeitslosigkeit ab-zusichern.

1933 Gleichschaltung d. Reichsanstalt, Abschaffung d. freien Be-rufswahl zugunsten d. »Lenkung der Arbeitskräfte« (Einführung v. Arbeitsdienst usw.).

1938 Einführung d. Arbeitspflicht. Nach Kriegsbeginn waren die Arbeitsämter auch i. d. überfallenen und besetzten Ländern für Rekrutierung, Organisation u. Verteilung der Zwangsarbeiter für die Kriegswirtschaft im Reich zuständig.

1952 Neugründung d. Bundesanstalt f. Arbeitsvermittlung u. Ar-beitslosenversicherung.

1969 Mit d. Verabschiedung d. Arbeitsförderungsgesetzes zur Be-schäftigungssicherung u. z. Förderung des Wirtschaftswachstums Um-benennung i. Bundesanstalt für Arbeit (mit neuem roten Logo »A«).

2004 Im Rahmen der Umsetzung d. »3. Gesetzes f. moderne Dienstleistungen am Arbeitsmarkt« (Hartz IV) Umbenennung u. Umorganisierung d. Anstalt in eine Bundesagentur für Arbeit. Kürzung d. Leistungsdauer aus d. Sozialversicherung, Zusammenlegung v. Arbeitslosengeld u. Arbeitslosenhilfe zum ALG II (einer knapp bemessenen Fürsorgeleistung auf Sozialhilfeniveau) für alle Langzeitarbeitslosen, Abschaffung d. freien Berufswahl, Zumutbarkeit jeder Arbeit bis an die Grenze zur Sittenwidrigkeit, Ein-Euro-Arbeitspflicht, Anwendung repressiver Mittel mit Zwangscharakter. Härtester Sozialeinschnitt i. d. Nachkriegsgeschichte.

Von den 15 (bis auf eine Frau) männlichen Mitgliedern der Hartz-Kommission, die dieses Gesetzeswerk erarbeitet haben, waren mehr als die Hälfte Wirtschaftsmanager. McKinsey[*] war auch dabei. Frau K. ist Beamtin, Anf. 60, und arbeitet in einer Arbeitsagentur in einem der alten Bundesländer. Sie möchte aus naheliegenden Gründen hier anonym bleiben.

Sie haben angedeutet, daß Sie zahllose schlechte Erfahrungen seit der Einführung von Hartz IV gemacht haben? Frau K. sagt heftig: »Nein, ich mache nicht zahllose, ich mache vor allem EINE grundsätzliche, häßliche Erfahrung, und das ist die der Würdelosigkeit. Die ist quasi schon per Gesetz so angelegt, und zusätzlich wird sie dann noch durch schlecht qualifizierte Kollegen verschärft. Dem Arbeitslosen ist seine Würde aberkannt worden, das schlägt natürlich auch auf uns zurück, ich habe eine richtige Wut im Bauch! Und da stehe ich nicht alleine, aber es sind hauptsächlich die Älteren, die, so wie ich, vor der Pensionierung stehen. Die noch die alte BA-Haltung vertreten, also die Haltung aus den 70er Jahren, wo sich die BA wirklich noch gekümmert hat um die Arbeitslosen, und auch in den Zeiten zunehmender Arbeitslosigkeit hatten die Vermittler diese – ich will

---

[*] International tätiger Unternehmensberater

mal sagen: solidarische Einstellung. Aber seit eine Reform nach der anderen durch die Behörde jagt, seit es immer mehr um die Verschönerung der Statistik geht, um betrügerische Manipulationen, siehe Jagoda, der als Präsident der Bundesanstalt für Arbeit zurücktreten mußte, wegen Fälschung der Vermittlungsstatistiken usf., weht bei uns ein ganz anderer Wind. Heute ist es so, daß wir ganz unmittelbar und offiziell zu Mittätern beim Sozialraub gemacht werden. Das Ganze wird als größte Arbeitsmarktreform Deutschlands angepriesen, von zwei Millionen neuen Arbeitsplätzen war die Rede, fördern und fordern lautet die Devise. Wo gefördert wird in diesem Land, haben wir gesehen, als gleichzeitig mit Hartz IV von der rot-grünen Regierung die dritte Senkung des Spitzensteuersatzes beschlossen wurde. Unten jedenfalls wird ›gefordert‹.

Das Ganze ist zugleich auch eine Vereinigung von zwei Behörden, sozusagen, denn durch den Kompromiß sind die Kommunen mit ins Boot genommen worden. Das hat natürlich zu enormen zusätzlichen Kosten und Chaos geführt. Mitarbeiter aus den Sozialämtern und viele Mitarbeiter aus der Arbeitsagentur wurden für Hartz IV in die neu geschaffenen ARGEs (Arbeitsgemeinschaften zur Grundsicherung für Arbeitsuchende oder Arbeitsgemeinschaft SGB II) umgesetzt, dazu kamen noch mal 3000 Hilfskräfte aus den kurz vor der Pleite stehenden ehemaligen Betrieben, wie Telekom, Deutsche Bahn, Deutsche Bundespost, da gibt's ja einen riesigen Beamtenpool, für den man bisher keine Verwendung hatte, nach der Privatisierung. Und so kam es, daß ein beamteter Starkstromtechniker aus Wuppertal plötzlich in Berlin als Sachbearbeiter auftauchte, nach einer Kurzschulung. In den ARGEs besteht das Riesenproblem vor allem darin, zwei Arbeitskulturen aus zwei unterschiedlichen Behörden zusammenzuführen. Das hat es ja noch nie gegeben in der Geschichte der Bunderepublik, daß kommunale- und Bundesbehörden zusammengeführt werden. Und wie es bei Beamten ist, einer kämpft gegen den anderen, die eine Arbeitskultur kämpft gegen die andere, angefangen von der Frage, wie man eine Akte führt, und wer hat das Sagen. In den Händen der BA früher war das Ganze ja eine glasklare, professionelle Angelegenheit. Damit ist es vorbei.

Die Zeit vom Juni bis Dezember 2004 war der reinste Horror, die Bearbeitung der ersten Anträge auf ALG II, also auf das Arbeitslosengeld II. Es mußte in großer Geschwindigkeit gearbeitet werden, Anträge durchsehen, sind alle Unterlagen vorhanden – das ist ja ein 16seitiger Antrag, zu dem vielfältige Unterlagen beizubringen sind. Und die Auflage aus Berlin: Am 3. Januar müssen überall die Gelder auf den Konten sein, damit kein politisches Desaster entsteht! Unter diesem Zeitdruck ist unheimlich schlampig gearbeitet worden, es gab 15 Prozent und mehr Ablehnungen. Innerhalb der BA gab es eine heftige Leistungskontrolle, täglich wurde Statistik geführt über die Antragsbearbeitung. Es wurden Sonderschichten eingeführt, auch Wochenendarbeit, und es gab diese irrsinnigen Probleme mit der Software, die ja bis heute nicht läuft. Also, daß der Laden nicht vollkommen zusammenbrach, ist nur den Mitarbeitern zu verdanken. Und ein kleiner Teil ist hochmotiviert, der denkt trotz aller Überlastung an die Leute draußen. Ein Hardliner in der Behörde, der kann diesen Übergangszustand nutzen für Härte und Strenge und zum Vorführen der Kunden – wir nennen die Arbeitslosen nämlich seither Kunden. Die wohlmeinenden unter den Kollegen können, in aller Stille, die gesetzlichen Vorschriften im Sinne des Kunden auslegen. Die Machtbefugnis ist erschreckend groß. Also, der Punkt ist, und das muß man einfach sagen, der Charakter eines Mitarbeiters entscheidet unter Umständen über Leben und Tod. Er kann einen Suizid auslösen. Er kann jemanden depressiv machen oder einen potentiellen Gewalttäter durch Demütigungen zu einer tickenden Zeitbombe machen. Er hat die Macht, Schicksale zu erzeugen. Und der andere Punkt ist der Druck, unter dem diese ganze Angelegenheit steht, auch unter dem Druck, die Wahrheit zu verheimlichen. So entsteht ein scharfer Korporationsgeist, wie bei der Polizei. Kritik wird nicht geduldet. Das ist unerträglich! Der politische Druck wird, ausgehend von Berlin, auf die Spitze der Behörde ausgeübt und von da weitergegeben, bis ganz nach unten, bis zum Kunden letztendlich. Und der schweigt und ist erschüttert.

Jeder, der mindestens drei Stunden pro Tag arbeiten kann, gilt als ›erwerbsfähig‹, das ist sozusagen ein Hauptbestandteil von Hartz IV. Und dadurch, daß es für erwerbsfähige Sozialhilfeempfänger keine Sozialhilfe mehr gibt, sondern ALG II, wurden plötzlich circa 90 Prozent der Sozialhilfeempfänger, auf einen Schlag sozusagen, zu ›erwerbsfähigen Arbeitslosen‹. Man war stolz auf den Rückgang der Zahl an Sozialhilfeempfängern um 90 Prozent. Daß durch die Zusammenlegung von Arbeitslosen- und Sozialhilfe natürlich die Arbeitslosenstatistik enorm steigen wird, hat man offenbar nicht erwartet. Da gab's Geschrei. Man wollte einfach nicht sehen, die Leute waren ja schon vorher arbeitslos! Es hat aber keinen interessiert, sie waren ja unsichtbar, zu Lasten der Kommunen. Dazu kommt die Masse der Leute, also der Arbeitslosen, die bisher Arbeitslosenhilfe bezogen haben – Arbeitslosengeld und Arbeitslosenhilfe wurden ja nach SGB III abgehandelt –, also, die bekommen jetzt auch ALG II.

Nur für die Anspruchsberechtigten gibt es weiterhin Arbeitslosengeld I nach SGB III, aber die Anspruchsdauer hat sich stark verringert – auch hier hat man eine dicke Salamischeibe abgeschnitten, im Rahmen der Umverteilung von unten nach oben. Ausgenommen sind für eine Übergangszeit die über 58-Jährigen, sofern sie nach §428/SGB III unterschrieben haben, d.h. sie konnten Arbeitslosengeld oder -hilfe zu ›erleichterten Bedingungen‹ beziehen, also Urlaubsanspruch, keine Meldepflicht, keine Eigenbemühungen usw., und dafür müssen sie a) zum frühestmöglichen Zeitraum in Rente gehen und b) als ›Arbeitssuchende‹

weiterhin den Vermittlungsservice der Agentur in Anspruch nehmen, das ist nur so pro forma. Worum es eigentlich geht: Die sind dadurch außen vor, die zählen nicht mehr als Arbeitslose, sondern nur noch als Arbeitssuchende. Das ist der statistische Trick, die fliegen aus der Statistik raus! Dann kommen noch dazu all diejenigen, die in einer Trainingsmaßnahme sind, Leute in Fortbildung und Umschulung. Die dritte Gruppe, die aus der Statistik verschwindet, ist die mit den Ein-Euro-Jobs, der ›Arbeitsgelegenheit mit Mehraufwandsentschädigung‹ nach § 16 Abs. B SGB II, wie die Euro-Jobs im Amtsdeutsch heißen – oder auch nur Arbeitsgelegenheiten, Aktivjobs, Zusatzjobs, es gibt bundesweit keine Sprachregelung. 200 000 Arbeitslose wurden bereits in Ein-Euro-Jobs vermittelt, 600 000 sollen es werden, bundesweit.

Bevor ich näher auf die Ein-Euro-Jobs eingehe, möchte ich kurz noch was zum ALG II sagen, nur so zum Grundverständnis. Also, die Regelleistung beträgt 345 Euro in den alten Bundesländern, einschließlich Berlin-Ost, und 331 Euro in den neuen Bundesländern, für einen Singlehaushalt. Diese Kosten trägt der Bund. Die Kosten für die Unterkunft, die maximal 50 Quadratmeter – bei selbstgenutzten Eigentumswohnungen 120 Quadratmeter – haben darf für eine Einzelperson, werden von den Kommunen getragen – bis auf die Ausnahmen der Optionskommunen, die noch beides machen. Die Kosten der Unterkunft setzen sich aus Miete und Heizkosten zusammen, plus der üblichen Betriebskosten. Die Nettokaltmiete soll den Betrag von 245 Euro nicht überschreiten. Die Kosten für Haushaltsstrom und Warmwasserzubereitung sind übrigens in der Regelleistung von 345 Euro bereits erhalten, was ja eigentlich eine Wohnung mit Bad überflüssig macht. Ist ein Bad angemessen? Das müssen Sie selbst entscheiden. Angemessen ist eines der meistgebrauchten Worte. Angemessen im Vergleich wozu? Das Wort ist aus der Sozialhilfe mitübernommen worden.

Angemessen ist für jeden Langzeitarbeitslosen künftig der Haushalt eines Sozialhilfeempfängers, weil er dem ALG II zugrundegelegt wurde. Im Moment gibt es noch zahlreiche Erleichterungen, Zusatzleistungen, Übergangsregelungen, aber ab demnächst ist das vorbei, dann wird es ernst. Man hat zwar beteuert, man wolle Härten vermeiden, aber gerade die Härten sind ja das Grundprinzip der ›Arbeitsmarktreform‹, die Privatisierung der sozialen Risiken ist auf dem Weg! Und ALG II ist ja keine Versicherungsleistung, sondern eine steuerfinanzierte... Fürsorgeleistung will ich es mal nennen, ein Almosen eigentlich. Und Fürsorgezöglinge, bzw. Almosenempfänger dürfen sich nicht wundern, wenn sie hart rangenommen werden. Eines der vier Kriterien für ALG II ist ›Hilfsbedürftigkeit‹. Ein ›EHB‹, also ein erwerbsfähiger Hilfsbedürftiger, der um Almosen ansucht, kann sich nicht gleichzeitig hinstellen und sagen, ich möchte also weiter als Kunstpädagoge arbeiten, das habe ich studiert... Ja soll denn die Allgemeinheit Ihre luxuriös beruflichen Erwartungen finanzieren?! Diese Zeiten sind vorbei, Sie müssen sich jetzt schon auch die Finger schmutzig machen, wie jeder andere auch! So. Das z. B. meinte ich mit der Würdelosigkeit. Der Hebel, an dem die ganze Sache psychologisch funktioniert, ist ›Hilfsbedürftigkeit‹ und ›Almosenempfänger‹. Mit diesem moralischen Druck stopft man den Leuten das Maul.

Also man bekommt dieses Sozialleistung nur dann, wenn man hilfsbedürftig ist, und zwar mit der Auflage, diese Hilfsbedürftigkeit, durch egal was – wenn nicht aufzuheben, dann wenigstens zu mindern, sozusagen als Gegenleistung, denn es gehört sich einfach so. Zumal es für alle erwerbsfähigen Hilfsbedürftigen ja auch noch die ›soziale Absicherung‹ gibt. Auf der Basis der Mindestbeiträge wird von der BA Kranken-, Pflege- und Rentenversicherung abgeführt, was natürlich das Problem endlos nach hinten verlängert. In den Job-Centern, in den ARGE's, weiß man ganz genau, daß es, außer für ein paar gesuchte Fachkräfte, keine Arbeitsstellen gibt. Also wird der Kunde, ohne Ansehen der Person sozusagen, in eine Maßnahme nach § 16 Abs. 3 SGB II gesteckt, in eine Arbeitsgelegenheit, den Ein-Euro-Job, bzw. wird in der Behörde gern vom Aktiv-Job oder Zusatzjob gesprochen. Bleiben wir bei Ein-Euro-Jobs, es handelt sich hier um subventionierte Arbeitsverhältnisse, wirklich sinnvoll daran ist lediglich die Sache ›Zusatzjobs und Bildung‹, also wo junge Leute, oft ohne Hauptschulabschluß und Arbeitserfahrung gefördert werden können und rauskommen aus der Lethargie des Nichtstuns. Für viele andere Kunden stellt es sich als Ein-Euro-Arbeitsdienst dar. Als pure Maßnahme. Die sogenannten Maßnahmeträger sind meist die Kommunen, Kirchen, Vereine, Wohlfahrtsverbände, Archive, Denkmalpflege, Umweltschutz usw., die können bei den Job-Centern Arbeitskräfte anfordern, für all die Tätigkeiten, die zwar wichtig und notwendig sind, aber auf Grund des Niedergangs dieser Republik schlicht und einfach nicht mehr finanziert wurden und sich selbst überlassen waren. Es gibt so eine Positiv-Negativ-Liste – diese Arbeiten sollen nach dem Gesetz ja ›zusätzlich‹ sein und keinen regulären Arbeitsplatz gefährden oder ersetzen – da wurde, in Absprache mit den Handwerkskammern, Unternehmerverbänden, der Wirtschaft, den Kirchen und Wohlfahrtsverbänden eine Liste erstellt, welche Beschäftigung als Zusatzjob in Frage kommt und welche nicht. Es gibt nur wenige, die nicht in Frage kommen. Das Kriterium ›im öffentlichen Interesse‹ und ›gemeinnützig‹ läßt sich ja beliebig ausdehnen. Aus der Arbeitslosenarmee wird so unter der Hand eine Billiglohn-Reservearmee, so wie die Wirtschaft sie braucht. Wir machen dann also mit dem Kunden eine sog. Eingliederungsvereinbarung über den Zusatzjob, die gilt für sechs Monate, kann verlängert werden, dreißig Wochenstunden sollen nicht überschritten werden, damit noch, man höre, Zeit bleibt für Bewerbungen. Und das Schöne, sobald die alle in so einem Zusatzjob sind, gelten die nicht mehr als arbeitslos, sie sind nur ›Arbeitssuchende‹ und werden somit aus der Statistik rausgenommen.

Und damit das auch wirklich klappt, hat man Zumutbarkeitsregelungen erlassen. Also zumutbar ist jedem Erwerbsfähigen jede Arbeit, auch bei stark untertariflicher Entlohnung bis an die Grenze der Sittenwidrigkeit. Zumutbar für reguläre Jobs ist Mobilität bis in ein anderes Bundesland, auch Pendelzeiten bis zu drei Stunden täglich sind zumutbar, wenn Arbeit dadurch zu bekommen ist. Die Ein-Euro-Jobber, die den Zumutbarkeitsregelungen besonders unterworfen sind, dürfen, als kleinen Anreiz, die volle Summe des Zuverdienstes behalten, während die Zuverdienstregelung sonst bei max. 30 Prozent liegen. Falls aber das Zuckerbrot nicht zieht, dann haben wir ja noch die Peitsche, in Form der Sanktion, die regelwidrigem Verhalten und unverschämtem Anspruchsdenken ein Ende macht. Wer z. B. die Eingliederungsvereinbarung verweigert, dem wird sie per Verwaltungsakt festgesetzt, und es kommt zu einer 30-prozentigen Leistungskürzung. Bis 100 Prozent bei weiteren Weigerungen. Jugendlichen wird rigoros alles gestrichen. Kosten für Unterkunft und eventuellen Mehrbedarf (bei Diabetes usw.) bleiben erst mal unberührt, schon um Obdachlosigkeit zu verhindern. Jede Strafe gilt für drei Monate. Es können Sachleistungen, Lebensmittelscheine beantragt werden, aber das wird dem Kunden nicht unter die Nase gehalten, wer's nicht weiß, muß verzichten. Also es gibt eigentlich keinen triftigen Grund, eine Arbeit zu verweigern, außer, Sie sind z. B. physisch oder psychisch krank, sind also nicht diese Mindestzeit von drei Stunden täglich erwerbsfähig. Dann wird das erst mal überprüft, die Behörde hat einen eigenen medizinischen und psychologischen Dienst, da haben Sie sich vorzustellen zur Untersuchung. Und egal, was an Gutachten von Hausärzten usw. existiert, was an Befunden vorliegt, Sie werden von diesem medizinischen Dienst überprüft und begutachtet. Befindet man Sie als erwerbsunfähig, sind Sie ein Fall fürs

Sozialamt, das gibt es für die Nichterwerbsfähigen ja nach wie vor; und für ältere und alte Frauen z. B., die ganz fürchterlich kleine Renten bekommen, die alle bekommen ›Sozialgeld‹, so heißt es jetzt.

Ich möchte noch hervorheben, daß der typische ALG II-Empfänger, der EHB, der erwerbsunfähige Hilfsbedürftige, längst nicht mehr der stark tätowierte Kunde ist, der mit der Bierflasche in der Warteschlange steht, nein, das ist die Krankenschwester, die Kindergärtnerin, die Verkäuferin, das ist der Industriekaufmann, der kleine Selbstständige. Denn es trifft vermehrt auch den Mittelstand, und zunehmend kommen auch Führungskräfte und Akademiker, die alle dem gleichen Ritual unterworfen werden. Und diese Gruppe ist natürlich von Hartz IV besonders getroffen, denn das gehörte bisher eher nicht so zu den Lebenserfahrungen in diesem sozialen Milieu. Also stellen Sie sich eine Führungskraft vor, die durch eine Übernahme oder eine Fusion plötzlich ausgebootet wurde, und weil er schon zu alt war auch keinen Posten mehr gefunden hat. Also die Tür geht auf und da kommt dieser typische erfolgreiche Businessman, wie man ihn von Bildern kennt, der kommt herein, Anfang 50, seit eineinhalb Jahren arbeitslos, jemand, der niemals mit der Bahn zur Arbeit gefahren ist – aber Sie können sich ebensogut einen Journalisten, einen Arzt oder Juristen denken –, und der Mann hat natürlich ein entsprechendes Auto, die entsprechende Wohnung, war vielleicht Kunstliebhaber oder Bibliophiler, hat kleine Schätze, die entsprechende Wohnung, den entsprechenden Lebensstandard, zwei Kinder auf der Uni, geschieden. Und dieser Mann muß nun einen Antrag auf 345 Euro im Monat stellen und alles offenlegen, alles vorlegen! Er weiß, seit dem 1. Mai gibt es kein Bankgeheimnis mehr. Er hat eine 150 m² große Luxuswohnung, zur Miete. Er hat Zeitungs- und Buchabos, er geht aus, ins Theater, in die Oper usw., das alles konnte er als Empfänger von Arbeitslosengeld und auch bei der abgestuften Arbeitslosenhilfe zahlen, denn er bezog den Höchstsatz. Mit Hartz IV ist das vorbei. Nun sind all seine Bilder, seine wertvollen Gegenstände und Besitztümer ›in Geld meßbare Güter‹ geworden, die zu berücksichtigen sind bei der Anrechnung aufs Vermögen, die auf dem ›ortsüblichen Markt‹ veräußert werden müssen. ›Angemessenen‹ Hausrat kann er behalten, also Gegenstände, die zum Wohnen und zur Haushaltsführung ›nötig und üblich‹ sind. Unter 58 dürfen Sie ein frei verfügbares Vermögen von 200 Euro pro erreichtem Lebensjahr haben, was drüber geht, wird auf die Gesamtbedarfssumme angerechnet. Ein ›angemessenes‹ Auto darf man behalten (Wiederverkaufswert von höchstens 5000 Euro), Aktien, Fondsanlagen usw. müssen aufgelöst und verwertet werden, auch wenn Verluste entstehen. Also unser Mann wird zuerst sein Vermögen aufbrauchen müssen, wenn das auf null ist, dann würde sein Anspruch wieder aufleben. Das ist natürlich der Moment, wo den Leuten die Tränen in die Augen treten.

Ich will Ihnen die prekäre Lage eines ALG II-Empfängers mal ganz kurz vor Augen führen: Von den 345 Euro bleiben nach Abzug der Heißwasser- und Stromkosten, nach Abzug von Fahrtkosten, Bank- und Praxisgebühren, Grundgebühr für Telefon usw., kaum noch nennenswerte Beträge übrig für Lebensmittel, Tabak, Schwimmbad, Friseur. Da können Sie alles streichen, Zeitung, Bücher, Kultur, Kino, Essen gehen, Kleidung, den schnellen Internet-Zugang, Ihr Auto sowieso. ALG II-Empfänger mit zu teuren Wohnungen haben ein halbes Jahr Zeit zum Umziehen, irgendwo hin an den Stadtrand oder in eine Hinterhauswohnung. Also das ist kein Leben, mitten im gesellschaftlichen Reichtum, den diese Herren der Hartz-Kommission ja ganz selbstverständlich und im Übermaß für sich in Anspruch nehmen. Nein, das ist staatlich verordnetes Vegetieren, jenseits vom normalen – noch normalen – gesellschaftlichen Leben. Was dabei herauskommt, ist die Produktion von Parias. Das ist dem

Mittelstand und den gebildeten Schichten immer noch nicht klar, daß die Maßnahmen auch sie erfassen können! Deshalb wundert mich eigentlich die Ruhe im Lande.

Sie fragen mich, weshalb ich Ihnen das alles eigentlich erzähle? Die Antwort ist ganz einfach: Ich gehöre zu der Generation die gelernt hat, daß man zum Unrecht nicht schweigen darf, so wie es die Generation unserer Eltern weitgehend getan hat. Und ich habe schon viel zu lange geschwiegen! Das Problem ist ja nicht neu, das ging ja schon los, als die Massenarbeitslosigkeit unübersehbar wurde, und keiner von uns durfte den Begriff in den Mund nehmen, ich glaube, damals waren es zwei Millionen, am Ende der Ära Schmidt. Und verdoppelt hat Kohl. Schröder hat zwar größtenteils geerbt, aber die Sache nun vollends in den Sand gesetzt. Die Rot-Grünen hatten die Chance, was wirklich Modernes zu tun: Einführung eines existenzsichernden, bedingungslosen Grundeinkommens. Das Geld ist da und wird verpulvert für den Erhalt von vorsintflutlichen Privilegien. Seit dreißig Jahren gibt es keine Demokratie mehr. Auch das fing unter Schmidt schon an, daß ein Kanzler-diktatorischer Staat durchgezogen wird, daß die Verfassung permanent unterhöhlt wird, durch höchstrichterliche Beschlüsse in Karlsruhe, die Krisenentscheidungen einer der drei Gewalten immer wieder verfassungsmäßig absegnen. Auch das, was der Bundespräsident zu den vorgezogenen Wahlen gesagt hat, war windelweiches Absegnen. Gleichzeitig gibt der Staat durch Privatisierung viele seiner ureigenen Aufgaben auf, ohne sich legitimieren zu müssen, wozu er denn eigentlich noch da ist, in Form einer schwerfälligen, teuren, ineffizienten Bürokratie- und Behördenqualle. Es gibt Gerüchte, daß sich die hohen Herren von Gerling und Allianz in Nürnberg die Klinken in die Hand geben, es geht um die Privatisierung der Arbeitslosenversicherung, um die Privatisierung der Bundesagentur letzlich. Zu all dem darf man einfach nicht schweigen, es belastet mich. Ich bin ja nicht grade eine Revolutionärin, aber ich habe eigentlich ein ganz klares, nennen wir's mal ›christlich-protestantisches‹ Weltbild, und da geht es zentral um sowas wie soziale Gerechtigkeit und Solidarität.

· Und deshalb sehe ich natürlich jeden Tag rot, wenn so eine gewaltige Fehlentscheidung wie Hartz IV von uns Beamten durchgeboxt werden soll. Wir wissen genau, es gibt keine Arbeitsplätze, aber ich stehe unter dem Leistungsdruck, bestimmte Vermittlungszahlen pro viertel Jahr, pro halbem Jahr, pro Jahr zu erbringen. Also bin ich auf das Wohlverhalten, die Fügsamkeit des Kunden total angewiesen. Und dieses Wohlverhalten erzeuge ich, indem ich meinerseits Druck auf ihn ausübe. Oder, was fast noch schlimmer ist, indem ich den Kunden wie einen Menschen behandle. Was aber eigentlich anzustreben ist, er muß vermittelt werden. Und da gibt es eben die ›vermittlungsrelevanten Merkmale‹, die datenmäßig erfaßt werden. Es gibt Schlüsselkennziffern, mit denen auch jedes Gespräch, das stattfindet, festgehalten wird, und hinter so einer Kennziffer steht z. B., ich habe dem Kunden einen Vermittlungsvorschlag für einen Zusatzjob ausgedruckt, damit ist der Tatbestand ›Vermittlungsangebot‹ bereits erfüllt und geht in die Statistik ein. Der nächste Schritt ist natürlich, daß der Kunde auch in die Maßnahme eingeschleust wird und aus der Arbeitslosenstatistik verschwindet. Und unsere Auflage ist nun, so viel wie möglich vermittlungsrelevante Merkmale zu erzeugen, denn bis zum 30. 12. sollen alle unter 25 in einer Maßnahme drinstecken, und die über 25 sollen auch vermittelt werden, wie soll das gehen? 80 Prozent der Arbeit, die wir täglich machen, geht in die Bewältigung von Verschlüsselung, in die Herstellung der Statistik. Dabei sollen wir uns ›intensiv‹ um die Arbeitslosen kümmern, Fakt ist aber das reinste Chaos in den Jobcentern bundesweit. Gedränge, Schlangen, lange Wartezeiten, überlastete und genervte Sachbearbeiter, verschwundene Akten und Unterlagen, kaum Auskunft, dauernd besetzte Telefonleitungen.

Es gibt sog. Taktzeiten. In den ›Kundenzentren‹, in die bis Ende 2005 alle Arbeitsagenturen verwandelt werden – sieht dann aus wie bei den Banken –, sind nur noch drei Minuten vorgesehen, in denen der Kunde abgefertigt sein muß. Für Antragsteller gibt es noch 15 bis 30 Minuten, für den Erstantrag, für 16 Seiten. Wenn's absehbar ist, er braucht länger, dann nach Haus schicken mit Merkzettel über das, was fehlt, und: ›Der Nächste bitte! »Aller Druck, alles, was die Behörde grundsätzlich nicht fähig ist zu leisten, wird gnadenlos auf den Kunden abgewälzt. Und es entsteht auch dadurch so eine brutale Überheblichkeit, die in den internen Gesprächen über die Kunden immer wieder zum Vorschein kommt: ›Keiner von denen will in Wirklichkeit arbeiten, die wollen nur die Kohle, alles notorische Arbeitsverweigerer, ja wissen denn die Arschlöcher immer noch nicht, daß jede Arbeit zumutbar ist? Bei mir haben die nichts zu lachen, da heißt es fordern!‹ Das ist so der Tenor, und, leider muß ich das sagen, sind dabei die Frauen die Schlimmeren, zu 80 Prozent bestimmt. Aber es gibt eben auch die andere Seite, die Kritischen, aber das werden immer weniger nach dem ersten Schreck über den völligen Umbau der Bundesanstalt. Es ist einfach nicht zu übersehen, was los ist, was vor sich geht. Das ganze ist ja von Wirtschaftsleuten nach wirtschaftlichen Kriterien kreiert worden, es soll unternehmerisch gedacht und gehandelt werden, marktorientiert. Der Bismarcksche Sozialversicherungsstaat wird in einen Almosenstaat verwandelt, die sozialversicherten Arbeitslosen in ein Heer von Almosenempfängern und billigen Dienstleistungssklaven. Die können ja keinen ›sozialen Frieden‹ mehr gefährden.

Und was uns, die BA betrifft, unser Unternehmensauftrag ist offiziell Arbeitsvermittlung. Aber nicht die Vermittlung von Arbeit ist das eigentlich Unternehmens-Ziel. Das eigentliche Unternehmensziel ist der Selbsterhalt der Behörde – wie überall –, wenn möglich die Vergrößerung der Behörde durch bürokratische Mastkuren. Denn eigentlich macht sie primär eins: Sie produziert Statistik. Ihr Auftrag ist, eine positive Statistik zu produzieren. Und so wird sie ganz automatisch zu einer Maschinerie des Betrugs und Selbstbetrugs. Mit einem riesigen Apparat an Personal, Material, Geld, Gebäuden, Kunden, Fragebögen, Akten kümmern wir uns energisch um die Verbesserung der Arbeitslosenstatistik. Was ja der reinste Wahnsinn ist, angesichts von inzwischen Millionen von Arbeitslosen. Solche Zahlen hatten wir das letzte Mal 1933, und wir wissen, wozu sie geführt haben. Aber darüber darf nicht gesprochen werden, auch nicht intern, höchstens mal im kleinen Kollegenkreis oder mal privat mit Kolleginnen, das grenzt nämlich an Hochverrat, und deshalb ist das Thema einfach tabu. Es ist doch ein Skandal, daß kein einziger von den entscheidenden Leuten es wagt, sich hinzustellen und zu sagen: Okay, wir ziehen das jetzt rigoros durch, und wir machen das, weil wir es so haben wollen, nicht weil mit Hartz IV Arbeitsplätze entstehen. Basta! Das wagt keiner. Das mit den versprochenen Arbeitsplätzen ist natürlich eine Illusion. Es gibt keine Arbeitsplätze, und es wird auch keine geben. Nie mehr! Keiner kennt dieses Dilemma besser als die Behörde.«

18

KAHLES TISCHCHEN

SOZIALANWÄLTIN

»Geld allein macht nicht glücklich. Es gehö-
ren auch Aktien, Beteiligungen, Gold und
Grundstücke dazu.«
D. Kayl

Unbeteiligte Außenstehende glauben vielleicht noch, daß es nur
um mehr oder weniger Geld geht, mit dem manche auskommen
müssen. Es ist aber nicht nur die Verarmung erdrückend für die
Betroffenen, sondern auch ihre Entmündigung und amtliche
Bevormundung durch Anordnung, Sanktion und Kontrolle.
Hartz IV greift ganz direkt und einschneidend in die Lebens-
gestaltung und privaten Angelegenheiten von all jenen ein, die
von der Massenarbeitslosigkeit ausgesondert wurden bzw. betroffen sind. Millionen beziehen Arbeitslosen- und Sozialgeld.
Etwa 14 Millionen noch nicht erfaßte Deutsche leben unter einem
bedrohlich sich verschärfenden Armutsrisiko. Die neu entdeckte
und zugleich mit dem Stigma der Mangelhaftigkeit versehene
»Unterschicht« wächst, und sie verschlingt auch Teile des ent-
setzten Mittelstandes, bis hoch zum Akademiker. Wer im sozialen Grabenkampf nicht vollends überrollt werden will, braucht
in ausweglos scheinender Situationen unbedingt die Hilfe eines
Rechtsanwaltes. Noch steht sie Mittellosen zu.

Regine Blasinski, seit fünfzehn Jahren Rechtsanwältin mit
dem Tätigkeitsschwerpunkt Sozialrecht, war so freundlich, uns

einen halben Tag zu opfern und aus ihrem Arbeitsalltag zu erzählen. Ihre Kanzlei ist in Wilmersdorf. Die große Altbauwohnung im Erdgeschoß teilt sie mit einem Kollegen. Sie sammelt Kunstwerke aus Blech und hat sich originelle Regal- und Tischkonstruktionen aus Baugerüststangen und Glasplatten machen lassen. Zwei Aktenberge lagern auf, zwei unter ihrem Arbeitstisch. Es herrscht eine sympathische Gelassenheit, die auf gehetzte Mandanten sicher wohltuend wirkt.

»Also grundsätzlich: Wenn sie jetzt mit einem Bescheid kommen, z. B. mit dem Bescheid, daß die Miete ›abgesenkt‹ werden soll, dann sage ich dem Mandanten – bei mir heißen sie ja Mandanten, und nicht Klienten oder Kunden –, Sie können selber Widerspruch einlegen, und ich kläre ihn natürlich darüber auf, ob das also Aussicht auf Erfolg hat oder nicht. Und ich kann mich dann entscheiden, ob ich das übernehme, das Mandat. Oder ob ich's erst mal dabei belasse, daß ich sage: Legen Sie erst mal Widerspruch ein, und melden Sie sich erst dann wieder, wenn der Widerspruchsbescheid kommt. Grundsätzlich können Sie davon ausgehen, wer mittellos ist, wer Hartz-IV-Empfänger ist, der bekommt natürlich auch Prozeßkostenhilfe, so heißt das heute. Früher hieß das Armenrecht. Immer vorausgesetzt, daß Aussicht auf Erfolg besteht. Aber das muß eben geklärt werden. Es ist ja nicht so, daß der Anwalt irgendwieviel kostet. Die Leute müssen nur einen Beratungshilfeschein beantragen, und wer das nicht schafft, da macht das dann auch noch ausnahmsweise der Anwalt.

Ich erkläre das normalerweise ganz ausführlich. Also, Sie gehen zum zuständigen Amtsgericht – welches zuständig ist, sage ich Ihnen. Sie nehmen ihren Bescheid mit, müssen dort einen Bogen ausfüllen und bekommen danach den Berechtigungsschein. Mit dem kommen Sie dann hierher zu mir. Hier müssen Sie allerdings zehn Euro auf den Tisch legen, die entfallen als Eigenanteil, das ist im Beratungshilfegesetz so geregelt. Wenn nun aber einer die zehn Euro nicht hat, soll ich den dann wegschicken?! Die Beratungshilfe wird ja auf Staatskosten gewährt. Ich bekomme mein Honorar von der Landeshauptkasse, für eine Beratung dreißig Euro, plus Mehrwertsteuer. Wenn ich Widerspruch einlege, dann sind es 70 Euro, plus Auslagen, plus Mehrwertsteuer. Ja, und dann muß man sehen, was zu tun ist, z. B. gegen einen Widerspruchsbescheid eine Klage einreichen beim Sozialgericht – das muß ich innerhalb einer Frist von einem Monat machen. Oder es gibt auch ganz dringende Fälle, z. B. die Räumung steht an, weil Mietschulden aufgelaufen sind bei einer Familie mit Kindern. Da muß man sich dann per einstweiliger Anordnung ans Sozialgericht wenden usw. Also, ›wenn es um Rechtsfragen geht, ist immer Prozeßkostenhilfe zu visieren‹, so hat es neulich mal das Bundesverfassungsgericht in einem Beschluß ausgedrückt.«

Auf unsere Frage, wie die Mandanten eigentlich zu ihr finden, sagt sie: »Das ist verschieden, teilweise, weil sie ins Telefonbuch gucken oder ins Internet, auch durch Sozialarbeiter oder Mundpropaganda. Oder aber, weil sie beim Berliner Anwaltsverein anrufen, es gibt da eine Anwaltsauskunft. Und dann hat der Berliner Anwaltsverein ja mehrere Hartz-IV-Beratungen gemacht, da ist dann die Anwaltsliste auch drin. Und wenn das dann in meinem Bezirk ist, dann bin ich das, die zuständig ist. So funktioniert es. Eigentlich ganz einfach.« Wir möchten gerne erfahren, mit welchen Problemen man sich am häufigsten an sie wendet. »Also, das typische Problem – und das haben wir auch weiterhin – ist, daß der Mandant nicht versteht, wie so ein Bescheid aufgebaut ist. Also, der Betreffende hat z. B. früher 900 Euro gekriegt, weil er noch Anspruch auf einen befristeten Zuschlag hatte. So, das sind die Leute, die vorher Arbeitslosengeld I bezogen hatten, und das fiel dann weg, okay. Und dann sind das Fälle, wo man den Leuten einfach noch mal erklärt, wodurch ist das Einkommen erzielt worden. Wobei übrigens der

1,50-Euro-Job nicht mit angerechnet wird, das glauben die Leute aber immer. Überhaupt gibt es Probleme mit dem Einkommen, wenn es bezogen wird, z. B. im Falle der sogenannten ›Aufstocker‹. (Erwerbstätige mit sogenannten Niedriglöhnen, die zwar voll arbeiten, aber ohne zusätzliche Sozialleistungen nicht existieren können. Es gibt mehr als eine Million erwerbstätige ALG-II-Bezieher, die quasi zu einem staatlich ergänzten Mindestlohn arbeiten. Anm. G. G.) Man muß dazu wissen, daß durchaus auch viele Selbständige zu den ›Aufstockern‹ gehören, weil ihre Betriebseinnahmen nicht reichen. Und wir haben auch Akademiker, das darf man bitte nicht vergessen! Also, Sie können davon ausgehen, wenn jemand 2000 Euro monatlich verdient, bei angemessener Miete, und er hat zwei Kinder, daß da natürlich fast nichts mehr bleibt.

Und dann kommen zu mir ALG-II-Empfänger mit verschiedenen Problemen, z. B. Leute, die sagen: Unser Kühlschrank oder unsere Waschmaschine ist kaputtgegangen. Wobei man wissen muß, daß es nur noch drei ›einmalige Leistungen‹ gibt: erstens die ›Erstausstattung‹ für die Wohnung, zweitens für Klassenfahrten und drittens für Schwangere bei der Geburt.

Und wenn was kaputtgeht, dann gibt es Hilfe nur auf Darlehensbasis. Und das wird dann verrechnet bis zu zehn Prozent. Überlegen sie mal, 345 Euro für eine Einzelperson und dann zehn Prozent! Und als Nächstes geht was anderes kaputt. Also, sie kommen dann automatisch in die Schuldenfalle. Der Regelsatz wurde ja erhöht; er lag früher bei 296 Euro – zuzüglich der ›einmaligen und anderen Leistungen‹, die alle gestrichen wurden. Und heute ist in den 345 Euro auch noch eine ›Ansparpauschale‹ enthalten, genau für solche Fälle, kaputter Kühlschrank oder Waschmaschine. Auch für die Auszugsrenovierung. Letzteres ist revisionsanhängig beim BSG. Und wer also das Darlehen in Anspruch nimmt, der muß wissen, was auf ihn zukommt.

Haben Sie eine Vorstellung, was im Regelsatz alles enthalten ist? Regelleistung heißt es korrekt, für Essen, d. h. für Nahrung, Getränke und Tabakwaren z. B. Da beträgt der Anteil 131,10 Euro im Monat! Jetzt rechnen Sie mal, wenn Sie da einen oder gar mehrere Abzüge von je zehn Prozent haben im Monat? Das geht nicht! Also, das sind so die typischen Anfragen, mit denen die Leute kommen. Oder viele Problemfälle gibt es auch bei der ›Einkommensanrechnung‹, z. B. bei Paaren, die unterschiedliche Einkommen beziehen, oder bei Künstlern, die unregelmäßig Einkommen haben; also, sie haben versäumt, Änderungen rechtzeitig anzugeben, dann kommt plötzlich ein Bescheid, sie müssen zwei- bis dreitausend Euro zurückzahlen.

Das geht natürlich nicht, da muß man dann z. B. gucken, wo sind die ›Pfändungsfreigrenzen‹. Oder ein Problem sind auch die Mietobergrenzen. Sie wissen, als angemessene Miete sind jetzt nur noch 360 Euro im Monat veranschlagt. Warmmiete. Wer da viel drüber liegt, was die Regel ist, muß die Kosten selber tragen. Oder umziehen. Die Wohnungen fehlen natürlich; gut, es gibt so ein Marktsegment am Stadtrand im Osten, in Marzahn, in Lichtenberg. Wenn Sie im Internet in die AV-Wohnen reinschaun, da sind die Regelungen drin, und auch, daß die Quadratmeterzahl ihrer Wohnung keine Rolle mehr spielt. Davon hat man sich verabschiedet, maßgeblich ist nur die Miethöhe für die Angemessenheit einer Wohnung. Es gibt aber Ausnahmen. (Alleinerziehende mit zwei und mehr Kindern, Schwerkranke, Behinderte und Langzeitarbeitslose über sechzig müssen nicht umziehen, Familien mit kleinen Kindern und Mieter, die schon mind. fünfzehn Jahre in der Wohnung leben, dürfen die Obergrenze um zehn Prozent überschreiten. Anm. G. G.) Ich habe auch schon Fälle gesehen, wo jemand 484 Euro Miete übernommen bekam, das gibt es durchaus.

Nachdem das SGB II, also das Sozialgesetzbuch II, in dem Hartz IV bzw. das ›4. Gesetz für moderne Dienstleistungen am Arbeitsmarkt‹, am 1. 1. 2005 in Kraft getreten ist, hat man dann ja bald Neuregelungen geschaffen. Am 1. 10. 2005 kam das ›Freibetragsneuregelungsgesetz‹, später kam das ›Optimierungsgesetz‹ und danach das ›Fortentwicklungsgesetz‹ usw. Also, für Kabarettisten ist das ein toller Stoff. Es gibt einen, Michael Boots, der beschäftigt sich damit. Gut, teilweise bringen diese Gesetze Klarstellungen – das Gesetzeswerk war ja nicht immer so klar, daß man es anwenden konnte. Und dann haben wir natürlich auch viele Verschärfungen drin. Und eine der größten Verschärfungen, nach meiner Meinung, ist folgende Problematik: Unter 25-Jährige dürfen nicht mehr von zu Hause ausziehen, sie werden mit in die ›Bedarfsgemeinschaft‹ einbezogen. Vorher war es so: Jemand der erwerbslos und über achtzehn war, der bildete eine eigene Bedarfsgemeinschaft, durfte sich eine Wohnung nehmen, bekam 345 Euro, plus anteiliger Miete. Jetzt muß er in der elterlichen Wohnung bleiben und bekommt nur noch 276 Euro. Wer unerlaubterweise auszieht, erhält zwar weiterhin die 276 Euro, er bekommt aber kein Geld für Unterkunft und Heizung. Das ist schon sehr problematisch. Also, neulich war ein Vater hier, ein Urberliner, arbeitet bei der BSR, und der hat sich aufgeregt! Sagte, das kann doch wohl nicht wahr sein, daß ich ›Unter 25-Jährige‹ miternähren muß – nicht, daß ich sie nicht liebe –, aber das sehe ich gar nicht ein, daß wir hier gebeutelt werden als kleine Leute! Ich kann da nur sagen, legen Sie Widerspruch ein, aber es wird keinen Sinn haben, denn die Job-Center sind verpflichtet, sich ans Gesetz zu halten. Das heißt, man muß das bis ganz nach oben bringen, bis die Frage gestellt wird, ob das nicht verfassungswidrig ist. Ich kann nur eins sagen, das gab es in der Sozialhilfe ja auch nicht, daß unter 25-Jährige mit in die Bedarfsgemeinschaft der Eltern eingebunden sind. Und es kommt ja noch hinzu, daß das Einkommen der Eltern mit angerechnet wird, da muß man also Auskunft geben, alles offenlegen – da ist man dann erst mal baff!

Eine weitere Verschärfung ist die engere Auslegung der ›Bedarfsgemeinschaft‹. Die Job-Center oder andere zuständige Stellen können nun anhand bestimmter Anhaltspunkte automatisch vermuten, daß gemeinsam wohnende Leute in Wahrheit ›eheähnlich‹ zusammenleben. Das umfaßt auch die Vermutung bei gleichgeschlechtlichen Beziehungen. Man geht davon aus, dass sie somit eine Bedarfsgemeinschaft bilden. Das betrifft natürlich nicht nur jüngere Leute. Ich hatte einen Fall, es kommt ein Herr zu mir, er ist bald 80, ein ehemaliger Künstler mit sehr kleiner Rente, die vom Amt für Grundsicherung aufgestockt wird. Er bekommt also 345 Euro zum Leben und hatte eine Miete von etwa 300 Euro. Nun wohnte er aber nicht allein, er wohnt mit einer Frau zusammen. Die Dame vom Grundsicherungsamt sagte: Sie leben doch in einer nichtehelichen Lebensgemeinschaft? Und er sagt, nein, ich schlafe mit der Frau nicht. Dann sagt natürlich die Sachbearbeiterin, daß es darauf gar nicht ankommt.

Ich hatte ihn schon ein bißchen vorgewarnt, sagte, rechnen Sie mit einem Hausbesuch, das wird sicher noch mal genau geprüft. Für mich war die Sache klar, die hatten früher mit zwei anderen in einer größeren WG-Wohnung gelebt, die zwei sind weggestorben, und die beiden Verbliebenen, die haben sich dann eine kleinere Wohnung gesucht und angemietet. Früher mußte das Amt beweisen, daß es eine nichteheliche Lebensgemeinschaft ist. Heute gilt ja die Beweislastumkehr. Wer nicht beweisen kann, daß er alleinstehend ist, wird ganz klar zu einer ›Wirtschafts- und Einstandsgemeinschaft‹ erklärt. Die Frage ist natürlich: Wie kann ich beweisen, daß das keine eheähnliche Gemeinschaft ist? Der Bundessozialrichter Ulrich Wenner – das können Sie im Internet auch nachlesen – kritisiert das als ›verfassungsrechtproblematisch‹. Er sagt u. a.: ›Weil zwei Personen im Rechtssinne nicht beweisen können, daß sie einander nicht in einer eheähnlichen Partnerschaft verbunden sind, kann ihnen auch keine entsprechende Beweislast auferlegt werden.‹

Im Fall des alten Herrn hatte die Dame vom Grundsicherungsamt dann am Ende doch ein Einsehen, aber oft geht es anders aus.

Und jetzt hat man ja auch den ›Hausbesuch‹ insgesamt mit reingenommen. (Es gab eine Ausweitung der Außendienste zur umfangreichen Durchführung kontrollierender Hausbesuche. Der Betroffene darf eine Durchführung des Hausbesuches zwar verweigern, riskiert damit aber Leistungskürzung. Kontrolliert wird auch verschärft die werktägliche Erreichbarkeit als Leistungsvoraussetzung, was zum Teil durch Callcenter überprüft wird. Anm. G. G.) Das sind natürlich alles ›Maßnahmen gegen den Leistungsmißbrauch‹ – das Problem hatten wir ja verstärkt 2004 in den Medien, wo unentwegt behauptet wurde, das seien Sozialschmarotzer. Na gut, viele haben vielleicht gesagt, sie ziehen aus, dann bekommt jeder zweimal 345 Euro, in nichtehelicher Gemeinschaft sind das nur zweimal 311 Euro und anteilige Miete. Und wenn Sie jetzt noch Kinder haben und sagen dann, Sie sind alleinerziehend, dann bekommen Sie zudem noch den Mehrbedarf für Alleinerziehende. Das darf man nicht unterschätzen, das summiert sich natürlich. Es gibt viele Probleme mit der nichtehelichen Gemeinschaft. Wir hatten das auch schon, daß eine Mutter sagte, der ist gar nicht der Kindesvater, bzw. sie hat den Kindesvater nicht benannt. Sie lebt aber mit ihm in einer WG oder hat eine Wohnung im selben Haus. Das hat zur Konsequenz, daß sie zwar als Alleinerziehende den Mehrbedarfszuschlag erhält, aber das Problem ist, daß die Unterhaltsvorschußkasse verlangt, daß sie den Kindesvater angibt, sonst bekommt sie keinen Unterhalt.

Ein anderes Problem betrifft die Patchworkfamilien. Sie wissen vielleicht, daß durch die Neuregelung jetzt Folgendes passiert: Wer heute eine Patchworkfamilie gründet, z. B. mit einer Mutter die ALG II empfängt, der muß sich darüber klar sein, daß er für deren Kinder, die ja nicht seine eigenen sind, sondern seine Stiefkinder, dennoch voll einzustehen hat. Das heißt, er hat sein Einkommen einzubringen, ist unterhaltspflichtig, egal, ob er Stiefvater oder ›Stiefpartner‹ ist. So wurde das geregelt. Also, daß man nun auch noch die Stiefeltern bzw. Partnerschaft verpflichtend heranzieht, das geht eindeutig zu weit! (Auch Bundessozialrichter Wenner hält die Versorgungspflicht von Stiefpartnern für verfassungsmäßig nicht zulässig. G. G.)

Man muß abwarten, wie das Bundessozialgericht dazu entscheidet.

Also, stellen Sie sich doch einfach mal vor, Sie lieben jemanden und sagen, okay, die Kinder kommen mit in den Haushalt. Wir sind eine nichteheliche Gemeinschaft, ist klar. Aber soll ich als Stiefelternteil dann auch noch für die ›fremden‹ Kinder einstehen?! Das wirkt abschreckend und verhindert geradezu die Patchworkfamilien. Gut, wenn es kein finanzielles Problem ist, okay, aber wenn es einer nicht kann, wenn dann das Geld nicht mehr reicht? Das geht doch nicht! Warten wir die Entscheidung ab.

Also, wenn jetzt die Bundesregierung sagt, wir haben einen Rückgang bei ALG-II-Empfängern, dann können Sie davon ausgehen, daß dieser Rückgang genau daraus resultiert, daß die Bedarfsgemeinschaft erweitert wurde, daß die Stiefeltern auch noch mit ins Boot gezogen wurden. Und dadurch natürlich, daß man stärker sanktioniert, indem man z. B. Leute, die keine zumutbare Arbeit aufnehmen, sehr viel schneller aus dem Leistungsbezug ausschließt. Dann sind auch die raus aus der Statistik. Ich weiß, daß allein in Neukölln jeder Vierte ALG II bezieht. Wir haben dort 45 000 Bedarfsgemeinschaften, rechnen Sie das hoch, das sind circa 70 000 bis 75 000 Menschen. Das ist schon ein Brandherd, und wenn Sie sich dann noch vorstellen, daß die ganzen Jugendlichen zu Hause nicht ausziehen dürfen – ja wunderbar, damit hat man die Bedarfsgemeinschaften auch schon wieder verringert und hat gespart.

Es gibt ja eine ganze Anzahl von Leuten, die ALG II gar nicht erst in Anspruch nehmen wollen. Ich kenne einen arbeitslosen Akademiker, der hat mich kurz vor Weihnachten noch angerufen, erzählte, daß er keinen Job findet, aber auf gar keinen Fall ALG-II-Empfänger werden möchte und nun beim Callcenter arbeitet. Gut, ist natürlich grauenvoll und furchtbar anstrengend, aber er verdient Geld. Und es gibt natürlich auch den umgekehrten Fall. Leute, die immer alimentiert werden wollen, es gar nicht anders kennen. Ich hatte so einen Fall: ein junger Mann, 24 Jahre alt, es ist in der Familie jetzt schon die dritte Generation, die Sozialhilfe bezieht. Der muß sich natürlich bewerben, muß alles machen, er muß eben auch morgens um vier oder halb fünf beim Berliner Großmarkt in der Beusselstraße antreten, weil sie da Leute nehmen.

So! Und wie habe ich denn mein Studium verdient? Ich bin arbeiten gegangen. Und warum soll das jemandem nicht zumutbar sein? Und damit kommen wir zu dem Problem, das ich habe, wenn ich gar nichts – oder noch nichts – gelernt habe. Junge Leute wollen ja heute gern Designer werden oder Medienberater. Wenn sie selber zahlen, ist das ja erst mal kein Problem, aber wenn sie Staatskohle haben wollen, stellt es ein Problem dar. Da ist erst mal jede Arbeit zumutbar.«

Wir erwähnen, daß Freunde uns von einer weiteren Verschärfung für ALG-II-Empfänger berichtet haben, dem »Sofortangebot«. (Angeboten werden z. B. Maßnahmen oder Ein-Euro-Jobs, zu denen nicht nur Jugendliche, sondern auch alle anderen Antragsteller verpflichtet werden. Wer dieses Angebot ablehnt, erhält eine dreißigprozentige Leistungskürzung.) »Ja, dazu wollte ich auch noch etwas sagen, zum Thema Eingliederungsvereinbarung. Also, ich habe schon 2005 – als es bis zum Erstgespräch teilweise drei Monate gedauert hat – den Leuten geraten, bietet dem Job-Center doch mal an, daß sie eine Eingliederungsvereinbarung abschließen. Also, Eingliederung in Arbeit ist damit gemeint. Fallmanager und Klient vereinbaren miteinander das Verfahren zur Eingliederung in Arbeit. Auch wenn es Formblätter sind, wird trotzdem individuell festgelegt, was muß derjenige tun, was bekommt er als Gegenleistung. Es wird beispielsweise festgelegt, was für eine Weiterbildungsmaßnahme genommen wird, wie lange die geht – auch was passiert, wenn man sie abbricht ohne wichtigen Grund, also wie sanktioniert wird –, oder auch, wie viele Bewerbungen man schreiben muß, zum Nachweis der Arbeitsbemühungen. Also, es ist schon eine Möglichkeit, um initiativ zu werden, etwas in der Hand zu haben, was quasi so eine Art öffentlich-rechtlicher Vertrag ist, etwas auf Gegenseitigkeitsbasis. Ansonsten ist man nur eine Nummer, eine Aktennummer. Davon wird leider viel zu wenig Gebrauch gemacht, vielmehr wird versucht, die Leute gleich in einer MAE – Mehraufwandsentschädigung, Ihnen besser bekannt als Ein-Euro-Job bzw. 1,50-Job – unterzubringen.

Also, wir müssen uns ja ständig mit Kollegen austauschen. Ich bin z. B. im Forum Sozialhilferecht tätig, seit mehreren Jahren. Das ist angesiedelt bei der Diakonie. Das ist ein Forum, da treffen sich Richter, Anwälte, Sozialarbeiter. Wir tauschen uns aus, sachlich und auch rechtlich. Einmal im Monat treffen wir uns, und da referiert dann meist jemand zu einem Thema, beispielsweise Sanktionsbescheide, das nächste Mal Erstattung. Und es gibt eben wirklich mal so einen Austausch mit den Erfahrungen der Sozialarbeiter, und die erfahren wiederum von uns, was sie so rechtlich machen können. Das letzte Thema im Forum war Einkommensberechnung. Man steht ja immer nur da und rechnet nach, ich komme fast immer auf andere Zahlen als das Amt. Also, wir als Anwälte haben ja wirklich schon genug zu tun und können nicht auch noch stundenlange Berechnungen anstellen. Und da haben wir im Forum zwei Sozialarbeiter; einer ist für ›Betreutes Wohnen‹, einer für ›Härtefälle‹, die hatten das Problem mit dem Berechnen auch, und die beiden haben jetzt so ein Programm entwickelt, sie haben's vorgeführt, und es funktioniert. Großartig!

Ich kann damit auch den Kindergeldzuschlag berechnen. Und dann nehmen wir uns natürlich die Thematik Fortentwicklungsgesetz vor – und natürlich sind die Neuregelungen zum Sozialhilferecht Thema. Fortentwicklungsgesetz brachte ja noch mal Verschärfungen bei den Sanktionen – also daß die Leute dann völlig rausfallen, und eben die Sache mit dem Hausbesuch, das ist alles Fortentwicklung!« Wir fragen: Was wird denn eigentlich fortentwickelt? Sie lacht und sagt: »Na, das Gesetz wird fortentwickelt. Und die Verschärfung zum Leistungsmißbrauch, kann ich Ihnen nur sagen!« Sie schaut auf ihren Computerbildschirm. »Ich lache mich immer tot über die Sprache: Optimierungsgesetz, Fortentwicklungsgesetz. Man kann ja auch nicht ständig sagen Neuregelung, und dann noch 'ne Neuregelung. Na gut. Also, ich habe im Forum auch die Aufgabe, das Protokoll zu machen.

Und da ist noch was, über diese Problematik haben wir hier noch nicht gesprochen. Jetzt geht es nämlich wirklich los: Energieschulden. Auch nach Kenntnis eines Sozialrichters – die Leute haben zunehmend Energieschulden. Sie können ihre Energiekosten nicht mehr aus dem Regelsatz bezahlen – also, es geht hier um Stromkosten. Der Strom hat so was von angezogen. Die Leute können sich das einfach auch nicht zurücklegen, das schaffen sie nicht. Die Bundesregierung behauptet zwar was anderes, aber deren Berechnungen basieren auf einer Stichprobenerhebung von 2003! Und da hatten wir noch nicht diese Preise. Und es gab auch nicht die Praxisgebühr, übrigens. Also noch mal: Energieschulden, das ist die Problematik. Die Stromanbieter haben teilweise den Leuten den Strom abgedreht; das war natürlich schlimm, besonders für Leute mit Kindern. Es hat dann einige Entscheidungen gegeben, die gesagt haben, das ist nicht zulässig. Und inzwischen machen das die Stromanbieter auch nicht mehr, daß sie abschalten. Sie versuchen, daß es zu einer Einigung kommt, auf Darlehensbasis beispielsweise. Und dann ist da natürlich wieder die Frage: Wie zahl ich's ab? Wieder auf 1,50-Euro-Basis.

Und was ich unbedingt noch loswerden möchte: Viele Leute sind heute ohne Krankenversicherung. Also, das ist für mich immer die erste Frage, wenn einer kommt, sanktioniert worden ist, also, seine Leistungen wurden gestrichen, er ist raus. Das bedeutet dann ja immer gleichzeitig, daß er auch nicht mehr krankenversichert ist. Wenn er sich nicht freiwillig weiterversichert, dann ist er raus aus der Kasse. Das sind keine Einzelfälle. Das Problem entsteht auch bei nichtehelichen Gemeinschaften, man wird zwar als solche angesehen, ist aber nicht mitversichert beim berufstätigen Partner, wie man das als Ehepartner wäre! Wer sich nicht privat versichert, steht ohne Krankenversicherung da. Manche haben so wenig Geld, daß sie die Beiträge nicht – oder nur sehr schwer – bezahlen können. Wer zweimal nicht bezahlt, ist raus! Und in die gesetzliche Kasse kommen sie nur dann wieder rein, wenn sie arbeiten, mindestens 400 Euro verdienen und zwölf Monate pflichtversichert sind.

Und da ist der Gesetzgeber auf die Idee gekommen und hat gesagt: Wenn es so ist, daß ich durch die freiwilligen Krankenversicherungs- und Pflegeversicherungsbeiträge hilfebedürftig bin, bekomme ich diese Leistungen, DIESE Leistungen, wie gesagt, auch vom Job-Center. Das soll verhindern, daß die Leute ausgesteuert werden. Wichtig ist hier aber zu sagen, daß man sich um den Krankenversicherungsschutz unbedingt kümmern muß! Das betrifft ALG-II-Empfänger natürlich nicht. Wer ALG II bezieht, ist krankenversichert, pflegeversichert und rentenversichert – wer Leistungen der Sozialhilfe bezieht, ist nur kranken- und pflegeversichert, der ist nicht in der Rentenversicherung. Das wissen viele nicht! Also, das ist ein großes Problem.«

Wir fragen, ob die Verhandlungen vor dem Sozialgericht eigentlich öffentlich sind, ob der Mandant erscheinen muß, und wie es überhaupt vonstatten geht. »Im Regelfall sind die Verhandlungen öffentlich. Der Mandant ist meist dabei, muß aber nicht mitkommen, sofern der Richter es nicht ausdrücklich anordnet. Eine Besonderheit gegenüber der Zivilgerichtsbarkeit ist diese – und das wissen viele gar nicht –, daß das Gericht zu dritt besetzt ist. Es sind zwei Schöffen dabei. Ist paritätische Besetzung. Zwei Laienrichter sind dabei, was oftmals ganz schön ist, finde ich. Und dann wird der Sachverhalt erst mal gründlich vorgetragen. Das Gericht hat ja gleich, nachdem ich Klage eingereicht habe, die Akte vom Job-Center angefordert. Es hat also, ebenso wie ich, alles vorliegen. Und dann geht es eigentlich relativ schnell, während von der Einreichung der Klage bis zum Termin oft neun Monate vergehen, weil so viele Klagen bearbeitet werden müssen und zu wenig Richter da sind. Aber vieles geht auch mehr oder weniger schriftlich. Wenn die Behörde z. B. nach meinem Schriftsatz sagt, gut, wir zahlen, dann brauche ich nicht mehr zur mündlichen Verhandlung, dann ist der Fall erledigt.«

Zum Schluß möchten wir noch wissen, weshalb sie sich fürs Sozialrecht entschieden hat. »Ich fand die Materie interessant, und ich hatte gute Professoren. Mein erstes Examen habe ich 1989 gemacht, mein zweites Examen 1992. Damals war ich immer alleine – (sie lacht) – habe meine Prüfung alleine gemacht, ich bin als Exotin sozusagen behandelt worden. Na ja, und dann ist das eigentlich durch Hartz IV sprunghaft angestiegen. Es wurde in der Anwaltschaft ein bißchen Werbung dazu gemacht: Nehmt mal Sozialrecht! Denn nun schaun Sie mal«, sie zeigt auf das Bücherregal mit den Gesetzestexten, »das hat alles mit SGB II und SGB XII zu tun, was da steht, also, es ist ziemlich komplex und wird immer komplexer. Aber ich muß sagen, ich find's einfach spannend, denn ich bin an der Basis.«

19

FÜHLEN UND VERKOSTEN

ALTENPFLEGERIN

Hildegard Eichhorn, Altenpflegerin i. d. häuslichen Krankenpflege Berlin (Diakonie-Sozialstation Südstern). Arbeit i. Pflegeteam f. e. Kreuzberger Demenz-WG. 1950 Einschulung Volksschule Viersen bei Mönchengladbach, 1955 Übergang z. Mädchengymnasium i. Viersen, 1963 Abitur. Studium f. d. Lehramt a. Gymnasien a. der Uni Freiburg u. a. d. Ludwig-Maximilians-Universität München. Fächer: Latein u. katholische Theologie. 1971 erstes Staatsexamen i. München, 1974 zweites Staatsexamen i. Berlin. 1974–1983 Gymnasiallehrerin a. d. Liebfrauen-Oberschule i. Berlin. 1985–1988 Katechetin i. Berlin/Zehlendorf (Grundschule). Ab 1988 vollkommene berufliche Neuorientierung, intensive zweijährige Ausbildung zur Altenpflegerin. Ab 1990 Arbeit i. d. Altenpflege b. d. Diakonie-Sozialstation Südstern. Interessensschwerpunkt: Pflege v. Schlaganfallpatienten u. Demenzkranken, mehrfach gerontopsychiatrische Fortbildung. Ende d. 90er Jahre zus. m. Kollegin Entwurf d. Konzeptes Wohngemeinschaft f. Demenzkranke. 1999 Mitbegründerin u. Aufbau d. »Demenz-WG Wrangelstraße«. Hildegard Eichhorn wurde 1944 i. Mönchengladbach als Tochter eines Finanzbeamten u. e. gelernten Krankenschwester geboren, sie ist geschieden u. hat eine Tochter.

In einer Gesellschaft, in der das Alter keinerlei Ansehen genießt, in der man im mentalen und körperlichen Sinne nicht alt wer-

275

den oder gar sein darf, darf man natürlich schon gar nicht bei lebendigem Leibe den Geist aufgeben. In unvordenklichen Zeiten, als die Großeltern noch zum Haushalt gehörten, bedeutete
senil nichts anderes als greisenhaft. Das schloß Zahnverlust,
schlechte Augen und geistigen Verfall ganz selbstverständlich mit
ein. Im heutigen Sprachgebrauch ist Senilität eine Krankheit,
eine Diagnose für Altersschwachsinn bei Alzheimer und Demenz. Der beleidigende Beiklang verweist auf die Ungehörigkeit
dessen, der senil ist.

Als eine der häufigsten chronischen Alterskrankheiten (in
Mitteleuropa) gilt die Demenz. In Deutschland leben nach
Schätzungen derzeit 1,3 bis 1,5 Millionen Demenzkranke, zwei
Drittel davon sind Frauen, davon wiederum sind zwei Drittel
80 Jahre und älter. Die statistischen Berechnungen weissagen
eine wachsende Flut von Neuerkrankungen (jährlich 200 000 Neuerkrankungen, davon 125 000 vom Alzheimertyp). Demente
müssen versorgt und betreut werden. Ihre Pflege, ist kostenin-
tensiv. Ein professionell betreuter Demenzkranker kostet jährlich leicht 50 000 Euro oder mehr, was ihn, zusammen mit den
übrigen moribunden Alten, zu einem attraktiven Geschäftsge-
genstand werden läßt. Auf den einschlägigen Fachmessen und
Kongressen rund ums Altenpflegegeschäft hat sich seit der Einführung der Pflegeversicherung viel Jubel abgezeichnet. Das
»Marktsegment Altenpflege« wird als »Boombranche mit ren-
tablen Zuwächsen« gefeiert, 37 Milliarden Euro werden in der
Branche 2005 erwartet, 44 Milliarden für 2010, 2020 sollen es
66,5 und 2050 gar 200 Milliarden sein, wird prognostiziert. Nur
ist zu befürchten, daß in Ermangelung des Geldes nicht nur die
Branche auf der Strecke bleibt, sondern zuallererst die pflegebedürftigen Alten, wodurch dann allerdings – und hier wechseln
wir vom Jargon der Unternehmerseite zu dem der Versiche-
rungsrechtler – endlich ein »sozialverträgliches Frühableben«
zum Zuge käme.

Angesichts dessen kann froh sein, wer schon heute dement ist und z. B. in einer der ambulant betreuten Wohngemeinschaften unterkommen konnte, die es in Berlin seit dem Ende der 90er Jahre gibt. Sie sind eine menschenwürdige Alternative zur Verwahrlosungswahrscheinlichkeit in den Pflegeheimen, die in ihren Werbeprospekten zwar viel von »Begleitung« reden, die dann aber vielfach zum Dekubitus führt, in der Realität. Die Berliner WGs haben eine Selbstverpflichtung zur Qualitätskontrolle unterschrieben. (Initiator ist der Verein für Selbstbestimmtes Wohnen im Alter e. V. SWA, der auch Richtlinien für die architektonischen, pflegerischen und personellen Grundvoraussetzungen solcher WGs erarbeitet hat und zusammen mit der Alzheimer-Gesellschaft die Dinge im Auge behält.) Da es sich bei den WGs formaljuristisch nicht um Heime handelt, unterliegen sie auch nicht der staatlichen Heimaufsicht. Die WG ist ein sensibles Pflänzchen, dessen Gedeih und Verderb abhängt von der menschlichen Qualität des Pflegeteams und natürlich vom wirtschaftlichen Gebaren der Pflegedienste.

Am Morgen des 27. April besuchen wir in der Wrangelstraße in Kreuzberg die Demenz-WG von Hildegard Eichhorn. Sie führt uns im Erdgeschoß des ehemaligen Pfarrgemeindehauses in eine geräumige Wohnküche. Es herrscht vertraute Vielfalt an Gewürzen, Kräutern, Säften; man sieht und riecht, hier wird gut gekocht und gern gegessen. Am großen hölzernen Gemeinschaftstisch sitzt eine alte Frau und raucht. Uns und unseren Morgengruß beachtet sie nicht. Die Küche geht offen ins Wohnzimmer über, beide Räume liegen nach hinten, zum WG-eigenen Garten hin. Der Blick kann hinausschweifen zu blühenden Sträuchern und Blumen, auf die Sonnenschirme und weißen Stühle und den angrenzenden Kindergarten. Auf Gardinen hat man verzichtet. Sonst aber ist alles da, was Frauen dieser Generation schätzen, vom großen alten Vertiko voller Topfpflanzen über die Stehlampe, den Vogelkäfig, die Uhr, die Wandbilder mit Birken-, Berg- und Schäfermotiven, Fernseher, Plattenspieler nebst großer Plattensammlung bis zum Couchtisch, Sesseln und zwei großen Sofas, auf denen drei der Bewohnerinnen sitzen. Die Vögel zwitschern munter. Hildegard Eichhorn zeigt auf uns und sagt: »Das hier also sind die Damen von der Presse, von denen ich Ihnen erzählt habe.« Alle Augen richten sich auf uns. »Von welcher Zeitung?« fragt eine der Frauen. Auf unsere Antwort hin sagt sie streng: »Aha!«

Hildegard bittet uns, Platz zu nehmen, und sagt in höflichem Tonfall, ohne diesen undistanzierten Unterton und dieses Du und Wir, das in der Pflege an der Tagesordnung ist: »Ich darf Sie eben alle mal kurz vorstellen. Also, es wohnen sechs Damen hier zusammen.* Zwei unserer Bewohnerinnen sind noch in ihrem Zimmer bzw. im Bett, jeder hat seine individuellen Aufsteh- und Frühstückszeiten bei uns. Hier zur Linken, das ist Frau Irmgard – sie möchte Irmchen genannt werden. Sie ist jetzt auch schon fünf Jahre hier, seit Bestehen unserer WG. Sie hat früher bei der BfA gearbeitet und vermißt diese Arbeit überhaupt nicht.« Irmchen lächelt mild, richtet ihren zarten Körper noch mehr auf und preßt ein Päckchen Tempo-Taschentücher an die Brust. Sie trägt Hosen und goldene, weiche Hausschuhe. »Irmchen hat früher gesteppt, das war und ist ihre Leidenschaft. Sie haben, glaube ich, doch vor fünf Wochen hier noch gesteppt, Irmchen, zum Radetzki-Marsch?« Irmchen schnellt von ihrem Sessel hoch, umklammert ihre Taschentücher, summt und beginnt ihre Füße in den goldenen Schuhen im typischen Stepptanzschritt mühelos zu bewegen, wirkt konzentriert und locker. Dann bricht sie ab, bedauert die schlechten Schuhe und setzt sich in ihren Sessel. »Und das mit 83!« sagt Hildegard. »Und hier in der Mitte, darf ich Frau Schneidermeisterin Kroll vorstellen.« »Das war einmal!« sagt Frau Kroll mit fester Stimme und verbindlichem Tonfall. Sie

---

* Sechs Kreuzbergerinnen

trägt ein geblümtes Kleid, ist sportlich hager, ihre Haut wirkt leicht sonnengebräunt. Meine Frage, was sie geschneidert hat, muß ich laut wiederholen, sie hört sehr schlecht. »Kostüme, Anzüge. Aber nur mein Mann, *er* war der Schneidermeister. Ich war Frau Schneidermeister, und ich habe den Haushalt gemacht.« »Aber Sie selber, Frau Kroll, hatten doch auch einen Beruf«, assistiert Hildegard. »Was für einen?« fragt Frau Kroll interessiert. »Sie waren doch Kindergärtnerin.« »Ja, ja«, ruft Frau Kroll angenehm überrascht. »Früher war das – im Riesengebirge bin ich zu Hause. Schneekoppe. Da haben wir ein Haus gehabt. Da komme ich her. Riesengebirge, deutsches Gebirge, meine liebe Heimat, du!« zitiert sie. »Frau Kroll ist mit 95 Jahren unsere älteste Bewohnerin«, fügt Hildegard hinzu, und wendet sich zur Frau zu unserer Rechten. Sie hat dunkles, ungefärbtes Haar und saß die ganze Zeit über mit gesenkten Augen und den Händen auf ihren Knien auf dem Sofa. »Frau Bolzmann, ich möchte Sie auch kurz vorstellen, oder besser, Sie erzählen einfach selbst ein bißchen von sich, was Sie früher so gemacht haben?« Frau Bolzmann blickt uns prüfend an, schiebt die Unterlippe ein wenig vor und sagt ruhig: »Was soll ich sagen, was habe ich gemacht früher, na, ich war in der Papierbranche! Habe Kuverts geklebt an der Maschine, Briefkuverts. Das war Akkordarbeit. Während der Kriegszeit war ich dienstverpflichtet in Oberschöneweide, auch in einer Fabrik. Nun sitze ich hier, und mein Mann ist schon etliche Jahre tot – der hat ja nur gesoffen, gesoffen, gesoffen! Ich hatte immer Angst.« Sie zeigt sie auf ihre linke Brust und sagt: »Die sitzt da, die Angst, unterhalb vom Herzen, und manchmal hab' ich davon solches Bauchweh!«

»Frau Bolzmann hat eine Tochter und einen Enkel«, fügt Hildegard hinzu, »sie ist eine der wenigen hier im Moment, die Angehörige haben.« Auf meine Frage nach ihrem Alter, möchte sie, daß ich es schätze; 75 bis 80 schätze ich. »Ne, 85 bin ich!« sagt sie zufrieden, und der Schimmer eines Lächelns überfliegt ihr ernstes Gesicht. Die Vögel nutzen die Pause und zwitschern heftig. »Der eine«, sagt Hildegard, »ist uns an Silvester zugeflogen, einfach so. Deshalb heißt der Silvester, den anderen haben wir dazugeholt, der heißt Roland.« Zwei aus dem Team schauen kurz herein, begrüßen uns freundlich, tauschen mit Hildegard ein paar Informationen aus und gehen wieder. Frau Kroll lacht sehr, weil eine Betreuerin beinahe über meine am Boden stehende Tasche gefallen wäre. »Es geht nirgends gemütlicher zu wie hier«, sagt Frau Kroll. »Ja, das ist ein Paradies! Wenn man bedenkt, das liegt mitten in Berlin! Kein Auto, keine Fußgänger. Eine Ruhe haben wir hier! Selbst im Stadtpark dagegen ist es laut ... Kommen Sie von einer Firma?!« fragt sie unvermittelt in geschäftsmäßigem Ton. Wir sagen: »Nein, von der Zeitung.« »Ne, Zeitung lese ich nicht!« sagt Frau Kroll entschieden. Hildegard blättert in einem Fotoalbum, und Frau Kroll fügt rügend hinzu: »Manche sind bis elf, halb zwölf vor dem Fernseher. Ich nicht! Das ganze Leben ist Fernsehen.« Sie lacht sehr, während die beiden anderen Frauen unter dem Mangel an Ansprache und Zuwendung mürrisch erstarren. Hier wird transparent, wie fein gewebt die Fäden der Konversation sich miteinander verschränken, wenn das Schiffchen der Rede von einer zur anderen Seite hin und her bewegt wird, und wie nichts davon entsteht, wenn sich das Interesse auf nur einen Faden richtet. Das betrifft natürlich auch Gespräche generell.

Hildegard zeigt uns Fotos. »Hier, eine Bewohnerin, die leider schon gestorben ist, sie war unsere Älteste gewesen, mit 98. Und das ist ›Sabbel‹, der Hund einer Kollegin, der immer hier war, und der hatte sich auch verabschiedet von der sterbenden Bewohnerin, sie hat ihn gestreichelt. Er ist in ihr Zimmer gegangen, hat es geahnt. Seit kurzem ist ›Sabbel‹ auch tot«, erklärt Hildegard, und Irmchen sagt zögernd: »Ach ja?« Hildegard legt das Album zur Seite, deutet diskret zum Küchentisch und stellt uns Frau Kurfürst vor, die immer noch, oder wieder, eine Zigarette raucht und blicklos über einer Zeitung sitzt. Sie schweigt. »Frau Kurfürst war bei der AEG früher, sie fuhr ein Auto, war sehr emanzipiert, muß man sagen. Sie mußte unlängst wegen einem Sturz ins Krankenhaus, und das ist für sie sehr schlimm gewesen, besonders psychisch, wodurch sich die Demenz sehr verstärkt hat. Erst jetzt, allmählich, scheint es wieder etwas besser zu werden. Um Ostern herum war ihr Sohn da, er kam aus England. Er ist ja nun auch schon über sechzig. Es hat ihn sehr getroffen, daß seine Mutter ihn nicht mehr erkannt hat. Wir machen ja auch viel Biographiearbeit, um das eigene Leben den Leuten auch immer wieder in Erinnerung rufen zu können. Wir gucken oft gemeinsam alte Fotos an. Und Frau Kurfürst hat also von hundert Fotos, die sie vielleicht hat, nur noch auf die paar reagiert aus ihrer Kindheit. Und da habe ich ihr dann ein Foto gezeigt, auf dem der Sohn als Kind mit seiner Schwester zu sehen war, und sagte zu ihr: Na, jetzt schaun Sie sich das mal an, hier sitzt der Mann, ihr Sohn, wie hat der sich verändert! Und sie hat ihn einen kurzen Moment angeschaut, zum ersten Mal, und sagte ihm ganz freundlich: Nun sagen Sie mal, sind Sie wirklich derselbe wie auf dem Bild da? Nachdem er schon so traurig war, hat es ihn wenigstens ein bißchen gefreut, daß sie es immerhin in Erwägung gezogen hat, daß er ihr Sohn ist.«

Wir verlassen die Küche mit einem Abschiedsgruß, verabschieden uns auch von den drei Bewohnerinnen nebenan. Irmchen, vermutet Hildegard, möchte sich gerne auf ihr Zimmer begeben, Musik hören und etwas Schokolade essen. Frau Bolzmann verabschiedet sich formvollendet, und Frau Kroll erzählt, daß sie jeden Morgen betet. Auf die Frage nach dem Gebet, sagt sie es brav auf wie ein Kind: »Wie fröhlich bin ich aufgewacht, wie hab' ich geschlafen so sanft die Nacht. Hab Dank im Himmel, du Vater mein, daß du hast wollen bei mir sein, beschütze mich auch diesen Tag, damit mir kein Leides geschehen mag. Amen. Die haben mich immer ausgelacht, meine drei Schwestern, weil ich gebetet habe, auch meine drei Brüder, die in Stalingrad geblieben sind, haben gelacht über mich. Die sind alle tot, aber ich lebe noch!« Sie ruft uns zum Abschied mit Geschäftsstimme nach: »Und kommen Sie bald mal wieder.« Hildegard legt den Arm um die sich nunmehr unsicher zur Tür hinausbewegende Frau Irmchen und sagt: »Gleich geht es leichter. Im Flur ist der Haltegriff.« An der offenen Tür eines geräumigen, mit privatem Mobiliar wohnlich ausgestatteten Zimmers, sitzt eine korpulente Frau in ihrem Sessel. Eines ihrer Beine ist gewickelt. »Hallo, Frau Hirschfeld, darf ich Ihnen diese beiden Damen von der Zeitung vorstellen, sie werden was schreiben über die Wohngemeinschaft hier.« »Na ja, das macht doch nichts!« sagt Frau Hirschfeld in beruhigendem Tonfall. »Wollen Sie nach vorne kommen, oder wollen Sie hier sitzen bleiben, so ganz ohne Gesellschaft?« fragt Hildegard, während sie Irmchen, die auf der Toilette ist, zurückerwartet. »Ich habe nie Gesellschaft«, sagt Frau Hirschfeld entschieden, »ich will meine Ruhe haben. Ich hab' mein Leben lang genug Gesellschaft gehabt. Ich hatte Kinder! Aber irgendwann gehen die ja dann weg. Mein Sohn ist Koch...« Wir verabschieden uns und wünschen alles Gute, sie dankt. Frau Irmchen wird in ihr Zimmer geführt.

Danach verlassen wir mit Hildegard die WG, um zu ihr nach Hause zu fahren, zum Gespräch. Sie erklärt, daß es keinerlei Büro oder Aufenthaltsraum fürs Personal gibt in dieser Wohnung, denn Mieter sind die sechs Frauen, und auch das Pflegeteam ist sozusagen nur zu Besuch. Wir fragen nach den Kosten für die Bewohner.

»Also 200 Euro Mietanteil – der an den Vermieter geht –, dazu 210 Euro Wirtschaftsgeld für Essen usw., die Pflegekosten betragen dann noch mal 3200 Euro, und davon gehen dann ab die 921 Euro, die die Pflegekasse bei ambulanter Pflege für die Pflegestufe zwei gewährt; für die meisten bezahlt das Sozialamt die Differenz, denn so viel Geld hat ja kaum einer.«

Hildegard Eichhorn wohnt im Ostteil der Stadt, im Bezirk Prenzlauer Berg, in einer kleinen Dreizimmerwohnung im sanierten Altbau. Wir dürfen wählen und entscheiden uns für die Küche. An den Wänden hängen Kinderzeichnungen, am Küchenschrank Familienfotos. Draußen, im kleinen, mit Efeu bewachsenen Hinterhof, fliegen weiße Blüten durch die Luft.

»Ich war ja früher ganz normal in der häuslichen Krankenpflege, das war damals wirklich noch ganzheitlich, also, nah am Körper, und natürlich gab es die emotionale Zuwendung, das Zuhören, Lachen, Streicheln und auch Trösten bis hin zur sogenannten Finalpflege, zur Sterbebegleitung. Das ist alles weggefallen, jetzt geht es nur noch nach Zeit und Zeiteinheiten. Emotionale Zuwendung ist nicht mehr vorgesehen, auch eine ›Finalpflege‹ ist nicht mehr abrechenbar, ist weggefallen, gestrichen aus Kostengründen. Jetzt müssen sie zum Sterben ins Krankenhaus. Schrecklich! Ich bin so glücklich, daß wir diese WG gegründet haben, denn wir kümmern uns 24 Stunden um unsere Bewohner. Und da sind alle Formen der menschlichen Zuwendung möglich, bei dieser Art der Organisation der Pflege, weil eben das Geld zusammengeschmissen wird und alles an einem Ort stattfinden kann. Bei uns dürfen die Bewohner auch sterben, in ihrem eigenen Zimmer, wir schicken sie nicht weg, wenn die Pflege umfangreicher und intensiver wird. Also, keine Verlegung aus Kostengründen ins Krankenhaus! Und es ist ja so: Wer in eine WG geht und gut betreut wird, der stirbt nicht so schnell. Der ist sozusagen ein ewiger Kunde! Das muß man wirklich sehen. Und der muß auch nicht wegen jedem Pups ins Krankenhaus, weil wir ja rund um die Uhr da sind.

Ganz wichtig ist natürlich fürs Gelingen – und das kann man gar nicht genug herausstreichen – ein gut zusammenarbeitendes, gut motiviertes Team. Und das haben wir geschafft. Wir arbeiten alle auf gleicher Augenhöhe, ganz ohne Hierarchie. Und wir sind uns einig im Konzept. Das ist enorm wichtig, denn eine schlecht geführte WG wäre die Hölle für die Bewohner, grade für Demente, die sich nicht wehren können. Eine schlecht geführte WG ist schlimmer als ein schlecht geführtes Heim! In einer gut geführten WG brauchen Sie in der Regel auch keine Psychopharmaka, da werden Unmut, Aggression, Stress – alles eben, was bei Demenzkranken auftritt – gar nicht erst groß hochkommen. Wir achten sehr aufmerksam auf die ganzen kleinen, leisen Schwingungen, und wir gehen gleich darauf ein, besänftigend, ablenkend. Die Verwirrung ist ja schon anstrengend genug für die Leute, da ist es erleichternd, wenn von uns alles, was die Seele stört, möglichst ferngehalten wird. Wir machen einen ganz individuellen Pflegeplan, mit biographischer Anamnese und allem, damit wir anknüpfen können und verstehen, damit wir die Vorlieben usw. kennen. Denn Demenzkranke sind ja nicht geprägt durch immer weiter fortschreitende Abstumpfung und Verblödung bis hin zum Verlöschen jeder Persönlichkeit, das ist ein vollkommen überholtes Klischee. Demenz ist ein Prozeß mit individueller Entwicklung und wird in einem ganz gravierenden Ausmaß von sozialpsychologischen Faktoren beeinflußt, davon, wie der Demente teilnehmen kann an einem anregenden Alltagsleben, an Kommunikation, an der Beschäftigung mit alltäglichen Dingen. Sie können sich ja nicht selbst beschäftigen. Demente lesen nicht, sie haben vergessen, was ein Text ist, ein Buchstabe, ein Buch. Die Gefühlsebene hat sozusagen die Aufgaben des Kopfes übernommen. Und da sind die Empfindungen sehr reich und differenziert, nur ausdrücken können sie sie eben selten. Deshalb ist es so besonders wichtig, daß die Pflegenden, neben der Erfahrung und dem technischen Können in der Altenpflege, eine Fähigkeit zur Empathie mitbringen! Man muß sich hineinfühlen können und unter dem wirren, unstrukturierten und unvorhersehbaren Verhalten den Kern entdecken, die Wünsche, Ängste, Empfindungen.

Nehmen wir als Beispiel Irmchen. Sie braucht das Gefühl,

mindestens vier Tempo-Taschentücher zu haben, am besten in jeder Tasche noch mal zehn, sonst fühlt sie sich nicht sicher und ist verzweifelt. Das hat eine ganze Weile gedauert, bis wir das rausgekriegt hatten. Dabei ist sie jemand, der immer nur die Nase hochzieht, das ist regelrecht ein Tick. Sie hat diagnostizierten Alzheimer, was ganz selten ist, also, daß einer alle Ausschlußdiagnosen hat. Sie ist auf eine merkwürdige Weise blind – das hat kein Augenarzt rausgekriegt, an den Augen liegt es nicht –, sie kann das Bild anscheinend im Gehirn gar nicht verarbeiten. Sie erkennt und sieht das Essen auf dem Teller nicht, ich glaube, auch unsere Gesichter sieht sie nicht. Das ist nur *eine* Form ihrer Orientierungslosigkeit. Aber wie sie aufblüht, wenn man bei ihr den roten Faden findet, das haben Sie ja gesehen. Und sie liebt Witze, sie liebt Deftiges, obgleich sie andererseits sehr schamhaft ist. Sie liebt alles, was Wortspiel ist, und natürlich Musik, Gesang und das Lyrische. Das glauben Sie nicht, wie sie es regelrecht verkostet, wenn man zu ihr sagt: ›Ach wenn's doch erst GELINDER und Frühling wieder wär ...‹

Es sind diese ganz individuellen Rituale, die so wichtig sind, die dieses ›Verkosten‹ möglich machen. Das Wort ist übrigens nicht von mir, es ist von Ignatius von Loyola, der sagte nämlich: ›Nicht das viele Wissen bringt die Seele zum Frieden, sondern das innere Fühlen und Verkosten der Dinge.‹ Und das andere ist eben dieses starke Sicherheitsgefühl, das sich an scheinbar unwichtige Kleinigkeiten wie Tempo-Taschentücher knüpft. Bei Frau Kurfürst, unserer Raucherin, da ist es die Handtasche. Die braucht sie. Sie könnte da irgendwo in der Unterhose sitzen, aber die Handtasche, die braucht sie. Beim Waschen wird sie sofort unruhig, und man muß sie ihr zwischendurch mal zeigen. Sie sagt nicht, was sie will, wir müssen es wissen. Nach dem Frühstück die Zigarette und die Zeitung und das Sitzen auf ihrem festen Platz, das ist alles immens wichtig. Oder Frau Bolzmann, die ja nicht dement ist, sondern Angstpatientin, für sie ist ganz wichtig, daß sie jeden Dienstag im Rollstuhl in die Markthalle gebracht wird. Dort trinkt sie einen Kaffee, und sie gibt dem jungen Mann, der sie fährt, einen Kaffee aus. Das liebt sie sehr. Diesen Termin hat sie immer im Kopf, darauf freut sie sich. Oder Frau Kroll, Frau Schneidermeisterin Kroll, die jeden Tag Kartoffeln schält. Sie schält nicht einfach nur Kartoffeln. Nein. Da muß die Zeitung liegen, das Messer mit dem blauen Griff, und dann schält sie so, wie sie das siebzig Jahre lang gemacht hat. Die Schalen schlägt sie in die Zeitung ein, faltet das so und so, ganz ordentlich, und sie bringt das dann auch selber weg. Wenn alles gut ist, dann bewegt sie sich in ihrer Küche, dann weiß sie genau, wo der Abfall ist, das Geschirr, die Töpfe. Und Frau Hirschfeld, die in ihrem Zimmer bleibt und Gesellschaft nicht so mag, die ist eine hervorragende Köchin und Abschmeckerin, das macht sie mit sicherer Hand; ihr Sohn ist ja auch Koch geworden.

Für das alles braucht es Zeit und Langsamkeit, Geduld. Wenn der Tag eine Struktur hat, durch viele, viele Alltagsrituale, dann sehen Sie, wie die Leute aufleben, auch wenn sie nicht mehr viel selbst machen können – wir machen ja den Einkauf und den gesamten Haushalt, sozusagen nebenbei –, aber sie haben irgendwie das Gefühl, beteiligt zu sein. Sehr wichtig ist das gemeinsame Mittagessen. Den großen Tisch haben wir uns extra machen lassen für die Küche, damit jeder seinen festen Platz hat. Und ich finde es auch ganz besonders wichtig, daß wir normal mitessen – im Heim läuft das ja alles ganz getrennt. Wir essen, und nebenbei sind wir behilflich beim Essen, soweit es notwendig ist. Und wir reden viel, denn untereinander findet ja kaum Kommunikation statt, diese Fähigkeiten sind weitgehend verloren, wenn aber ein Anstoß kommt, wenn eine Stimmung entsteht und bestimmte Worte fallen, dann geht es auf einmal los, da kann jemand wie Frau Kroll von morgens bis abends erzählen. Aber der Anstoß ist eben nötig, die Assistenz und das Einfühlungsvermögen. Das brauchen wir ja letztlich alle.«

Wir bitten nun um ein paar Details zur eigenen Biografie: »Ich? Also, ich bin jetzt 61 Jahre, bin in der Nähe von Mönchengladbach geboren und in einem katholischen Haushalt aufgewachsen, in einer sehr offenen, kirchlichen Weise. Später wurde ich dann eher etwas kirchenkritisch, und auch deshalb konnte ich nicht Gymnasiallehrerin für Latein und katholische Theologie bleiben. Aber es hat mich auch das Pädogogische nicht interessiert. Ich wollte mit den Händen arbeiten, mit Menschen, und das war dann der Grund, weshalb ich diese zweite Ausbildung zur Altenpflegerin machte. Ich hatte und habe ein ausgesprochen positives Echo in mir, wenn ich an Alter denke. Auch für das Körperliche, mit allem, auch negativen Gerüchen, sag ich mal, das ist alles positiv besetzt. Die Ursache ist meine Oma. Die Oma, das war die nicht zensierende Instanz in meinem Leben. Ich bin nicht aufgewachsen bei ihr, aber die Aufenthalte waren prägend. Nach dem Tod meines Großvaters durfte ich mal so zwei Monate lang bei ihr leben und im Bett des Verstorbenen bei ihr schlafen – ich hatte ihn noch da liegen sehen, als Toten. Als Kind ist man da anders. Und vielleicht bin ich das auch ein bißchen geblieben. Jedenfalls kristallisierte sich heraus, daß mir das gefällt, mit Alten. Und die Defizite des Alters, besonders auch bei Schlaganfallpatienten und Dementen, die fand ich, ehrlich gesagt, eigentlich immer verständlich. Immer! Also, mein erster Blick – und da könne Sie mir einen ›Knalldementen‹ vorstellen, der nichts mehr sagen kann –, der richtet sich nicht auf die Demenz. Der Blick ist mehr von emotionaler Art, da passiert ja was, wenn man einem Menschen gegenübersteht, da entsteht ein Kontakt, der wird fühlbar, und der ist auch da beim Gegenüber, ganz eindeutig! Und ich bin nicht alleine mit dieser Sicht, ich habe Kollegen, die das auch so sehen.

Wissen Sie, das ist etwas ganz anderes, auf dieser auch sehr stark emotionalen Ebene arbeiten zu können. Es war nicht diese Flickschusterei wie in der Schulpädagogik. Vielleicht ist es so, vielleicht kann ich das so sagen: Wissen Sie, mir gefällt einfach, so direkt zu sehen, wo innen drin dieses Leben entsteht. Also, jetzt im Sinne einer seelischen Lebhaftigkeit, die die Person dann auch positiv stimmt. Das gefällt mir. Ich selber war mal – das ist aber schon lange her – in einem seelische Zustand, der weit davon entfernt war. Ich würde sagen, ich war richtig in einer tiefen Depression drin. Und ich weiß, wie toll das ist, wenn man wieder rausfindet und das, was ich beschrieben habe, wiederfindet. Also, es ist immer von Vorteil, wenn man in der eigenen Biographie solche Erfahrungen hat, aus denen man schöpfen kann. Und wer gut gestimmt ist, das sehe ich bei unseren so stark beeinträchtigten Bewohnern, der wird auch angeregt. Wir sehen dann viel deutlicher, da und da sind noch Quellen, die Zufriedenheit und auch Selbstbewußtsein für den Moment schaffen. Oder, was auch gelingt, viel leichter in Fähigkeiten und Tätigkeiten umgemünzt werden können, die sonst vollkommen verschüttet würden. Und das sieht vielleicht nach nichts aus, einen Teller auf den Tisch stellen, Kartoffeln schälen, eine Zeitung falten zu können, aber für Frau Kroll ist das lebenswichtig. Früher gingen einige der Damen ja noch mit einkaufen in die Markthalle hier, dann wurden sie aber älter und gebrechlicher, und blieben lieber zu Hause. Wissen Sie, wir machen mit den Leuten kein zielgerichtetes Mobilisierungs- und Orientierungstraining mehr, wir machen mit ihnen das, was sie im Rahmen ihrer Grenzen leisten können. Und leisten wollen, denn das muß ja auch Berücksichtigung finden. Derzeit verläßt nur Frau Bolzmann regelmäßig das Haus. Ansonsten führen wir die Damen raus an die frische Luft, sie sitzen viel draußen auf dem Balkon und im Garten. Und jeden Tag planen wir zusammen mit den Damen das Essen, und da hat jeder natürlich seine Lieblingsgerichte, bis auf Irmchen, die sich nicht so viel aus dem Essen macht. Und daneben, aber das ist natürlich das Selbstverständliche für uns, da muß die ganze Pflege laufen, denn sie brauchen ja für jede Verrichtung

Hilfe, bzw. sie können es gar nicht mehr. Also, das ist eine ganz körpernahe Pflege, Intimpflege, Prothesen reinigen, anziehen, kämmen, Nagelpflege usw. und natürlich, wenn nötig, Beine wickeln gegen Thrombose oder einen Einlauf, Medikamente verabreichen usw., was eben so alles anfällt. Das alles geht langsam, braucht viel Geduld und Überredungskunst. Bis wir dann auch noch Ordnung und Sauberkeit hergestellt haben in der Wohnung, hatten sechs Hände ganz schön zu tun und waren vollauf beschäftigt.

Nachmittags nach dem Schlafen, nach Kaffee und Kuchen, spielen wir dann oft ›Mensch ärgere dich nicht‹, oder es werden Rätsel geraten, Märchen vorgelesen. Manchmal spiele ich auf der Gitarre und singe, und kaum habe ich angefangen, fallen die Damen sofort in die Lieder ein. Sie können zum Teil mehrere Strophen, das ist ganz erstaunlich. Weil ja sonst das Erinnerungs- und Sprechvermögen stark reduziert oder gestört ist. Am ehesten lockert sich das im Einzelgespräch, also bei hoher Konzentration aufeinander. Und beim Singen! Das Singen löst Blockierungen auf. Ich merke das ja auch an mir selbst. Ich singe im Post-Chor – das ist ein ganz besonderer Chor –, und da wird eben auch deutlich, wie man Routine braucht, üben muß und jedes mal wieder neu anfängt. Und dann ist da das, was die Blockaden abbaut, das ist der Moment, wo man erlebt, wie die eigene Stimme zusammen mit den anderen Stimmen einen Klang erzeugt, den keiner allein erzeugen könnte. Und wenn der dann stimmt, dann freun sich alle. So ist es auch beim Demenzkranken. Beispielsweise singen wir das Lied ›Die Gedanken sind frei, wer kann sie erraten, sie fliehen vorbei, wie nächtliche Schatten‹, da sitzt eine Frau, die überhaupt nicht mehr spricht, und wenn ich die anschaue und sage: ›Die Gedanken sind …?‹ und mache eine Pause, dann kann es sein, daß sie sagt: ›… sind frei.‹«

21

LEBEN FÜRS SOZIALE

HAUSMEISTERIN

Bea Fünfrocken, selbständige Elektrikerin u. Hausmeisterin in der »Schoko-Fabrik«, Berlin. 1969 Einschulung i. d. Grund- u. Hauptschule Überherrn/Saarland, 1974 Übergang z. Robert-Schumann-Gymnasium, Saarlouis, 1982 Abgang m. d. Allgemeinen Fachhochschulreife. 1982–1996 div. Ausbildungen: zur Hauswirtschaftlerin zur Heilerziehungspflegerin u. z. Elektroinstallateurin. Div. Berufstätigkeiten u. ab 1999 Hausmeisterin i. Frauenzentrum Schokoladenfabrik e. V. Seit 2003 nebenberuflich mit ihrem Kleinstbetrieb »crassa minerva« als Reparaturhandwerkerin tätig. Seit 1995 i. div. politischen Gruppen aktiv, u. a. Friedens- u. Anti-AKW-Bewegung; 1988/89 Mitherausgabe eines autonomen Frauen- u. Lesben-Infos/ Ffm; 1988–93 Frauengruppe gegen Gen- u. Reproduktionstechnologie, Mai 1990 antieugenische Infoveranstaltung: »Zur Kontinuität der ›Ausmerze lebensunwerten Lebens‹«. 1990 u. f. Hausbesetzungen i. d. Mainzer Straße, Grünbergerstraße, Dieffenbachstraße. Seit 1994 i. d. anarchofeministischen Frauen- u. Lesbengruppe »Las Loccas« Mitgestaltung d. Bildungsseminare. Seit vielen Jahren zusätzlich Technikkurse f. Frauen. 2003 Mitbegründerin der »Genossinnenschaft Schokofabrik«, das. Aufsichtsrätin. Wohnt seit 2004 i. kollektiven Kreuzberger Gewerbehof »Kerngehäuse«. Bea Fünfrocken wurde 1963 in Ensdorf/Saarland geboren – ihr Vater war Bergmann, die Mutter Hausfrau –, sie ist ledig, kinderlos u. lebt in fester lesbischer Beziehung.

Die Schokofabrik liegt im Berliner Bezirk Kreuzberg, zwischen dem Künstlerhaus Bethanien und dem Heinrichplatz. Vor dem Mauerfall eine heruntergekommene Wohngegend in Grenznähe, bevorzugt von Autonomen und eher Schlechterverdienenden bewohnt, ist hier heute alles saniert und wirkt ein wenig verödet. Das Politische hat sich verflüchtigt oder nach innen zurückgezogen. Farbe und Lebhaftigkeit gehen einzig noch vom türkischen Straßen- und Geschäftsleben aus. Bea Fünfrocken empfängt uns in einem ehemaligen Laden in der Naunynstraße, in dem das Büro des Schoko-Frauenzentrums untergebracht ist. Im Schaufenster liegen aufgefächert blaue Broschüren zum Angebot des Frauensports, an der Hauswand geben glänzende Metallschilder Auskunft über Angebot und Öffnungszeiten der einzelnen Projekte. Das Büro ist an diesem Tag ungenutzt. Wir lassen uns nieder am Besuchertisch zwischen wohlgeordneten Schreibtischen mit Computern, Aktenregalen und Pinnwänden. Bea bewirtet uns mit Kaffee und erzählt:

»Also, drüben, die beiden Hinterhäuser in der Mariannenstraße, das war früher ja mal die Kreuzberger Schokoladenfabrik Greiser & Dobritz. Sie hat 1968 geschlossen und ist danach mehr als zehn Jahre leergestanden, bis die Gebäude dann 1981 besetzt wurden. Da war schnell klar, es sollte ein autonomes feministisches Frauen- und Lesbenzentrum gegründet werden. 1982 wurden die Häuser legalisiert und mit Hilfe von öffentlicher und privater Unterstützung zum Frauen-Stadtteil-Zentrum Kreuzberg e. V. Schokofabrik ausgebaut. Nach der Wende wurde es dann langsam schwieriger, als die Fördermittel knapper wurden in der Stadt. Und dann kam die Verkaufsgeschichte. Die Gebäude hier gehörten ja der GSW, der ›Gemeinnützigen Siedlungs- und Wohnungsbaugesellschaft‹, sie war achtzig Jahre lang öffentliches Eigentum. Der Senat hat die GSW dann 2004 an die US-Investgesellschaft ›Cerberus‹ verkauft. Und 2003 haben wir gesagt, wir sollten das kaufen, denn sonst sind wir weg vom

Fenster. Geld hatten wir keins und haben dann mit Anne Wulff zusammen, vom Finanzkontor, das Genossinnenschaftsmodell entwickelt. Und 2004 haben wir's dann tatsächlich gekauft, insgesamt vier Häuser: Also, hier die Naunynstraße – Vorder- und Hinterhaus – ist Frauenwohnprojekt und wurde von den Frauen als Eigentumswohnungen gekauft, und wir haben als Genossinnenschaft drüben die Mariannenstraße gekauft, Vorder- und Hinterhaus. Hinten sind unsere Veranstaltungsetagen. Da sind auf etwa 1000 Quadratmetern, verteilt auf sechs Etagen, unsere Dienstleistungen, sag ich mal, und sozialen Angebote untergebracht. Das sind: die Sport- und Tanzetagen, der Treffpunkt für Frauen und Mädchen aus der Türkei, die Tischlerinnenwerkstatt und das Café im Erdgeschoß, das aber derzeit geschlossen ist, und unten im Haus befindet sich das Frauenbad, der Hamam. Das Vorderhaus ist normal vermietet. Und hier in der Naunynstraße haben wir dann noch das Büro, den multikulturellen Schülerinnenladen ›Schokoschnute‹ und die Beratungsstelle für Rechts-, Miets-, Erwerbslosen- und psychosoziale Beratung. Also, dieser ganze Teil ist das Frauenzentrum, und das ist sozusagen Mieterin bei der Genossinnenschaft. Und damit das auch funktioniert, haben wir die Aktion ›1000 Tanten für die Schokofabrik‹ gemacht; die Schokotanten helfen uns mit einem Monatsbeitrag von 2,50 Euro, die Betriebs- und Unterhaltskosten aufzubringen. Es läuft, aber wir müssen gut kalkulieren. Es arbeiten jetzt zwanzig Frauen im Projekt.

Meine Arbeit als Hausmeisterin ist quasi so im Schnittpunkt angesiedelt, ich bin für alle vier Häuser und zwei Grundstücke zuständig und für die gesamte Hausverwaltung. Dafür habe ich achtzehn Stunden in der Woche zur Verfügung, da muß ich schon sehr strukturiert vorgehen, um die Arbeit zu schaffen. Aber ich habe ja mal ›ländliche Hauswirtschaft‹ gemacht, da lernt man strukturieren, das kommt mir jetzt zugute.« Wir fragen nach dem Hamam, und ob auch türkische Frauen kommen.

»Na, eher nicht, die kommen aber zum Treffpunkt und in die Beratung. Damals, als das alles hier aufgebaut wurde, da gab's die Idee, etwas türkische Kultur herzuholen. Unsere Architektinnen sind sogar in die Türkei gefahren und haben sich das dort angeguckt. Was rausgekommen ist, das ist halt so eine Mischung aus deutschem Bad- und Schwimmbadstil, mit ein paar orientalischen Akzenten wie die Mosaikkuppel und die Badenischen mit den Marmortrögen, na ja, und dann hat man halt mit Tüchern, Teppichen und orientalischen Lampen etwas Farbe reingebracht. Heute würde man das, glaube ich, anders bauen. Aber die Frauen kommen gern, das wird auch gern verschenkt, so ein Hamambesuch. Es gibt auch eine winzige Sauna und Räume für Pflege und Kosmetik und für Massage und Entspannung. Drei Stunden baden kosten zwölf Euro, fünf Stunden 21 Euro. Behandlung wie Massagen, Peeling, Enthaarung usw. kostet natürlich extra, Beinenthaarung z. B. 26 Euro. Ja, nichts für Hartz-IV-Empfängerinnen, das stimmt, aber der ganze Bereich ist sehr teuer, weil man ausgesprochen viel Wasser braucht, Strom, Heizung. Im Baderaum sind immer 32 bis 35 Grad, das kostet. Es ist halt in der gesamten Schoko so, das sollte ja nicht kommerziell genutzt werden ursprünglich, alles war Teil des Hauses und für die Frauen selbst gedacht. Die Sportetage war anfangs auch nur zum Einüben der Selbstverteidigung für die Frauen hier, aber dann haben sie sich eben langsam zu Unternehmerinnen entwickelt.«

Wir möchten wissen, weshalb sie Elektrikerin wurde. Lachend sagt sie: »Ich hatte eigentlich nie vor, Elektrikerin zu werden. Am besten, ich erzähl mal von vorne: Ich habe eine ›Ausbildung zur Bäuerin‹ gemacht ursprünglich. Das haben sich die Bäuerinnen mal richtiggehend erkämpft, denn vorher waren sie ja nur die Frau von Bauern. Also, ich komme nicht vom Land, wir hatten keinen Hof. Mein Vater war Bergmann, meine Mutter Hausfrau. Wir wohnten in einer Bergarbeitersiedlung. Ich ging aufs Gymnasium, weil ja damals auch Arbeiterkinder aufs

Gymnasium konnten, heute eher nicht mehr so. Und mir war bald klar, ich will nicht studieren. Dann habe ich abgebrochen und wollte Gärtnerin werden, hab' auch ein Praktikum gemacht, aber der Chef hat gesagt, wir nehmen keine Frauen, denn Frauen werden schwanger, und sie können keine Schubkarren fahren. Bei einer Klassenfahrt in den Schwarzwald hatte ich mal gehört, daß es ›Dorfhelferinnen‹ gibt, ausgebildete Bäuerinnen, die, wenn die Bauersfrau krank ist oder verstirbt, da professionell aushelfen. Da dachte ich, das mache ich, und habe mir bei der Landwirtschaftskammer eine Liste geholt und mich beworben.

Gleichzeitig hatte ich mich beworben um eine Stelle als Au-pair-Mädchen in Frankreich. Die bekam ich auch, und da habe ich es bei der Landwirtschaftskammer durchgesetzt, daß mir das anerkannt wird als erstes Ausbildungsjahr. Ich hatte gesagt, ich will eine Familie auf dem Land. Ich bin dann holterdipolter innerhalb kürzester Zeit hingefahren, kam mit meinen Jeans und mit meinem Flanellhemd abends auf dem Bahnhof an in La Rochelle und wurde von einer sehr eleganten Dame mit zwei kleinen Jungen in Matrosenanzügen abgeholt. Wir fuhren dann in die Villa der Schwiegereltern. Das war die Familie Godet, die sind berühmt in Frankreich, weil sie zu den ältesten Cognac-Herstellern gehören, ich glaube 1780 haben sie damit angefangen, in der Charante Maritime. Na, da war ich gelandet und sollte also nun gleich den Kindern die Crevetten auf ihren Tellern herrichten zum Essen. Ich hatte bis dahin noch nie im Leben Crevetten gesehen und habe gerätselt, was man nun damit macht. Ich war vollkommen irritiert; ich kannte so eine Welt bis dahin überhaupt nicht, wußte nicht mal, daß so was existiert. Sie haben mir dann aber alles gezeigt und waren sehr nett. Ich mußte nicht putzen, nicht waschen, nicht kochen wie die anderen Au-pair-Mädchen, sie hatten Personal. Ich mußte mich nur um die Kinder kümmern, Madame Bodet war wieder schwanger. Französisch konnte ich ja so einigermaßen. Dort blieb ich also ein Jahr lang.

Als ich zurückkam, da war das mit der nächsten Stelle ja schon ausgemacht. Die war auf einem Hühnerhof, ganz konventionell modern, mit Legebatterie und so. Das war der Horror, aber ich habe natürlich eine Menge gelernt, im Garten, das Kochen, den Haushalt organisieren. Aber ich mußte auch mitschlachten. Also, auf dem Bauernhof gibt es eine ganz rigorose geschlechtsspezifische Arbeitsteilung. Ich war völlig geplättet. Es gibt bestimmte Arbeiten, die macht der Bauer. Kopf abhacken war ganz klar seine Sache. Dann mußte ich das übernehmen, den zappelnden Rest. Rupfen, dann halt hinten aufschneiden und … Ich kann mich noch erinnern, wie ich das erste Mal in so ein Huhn reingreifen sollte, die sind ja noch sehr warm von der Todesangst, ich hatte richtig Beklemmung. Ich habe mich nie richtig daran gewöhnen können. Dann gab's so ein Rollband, wo die Eier sortiert wurden, nach den Größen. Also, Eier sortieren, das ist auch Frauenarbeit. Mal war die Oma krank, und die Frau konnte auch nicht, da mußte die Tochter anreisen, denn der Bauer hat sich geweigert, das zu übernehmen. Was sonst noch sehr auffiel, war die Sprachlosigkeit in der Familie, auch beim Essen. Das kannte ich von zu Hause gar nicht, und auch in La Rochelle war's natürlich vollkommen anders. Nee, die waren stumm, der Bauer hatte seine rechte Nationalzeitung immer da liegen. Da war ich ein Jahr, und ich mußte auch immer zu Berufswettkämpfen. Man muß kochen, den Tisch richtig nach Vorschrift decken, Kräuter bestimmen, irgendwas nähen oder sticken, währenddessen draußen die Jungbauern sich beim Wettpflügen präsentiert haben. Das ging mir schon sehr gegen den Strich! Ich habe eine gefüllte Tomate gekocht, in der innen was stocken mußte. Ich habe sogar einen Preis gemacht und irgendein Buch bekommen.

Als nächstes war ich dann auf einem kleinen Milchviehhof, 45 Kühe so etwa, da war's total nett, aber im Prinzip nicht anders, wo der Altbauer auch gefunden hat, ich darf nicht auf dem

Trecker fahren. Als ich kam, hatte meine Chefin grade einen Nervenzusammenbruch hinter sich. Sie haben immer gesagt, sie soll sich mal nicht so anstellen. Das wird ja nicht als ernsthafte Erkrankung betrachtet. Aber sie haben schon irgendwie gesehen, daß wenn die Bäuerin ausfällt, daß dann nicht nur der bäuerliche Haushalt, sondern das ganze Unternehmen zusammenfällt. Und zwar mehr als nötig, auch aus Trotz. Die Rolle der Bäuerin ist einfach die, daß sie, wenn Not am Mann ist, alles können und alles machen muß, das ist ganz selbstverständlich. Umgekehrt für den Mann gilt das überhaupt nicht. Das ist natürlich alles gar nicht richtig definiert, das sagt keiner, das steht nirgends, aber es ist ein eisernes Gesetz. Also, Garten, Küche, Haushalt, klar, ist Frauensache. Melken, der ist ja auch irgendwie technisch so ein Melkstand, das ist Männersache. Kälberaufzucht ist Frauensache wieder usw. Es gab so ein Wirtschaftszimmer, da waren immer Berge von Bügelwäsche – ich hab seither nicht mehr gebügelt –, das war der Wahnsinn! Der Sohn war bei der Bank und brauchte jeden Tag ein frisches Hemd, die Schwiegertochter war Apothekenhelferin und brauchte ihren gestärkten weißen Kittel. Da habe ich oft stundenlang gebügelt, die Bäuerin saß an der Maschine und hat was genäht; da haben wir uns viel unterhalten, sie hat mir eine Menge erzählt.

Da war ich also auch ein Jahr, dann war ich durch und habe meinen Gesellenbrief bekommen: Hauswirtschafterin im ländlichen Bereich. Nachdem ich nun das alles gesehen und erlebt hatte, war mir klar, daß ich in diesem Beruf nicht bleiben wollte!

Ich hatte gehört, im Hunsrück gibt es ein Kleinstheim für geistig behinderte Erwachsene, die zusammen mit Betreuern auf einem Bauernhof leben und arbeiten. Das interessierte mich. Aber dafür war eine heilpädagogische Ausbildung die Voraussetzung. Also hab ich mich umgeschaut nach einer Fachschule, die kosteten damals alle Geld, aber Geld hatte ich ja von zu Hause nicht. Ich hab dann eine Möglichkeit gefunden, im St. Vincenzstift in Aulhausen, das liegt bei Rüdesheim. Es war ein Verwahrheim für etwa 350 geistig Behinderte. Und die hatten eine integrierte Schule, also, man bekam etwas weniger bezahlt, hatte dafür aber die schulische Ausbildung umsonst. Da habe ich dann meine nächsten drei Jahre verbracht, habe aber nicht im Heim gewohnt, sondern privat in einer Wohngemeinschaft. Inzwischen war ich so 23 Jahre, und ich fand das keine verlorene Zeit, sondern ganz logisch, immer weiter zu lernen. Ich hatte eine Jungsgruppe, es war ja nach Geschlechtern getrennt, ein katholisches Haus, sehr prüde, mit einem Direktor, der auch unterrichtet hat. Sonderpädagogik. Der war ein klarer Verfechter der Großverwahranstalten, nach dem alten Prinzip auch noch. Ich hatte ja inzwischen auch von der Antipsychiatriebewegung erfahren und mich damit beschäftigt. Und ich bin dann viel mit den Jungs rausgegangen, statt zu basteln oder so was. Ich hasse Basteln! Ich hatte auch keine Angst davor, wenn einer mal ausgerastet ist, ich bin gut mit denen klargekommen; die meisten konnten einigermaßen reden, hatten aber natürlich ihre Verhaltensstörungen. Ich mußte lernen, mich in diese Welt nun reinzuversetzen, in deren Welt. Das hat mich richtiggehend geprägt für mein weiteres Leben, daß ich gelernt habe zu gucken, was meint jemand eigentlich, was will jemand, auch wenn er's nicht sagt, also mich da reinzudenken in andere. Die Jungs waren so zwischen acht und sechzehn, ich hab' öfters welche mit nach Hause genommen, damit sie auch mal andere Leute und Leben kennenlernen. Dort war ich also drei Jahre, das war die Ausbildung zum Heilerziehungspfleger, damals war das was ziemlich Fortschrittliches.

Und inzwischen ist es ... 1988, IWF-Vorbereitung in Bremen, da lernte ich Frauen kennen, auch aus Berlin. Ich wollte nichts als weg vom Land, der Hunsrück war dann auch nicht mehr mein Ziel, nachdem ich gesehen hatte, daß es im Prinzip immer darauf hinausläuft, die geistig Behinderten so oder so abzusondern, statt sie mitten reinzunehmen ins soziale Leben. Also ging ich nach Berlin und habe dann erst mal übergangsweise im betreuten Einzelwohnen bei der Lebenshilfe e. V. gearbeitet, habe da ein Paar betreut, mit dem ich heute noch Kontakt habe. Dann kam die Wende, und nach der Wende war ich dann mit dabei bei der Besetzung der Mainzer Straße. Meine Freundin, meine damalige Liebesbeziehung, ist dann auch gleich dort eingezogen, und ich war die meiste Zeit eigentlich bei ihr. Da war ja die ganze Straße besetzt, zwölf Häuser, es gab ein ›Frauen- und Lesbenhaus‹, ein ›Tuntenhaus‹, Kneipe, alles. Das ging vom Frühjahr '90 bis November '90, dann kam die Räumung, angeordnet von der SPD. Das war einer der brutalsten Polizeieinsätze in der Geschichte der Bundesrepublik, und das war übrigens auch das erste ungeheuer martialische Auftreten der Westpolizei in Ostberlin. Es war wirklich das erste Mal in meinem Leben, daß ich Todesangst empfunden habe. Es war ein totales Chaos, viele waren schon abgehauen aus dem Haus oder waren draußen festgenommen worden, und wir saßen drin, in einem Raum um einen Wasserbottich herum, wegen der Gasgranaten und haben der Dinge geharrt. Draußen war Krach, und dann sind sie plötzlich von oben übers Dach gekommen in ihren schwarzen Uniformen, mit Masken und Helm. Meine Freundin war noch bei mir und ganz viele, die wir nicht kannten, waren da, Unterstützer. Ganz Jungsche zum Teil. Wir wurden sofort zusammengeknüppelt, richtiggehend zu Boden geschlagen, dann haben sie weitergedroschen, auf alles, was sich noch bewegt oder gestöhnt hat. Meine Freundin war schon ohnmächtig, neben mir lag einer, dem hatten sie den Arm zertrümmert, der fiepte nur noch, der hatte Schmerzen ohne Ende, andere haben geblutet. Ich hatte nur Schläge abgekriegt. Dann haben sie uns rausgetrieben, Beine breit, Hände an die Wand, so standen wir ewig an einer Mauer, eine Frau hatte einen Milzriß, die wurde weggebracht, der mit dem zersplitterten Arm stand an der Wand. Und hinter uns sind die Bullen hin und her gegangen, und es kamen auch Bürger vorbei, aber da hat keiner gewagt, etwas zu uns zu sagen. Es war ganz furchtbar.

Wir hatten ja jetzt kein Haus mehr, die meisten waren ohne Wohnung, da haben wir uns dann umgeschaut. Übrigens, zu dieser Zeit war ich nie in der Schoko, weil die Schoko war überhaupt kein Anlaufpunkt für so eine politische Szene, wie unsere eine war. Die haben ja von Anfang an verhandelt mit dem Senat usw. Wir haben dann ein Haus in der Grünberger Straße, auch in Friedrichshain, gefunden und besetzt, um dort ein Frauen- und Lesbenhaus aufzubauen. Na ja, in so einem besetzten Haus mußt du ja eine Menge selber machen. Einmal mußten wir ins Vorderhaus, um einen der Elektrotechniker zu fragen, ob er uns hilft, denn wir kamen nicht weiter. Das hat mich irgendwann dermaßen geärgert, daß ich mich mal so umgeschaut habe nach Elektrikerkollektiven. Ich hab' auch eins gefunden und dort erst mal ein Praktikum bei denen machen können, habe dann aber schnell gesehen, daß dieses Wissen überhaupt nicht ausreicht. Und nach einem dreiviertel Jahr bin ich dann zu ›Polaris-Elektrobau‹, das war ein gemischtes Kollektiv, und habe da meine Lehre begonnen.

In der Berufsschulklasse in Lichtenberg war ich die einzige Frau. Ich habe ein Jahr gebraucht, bevor ich mit denen in Kommunikation treten konnte, ich war ja in eine Domäne eingebrochen. Wir konnten uns aber generell nicht verständigen, auch nicht mein Lehrer und ich. Auf Fragen bekam ich keine Antwort, und zwar so lange nicht, bis ich perfekt das technische Vokabular draufhatte. Es hat keiner gefragt, meinst du das so oder so? Gar keine Reaktion. Merkwürdig war das. Es ist eben auch so, daß Jungs es einfach gewohnt sind, daß Frauen sich in sie total hineinversetzen und reindenken, aber sie selbst haben das nie geübt, Frauen gegenüber. Sie kennen das nicht. Später konnten sie dann mühelos mit mir diskutieren, über ein mathematisches oder physikalisches Problem. Ich hatte ja, bevor ich die Ausbildung angefangen habe, einen Mathekurs an der Fachhochschule für Elektrotechnik gemacht, um mich vorzubereiten. Mein Meister im Kollektiv, der Hans, der war sehr gut, er hat mich auch viel selbst machen lassen. Also, ich habe die Ausbildung, wie immer, schön zu Ende gebracht nach drei Jahren, es hat Spaß gemacht. Nun hatte ich meinen Gesellenbrief. Es gab eine schöne Freistellungsfeier, im Kino International, Karl-Marx-Allee, das große Ost-Premierenkino, mit dem tollen Vorhang, der so glitzert. Davor standen wir, ein Haufen Jungs und drei Frauen. Wir bekamen den Gesellenbrief und einen Blumenstrauß, die Jungs haben ihren Brief gekriegt und einen Handschlag.

Ab da mußte ich alles allein machen und können, gut, ich konnte, wenn ich was nicht wußte, Hilfe holen, die habe ich natürlich auch bekommen. Aber man erwartete das einfach, ich hatte ja meinen Gesellenbrief. Ich bekam meine kleinen Baustellen und habe gern, und ich glaube auch gut gearbeitet. Im Kollektiv ist es ja immer so, du machst das Gespräch mit dem Kunden, du machst das Angebot, du machst die Baustelle – und du machst die Abrechnung. Das ist ganz schön viel. Ansonsten war auch der Kontakt mit den Kunden gut, kein Problem, daß da eine Frau kam, wenn ich aber mal mit einem Kollegen erschien, dann wurde grundsätzlich nur mit ihm gesprochen. Ich habe so ein halbes Jahr ungefähr weitergearbeitet, aber wie das bei Kollektiven eben so ist, mal gibt's Geld, mal gibt's keins – das ist eben ein Problem, wenn man drauf angewiesen ist, so wie ich. Ich mußte mal wohin, wo ich regelmäßig Geld kriegte. Das war dann der Grund, weshalb ich weg bin von ›Polaris‹.

Während ich auf der Suche war, habe ich mir gedacht, also, ich kann jetzt so viel, Elektrik nun auch noch, da könnte ich doch eigentlich Hausmeisterin sein, das fand ich toll. Zuständig für alles mögliche. Ich wußte, in Holland gab es so was. Dann bin ich aufs Arbeitsamt, aber die sagten, sie haben das nicht. Aber es gab so eine Schulung in Reparaturarbeiten für Hausmeister, die war gefördert vom Arbeitsamt. Es gab fünf Firmen, und ich habe mich für eine entschieden, für NILES, oben in Weißensee.« (Die amerikanische Werkzeugmaschinenfabrik NILES war Lizenzgeber für die 1898 in Berlin gegründete Fabrik gleichen Namens. Sie entstand mitten im Industrialisierungsboom und wurde berühmt für ihre Schleifmaschinen zur Bearbeitung von Präzisionszahnrädern – das Zahnrad war, sozusagen neben dem Proletariat, das Laufwerk des industriellen Fortschritts. NILES, zu DDR-Zeiten »VEB Drehmaschinenbau 7. Oktober«, ging nach der Wende in Konkurs und existiert heute in kleinen Betriebseinheiten weiter, so auch im »NILES Aus- und Weiterbildungszentrum«. Anm. G. G.)

»Also, das war eine Art Qualifizierung, eigentlich eine Maßnahme für arbeitslose Metaller. Für die war es natürlich eine Katastrophe, weil, das waren gestandene Kranschlosser usw., die in Rostock ihr halbes Leben lang Verladekräne gemacht haben, und die sollten sich jetzt auf Kleinkram konzentrieren. Wir hatten vier Wochen Grundschweißkurs gemacht, was für mich toll war, für die eine völlige Verarschung. Wir hatten ein bißchen Holz, Elektro und auch Fräsen. Super! Ich war aber umringt von lauter resignierten Männern, als einzige Frau natürlich. Denen wurde nur noch vor Augen gehalten, wie sie ihre Zeit bis zur Rente rumzukriegen hatten. Mit mir hatten die weiter kein Problem, die haben sich nur gewundert, daß ich so jung war, daß ich so 'ne komische Frisur habe, und auf meiner Arbeitshose ein karierter Flicken drauf war am Hintern.

Und dann mußte ich natürlich ein Praktikum machen und hab' mich umgeschaut nach Hausmeisterinnen, bei denen ich das machen konnte. Im BKA-Zelt (Berliner-Kabarett-Anstalt. Anm. G. G.) arbeitete eine, dann war da Karin von der *taz* als Hausmeisterin – später ist sie dann krebskrank geworden –, und dann war hier in der ›Schoko‹ auch noch Helena. Die kannte ich über ›Autofeminista‹, eine lesbische Werkstatt für Frauen, mit

Selbsthilfekursen damals, zum Autoschrauben usw. Ja, und dann habe ich hier in der Schoko-Fabrik mein Praktikum gemacht. Helena ist Schwedin und ist dann eines Tages zurückgegangen und hat mich gefragt, ob ich nicht ihren Job weitermachen will. So kam das. Und dann ist es so, daß ich ja immer noch nebenbei meine Haushaltsreparaturkurse mache. Bei ›Raupe & Schmetterling‹, in diesem Frauenzentrum. Das Publikum ist so fünfzig bis siebzig, und die nervt das, für alles einen Service kommen zu lassen, die müssen es vielleicht plötzlich selber können, weil der Mann gestorben ist, der Vater oder der Bruder. Die wollen einfach wissen, wie man eine Lampenfassung repariert oder eine Bohrmaschine benutzt. Dreh- und Angelpunkt ist die Bohrmaschine. Jeder Haushalt hat anscheinend eine, aber keine der Frauen hatte sie je in der Hand.

Die Kurse mach' ich immer im Frühjahr und im Herbst, an den Wochenenden. Früher habe ich das bei ›Autofeminista‹ gemacht, die hatten ja eine Werkstatt, sogar mit Hebebühne und allem, aber das gibt's so nicht mehr. Der Bedarf war total zusammengebrochen. Das lag einerseits an dem neuen Selbstverständnis der Frauen, sie haben nicht mehr das Interesse, lassen lieber den Fachmann das machen – selbst beim Motorrad und Fahrrad –, andererseits lags aber auch an den neuen Autos mit ihrer komplizierten Technik, da ist das einfach auch viel schwieriger mit dem Schrauben. Aber Haushaltsreparatur wird weiterhin wie wild nachgefragt. Und dann arbeite ich Freitag oder auch Mittwoch manchmal selbständig in meinem Ein-Personen-Gewerbe ›Crassa Minerva‹. Also, das heißt aus dem Lateinischen übersetzt soviel wie ›mit derbem Hausverstand‹, und damit bin ich dann eben als Reparaturhandwerkerin unterwegs. Diese Kombination gefällt mir ausgezeichnet, ich bin sehr gern Hausmeisterin, und als Hausmeisterin bin ich eigentlich optimal, weil ich ja auch diese soziale Komponente mitbringe. Gleichzeitig bin ich auch Aufsichtsrätin der Genossenschaft und kehre den Hof.

Jetzt sind wir also in der Gegenwart angekommen, nun soll ich auch noch was über meine Herkunft erzählen? Na gut, was soll ich sagen, unser Haushalt war wild und laut. Meine Mama war die klassische Hausfrau, eine ganz überzeugte, die damit auch glücklich war. Für uns Kinder war das echt total super. Meine Eltern sind beide sehr katholisch, und dementsprechend war die Rollenteilung ganz erzkonservativ. Mein Vater war im Bergwerk als Bergmann, hat Steinkohle gefördert. Er hat es gehaßt! Ich komme aus einer Ecke, da kommst du als normaler Junge automatisch ins Bergwerk. Auch mein Opa war Bergmann und die Onkels. Die fuhren alle schon mit vierzehn als Pimpfe unter Tage und haben die Flöze vorantreiben müssen, weil sie so schön klein noch waren. Mein Vater war der einzige Versorger, er mußte einfach. Er hat Schichtarbeit gemacht. Früh-, Spät- und Nachtschicht, im wochenweisen Wechsel. Und das hieß, ganz oft muß der Papa am Tag schlafen, und die Kinder dürfen keinen Lärm machen. Das klappte natürlich überhaupt nicht, und er hatte dauernd seine gefürchteten schrecklichen Wutanfälle.

Wir hatten nur ein kleines Haus. Damals, 1967, da gab es Programme für kinderreiche Familien, mit denen man ihnen ein Eigenheim ermöglicht hat, mit günstigen Krediten und so. Da wurde dann eine Siedlung gebaut, eine Modellsiedlung, die Häuser hatten Flachdächer. Schrecklich! Weil es immer durchgeregnet hat. Also, ein viereckiges Haus mit Flachdach und Garten, daneben dasselbe und auch an der Rückseite versetzt. Es gab drei Stichstraßen und zwischen den Häusern nur Gehwege. Wir bekamen also so ein Haus mit drei Kinderzimmern, einem Elternschlafzimmer und einem offenen Wohnküchenbereich. Hochmodern. Aber meine Mutter fand das ganz furchtbar, sie wollte ihre Ruhe haben zum Kochen. Die Zimmer waren miniklein und superhellhörig. Das gab natürlich immer Streß für meinen Bruder und meine beiden jüngeren Schwestern. Meine Eltern sind Jahrgang '37/'38, und sie haben sich eigentlich schon sehr viel Gedanken darüber gemacht, wie sie uns erziehen. Sie sind zwar sehr vom Katholizismus geprägt – also, meinen Eltern hat es mehr ausgemacht, daß ich aus der Kirche ausgetreten bin, als daß ich lesbisch bin. Sie sind superkonservativ. Mein Vater ist vom Prinzip her gegen Ausländer, hat aber einen guten Nachbarschaftskontakt zu einem Jugoslawen. Also, sie sind einerseits so, und andererseits sind sie sehr authentisch, also gradezu widersprüchlich. Als ich mit meiner ersten Freundin nach Hause kam, war ja die Frage, wo schlafen wir denn. Und mein Vater sagte: Ach, die packen wir doch zusammen in ein Bett. Kein Problem. Zugleich ist seine Einstellung eine ganz andere. Aber der Familienzusammenhalt ist wichtiger als alles andere.

Eines Tages hat mein Vater eine betriebsinterne Schulung zum Sanitäter gemacht, es gab Familienrat, ob er über Tage für weniger Geld als Sanitäter arbeiten kann, und weil damals grade Tante Anna bei uns war und gepflegt wurde, wodurch ein bißchen Kostgeld dazukam, hat er's dann gemacht und ist übertage richtiggehend aufgeblüht. Dann hat er diese Vorruhestandsregelung gekriegt, damals durch Lafontaine, bei der Abwicklung der Bergwerke. Heute sitzt er zu Hause mit Parkinson. Meine Mutter tapeziert und streicht alles selbst und ist stolz darauf. Und ich glaube, sie sind auch ein bißchen stolz auf mich, obwohl grade die Mama das damals gar nicht so gut fand, daß ich von der Schule abgegangen bin. Denn sie war es nämlich, die dafür gesorgt hat, daß wir Mädchen eine gute Ausbildung bekommen, während sie gar keine Ausbildung hatte. Mein Vater war eher der Meinung: Wieso, die heiraten ja doch ... Aber sie haben ja noch meinen Chemie-Bruder, worauf sie sehr stolz sind, denn mit ihm haben sie einen Doktor in der Familie, zum ersten Mal. Ich wollte einfach nicht studieren, viele können das nicht verstehen, als wenn es kein Leben ohne Studium gäbe! Mein Schulabbruch war mein Glück, denn sonst hätte ich ja nie Hausmeisterin werden können!«

21

KEIN STILLER ABTRAG

BESTATTERIN

Claudia Marschner, Bestatterin in Berlin. Einschulung 1972 in die Carl-Bolle-Grundschule, danach Fontane-Oberschule. 1980 Tod der Mutter. 1982 Beendigung der Schule u. Ausbildung zur Bauzeichnerin, Abschluß 1985. Ausbildung zur Bürokauffrau bis 1986. Arbeit als Logistikorganisatorin bei einer Kosmetikfirma bis 1988. 1988–1989 Immobilienmaklerin. 1990–1992 Arbeit in einem konventionellen Bestattungsunternehmen. 1992 Eröffnung eines eigenen Bestattungsgeschäfts, Deutschlands erstes »Buntes Bestattungs-Institut«. 2002 Veröffentlichung ihres Buches »Bunte Särge« (Ullstein Verlag). Claudia Marschner wurde 1966 in Berlin geboren, sie ist ledig und hat keine Kinder, ihr Vater war Rechtsanwalt, die Mutter war Hausfrau und später Verkäuferin.

Rund 800 000 Menschen sterben jährlich in Deutschland. Allein in Berlin sind es 35 bis 40 000. Jeder Zweite davon wird in einem anonymen Urnenbegräbnis beigesetzt. »Stiller Abtrag« heißt im Bestatterjargon eine Beisetzung ohne Feier. Das sang- und klanglose Verschwindenlassen der Toten ist an der Tagesordnung. Es ist die logische Fortsetzung ihres sozialen Todes, den Alte, Kranke und Überflüssige schon zu Lebzeiten erleiden müssen, dann, wenn sie noch mitten unter uns sind. Es gibt kein Erbarmen in unserer Hochzivilisation. Der Tod ist sozusagen aus dem Leben geschieden, jeder bewältigt seinen privaten Alltag mit gehöriger Todesverachtung. Verlust und Trauer kann sich niemand leisten, Schmerz und Todesangst sind medikamentierbar. Stirbt ein Angehöriger, so ist die Verwirrung groß und der Schock über die Kosten oft noch beklemmender als jedes andere Gefühl.

Seit 2004 die sogenannte Gesundheitsreform der rot-grünen Regierung in Kraft trat, ist das Sterbegeld aus dem Leistungskatalog der gesetzlichen Krankenkassen und aus dem Sozialgesetzbuch gestrichen. Seitdem herrscht eine ablehnende und störrische Haltung der städtischen Bevölkerung gegen Beerdigungskosten vor. Man möchte sein Geld nicht zum Fenster hinauswerfen für einen Toten, die Verzweiflung am Leben verschlingt schon so Unsummen. Viele Bestatter kommen dem entgegen, bieten kostengünstig schnelle und diskrete Beseitigung des Problems. Angehörige hingegen, die sich um ihre Toten umfangreich und individuell kümmern möchten, stoßen ernüchternd schnell an die engen Grenzen, die vorgegeben sind durch Hygienevorschriften, konfektionierte Bestattung nach DIN-Norm, nach Zeittakten, nach Friedhofsverordnungen. Deutschland hat innerhalb Europas das rigideste Friedhofs- und Bestattungsrecht. Viele der Verordnungen und Vorschriften stammen noch aus der Nazizeit und regeln den Umgang mit dem Leichnam und dem, was alles die Hygiene oder die Würde des Friedhofs stören könnte. Daß bundesweit die innerstädtischen Friedhöfe – die lange Zeit das wichtigste Memento mori waren – immer mehr verfallen und unwürdig verwahrlosen, wird aus Kostengründen hingenommen. Auf dem Friedhof stagniert ohnehin alles. Hauptsache scheint, daß das Milliardengrab Autobahn ein bequemes und zügiges Vorankommen der mobilen Gesellschaft garantiert.

Bei alledem herrscht aber weiterhin das Leitbild bürgerlicher Trauerkultur des 19. Jahrhunderts. Schamhaft läßt sich der geizige Bürger in der Urne entsorgen und weiß insgeheim, daß es eine Schande ist. Die Arbeiterschaft gründete in der Weimarer Republik aus Not »Arbeiter-Feuerbestattungsvereine«. Feuerbestattung fürs Proletariat war die Folge von Weltkrieg und Massenarbeitslosigkeit. Fürs heutige Repräsentationsbedürfnis des Bürgers allerdings hat das Bestattungsgewerbe Besonderes im Angebot: das Pressen der Totenasche zu einem Diamanten. Lupenrein gelangt so der teure Gatte an den Ringfinger der Witwe. Es gibt die DNS des Verstorbenen im Schmuckkästchen für zu Hause. Man kann auf »Internetfriedhöfen« virtuelle Locken, Bilder und Geschichten des Toten präsentieren. Die Asche läßt sich in den Weltraum schießen oder in der Sahara verstreuen. Alltag sind aber die anonymen Urnen, die unentwegt in die größer werdenden Rasenflächen unserer Friedhöfe gesenkt werden, damit schnell Gras über die Sache wachse.

Es scheint so, als müssten neue Rituale gefunden werden, in denen sich die Gesellschaft wieder auf den Tod beziehen kann. Durch die Erfahrung mit Aids kam in den 80er und 90er Jahren eine neue Trauerkultur auf, die sich auch außerhalb der Homosexuellenszene allmählich durchsetzte. Claudia Marschner war die erste Bestatterin in Deutschland, die ein neues Konzept entwickelt und gewagt hat. Inzwischen findet sich viel davon in der Angebotspalette der konventionellen Bestatter wieder.

Ihr Bestattungsinstitut liegt in Kreuzberg, in U-Bahnnähe, nicht weit vom Mehringdamm. Hier herrscht noch normales Kiezleben, mit kleinen Kneipen und Geschäften ringsum. In den Höfen spielen Theatergruppen, arbeiten Künstler. Auf den Hauswänden der renovierten alten Mietshäuser ziehen sich die Schriftzeichen der männlichen Jugend hin, nur am Bestattungsgeschäft scheint es einigen die Hand angehalten zu haben. Tür und Schaufensterrahmen sind makellos weiß. Der Blick ins Innere ist erwünscht und unverhüllt. Zu sehen sind drei Särge, einer davon ist bunt bemalt.

Als wir eintreten, erhebt sich ein kleiner schwarzer Hund,

dehnt und streckt sich in der warmen Nachmittagssonne und betrachtet uns mit freundlicher Zurückhaltung. Die Herrin telefoniert nebenan, und wir sehen uns im Ausstellungsraum um. Die linke Seite des Raumes ist bemalt, zeigt eine »Landschaft der Erinnerung«. Durch helles Himmelblau mit Kumuluswolken schweben kleine Szenerien: Ein sich umarmendes Paar von hinten ist zu sehen, eine Buddha-Figur. Ein Mensch liegt in einer Hängematte, eine Frau springt mit ihrem Hund davon, ein Stück Meer und Palmenstrand lugen hervor, auf dem Meer fährt ein Mann auf einem Surfbrett dahin. Direkt am Schaufenster steht der bunte Sarg. Er hat eine konventionelle Form und wurde offenbar von Kindern in kräftigen Farben bemalt. Zu erkennen sind ein blaues Gespenst auf grünem Untergrund, ein rotes Herz mit gekreuzten Knochen, Fische, Vögel, Blumen und etwas, das wie ein Totenkopf aussieht. Auf dem Sargdeckel steht, umringt von kleinen mexikanischen Totenköpfen aus Zuckerguß, eine stählerne klassische Urne, gekrönt von dem Wort »Karma« in blauer Neonleuchtschrift. Die Mitte des Raumes nimmt ein feierlich schöner Sarg ein, er hat einen flachen Deckel und abgerundete Ecken und lange Messinggriffstangen an jeder Seite. Sein Holz ist matt poliert und schimmert goldfarben. Auf dem Deckel steht eine Urne mit dem Aussehen einer angeschnittenen Wassermelone. Eine weitere Urne ruht auf dem Kopfteil des Sarges, eingehüllt in ein aufgeplustertes rotes Plüschherz. Auf dem dritten Sarg, der dunkelbraun und konventionell ist, stehen mehrere, teils bemalte, runde Urnen. Hier, und auch nebenan im Beratungszimmer, ist alles hell und lichtdurchflutet, es gibt keine Kreuze, keine betenden Hände, keine Palmwedel.

Wir nehmen an einem schlichten Tisch aus hellem Holz Platz, betrachten das Skelett, das mit gezückter Lanze auf einem Pferdeskelett galoppiert, zu Füßen hat es ein naiv gemachtes Pappmachéskelett sitzen. »Das ist eine Leihgabe«, erklärt Frau Marschner, »die stammt noch von einem mexikanischen Totenfest.« Sie zündet sich eine Gauloise an, schiebt das Körbchen mit den Tempo-Taschentuchpäckchen für die Tränen der Trauernden etwas zur Seite, während der kleine Hund sich auf dem Parkettboden wohlig ausstreckt.

Auf die Frage, ob sie Angst hat vor dem Tod, sagt sie: »Ja natürlich, klar habe ich Angst vor dem Tod, vor diesem Moment, irgendwann, wo es dann – zsss –, und das war der letzte Atemzug.

Jetzt bin ich 39. Früher war ich gern auch ein Enfant terrible. Ich habe ja mit 26 hier begonnen, und damals war ich so weit, wie man in dem Alter ist. Mittlerweile bin ich da reingewachsen und sehe das sehr klar, wie schlimm das ist, daß die Gesellschaft nichts über den Tod weiß und auch nichts wissen will. Auch die Kinder werden ja nicht informiert. Es ist ein ganz großes Versäumnis! Es kann jeden jederzeit treffen. Daß der Tod erst im Alter irgendwann kommt, ist eine der großen Lebenslügen. Es sterben Kinder, es sterben Leute in meinem Alter, Brustkrebs ist ein großes Thema, Jugendliche nehmen sich das Leben, geliebte Partner haben Aids oder einen Unfall usw.

Ich höre oft, der oder die sei vollkommen überfordert. Als meine Freundin an Krebs erkrankte, sind 50 Prozent der Freunde weggeblieben. Sie waren so überfordert, sie wissen gar nicht, wie sie jemand begegnen sollen, dem die Haare ausfallen, der so schlecht drauf ist. Also, diese Leute fühlen sich nicht überfordert, sie fühlen sich gefordert. Da weichen sie aus, dazu sind sie zu faul. Bestenfalls sind sie auch noch ängstlich. Aber wir sind dazu in der Lage, den Freund oder die Freundin, die Mutter bei der Krankheit und ins Sterben zu begleiten. Menschen können so was! Es ist eben so, wir sind eine blöde, bequeme und versicherte Gesellschaft, die sich nicht mit dem Tod beschäftigen will. Aber der Tod beschäftigt sich natürlich mit uns. Er ist ja eines der wichtigsten Naturereignisse, auch eigentlich ein Naturspektakel, dramatisch, der geschwisterliche Teil der Geburt. Es gibt keinen Grund, ihn zu verschweigen, und es hat auch gar keinen Sinn.

Jetzt, wo ich langsam älter werde, sehe ich das Ausmaß der Ignoranz, und ich dachte, ich muß vielleicht anfangen, meiner Nachgeneration was zu erzählen, die 15-, 16-, 17-Jährigen aufklären. Also habe ich beschlossen, in die Schulen zu gehen. Ob ich Angst habe oder nicht, ist da zweitrangig. Es ist meine Pflicht! Ich habe dann eine Aktion gestartet, im Rahmen von Religions- und Ethikunterricht. Und es ging besser, als erwartet. Auf die Frage, wer schon mal einen Sterbefall in seiner näheren Umgebung hatte, hat fast die Hälfte der Klasse den Arm gehoben. So heil ist also die Welt auch hier schon gar nicht mehr. Und in den seltensten Fällen wird in den Familien darüber geredet mit den Kindern, es gibt keine Aufklärung, im Gegenteil, es wird alles verschwiegen. Ich weiß das sehr gut aus meiner eigenen Familie. Als meine Mutter eben sehr früh starb, da haben meine Schwester und ich einem schwarzen Wagen hinterhergeguckt. Keiner hat gesagt, wohin meine Mutter kommt, warum, wieso. Es sind nur Andeutungen gefallen. Meine Mutter kam in die Gerichtsmedizin, sie war ja ein Suizidfall. Dann kommen immer die Polizei und die Gerichtsmedizin. Und ich habe natürlich überlegt, was geschieht dort, wer hat sie ausgezogen, wer untersucht, waren das nette Menschen, oder waren das Fleischer, haben sie Witzchen gemacht? Ich hatte ja keine Bilder.

Das waren für mich schreckliche Gedanken. Das fand ich viel schlimmer eigentlich noch. Nicht daß sie tot war, weil ich wußte, irgendwie hat sie es jetzt auch gut, das spürt man einfach so ein bißchen, als christlich verwurzelter Mensch. Ich hätte gerne gewußt, weshalb sie sich das Leben nahm, aber meine Oma hat es abgelehnt, darüber mit mir zu reden. Sie sagte nur, das bringt nichts, es würde nichts ändern, wir müssen jetzt nach vorne schauen. Aber ich war immer diejenige, die nach hinten geschaut hat. Schweigen und ignorieren, das ist für mich das Schlimmste. Und ich sehe, daß die Kinder drüber reden wollen. Erst mal sind sie cool, die sehen im Fernsehen Sendungen wie ›Autopsie‹. Da werden Kinder exhumiert, die sehen Internetseiten, wo man zerstückelte Leichen betrachten kann. Die haben schon einiges gesehen, aber eben nicht wirklich, keinerlei Erfahrung damit gemacht. Einer sagte, gut, wir haben jetzt viel vom Tod geredet, die Särge gesehen, haben Sie auch ein Foto von einem wirklichen Toten? Ich erkläre, daß ich, selbst wenn ich eins hätte, es nicht zeigen würde. Hättest du selbst es denn gern, wenn man das Foto deiner toten Mutter hier der ganzen Klasse herzeigt? Dann merken sie, oh, das ist jetzt nicht das Fernsehen, da gibt es was, das noch heilig ist. Das finde ich wichtig. Ich sage immer: Versucht mal, in der Ich-Form zu reden. Dann fällt es natürlich schon viel schwerer.

Bei den Erwachsenen ist das nicht so leicht. Die Leute wollen zwar nicht alt werden, aber alt sterben. Und bei Paaren höre ich oft: Ich aber zuerst, sonst muß ich zu sehr leiden, ich möchte nicht übrigbleiben. Also, das ist die faule Gesellschaft. Ist so! Ich erlebe es auch immer wieder, daß Leute sagen, also, ich hab' mit deinem Beruf kein Problem. Aber sie besuchen mich nie im Geschäft und stellen auch nie eine Frage. Es hat ja System, auch gesellschaftspolitisch, daß diese Fragen nicht im Bewußtsein verankert werden. Es könnte ja auch ganz anders sein, die Berührung mit dem verstorbenen Opa oder der Oma könnte eine Selbstverständlichkeit sein für die Kinder, oder daß gesagt wird zu den Nachbarn, kommt mal rüber, wir nehmen Abschied und trinken zusammen einen Wein. Die Kinder würden begreifen, der Tod ist gar nicht das Bedrohliche, Schreckliche, er ist ganz natürlich. Also, wenn Menschen mit so einem Bewußtsein aufwachsen und durchs Leben gehen, dann würde doch keiner sechzig Stunden in der Woche bei Siemens Platinen löten! Jeder würde Prioritäten setzen und sich überlegen, wie er sein Leben gestaltet. Also, mißverstehen Sie mich nicht, es geht nicht darum, mehr ›rauszuholen‹. Das ist ja nur pseudo und letzten Endes selbstzerstörerisch. Es geht um die große Lehre vom Tod, vielleicht das Leben kennenzulernen, die Welt. Aber statt dessen hängt man drin in so einem Gefängnis von Geld und scheinbarer Freiheit. Und das ist diese große Leere, die viele in sich fühlen, eben auch so eine spirituelle Leere. Die Kirche hat versagt. Die Pfarrer gehen nicht mehr raus, treiben nicht mehr richtig Seelsorge, und die Bestatter haben es versäumt, Kulturarbeit zu leisten, Traditionen zu pflegen. Alle wollen nur irgendwie am Markt bestehen. Sämtliche Bestatter werben über den Preis, nicht über das Angebot – auf Berlin jetzt mal bezogen.

Im Grunde habe ich das Gefühl, daß ich als Bestatterin eine alte Tradition erhalte und auch transformiere ins 21. Jahrhundert, letzten Endes. Meine bunten Särge sind ja nicht als Gag gedacht, wie manche vielleicht meinen. Sie bedeuten nicht, daß ich locker mit dem Tod umgehe. Sie sollen den Tod und die Trauer ja nicht schmälern, sondern sie sollen sie ermöglichen. Und wer sagt, also, das sind für mich keine Särge, der muß aber wirklich mal in die Kulturgeschichte gucken. Die klassische Sargfarbe z. B. im Hochmittelalter war Dunkelblau. Es gab pompöse Särge, die in der Kapelle standen, und über der Gruft ging unten der Sargboden auf, und der Leichnam flog polternd in die Tiefe. Es gab vieles. Und auch heute sind ja die meisten Särge nicht schwarz, sondern es ist ja eine einzige braune Soße. Das beispielsweise ändere ich, aber bei mir bleibt ein Sarg ein Sarg. Und ich verkaufe ja nicht nur Särge, ich verkaufe im Grunde genommen auch eine Vermutung, eine Illusion, wenn sie so wollen, aber eine legitime Illusion, oder eine Hoffnung. Mehr haben wir ja nicht.

Wir haben ja nicht, wie die Mexikaner, ein traditionelles, buntes Totenfest. Wir haben einen flauen Totensonntag und diese Friedhöfe sind keine Begegnungsstätten mehr, sondern sie veröden. Es gibt auch keine Familiengräber mehr. Das ist ein Spiegel der Gesellschaft. Deshalb habe ich mich auch gefreut, muß ich sagen, daß die Friedhöfe 2005 – weil sie erkannt haben, hoppla, wir müssen unsere Gräberkultur erhalten – beschlossen haben, die Gräber günstiger zu machen und die anonymen Wiesen teurer. Und wenn jetzt die Angehörigen vor mir sitzen und sagen, also, Oma wollte immer eine anonyme Bestattung, das hat mit dem Geld nichts zu tun. Dann sage ich ganz ruhig: Na, ist gar kein Thema, ich muß sie nur darüber aufklären, es wird 200 bis 300 Euro teurer. Und siehe da, die meisten rücken sehr schnell von der anonymen Bestattung ab und nehmen dann doch lieber ein Grab. Es wird sich zeigen, daß es nicht Ideologie war, sondern eine reine Geldfrage.

Wenn es um diesen Kulturverfall geht, da bin ich konventioneller, als viele vielleicht denken. Ich wurde gefragt, was haben Sie denn gegen Pappsärge? Haben wir heute Pappsärge, dann haben wir morgen Papptüten, oder wir haben die plastinierten Verstorbenen mit Muskulatur, mit Haut, in irgendwelchen Wanderausstellungen des Herrn von Hagens oder irgendwann sogar für zu Hause. Ich habe das nicht angeschaut, aber ich kenne viele, die in den ›Körperwelten‹ dieser Leichenausstellung, oder wie man das nennen soll, gewesen sind. Sie haben das bestaunt, denn es sind ja echte Menschen. Aber sie haben deshalb doch nicht den Körper besser verstanden – und schon gar nicht den Tod! Daß das der Körper sein soll, das ist eben das Mißverständnis. Um die Leiche, den Tod, wirklich etwas zu verstehen, ist es wichtig, daß sie am ›Kadaver‹, sag ich mal, wirklich sitzen. Ihn auch anfassen und begreifen, das ist der Körper, den wir natürlich auch geliebt haben, an Händen, an Nase, an Augen, Kopf und Ohren. Nun ist er tot und auf unsere Hilfe angewiesen, für die neue Etappe, die beginnt wenn der ›Geist‹, so sagen die Spirituellen, oder die ›Seele‹, so sagen die Gläubigen, dann aus dem Körper geht. Und dazu gehört ja auch eine liebevolle Bestattung.

Aber dazu gehört auch, wenn es möglich ist, die Teilnahme am Sterben. Also nehmen wir an, die Freundin, der Mann, das Kind ist im Krankenhaus, es gibt eine Todesdiagnose. Man kann nichts mehr für sie tun. Dann kann ich sagen, gut, es macht

Umstände, es wird schrecklich sein, aber ich nehme mir die Zeit und hole sie nach Hause zum Sterben, in ihre vertraute Umgebung. Technisch ist das kein Problem, es gibt Homecare-Ärzte, Pflegehilfen, Infusionen und Schmerzmittel. Viele sagen, sie haben Angst davor, daß sie nicht erkennen, wenn der Tod eingetreten ist. Aber so ist das nicht. Man spürt es. Die Menschen müssen einfach wieder vertraut gemacht werden mit ihren eigenen Instinkten, mit ihrer Intuition, mit ihren Stärken. Diese Eigenschaften und dieses Wissen, das jeder in sich trägt, ermöglicht auch, genau zu sehen, der Mensch ist jetzt ohnmächtig, oder der Mensch ist tot. Das spürt man genau, darauf kann man sich verlassen. Sie brauchen keinen Arzt dazu. Der Arzt muß natürlich trotzdem geholt werden, um den Leichenschauschein auszustellen, mit dem dann der ganze bürokratische und organisatorische Teil bei den Ämtern eingeleitet wird.

Und dann haben sie drei Tage Zeit zum Abschiednehmen zu Hause. Sie können in aller Ruhe und ungestört die Waschungen vornehmen, auch die Haare noch mal waschen, sie können sagen, ich schneide noch mal die Fingernägel und die Fußnägel, und ich ziehe ihm vielleicht seine Lieblingssachen an. Aber das nehmen die wenigsten Leute in Anspruch. Meist werden die Bestatter sofort geholt, und die bringen die Toten weg. Nur wenn ihr Angehöriger im Krankenhaus stirbt, oder die Leiche wegen Unfall, Suizid u. ä. beschlagnahmt wurde, dann bekommen sie den wegen der Vorschriften ohnehin nicht mehr nach Hause. Sie haben aber die Möglichkeit, den Toten noch mal zu sehen und Abschied zu nehmen, z. B. in unseren Räumen, die liegen etwas außerhalb von Berlin, wegen der Vorschriften. Wir lassen uns eigentlich unsere Toten viel zu leicht wegnehmen, leider. Wir lassen uns doch sonst nichts im Leben wegnehmen, nicht den Autoschlüssel und nicht den Geldbeutel, nicht die Handtasche. Aber unsere Toten … generell den Tod. Viele sagen auch, sie haben es nicht geschafft, sie haben Angst, auch vor den Gerüchen. Am zweiten Tag können die Gerüche schon mal leicht unangenehm werden für unsere unerfahrenen Nasen. Das hat natürlich auch viel mit der Medikamentierung zu tun. Es ist schwierig z. B. bei Krebspatienten, das muß ich den Hinterbliebenen sagen. Die haben Chemobomben hinter sich, die Leichenflecken kommen schneller, wenn der Bakterienhaushalt explodiert, die Flüssigkeiten treten einfach aus, weil die Zellen zerstört sind. Da muß man viel Flüssigkeit dämmen und wattieren, das nimmt schon dramatische Züge an, manchmal.

Dann rufe ich eben schon nach einem Tag den Bestatter. Aber in der Regel verläuft alles ganz normal. Früher wußte man eben, was zu machen ist, man schließt dem Toten die Augen, das Kinn wird hochgebunden, damit der Mund geschlossen bleibt, Gläubige haben die Hände gefaltet zum Schluß. Heute erfahren die Angehörigen alles von mir, was nötig ist. Manchmal werde ich gefragt, ob ich die Toten auch schminke für den Abschied. Also, ich hab's mal probiert, noch mal die Lippen ein bißchen und so, und da dachte ich, NEIN! Das sieht gemein aus, das geht ins Puppige, ins Groteske. Der Tod setzt sich einfach durch, zielstrebig, da läßt sich nichts parfümieren, nichts schminken, also laß ich es sein.

Im Prinzip kann jeder seinem Verstorbenen die letzten Dienste und Ehrungen selbst erweisen, bis auf Sarg und Überführung. Aus der Sargtischlerei und den Fuhrbetrieben ist der Bestatterberuf ja mal hervorgegangen. Bei uns darf keiner privat einen Leichnam transportieren, das darf nur in den dafür speziell präparierten und zugelassenen Leichenfahrzeugen der Bestatter gemacht werden. Für die Farben bestehen keine Vorschrift. Bei mir gibt es ein silbergraues, ein dunkelblaues und ein schwarzes. Meine Fahrer haben übrigens dunkelblaue Anzüge an. Also, wenn ich jetzt hier Kunden begrüße in weißer Bluse und Jeans, dann gibt es da kaum Irritationen, ich begrüße ja die Lebenden. Aber meine Fahrer, die fahren ja die Verstorbenen. Und ich würde das auch nicht schätzen, wenn einer im Karohemd und mit Jeansjacke käme und sagte: Begrüße Sie, Firma Marschner! Ich bereite meine Fahrer natürlich auch darauf vor, wie sie mit Emotionen umgehen. Eine ältere Frau hat mal meinem Lieblingsfahrer ein blaues Auge gehauen. Sie war außer sich, weil's der Moment des ›Wegnehmens‹ war, ihr Mann wurde rausgetragen. Und da ist dann der Fahrer stehengeblieben wie ein Baum! Auf meine Leute muß ich mich voll verlassen können.

Ich selbst beschäftige mich ja vorwiegend mit den Lebenden hier, und da ist mein eigentliches Thema der ABSCHIED. Während der Leichnam im Kühlraum liegt, können z.B. Eltern, Freunde, Kinder hier im Laden gemeinsam den Sarg für den verstorbenen Menschen bemalen, wenn sie wollen, als letztes Geschenk, und sich dabei unterhalten, weinen, lachen, die Lieblingsmusik des Toten hören, Kaffee trinken, rauchen. Hier herrscht keine verlogene Pietät, ich täusche nichts vor mit Leichenbittermine, ich helfe dem Kunden dabei – denn hier begegnen sich ja Kaufmann und Kunde –, daß er sich nicht alles aus den Händen nehmen läßt. Daß sie den Toten, und den Tod als solchen, in ihr Leben mit einbeziehen können, trauern können. Bei mir ist jede Beerdigung ganz individuell, und ich reiße eben nicht, wie üblich, die gesamte Organisation an mich. Im Gegenteil, ich ermuntere den Angehörigen, die Trauerrede selbst zu halten, das Musizieren, die Blumen usw., das alles, da laß ich total los. Wer's aber möchte, für den organisiere ich natürlich die gesamte Gestaltung, das mache ich in vielen Fällen auch. Deshalb fällt eben immer wieder das Wort ›Event-Managerin‹. Ich habe ja mal zwei Jahre bei einem ganz konventionellen, dunklen Bestatter gesessen. Alles ging nach Schema F. Das war wichtig und heilsam für mich. Ich wollte es anders machen, und das Konzept ist aufgegangen. Meine Kunden sind meist aus dem Mittelstand. Im Prinzip kommen alle Altersklassen vor, vom Greis bis zum Kind oder auch vom Sozialbegräbnis bis zum

Akademiker. Die Leute brauchen einfach adäquate Trauerzeremonien, und dafür sorge ich, daß sie die bekommen.«

Sie steht auf, um in der kleinen Büro-Küche nebenan noch einen Kaffee zu machen. Der Hund blinzelt uns verschlafen an. Er weiß anscheinend, daß wir nicht leidtragend sind. Es dämmert bereits. Nebenan sind die Leuchtzeichen der Urnen angegangen. Die verblendeten Wandlampen tauchen die Räume in ein zartes, warmes Licht. Frau Marschner, die das alles geschaffen hat und dabei selbst einen überraschend harten Eindruck macht, reicht uns schwarzen Kaffee, zündet sich eine Zigarette an und ist bereit, noch etwas von sich zu erzählen. Aus ihrem sehr offenen und persönlichen Buch weiß ich, daß sie sozusagen in Drachenblut gebadet wurde – und daß sie einen tätowierten Drachen auf dem Rücken hat.

»Also, ich mußte meine eigene Geschichte erzählen, weil sie ja viel zu tun hat mit diesem Bestattungsinstitut. Es war sozusagen das Erbe meiner Mutter, daß ich mich an dieses Thema rantraute. Ich habe es ja vorhin schon erwähnt, daß sie sich umgebracht hat. Für mich war es einfach so, daß ich auf dem Heimweg von der Schule vom Tod meiner Mutter erfuhr, mitten auf der Turmstraße. Eine Nachbarin war gradezu erfreut, mir als Erste diese Nachricht überbringen zu können. Ich konnte das natürlich gar nicht glauben. In meinem Zimmer hing ein Stück rote Wäscheleine an der Leiter zu meinem Hochbett. Meine Mutter war einfach in mein Zimmer gegangen und hatte sich an dieser Leiter erhängt. Es war nur ein einfacher Knoten in der Wäscheleine. Das Ersticken muß lang gedauert haben. Sie hat eine einzige Zeile hinterlassen: ›Ich kann nicht mehr.‹ Und meine Oma hat dann einen ganz großen Fehler gemacht. Sie entschied sich für eine Feuerbestattung, es gab eine abscheuliche Urne aus gehämmertem Kupfer, die kam neben Opas Grab. Fertig. Nichts davon hatte mit meiner Mutter irgend etwas zu tun, aber alle haben gesagt, es war ein würdiger Abschied. Die Wohnung wurde schnell aufgelöst. Meine Schwester und ich lebten ja bereits vorher schon, bis auf die letzten zwei Jahre, meistenteils bei meiner Oma, die im gleichen Haus wohnte.

Die Erwachsenen versuchten unsere Trauer im Keim zu ersticken. Es gab keinen Trost, keine Gespräche, nichts. Ich mußte nicht nur den Tod meiner Mutter ignorieren, auch ihr Leben, die ganze Person. Ich hätte gern gewußt, was mit ihr war. Alle sagten früher immer, Mann, du hast so eine tolle Mutter, sie ist witzig, sie lacht, sie hat schöne Zähne. Das war alles nur Wahnsinnsfassade. Meine Mutter ist für mich eine Frau, die nicht greifbar ist. Sie war zu sehr mit sich beschäftigt. Ich hab' sie wild erlebt, manchmal auch chaotisch, aber keiner hat mal gesagt, also, ich hab' sie auch soundso gekannt. Ich hörte höchstens, deine gute Mutter, das ganze Heuchelprogramm, mit dem man die Toten gutspricht.

Ich durfte ja z. B. auf keinen Fall sagen, daß ich meine Mutter sehr anstrengend, sehr nervig fand, daß es Momente gab, wo ich dachte, ich bin froh, daß sie tot ist. Das ist normal, Kinder denken so. Aber die Toten sind sofort heilig. Man muß das Lügen mitmachen. Aber nach dem Tod meiner Mutter fing im Grunde mein Leben wieder an, mir Spaß zu machen. Es war auch eine Befreiung. Meine Mutter ist ein klassischer 68er-Fall. Sie ist irgendwie völlig dran vorbeimarschiert, an der Selbstbefreiung. Mein Vater ist ganz schnell wieder verschwunden. Beide waren so 22, mit 24 ist er gegangen. Es funktionierte nicht, beide wollten nicht in so ein Eheprogramm reingepreßt werden in den 60ern. Meine Mutter hatte oft ganz schlimme, verzweifelte Phasen, mit schweren Depressionen. Dann wieder war sie wie ein Orkan. Ich fand das als Kind sehr schwer. Es hat mich aber sehr sensibilisiert dafür, in Augen zu lesen, Stimmungen zu wittern.

Das kommt mir heute zugute. Meine Oma dagegen, bei der meine Schwester und ich ja eigentlich aufwuchsen, die war für mich wie ein Leuchtturm, hat für Ordnung und Regelmäßigkeit gesorgt, nach der Schule war das Essen auf dem Tisch. Das hat mich angeödet damals, aber heute sind das die Sachen, die mir echt Halt geben. Und im Vergleich zu meiner Mutter war meine Oma – Jahrgang 1905 – eine total emanzipierte und fortschrittliche Frau, die alles geregelt hat. Für sich selbst hatte sie übrigens auch eine Vorsorge getroffen, Feuerbestattung, ab ins Grab zu Opa. So war's geplant. Aber zwei Jahre vor ihrem Tod, sie wurde 92, sagte sie, du hast ja jetzt dein eigenes Beerdigungsinstitut, Mensch, Claudia, schick mich mal nicht durchs Feuer. Ich glaub' ich will doch lieber eine Erdbestattung. Da dachte ich, Oma, du hast die schreckliche Beerdigung meiner Mutter damit ein biß-chen wiedergutgemacht. Und so war es dann auch. Meine Schwe-ster und ich konnten am Sarg meiner Oma auch unsere Mutter betrauern und um sie weinen. Noch eine Urne hätte ich nur schwer ertragen.

Nun konnte ich auch wieder auf den Friedhof. 17 Jahre habe ich den Friedhof, auf dem meine Mutter lag, nicht betreten. We-gen der schrecklichen Beerdigung. Ich mag Friedhöfe. Ich hab das auch gemerkt bei der Umbettung der Urne von meiner Mut-ter, daß ich Friedhöfe sehr sympathisch finde. Es ist für uns alle wichtig, daß es sie gibt. Also, daß es Orte für die Toten gibt, wo auch die sind, die ich nicht kenne, wo ich mich besinnen kann, spazieren gehen kann, ein Datum lesen, wo es viele Gräber gibt und Geschichten. Das ist wichtig.«

22

»WIE WAR ES MÖGLICH?«

ANWÄLTIN

Katja Herrlich, Rechtsanwältin, engagierte Antifaschistin in Frank-furt/Oder. Einschulung 1980 in d. Polytechnische Oberschule »Her-mann Matern«, Vetschau, ab 1990 EOS/Gymnasium Calau. Abitur 1992. Jurastudium a. d. Europa-Universität Viadrina, Frankfurt/Oder, von 1992–2001. 1993–2001 studentische Mitarbeiterin a. Lehr-stuhl von Prof. Dr. Dr. Uwe Scheffler für Strafrecht, Strafprozeß-recht u. Kriminologie a. d. EVU. 1. Staatsexamen Jan. 2001; 2. Staats-examen Nov. 2003. Frau Herrlich ist in einer Frankfurter Anwalts-kanzlei tätig, ihr Arbeitsschwerpunkt ist Strafrecht, Strafprozeßrecht und Verwaltungsrecht. Sie ist Mitglied im Republikanischen Anwäl-tinnen- und Anwälte-Verein (RAV). Katja Herrlich wurde am 23. 10. 1973 in Altdöbern/DDR geboren, sie ist ledig und hat keine Kinder. Ihr Vater war Kabelmonteur, ihre Mutter Lehrerin (beide sind heute Rentner).

Noch ist sie verhältnismäßig klein, die Zahl der organisierten Rechtsextremen. Besorgniserregend ist die größer werdende Menge der aktiven und gewalttätigen Mitläufer. Mehr als be-sorgniserregend ist die Verwandlung von faschistoidem Gedan-kengut und Nazisymbolik, gemixt mit Emblemen und Outfit der autonomen Linken, zum Faszinosum einer angesagten Ju-gendkultur. Katastrophal ist, daß sich fremdenfeindliche, rassi-stische, antisemitische und antisoziale Einstellungen vom ultrarechten Rand der Gesellschaft – einer Gesellschaft, die gestern noch gefragt hat »Wie war es möglich?« – bis hinein in ihre Mitte sozusagen stillschweigend ausgebildet und etabliert haben. Mit diesem Spektrum bekommt zu tun, wer sich querstellt.

Nachdem anfängliche Bedenken ausgeräumt waren, empfängt uns Katja Herrlich in ihrer WG mit Tee und überraschender Offenheit. So fest wie ihr Händedruck scheint ihre gesamte Persönlichkeit zu sein. Sie wirkt auf eine angenehme Weise selbstsicher, energisch und verläßlich. Sie möchte nicht fotografiert werden.

»Ich muß ja nicht mit Bild erscheinen, die sollen sich ihre Fotos selber suchen. Sie hatten mich ja schon auf ihrer Liste, die Neonazis, ›Frankfurter Frontberichter‹ nannte sich das, ich wurde da geführt als Hauptverantwortliche für den ›roten Terror‹ hier in der Stadt. Das Theater mit den Deppen geht ja schon mehr als dreizehn Jahre, ich erzähl' einfach mal, damit ihr euch ein Bild machen könnt. 1992 bin ich hierher an die Uni gekommen, zum Jurastudium. Ich bin im Spreewald aufgewachsen, als DDR-Kind, sozusagen, ganz normal. Das Erste, was ich nach der Wende von Frankfurt/Oder gesehen habe im Fernsehen, war der Beschluß, die Uni neu zu gründen, und das waren die Bilder von den Flaschen- und Steinwürfen zum Empfang der polnischen Bürger, als sie hier rüberkamen 1991, als die Visaregelung geändert worden war. Zu diesem Zeitpunkt war ich noch zu Hause. Das hat mich schon gestört. Als ich dann aber hier war, im Studentenheim gewohnt habe, hatte ich bald viele Kontakte, auch in der Stadt. So kam ich eigentlich rein in meinen heutigen Freundeskreis.

Anfang der 90er war das relativ kraß hier, politisch. Es gab diese erste Hausbesetzerszene bei uns, und die hatte ständig Streß mit den Nazis, die richtig in Horden ankamen und das Haus angegriffen haben, so daß es die Leute dann oben vom Dach aus verteidigen mußten. Es war dann so, daß die Staatsanwaltschaft relativ rigoros vorgegangen ist gegen die Nazis. 1993, glaub' ich, gab es einen Angriff auf einen Nigerianer am Bahnhof, der Täter bekam sieben Jahre. Und auch gegen Nazidemos ist massiv vorgegangen worden – auch vom Staat. Wahrscheinlich hat sich das deshalb alles hier etwas beruhigt. Bei der Hausbesetzung, bei der ich dann dabei war, 1994, da ging's nicht mehr so kraß zu. Ja, es gab schon Vorfälle, auch in der Stadt, daß ausländische Studenten nachts angemacht worden sind, besonders in der Straßenbahn. Uns haben sie eher in Ruhe gelassen, die eineinhalb Jahre, die wir unser Haus hatten. Das war aber zugleich der Zeitraum, in dem die sich unheimlich entwickelt hat, die Naziszene, organisatorisch. Da gab's dann ein sogenanntes ›Nationales Pressearchiv‹, den *Nationalen Beobachter*, aus dem dann der *Frankfurter Frontbeobachter* wurde, das gab's übrigens bis Mitte 2005. Also, das waren bundesweit vernetzte Hetzpostillen, im Rahmen der sogenannten ›Anti-Antifa‹-Aktivitäten. (»Anti-Antifa-Arbeit« der Rechtsextremen seit den 90er Jahren, mit dem Ziel, linke Strukturen zu zerstören und zu diesem Zweck Daten und Informationen zu sammeln über Personen und Projekte, arbeitet örtlich und regional. Auch der »Märkische Heimatschutz« macht »Anti-Antifa-Arbeit«. Anm. G. G.) Die ausgespähten politischen Gegner – Leute wie wir, und auch Politiker, Richter, Staatsanwälte, Polizisten, Journalisten – wurden mit Namen, Adresse und Autokennzeichen veröffentlicht, drunter dann die Aufforderung: ›Kameraden, laßt euch was einfallen.‹ Später, bei einer Hausdurchsuchung, in einem anderen Zusammenhang, wurden deutlichere Aufforderungen gefunden, z. B. ›Klagt nicht an – richtet!‹.

Dann gab's hier den Jörg Hähnel, der wurde später Bundesvorstandsmitglied der NPD (gegr. 1964. Anm. G. G.). Er leitet in Berlin den NPD-Kreisverband Pankow, ihr kennt ihn sicher, weil er sich dort massiv gegen den Bau einer Moschee einsetzte. Hähnel war hier zuerst im Ordnungsdienst der JN (Junge Natio-

naldemokraten, Jugendorganisation der NPD, gegr. 1969. Anm.
G. G.). Da gab's in FFO so ab 1996 eine feste Gruppe von fünfzehn Neonazis, und zu denen gehörten auch etwa sechzig Glat-
zen. Der Hähnel hat sozusagen dafür gesorgt, daß hier wieder
eine organisierte Nazistruktur zu sehen war. Und er hat sich immer weiter hochgearbeitet zu einem NPD-Kader. Er hat uns ja
leider sehr mit seinem Singen belästigt. Er singt alte Volkslieder
mit eigenen rechten Texten. Seine CD, die hieß, glaube ich, ›Lieder in klangloser Zeit‹. Er gibt sich gern ›bürgernah‹, hat mit
Kameraden im Altersheim gesungen, Heimat und Soldatenlieder.
1998 war er auf Platz eins der NPD-Landesliste und Mitglied der
Stadtverordnetenversammlung in FFO, da hat er dann auch
Bäumchen gepflanzt in Neu-Beresinchen, Eichen. Also, der fuhr
so eine Doppelstrategie: Liedchen und Aufmärsche. Ein enger
Freund von ihm, der mit ihm nach Berlin ging, der hat hier Leuten eine Gasknarre direkt aufgesetzt mit dem Spruch ›Schöne
Grüße von der Anti-Antifa!‹, und dann wurden die Leute unter
Zwang fotografiert. Dafür ist dieser Freund dann auch abgegangen ins Gefängnis. Hähnel hatte ja mal eine Gewaltverzichtserklärung abgegeben, vor den Kommunalwahlen 1998. Aber das hat
die andern Nazis natürlich nicht daran gehindert, in Gruppen zu
vierzig Leuten hier durch die Straßen zu ziehen, zum ›Zecken-
Aufklatschen‹ und Ausländer-Zusammenprügeln, Zecken sind im
Sprachgebrauch der Nazis Leute wie wir, Linke, und Punks.
    Solche Vorfälle gab's Ende der 90er Jahre hier oft, deshalb
kam es dann ja auch zur ›Einladung‹ zu diesem ›Friedens-
gespräch‹ durch Staatsschutz und Staatsanwaltschaft. Ich war dort
mit einem Freund. Mich hatte es getroffen, weil sie mich irgendwie für wichtig hielten, nur weil ich verschiedene Demonstrationen, die so liefen, angemeldet hatte. Die Nazis kamen zu dritt,
darunter ein stadtbekannter Schläger. Ziel dieses Gespräches war
eine ›gemeinsame Gewaltverzichtserklärung‹. Dieses Ziel schei-
terte natürlich. Die Nazis wollten sich auf so eine Erklärung

nicht einlassen und forderten statt dessen einen ›nationalen Jugendclub‹. Wir, als Linke, sahen gar keinen Anlaß, eine solche Erklärung abzugeben. Wir ziehen ja nicht los, um andere Leute zusammenzuschlagen. Wir wehren uns lediglich gegen die Nazis. Hier sollten rassistische Gewalt und antifaschistische Gegenwehr gleichgesetzt werden, das ganze Gespräch konnten wir nur als Farce betrachten. Den Vertretern der Stadt, die auch dabei waren, ging es eigentlich gar nicht um die Gewalt und die Opfer, sondern nur um den ›Standort‹, um den Imageschaden für die Stadt. Daß hinter dieser störenden Gewalt eine Ideologie steht von Rassismus und Intoleranz, die man nicht tatenlos hinnehmen kann, das interessierte die Stadt wenig. Dieses Gespräch ging also sehr schnell zu Ende, und alles lief weiter wie bisher. Der Hähnel übrigens war zu diesem Gespräch nicht erschienen.

Damals lief übrigens grade die ›Aktion Noteingang‹, das war eine von Jugendlichen initiierte Aktion; Geschäftsleute sollten Aufkleber außen anbringen mit Fluchtpiktogramm und der Aufschrift ›Wir bieten Schutz und Information bei rassistischen Übergriffen‹. Gegenaktion der Nazis: Sie klebten an die Geschäfte Zettel, die das Tor von Auschwitz zeigten und die Überschrift ›Aktion Noteingang‹. 2001 kam ja dann diese ›Aktion Analyse‹, wo Jugendliche aus zwölf Städten ihr Leben mit den Nazis darstellten. Dann ging Hähnel nach Berlin, da versuchte dann dieser Nico Schiemann hier den Vorsänger zu machen, im wahrsten Sinne des Wortes. Das ist so ein Typ aus *No Exit*, dem Film von Franziska Tenner, die hat die sogenannte ›Freie Kameradschaft Frankfurt/ Oder‹ ein Jahr lang gefilmt. Der Film lief neulich im ZDF, habt ihr ihn nicht gesehen? Da ist ganz schön zu sehen, wie die Szene sich so ein bißchen gespalten hat bei der NPD. Die Gewaltbereiten waren z. T. schon von Hähnel abgerückt und haben ›Freie Kameradschaften‹ gegründet. Nach dem Konzept ›führerloser Widerstand‹, das von den Neonazis aus den USA stammt und in Deutschland von Nazis wie Worch umgesetzt worden ist.

Also, die Schlägernazis bei uns hier hatten einfach keinen Bock mehr auf das politische Gequatsche der NPD. Dadurch war dann die Gruppe um Nico Schiemann ziemlich klein geworden. Auch das Umfeld hat sich verkleinert, Leute sind abgewandert usw. Jedenfalls zeigte sich das auch bei den Demonstrationen in den folgenden Jahren Das ist ein loser Zusammenhang von relativ jungen Leuten bis Ende zwanzig, einige Ältere sind auch dabei; die gehen also durch die Stadt, wenn irgendwelche NPD-Aktionen von außen hier hereingetragen werden, oder wenn vom ›Märkischen Heimatschutz‹ die Leute kommen. (»Märkischer Heimatschutzbund«, MHS, rechtsextreme Kameradschaft im Nordosten Brandenburgs, gegr. 2001, machen vor allem Jugendarbeit, geben sich gern bürgernah, reihen sich in Hartz-IV-Demos ein usw. Anm. GG.) Zu solchen Anlässen bilden die hiesigen Nazis dann Masse, ziehen pöbelnd durch die Straßen und machen Leute an. Aber das ist eben eher ein unorganisierter Haufen. Viele halten sich auch im Umfeld vom hiesigen Fußballclub auf, oder sie gehen eben in die Diskotheken der Stadt, in denen sie keine Ausländer sehen möchten. Es gibt momentan keine organisierte, politisch agierende Naziszene hier. Das heißt aber nicht, daß von den Leuten keine Gefahr ausgeht. 2003 wurde ein Punk von Nazis hier in seiner Wohnung ermordet, afrikanische Asylbewerber wurden nach dem Diskobesuch krankenhausreif geschlagen, und 2004 wurde ein Mann verschleppt und stundenlang mit unglaublicher Brutalität gefoltert und verletzt.

Anfang April gab's hier einen NPD-Stand von außerhalb, die NPD will nämlich jetzt wieder mehr hier aktiv werden. Da haben sich unsere diffusen Nazis versammelt, und wir waren auch da, um zu sehen, wer sich da versammelt. Die sind dann irgendwann auf unsere Leute losgegangen; einer von uns wurde verfolgt, mitten im Zentrum wurde ihm Reizgas ins Gesicht gesprüht, und zwanzig Meter entfernt standen Polizisten, die haben sich aber gescheut, da einzugreifen. So was sieht ja heute vielleicht auch aus wie eine ›normale‹ Auseinandersetzung zwischen Jugendlichen. In den 90ern war's noch so, daß man am Haarschnitt und an der Kleidung sofort gesehen hat, wer Nazi ist. Die Jungschen heute, denen sieht man es oft nicht mehr an, die tragen keine Bomberjacken und Stiefel, die tragen entweder ganz normale Sachen, oder wie man das am NPD-Stand auch sehen konnte, tragen viele jetzt den ›Autonomen-Style‹. Das geht schon seit einigen Jahren so, daß viele aussehen wie ›schwarze Antifa‹, würd ich mal sagen. Hier in Frankfurt hat sich das noch nicht so durchgesetzt. Aber in Wunsiedel. (Dort findet der jährliche »Rudolph-Hess-Gedenkmarsch« der Alt- und Neonazis aus Deutschland und dem Ausland statt. 2005 erstmals verboten. Anm. G. G.) Die Stadt war ja komplett voll mit Nazis, die konnten sich relativ frei bewegen. Wir standen so an einer Ecke, da kam uns eine Gruppe entgegen, die sah total aus wie Antifa, aber wir haben dann einen erkannt, der hier aus Straußberg ist. Der hat uns auch erkannt, und schon ging's los. Also, die Polizei checkt das manchmal gar nicht, wer nun wer ist. Aber hier in Frankfurt, da kennt eigentlich jeder jeden.

Es ist übrigens nicht so, daß wir uns reduzieren auf die Beschäftigung mit den Rechten. Die Leute, die hier Antifa-mäßig aktiv sind, die haben sich auch viel mit Flüchtlingsarbeit beschäftigt, das ist ja klar, hier direkt an der Grenze. Es gab diese Grenzcamps, organisiert von verschiedenen Brandenburger Gruppen, zusammen mit der Initiative ›Kein Mensch ist illegal‹. Da waren wir auch mit eingebunden. Wir haben Demos gemacht vor dem Abschiebeknast und Aktionen auch zusammen mit Flüchtlingen. Oder wir haben demonstriert gegen die Bundeswehrausstellungen. Mit ihren Panzern und Dingern und Zeugs, da haben sie Werbung gemacht. Die Schüler mußten hin während der Schulzeit. Das muß ja nicht sein! Es gab auch den Castor-Transport von Bremen nach Ahaus, glaube ich, voriges

Jahr Ende Mai, Anfang Juni. Es gab auch davor mal einen, der ist hier durch Frankfurt gefahren, auf dem Zug, da haben wir auch was gemacht. Es gibt hier eine Umweltgruppe, mit denen zusammen hab' ich dann zur Strahlengefahr was geschrieben. Als die Nazis dann nicht mehr so aktiv waren, blieb natürlich mehr Zeit für anderes«, sie lacht. »Man muß abwarten, wie sich die Dinge entwickeln, wenn die NPD jetzt hier wieder Fuß faßt.

Im Moment haben wir aber ein ganz anderes Problem. Seit etwa zwei Jahren gibt es einen verschärften Ermittlungseifer der staatlichen Behörden gegen die Frankfurter Linke. Wir werden mit Repressionen beschäftigt, Leute werden mit zahlreichen Verfahren überzogen. Es herrscht ein kompletter Verfolgungsdrang, man meint irgendwie, unbedingt Täter beibringen zu müssen. Und obwohl die linke Szene ja schon seit so vielen Jahren observiert wird, haben sie nichts verstanden. Auch was mich betrifft. Ich war 2001 mit dem Studium fertig, habe dann noch bis 2003 die praktische Ausbildung gemacht und arbeite seit 2004 als Anwältin hier in einer Kanzlei. In meiner Studienzeit bin ich bei der Polizei in so eine Schublade getan worden, in der ich jetzt immer noch stecke. Eben weil ich mal ein paar Demos angemeldet habe, wird bis heute davon ausgegangen, daß ich diejenige bin, die Antifa-mäßig hier was zu sagen hat, Einfluß auf die Szene ausübt. Was ja nicht so ist, weil's eben hier nicht irgendwelche Führer gibt, die die Richtung vorgeben. Das haben sie nicht verstanden, daß Antifa an sich schon immer ein Zusammenhang von Leuten war, wo jeder alles zu sagen hatte. Tatsächlich sind sie natürlich sauer, daß ich ihnen dreißig Verfahren ›kaputt‹ gemacht habe, wo sie Mist gemacht haben, wo meine Mandanten dann praktisch rauskamen und das Verfahren eingestellt werden mußte.

Es gab letztes Jahr im April eine Hausbesetzung in Frankfurt/Oder, da war ich beruflich tätig. Jugendliche hatten ein schon lange leerstehendes Haus in der Innenstadt besetzt. Sie wollten ihrer seit Jahren ergebnislos vorgetragenen Forderung nach einem selbstverwalteten Jugendzentrum mehr Nachdruck verleihen. Das waren Jugendliche von sechzehn bis zwanzig, die so sechs Tage etwa in dem Haus waren; es gab Vereinbarungen mit der Stadt – obwohl das Haus eigentlich dem Land gehörte –, daß die Jugendlichen erst mal drinbleiben können. Es gab Verhandlungen und Gespräche, es gab keine Probleme. Irgendwann kam plötzlich die Räumung, und neben den Hundertschaften der Landeseinsatzeinheit (LESE) rückte auch das SEK an. (Sonder- oder Spezialeinsatzkommando, jedes Bundesland hat eins, gegründet als Antiterrorkommando, zusammen mit GSG 9. Soll bei sogenannten »herausragend gefährlichen Einsatzlagen« zur Verwendung kommen. Treten in voller Kampfmontur an, schwarz gekleidet, vermummt, gepanzert und mit Maschinengewehr. Anm. G. G.) Das war völlig unangemessen, es zeigt die Polizeisicht auf die Dinge. Als ich dort auf den Hof kam, da war der zweite Satz, den ich hörte: ›Frau Herrlich, Sie gehen in Gewahrsam!‹ – und das, obwohl sehr genau bekannt war, daß ich als Anwältin da tätig und anwesend war. Ich bin dann natürlich nicht in Gewahrsam gegangen, aber erst nachdem der Chef des Sicherungstrupps die Anweisung gegeben hatte.

Dazu muß man sagen, daß es im Herbst 2004 hier in Frankfurt/Oder einen Vorfall gegeben hat; es wurde ein Brandanschlag verübt auf das Wahlkampffahrzeug des brandenburgischen Wirtschaftsministers Junghanns von der CDU, das LKA hat dann die Ermittlungen aufgenommen, und die richteten sich massiv auf die linke Szene hier, die war natürlich, wie immer, unter Generalverdacht. Und solche Ermittlungen arten dann in so einen Verfolgungswahn aus, der jahrelang über jedes Maß hinausschießt. Interessant daran ist, daß das ja schon vorher der Fall war. Z. B. gab es hier diese Feierlichkeiten zum EU-Beitritt Polens und noch vieler anderer Länder, das ›Fest der Regionen‹, vom Land Brandenburg organisiert. Ein großes Volksfest. Es kamen auch Würdenträger. Der polnische und der deutsche Außenminister, der Ministerpräsident usw. und natürlich die internationalen Medienvertreter. Das ging bis Mitternacht, wo es dann den Händedruck der beiden Außenminister auf der Brücke und anschließend ein Feuerwerk und die »Feuerwerksmusik« von Händel gab, als Ausklang.

Am Nachmittag hatte das Fest schon angefangen, und ich war mit einer Gruppe von Freunden dort, einfach weil's ein schöner Freitagnachmittag war und wir mal gucken wollten, ganz normal. Das war anscheinend besonders verdächtig. Zuerst wurden wir von einem Polizisten fotografiert, da wußten wir schon … Danach hatten wir Zivilbeamte an uns hängen. Unsere Gruppe ging dann getrennt weiter, damit das aufhört, aber da wurde es nur noch schlimmer. Wir gingen zu zweit, und es folgten uns – jetzt nicht mehr aus der Entfernung, sondern in einem Schritt Abstand – sechs bis sieben Zivilcops. Auf dem Weg zum Klo vom Oderspeicher sind mir, glaube ich, zwölf Leute gefolgt. Unglaublich! Ich bin dann kreuz und quer über das Fest gegangen, stundenlang, und immer dieselben hinter mir her. Um zwei Uhr nachts haben sie mich hier zu Hause ›abgeliefert‹. Zu dem Zeitpunkt war ich keine Studentin mehr, habe bereits in meinem Job gearbeitet, das hatte aber keine Auswirkung auf die Observationspraxis. Also, sie hatten wohl befürchtet, daß es zu Kundgebungen kommt, und man will natürlich verhindern, daß im Fernsehen Protestaktionen zu sehen sind. Daß wir einfach nur so auf dieses Fest gingen, das wollte ihnen nicht in den Kopf.

Mir kann überhaupt nichts vorgeworfen werden; es gab drei Ermittlungsverfahren gegen mich, die aber natürlich alle eingestellt wurden, weil nichts dran war. Ich hatte ja Akteneinsicht beantragt bei unserem Verfassungsschutz, weil ich natürlich wissen möchte, was da in meiner Akte steht. Man hatte mir einen Ordner zusammengestellt, genau sortiert, was ich zu sehen bekomme und was nicht. Ich hatte eine Rechtsanwältin mitgebracht. Man darf nichts kopieren, man darf nichts abschreiben, sich höchstens Notizen machen. Also, es stand da nichts weiter drin. Das, was ich schon erwähnt habe. Ich saß dann still da, habe Seite um Seite durchgeblättert, in Anwesenheit von zwei Personen, die uns unentwegt beobachteten und sich Notizen machten. Ich habe dann auch Auskunft beim Bundeverfassungsschutz beantragt. Das dauert nun schon drei Monate. Für die ist Fakt, ich bin Bestandteil einer unliebsamen Szene, und die soll eingeschüchtert werden. Ich habe ja quasi meine Lebensumstände so ziemlich beibehalten, wohnungsmäßig und was den Freundeskreis betrifft usw. Ansonsten hat sich nur geändert, daß ich jetzt Freunde von mir verteidige. Das ist natürlich auch so was, was die Polizei nervt, daß hier die Antifa oder junge Linke in Frankfurt jetzt einen Rechtsbeistand hat, wo sie hingehen können. Was ja vorher so ein bißchen ein Problem war – weil es eigentlich keinen gab, der da jetzt speziell... Also, die kommen alle zu mir, und ich verteidige sie. Wie sehr das stört, konnte ich den Akten entnehmen, wo stand: ›Die bekannte Rechtsanwältin hat schon wieder Akteneinsicht gefordert!‹ Das ist ja eigentlich selbstverständlich, daß ein Anwalt, wenn er einen Fall bearbeitet, Akteneinsicht nimmt. Was die eben so nervt ist, daß ich das jetzt mache und aus meinem Job heraus praktisch sehen kann, wie ihre Arbeit läuft. Was sie machen, wie sie ermitteln.

Neulich war eine skurrile Situation, da war eine Gerichtsverhandlung mit Polizeizeugen, und die mußten nun meine Fragen beantworten, sie durften ihre Empfindungen nicht zeigen. Alle diese Dinge verärgern die Polizei schon sehr. Also, die Stimmung ist hier in der Stadt natürlich in keiner Weise entspannt, und die linke Szene bekommt das eben immer wieder zu spüren.«

Ihr Handy klingelt, nach einem kurzen Blick auf das Display legt sie es wieder zur Seite. »Ich hatte einen Mandanten, gegen den wurden auf Grund einer beschlagnahmten Foto-CD – auf der meinetwegen jetzt an Hauswänden aufgesprühte Parolen usw. zu sehen waren – dreizehn Verfahren eingeleitet. Weil's dreizehn Bilder waren. Die Verfahren sind alle eingestellt worden, klar. Es kam gar nicht bis zum Richter. Es ging von der Polizei zum Staatsanwalt, und der hat sie dann eingestellt.

Also, das passiert jetzt häufig, daß Leute mit Verfahren überzogen werden, ohne daß sie eigentlich irgendwie einen richtigen Anhaltspunkt haben. Das Problem, das entsteht, ist folgendes: Wenn das Verfahren nicht vor Gericht kommt, weil die Staatsanwaltschaft es einstellt, dann gibt es keine Kostenerstattung. Normalerweise muß dann der Mandant die Kosten bezahlen, aber der Mandant hat ja – das wissen wir alle – in der Regel gar kein Geld. Deshalb hat sich jetzt eine Soligruppe gebildet hier in Frankfurt/Oder, die tragen z. B. auch mal ganz genau zusammen, wie viele, wo und welche Ermittlungsverfahren und -methoden zu verzeichnen sind, um die Sache dann auch öffentlich zu machen. Es geht ja nicht, daß jemand einfach so in Anwaltskosten getrieben wird und darauf sitzenbleibt. Die Soligruppe macht auch Veranstaltungen, Partys, sammelt Spenden und lädt zu Solipatenschaften ein. Darüber wird das dann bezahlt. Es klappt gut. Auch mein Chef ist ja zum Glück verständnisvoll. Inzwischen gibt es relativ viele Anwälte in der Kanzlei. Jeder hat so etwa zwei Spezialgebiete, so daß eine ganze Bandbreite da ist. Ich mache Strafrecht und Verwaltungsrecht, innerhalb des Verwaltungsrechts vor allem Asyl- und Ausländerrecht. Und, das ist ja klar, im Zusammenhang mit dem Strafrecht Polizeirecht. Oder ich mache auch mal ein bißchen Straßenbau- oder Wasser- und Abwassersachen, was so anfällt eben. Nur, damit ihr mal seht«, sie lacht, »daß ich hier nicht die ›Antifa-Anwältin‹ bin, sondern auch ganz normal arbeite.«

Auf die Frage, wie es bei ihr dazu kam, warum »ANTIFA«, sagt sie: »Oh, schwierige Frage. Ich bin ja, wie gesagt, DDR-Kind. Das war ja richtig Thema im Unterricht, die Geschichte der NSDAP usw. und natürlich die Geschichte des antifaschistischen Widerstandskampfes; es gab auch Spielfilme, Bücher, aber es war halt ›Unterricht‹ und eher langweilig. Über die eigentlichen Fragen: Wohin sind die verschwunden nach dem Krieg, die ganzen Nazis, und gibt es bei uns in der DDR wirklich keine Nazis mehr?, darüber wurden eigentlich nicht viele Worte verloren. Hier bei uns ist der Sozialismus, hier hat man sich gegen die Nazis gewehrt. Das war einfach eine Grundüberzeugung. Man hat uns auch von den NKWD-Lagern nichts gesagt. Ich bin ja aus der letzten Generation, die diesen Unterricht gehabt hat, sozusagen. 1989 bin ich grade in die zehnte Klasse gekommen, und danach wurde alles umgeschmissen. Aber prägend war für mich dann, wie ich zum ersten Mal so richtig was mitbekommen habe von diesem Neonazischeiß, das war 1991 Hoyerswerda. Und dann diese Pogromnacht in Rostock, wo eine Horde von Nazis unter dem Jubel der gaffenden Menge mitten im Wohngebiet ein Ausländerwohnheim angezündet hat und jeder wußte, da waren Familien und Kinder drin! Ich habe einfach nicht verstanden, wie man so sein kann. Diese Lynchstimmung war unbeschreiblich und hat sich mir richtiggehend eingeprägt.

Damals war ich grade zu Hause, als das im Fernsehen kam. Ich bin aus einem relativ kleinen Ort, Vetschau. Wir haben ein Kraftwerk, ein Braunkohlekraftwerk, und immer schon gab es Kontakte mit anderen Nationalitäten. Da wohnten Angolaner, Mozambiquaner und Kubaner. Mit denen haben wir Fußball gespielt. Mein Vater hat im Werk gearbeitet und hatte praktisch für zwei Kubaner die Patenschaft übernommen. Also, die waren am Wochenende bei uns, und wir haben eben mit Händen und Füßen geredet. Es wäre mir nie in den Sinn gekommen, daß ich irgendwie ›besser‹ sein könnte als die. Also, in Vetschau hatte man Kontakt mit Ausländern zu DDR-Zeiten oder war zumindest an ihren Anblick gewöhnt. Nachdem dann diese Bilder und Berichte tagelang im Fernsehen waren von Rostock, da habe ich mich wirklich gewundert, wie ruhig das in unserem Ort blieb.

Man hat nicht bemerkt, daß das irgendwas hervorgerufen hätte an Empörung. Jeder hat wie immer seine Arbeit gemacht, abends gings in den Garten und dann ins Bett. Da war Schweigen. Und wir hatten auch ein Wohnheim mit Asylbewerbern, die sie kurzfristig einquartiert hatten. Und da sind dann nächtens auch vereinzelte Trupps von Männern grölend vorbeigezogen, es gab Nächte, wo die Polizei schützend davorstand. Es war mir vollkommen klar, das ist keine harmlose, vorübergehende Angelegenheit mit den Nazis, das wird sich ausbreiten, und das ist ja nicht hinnehmbar! Als ich dann hierherkam nach Frankfurt/Oder, da habe ich mir ja gleich meine Freunde gesucht, und ich wußte ganz genau, welche Freunde ich haben wollte: Freunde, die was tun gegen die Neonazis. Und so ist das alles eigentlich gekommen.«

Und nun möchten wir noch ein paar biographische Details erzählt bekommen: »Ja, also, das war alles ganz normal, Krippe, Kindergarten, Einschulung. Mein Vater war Starkstromelektriker im Kraftwerk, meine Mutter ist Lehrerin gewesen, erste bis vierte Klasse Grundschule. Ich habe noch einen Bruder, der ist sechs Jahre älter und arbeitet heute als Kfz-Mechaniker. Das Geld war natürlich immer knapp bei uns, aber irgendwie haben es die Eltern jedes Jahr hingekriegt, daß wir in Urlaub gefahren sind, privat, wir als Familie, an die Ostsee oder in den Harz. Mit den Ferienlagern ging das bei mir erst los, als ich so in der sechsten Klasse war. Zweimal in der ČSSR, sonst nur in der DDR. Das war schön, vom ganzen Stil her. Wir waren ja auch in Holzbaracken, sehr lustig. Bei den Tschechen, da war's allerdings so ein bißchen autoritärer organisiert. Das war mit Morgenappell und Briefe abholen vorne beim Appell. Und wenn mal nachts die Bude wackelte, da mußte man dann schon seine zwei Stunden über den Sportplatz rennen hinterher und Liegestütze machen. In DDR-Ferienlagern hab' ich das nicht erlebt. In meinem Alter haben sie uns relativ frei gelassen. So mit den anderen durch die Wälder streifen, das fand ich schön. Und dann mußte ich allmählich schon darüber nachdenken, was ich werden wollte. Lehrerin wollte ich auf keinen Fall werden. Kfz-Mechaniker wäre für eine Frau ein Unding gewesen in der DDR, am Fließband wollte ich auch nicht stehen, und das Praktikum im Kraftwerk hat zwar Spaß gemacht, aber auf Dauer wollte ich da auch nicht arbeiten. Also war klar, daß ich die EOS mache. Und dann kam die Wende, und ich wußte überhaupt nicht mehr, wo ich jetzt war, wo ich da hineingeraten bin. Insofern war das Jurastudium auch sehr gut für meine Orientierung, denn man lernt da ja ›System‹, man bekommt ja das Konstrukt genau erklärt in einer präzisen Sprache, Staatsrecht usw. Aber vorher war's komisch. Ich hing einen Moment lang wirklich in der Luft!

Das hat sich dann ja bald gegeben, auch mit Hilfe des Freundeskreises natürlich. Und deshalb ist es mir nach wie vor wichtig, daß das Politische und das Private nicht getrennt sind. Bei uns hier verknüpft sich das alles miteinander, auch in der WG. Anders könnte ich, glaub ich, gar nicht leben. Und dieser Zusammenhalt ist auch deshalb notwendig, weil wir uns hier wieder auf einen verstärkten Auftritt der NPD einstellen müssen, denn das bedeutet ja eine Mobilisierung der gesamten Naziszene. In letzter Zeit gibt's eine Reorganisation der ›Kameradschaften‹ und freien Strukturen. Und es sind ja jetzt bereits die nächsten nachgewachsen, die Fünfzehn-, Sechzehn, Siebzehnjährigen, die halt meinen, sie müssen Nazipöbel spielen. Und es ist eben so, daß die auf Leute von uns richtig losgehen. Die waren es auch, die uns am 1. April angegriffen haben am NPD-Stand, die müssen sich ja bei ihren Leuten erst mal Anerkennung verschaffen, durch ›Heldentaten‹. Also, es sind nicht mehr nur die Leute, mit denen wir es damals zu tun hatten. Es hört einfach nicht auf!«

Einige Zeit nach diesem Gespräch – am Tage des WM-Spieles zwischen Deutschland und Portugal – wurden in der Frankfur-

ter Innenstadt mehrere Linke von einer Gruppe von Rechtsextremen, aus dem Umfeld eines einschlägig bekannten Fußball-
clubs, mit Ausrufen wie »Zecke verrecke!« attackiert. Die Polizei
registrierte fünf Körperverletzungen. In der Nacht überfielen sie
dann in betrunkenem Zustand erneut die Linken, diesmal im
Hof ihres Hauses, wo ein nachbarschaftliches Grillfest stattfand.
Die Bewohner und Freunde mußten unter Flaschenwürfen ins
Haus flüchten und mit vereinten Kräften die Tür zuhalten, während die am Eindringen gehinderten Rechten im Hof das Mobiliar zertrümmerten. Es war das Haus von Katja Herrlich.

23

ZEICHEN DER ZEIT

TÄTOWIERERIN

»Seine Hände sind mit blauen Flecken bemerkt; um die Finger der linken Hand gehen sie in Ringen herum.« Lichtenberg *(1775 in London, nach Begegnung mit Omoi, dem tätowierten »edlen Wilden« aus der Südsee)*

Die Tätowierung, einst Stammeszeichen, dann Kennzeichnung und Hautverzierung der Außenseiter – kohärent, stigmatisierend, bizarr bis ordinär – ist zur Normalität geworden, zu einem alltäglichen Anblick. Als Accessoire beider Geschlechter ist sie so gut wie gesellschaftsfähig. Sie erfüllt offenbar den Wunsch nach Selbstvergewisserung und nach einer über die allgemein kurze Verfallsdauer der Warenwelt hinausreichende Verbindlichkeit. Inzwischen haben fast fünfzig Prozent der Jugendlichen bis zum Alter von 24 Jahren Piercings oder Tätowierungen.

Das Tätowierstudio von Berit Uhlhorn liegt in der Potsdamerstraße. Die »Potse« war bis zur Wende berüchtigter Berliner Straßenstrich und Rotlichtmeile. Heute findet man hier vor allem Im- und Exportgeschäfte, kleine Spielhöllen, Woolworth, türkische Döner- und Gemüseläden, Verlage und Antiquariate. Das Haus Nr. 93 ist sorgfältig restauriert, das Vorderhaus und die beiden Seitenflügel gehören Berits Mann, er ist Architekt. Die Schaufenster des Studios sind von Efeu umrankt und diskret dekoriert mit den Mustern des Angebotes. Über der fliederfarbenen Ladentür steht TATAU OBSCUR. Dahinter befindet sich kein düsterer, zwielichtiger Ort, sondern ein zweistöckiger Raum im 6oer-Jahre-Stil, der geradezu erschreckend hell und gediegen ist. Über der kleinen Bar prangt ein Leninbild, hier kann der Kunde bei einem Espresso am Caféhaustisch sitzen und in Tätowiermagazinen blättern. An den Wänden hängen Zeichnungen der Virchowschen Präparatesammlung. Man glaubt sich eher in einer Galerie zu befinden. Aber oben auf der geschwungenen Empore, den Blicken entzogen, da surren die Tätowiermaschinchen, da sausen die Nadeln ins Fleisch, erstehen die Bilder auf der Haut. Und vielleicht wird eine junge Frau, die morgens noch mit einem unversehrten Schulterblatt aufgewacht ist, abends ins Bett gehen mit einer frischen Wunde in Form einer prachtvollen Lilienblüte.

Berit, die sehr artifiziell gestylt ist, sagt sie sei eine leidenschaftliche Gärtnerin. Sie zeigt uns ihren kleinen Garten im Hinterhof, eine stille Oase, abseits der dröhnenden Straße, umgeben von gelben Backsteinmauern und freistehenden viereckigen Backsteinsäulen in gleicher Art und Farbe. Es wirkt fast klösterlich-südländisch.

Dann steigen wir hinauf in den fünften Stock und werden ins Arbeitszimmer gebeten in dem Schreibtisch, Laptop und die Kunstbände in den Regalen nur eine untergeordnete Rolle spielen. Der hohe Raum erinnert etwas an jene Wunderkammern voller »Raritäten« aus »der Zeit des Staunens«, denen die Aufklärung den Garaus gemacht hat. Berits Wunderkammer ist angefüllt mit den Zeugnissen ihrer Sammelleidenschaft, mit ausgestopften Tieren, Präparaten in Spiritus, Knochen, Tierschädeln, der Moulage eines Frauengesichtes mit Lippenkrebs. Unsere Gastgeberin bringt Tee und selbstgemachten Kräuterquark zu den Croissants. Als sie uns einschenkt, rutscht der Ärmel ihrer chinesischen Seidenjacke etwas nach oben und gibt den Blick frei auf ihren mit Blütenmotiven tätowierten Arm. Wir, gänzlich untätowiert, bitten sie, uns die Faszination für Tätowierungen zu erklären.

Sie trinkt einen Schluck Tee und sagt: »Tätowierungen sind die ersten aller Künste. Noch bevor die Menschen sich feste Behausungen gebaut haben, haben sie sich tätowiert, haben sie sich geritzt. Fast alle Funde mumifizierter Menschen-Moorleichen oder Eisleichen, haben Tätowierungen. Diese Tätowierungen aus der Frühzeit sind eng mit Schamanismus und auch mit Heilergebräuchen verbunden. Man schuf eine Art Gegenzauber, der sich auf dem Körper manifestiert und auch für andere sichtbar ist. Deshalb sind die Motive auch sehr zeichenhaft, haben Signetcharakter. Sie sollen verständlich sein. Vielleicht stellen Tätowierungen auch zugleich eine Frühform der Akupunktur dar, vieles spricht dafür.

Also das Tun und Forschen, das fiel da wahrscheinlich zusammen. Mein Mann hat Rheuma, und eines Tages sagte Herbert Hoffmann (ein Tätowierer aus Hamburg, er gründete die inzwischen älteste ›Tätowierstube‹ Deutschlands. Anm. G. G.), er wüßte ein Mittel gegen Rheuma: Ganzkörpertätowierung! Er ist über 90, glaube ich, und sagte, in seiner langen Berufszeit wäre ihm kein einziger ganzkörpertätowierter Mensch begegnet, der Rheuma gehabt hätte. Und er hat sicher sehr viele gesehen und tätowiert. Eine Tätowierung ist ja quasi eine Preßlufthammer-Akupunktur.« Sie lacht. »Die Einstiche erfolgen mit ungeheurer Geschwindigkeit, deshalb tut es ja auch so weh. Eine einzelne Akupunkturnadel schmerzt nicht, aber diese ›Preßlufthammer-Akupunktur‹ aktiviert natürlich das Nervengeflecht – das ist schon ordentlich!

Es ist auf jeden Fall so, daß die Menschen sich immer tätowiert haben, und dieses historische Fenster, in dem sie es nicht getan haben, ist im Vergleich zu dem Rest der Zeit extrem klein. Und es gab natürlich auch über sehr lange Zeit die Praxis der Kennzeichnung von Sklaven und Gefangenen. Das ging bei uns bis 1875 oder so, in Rußland bestimmt bis 1900, daß Gefangene rigoros entweder durch Brandmarkung, durch Verstümmelung oder durch Tätowierung markiert wurden. Danach wurde das nicht mehr gemacht – die Nazizeit war eigentlich noch ganz homogen in der alten Zeit drin.

Leute, die sich freiwillig tätowieren ließen, waren in der Regel Außenseiter, waren Seeleute, Zuhälter, Gefängnisinsassen. Das alles ist der Grund für das schlechte Image, das Tätowierungen vor nicht allzu langer Zeit noch hatten. Natürlich haben sich viele Leute auch heimlich tätowieren lassen, bis hinauf zum Adel, besonders in der Zeit, als die ersten Tätowierten aus der Südsee nach Europa kamen. Aber eigentlich war das Tätowieren immer verboten, Jahrhunderte lang, teils per Gesetz und immer auch moralisch natürlich. Dieses Verbot endete bei uns erst allmählich. In den 50er Jahren des vorigen Jahrhunderts. Damals waren es die Motorrad-Rocker, die anfingen, sich zu tätowieren. In den 60er Jahren gab's dann auch die ersten Nasenstecker, die man aus Indien mitbrachte. Und in den 70ern trug man in der Punkbewegung die Sicherheitsnadel in der Backe – also es war bereits so eine Art Piercing. Das war diese Zeit, in der sich sehr viel verändert hat, ich weiß auch noch, wie diese Zeit roch ...« »Nach Patschuli!« rufen wir. Sie lächelt und fährt fort: »Aber was das Tätowieren betrifft, so war das immer noch ausgegrenzt. Bis in die 90er Jahre war das Tätowierbusiness angedockt an die Rocker-Klubs – teilweise ist das heute noch so. In Australien z. B. haben Tätowierer immer noch Schwierigkeiten, wenn sie ein Studio eröffnen wollen und nicht bereit sind, Schutzgeld zu zahlen an den örtlichen Rocker-Verein. Auch regional in Europa kommt so was noch vor.

Und ab 1993 fing das dann an, daß junge Tätowierer dem nicht mehr folgen wollten. Die Tätowierer wurden selbstbewußter. Das war genau die Zeit, wo ich auch angefangen habe, 1993. Wir kamen auch aus ganz anderen kulturellen Zusammenhängen. Das waren dann z. B. Grafik-Studenten, Graffiti-Künstler, Comiczeichner. Die mußten ja auch irgendwohin. In Amerika gab's das schon, Leute, die eine gute Grundausbildung hatten. Überhaupt war Amerika sehr befruchtend. Amerika hat bis in die polynesischen Inseln hinein Kontakte, weil sie dort militärische Stützpunkte haben, und einige Tätowierer brachten Mitte der 8oer Jahre die polynesischen Motive mit. Da ging es los mit dieser ›Tribal-Art‹. Es gibt einige bedeutende, große Namen. Leo Zulueta ist der bedeutendste Vertreter dieser Richtung in Amerika. Oder es gibt Don Ed Hardy; der ist in den frühen 8oer Jahren nach Japan gereist und brachte von dort den japanischen Stil und diese Ästhetik in die Tätowierszene. Das alles kam dann auch zu uns. Vorher gab's ja eigentlich nur: Herz, Kreuz, Anker bzw. all das, was sich so zwischen dem Meer und dem Militär abspielte, und natürlich Erotisches. Dazu kamen die Rocker-Insignien, und damit hört die Motivik eigentlich auf.

Und in den 9oern kamen dann eben diese neuen Motiviken, und die haben dem Ganzen einen unheimlichen Schub gegeben. Auch eine neue Größenordnung. Ab da wurden dann auch ganze Partien, ganze Körperteile, ganze Oberarme und Rücken tätowiert. Es ist ja so: Wenn eine Tätowierung gut plaziert, sauber tätowiert und motivisch vollendet ist, dann macht sie den Träger unheimlich stolz und glücklich. Sie ist Teil des Körpers, vervollständigt ihn. Es gibt natürlich ganz viele stümperhafte Tätowierer, leider, aber wenn man das Glück hat, so eine vollendete Tätowierung auf dem Körper zu haben, dann erlebt man eine unheimliche Transformation und Erhebung, eine Sublimierung sozusagen. Was die Motivik selbst betrifft, so sind die Vorlieben für bestimmte Stilrichtungen natürlich ganz verschieden. Leute, die sich für japanische Sachen entscheiden, schätzen diese Tradition und Technik, die aus einer sehr hohen kulturellen Entwicklung stammt, das sind Leute, die klassische Schönheit möchten, Zeitloses. Gut, und dann gibt es diesen polynesischen Einfluß, diese schwarzen Bänder- oder Flächenornamente. Die sind zwar in unserer Kultur bedeutungslos, wirken aber dekorativ und sind nicht so schwer herzustellen.

Diese beiden Motiviken, wie gesagt, haben die Tätowierung ganz nach vorne geschoben. Plötzlich wollten alle Leute kleine Tribals haben. Na ja, und dann gibt es natürlich noch eine Phantasy-Motivik, die ›Gruselecke‹, mit Monstern und Schädeln usw., die kommt noch sehr aus dem Rockergebaren. Es befruchtet sich natürlich auch alles gegenseitig, es gibt Gruselcomics, wo jedes Bild ein Gemetzel ist. Also, der Totenkopf als Sinnbild ist immer noch ein Motiv – den tragen wir ja alle in uns. Einen unheimlichen Schub gab auch der Schweizer Maler H. R. Giger durch seine phantastischen Elemente zum einen, besonders aber durch das, was unter dem Begriff ›Biomechanid‹ bekannt wurde. Das fing an mit Darstellungen von aufgerissener Haut, unter der dann ein Maschinenteil zu sehen war. Es gibt einen amerikanischen Vertreter dieser Richtung, Guy Aitchison, ein sehr guter Tätowierkünstler, der hat aus dieser ›Biomechanid‹ nochmal eine ganz besondere, eigene Ornamentik gemacht. Und dann gibt es einen Schweizer Tätowierer, Valentin Steinmann, der hat daraus ›Biodelice‹ entwickelt. Er ist mehr so in die Renaissance-Ornamentik reingegangen und macht daraus eben auch ganz wunderbare Körperkonzepte. Dem Zauber dieser Motivik kann, sagen wir mal, der Buchhalter genauso erliegen wie der Polizist, der Bauarbeiter, der Gruftie oder der Architekt.

Aber es gibt auch rein dekorative Modeströmungen, beispielsweise den Delphin. Bei uns hieß der Delphin nur ›blaue Banane‹. So zwischen 1993 und 1996 etwa, da wollten ihn die jungen Frauen plötzlich alle außen auf die Fesseln. Etwa fünf Zentimeter groß.

Das war das Mode-Chichi der Esoterikszene. Die vergangenen zwei Jahre wurden wir gequält mit Sternen. Sterne in allen Varianten, hauptsächlich fünfzackige, manchmal mit kleinem Schweif. Davor gab's Sonnen. Sonnen um den Bauchnabel, auf die Schulterkugel, das Schulterblatt – beliebt bei beiden Geschlechtern. Die Frauen waren leicht in der Überzahl. Es gibt ja diese Koinzidenz der Ereignisse, plötzlich tun alle dasselbe. Keltische Knoten waren auch mal sehr populär. Ebenso diese Tätowierung auf den Steiß, in dieser quasi dreieckigen Form, umgangssprachlich heißt das ›Arschgeweih‹ – ich hasse diesen Ausdruck, er ist diffamierend. Diese Tätowierung kann sehr, sehr gut aussehen, wenn sie perfekt gemacht ist. Das ist übrigens ein reines Frauenzeichen. Generell aber unterscheiden sich Männer und Frauen gar nicht so sehr in ihrer der Wahl der Motivik, sehr jedoch in der Wahl der Plazierung. Das wird intuitiv richtig gemacht, Männer wollen den Schulterbereich betonen, Frauen Hüfte, Taille, Po, Dekolleté. Schulterkugel und Rücken, das wollen beide, sagen wir mal.«

Eine zartgliedrige Katze kommt herein, miaut, betrachtet uns distanziert und geht wieder hinaus. »Sie hat Junge«, sagt Berit. »Heute ist eigentlich alles möglich an Tätowierungen. Und es wird auch alles gemacht. Jeder Tätowierer hat natürlich seine Präferenz und auch sein Talent in einer bestimmten Richtung. Einige sind sehr gut, malerisch, die machen photorealistische Portraits oder malerische Landschaftsszenen, ganz wunderbar. Andere sind graphisch sehr gut in strengen Ornamentformen, kunstvoll verschlungenen Knotenbändern. Oder jemand wie der Franzose Lionel Fahy aus Nantes, ein großartiger Künstler, macht Kritzel-Kinderzeichnungen. Das Publikum kennt sich eigentlich inzwischen sehr gut aus; es gibt Tätowiermagazine, die die einzelnen Künstler vorstellen. Das Publikum hat die Wahl, und die Leute sind wirklich sehr engagiert. Das geht so weit, daß ich Leute habe, die kommen aus Stuttgart, aus Karlsruhe, Hamburg, aus Wien oder auch Südafrika.

In meiner Internet-Präsentation stelle ich ein kleines Spektrum meiner Arbeiten vor, das eine sind florale Sachen, das andere nenne ich mal ›alles, was Augen hat‹. Also Menschen und

Tiere, alles, was einen anguckt.« Sie lacht. »Und dann gibt es noch den schwarzen Bereich, wo sowohl ornamentale als auch figürliche Sachen gezeigt werden. Manche Leute wollen explizit Blumen, und das freut mich, weil ich Blumen viel und gerne mache. Also, das sind jetzt nicht unbedingt Sujets, die ich da trenne, diese Auswahl soll nur eine leichtere Orientierung ermöglichen. Jeder Kunde der es wünscht, bekommt meine fachkundige Beratung. Ich bin, glaube ich, dafür bekannt, daß ich viele Stile und Motiviken bedienen kann, daß ich mich darin zu Hause fühle. Ich bin da nicht so festgelegt.

Was die Kunden auch besonders schätzen ist, daß ich die Sachen sehr individuell für sie konzipiere und genau an ihre körperliche Konstitution anpasse. Die Bilder hängen nicht irgendwo, ich dynamisiere sie auf dem Körper und gebe dem Körper neuen Schwung. Es kommt natürlich auch vor, daß jemand eine ganz unpassende Vorstellung von Platzierung oder Motiv hat. Ich sage das dann natürlich. Aber die Leute sind erwachsen und die Herren und Herrinnen ihres freien Willens. Ich kann da nur beraten. Es kam mal eine kleine, blonde, zarte junge Frau und wollte unbedingt den ganzen Arm voll Totenköpfe haben. Die war zudem schwanger. Ich sagte, guck mal, das geht überhaupt nicht, erklärte ihr die Gründe und konnte sie auch relativ schnell überzeugen. Aber es kommt nicht so oft vor.

Und ich tätowiere natürlich auch keine rechtslastigen Motive. Im Gegenteil ich tätowiere sie über – es ist ja auch ein Teil unserer Arbeit, ›Cover ups‹ anzufertigen. Wir hatten mal Kontakt zu Leuten, die sich um ganz junge Nazis gekümmert haben, die wollten den Jungs raushelfen und neue Tätowierungen geben, damit sie nicht mehr mit diesen SS-Runen rumrennen. Daraus kann man ja alles Mögliche machen, da kann ich auch einen Löwen drübersetzen, und nichts mehr ist zu sehen. Aber eigentlich ist das Bewußtsein der Leute, die kommen, schon ziemlich geschult an den Bildern.

Wir dürfen ja nicht vergessen, seit ich tätowiere sind viele Jahre ins Land gegangen. In dieser Zeit hat sich unsere Gesellschaft total umgebaut. Wir sind jetzt eine Gesellschaft, die ist tätowiert. Die jungen Leute zwischen 18 und 35 sind tätowiert. So gut wie alle! Mit Ausnahme vielleicht von Internatsschülern aus Snobiety-Kreisen in der Schweiz, aber das sind heutzutage auch nicht mehr so die Grenzen. Die Akzeptanz ist unheimlich hoch dafür, besonders in Deutschland. Man findet hier schwer tätowierte Busfahrer und auch Bankangestellte, Versicherungskaufleute, denen man das gar nicht ansieht im Berufsleben. In Spanien und Frankreich ist es nicht so angesagt. Zu uns kommen so die Achtzehn-, Neunzehn, Zwanzigjährigen, z. T. kommen sie sogar schon mit vierzehn, aber das lehne ich ab – auch unabhängig von der Gesetzeslage, die es mir verbietet. Die sind noch nicht ausgewachsen. Und Jungs, die tätowiere ich, auch wenn sie achtzehn sind, noch ungern, denn erst so mit 26, 28 kriegen sie ihre eigentliche Masse.

Das ideale Alter ist eigentlich so um die dreißig. Viele, die kommen, sind 35, 36, 38. Die haben lange überlegt, haben sich umgeschaut und sagen, sie wollen jetzt was Richtiges. Die lassen sich dann gleich die ganze Seite machen. Aber ich habe auch schon Greise tätowiert, so Mitte siebzig. Das war schon schwierig, weil die Haut problematisch ist, das Bindegewebe ist einfach anders bei einem alten Menschen. Ganz junge Leute sind auch nicht einfach zu tätowieren, das ist oft deshalb schwerer, weil das Bindegewebe so intakt, so fest ist. Und ganz mühsam wird es bei muskelbepackten Leuten. Es kommen eigentlich alle Altersgruppen, und das Interesse nimmt nicht ab, sondern zu. Das ist interessant. Die Leute, die heute 25 sind, die leben ja schon ihre ganze Jugend hindurch mit dem Anblick von Tätowierungen, mit dem Bewußtsein, man kann sich tätowieren lassen, es gibt die und die Motive. Die schauen natürlich auch ganz anders auf Bilder. Die untersuchen die Welt auf tätowierbare Motive.«

Wir fragen, was der Grund sein könnte, wenn eine Gesellschaft wie unsere plötzlich anfängt, sich zu tätowieren. »Es gibt viele Gründe dafür, ja, mhm … Also wir haben ja dieses Paradox, einerseits werden wir dazu erzogen, Individuen zu sein, andererseits gehen wir auf in einer unglaublichen Massenkultur. Oder gehen auch darin unter. Um diesem Untergehen etwas entgegenzusetzen, um wirklich zu einem einzigartigen biographischen Wesen zu werden, lassen sich die Leute tätowieren. Daneben ist es natürlich Modeerscheinung, Gruppenzugehörigkeit usw., Bewußtsein des eigenen Körpers – die Aufmerksamkeit dem eigenen Körper gegenüber ist anders als bei den Nichttätowierten.

Früher hatte man andere Entwürfe, ja … Die Leute haben sich in den 70er und 80er Jahren noch politisch geäußert, waren engagiert, und darüber haben sie sich auch definiert. Und danach kam eine Phase der Orientierungslosigkeit. Und plötzlich kam ›Spaß‹, dieses ›Ich will Spaß!‹. Das Konsumieren wurde erst scherzhaft gefeiert, aber irgendwann wurde es ernst. Unsere Identität, unser ganzer Lebensinhalt heute ist KONSUM. Auch unser Körper ist ein Konsumartikel geworden. Und natürlich auch die Tätowierung. Junge Mode kann man nicht mit Untätowierten verkaufen. Die Tatoos sind sogar auf die Kleidung übergegangen, aufgedruckt auf T-Shirts, Taschen, Hosen. Grade die Tribals, die gibt's auf dem Plattencover und überall. Die Firma Kahla aus Ostdeutschland hatte eine Tribal-Serie auf Tassen, die haben sogar gepiercte Kaffeebecher rausgebracht!

Was nun meine Arbeit als Tätowiererin betrifft, so stemme ich mich dem natürlich entgegen. Ich arbeite z. B. nicht nach Katalog. Nie! Ich erstelle immer für jede einzelne Person einen eigenen, ganz individuellen Entwurf. Und damit bin ich schon ziemlich weit weg von der Kommerzialisierung und von einem Massenprodukt. Ich mache die verschiedensten Sachen. Und ich mache, wie gesagt, sehr viele Blumenmotive, schon aus Passion. Natürlich, wenn es irgendwo einen roten Stern einzuarbeiten gibt ... Man muß ja wissen, wo man zu Hause ist. Ich würde gerne ab und zu auch mal deutlich politischere Motive tätowieren. Mich interessieren Sachen von Heartfield z. B. und die Graphik der sowjetischen Plakate oder auch gotische Pietas. Auch aus Protest gegen diese kapitalistische Zwangsverdummung. Am liebsten hätte ich selbst eine Handgranate in die Handinnenfläche tätowiert. Das käme diesem Bedürfnis nahe.

Traditionelle Motive wie Tribals mache ich nie; oder ich bau sie total um, ich dynamisiere sie, schattiere sie, arbeite mit Auslassungen, da kommt dann halt mein künstlerischer Teil zum Vorschein. Ich persönlich arbeite ja direkt auf die Haut, nur bei ganz bestimmten Sachen, bei lebensechten Portraits, komplizierten Feinstrukturen, spiegelsymmetrischen Ornamenten, da mache ich eine Blaupause. Um größere Flächen am Körper zu beherrschen und anzulegen, braucht man große Souveränität und viel Erfahrung und Können. Aber die Welt verändere ich natürlich damit nicht. Was ich verändere, ist das Bewußtsein des Individuums für sich selbst. Also die Leute, die bei mir rausgehen, die fühlen das ... Es war Michelangelo, glaube ich, der gesagt hat, die Figur IST schon in diesem Stein drin. Ich hab' sie nicht erschaffen, ich hab' bloß alles weggekratzt, um sie sichtbar zu machen. Und so ähnlich mache ich das eigentlich auch.

Also ich betrachte mich schon auch als Künstlerin. Eine gute Tätowierung ist ein Kunstwerk! Das ist die Crux unseres Berufsstandes, daß wir keine Künstler sind vor dem Recht, denn das Recht sagt, der Körper kann kein Kunstwerk sein.« (Daß Tätowierungen aus sozialrechtlicher Sicht keine Kunstwerke sind, hat das Bundessozialgericht Ende März 2007 befunden, es entschied, daß Tätowierer den Kunsthandwerkern zuzuordnen sind und damit keinen Zugang haben zur Künstlersozialkasse. Anm. G. G.) »Und ich betrachte mich auch als Kulturarbeiterin, ich beschäftige mich nicht nur mit Malerei und Grafik, ich stelle auch ein Kulturgut her mit meiner Kunst.

Tätowieren ist natürlich auch ein Handwerk. Dieses Bild
überhaupt zu produzieren, es subtil auszuarbeiten, die Farbver-
läufe so anzulegen, daß sie homogen und gleichmäßig wirken,
das alles ist schwierig und mit viel langsamer Schwerarbeit verbunden. Es ist körperlich eine große Anstrengung. Beim Tätö-
wieren habe ich meistens eine ganz furchtbare Körperhaltung.
Also, ich sitze vor dem Menschen und muß ganz schön viel
Druck auf ihn ausüben, sonst kann ich den Körper nicht dirigie-
ren und auch die Haut nicht spannen. Der Kunde sitzt nach
Möglichkeit. Ich arbeite nicht gern auf der Liege, das ist für
mich eine Qual, weil ich ein Bandscheibenproblem habe.
Manchmal aber bin ich so im Wahn, daß ich keine Pause machen will. Das muß ich mir abgewöhnen. So eine Sitzung, das
sind vier Stunden, und wenn es kompliziert ist, kann man in der
Zeit etwa die Größe einer Handfläche schaffen.«
Auf die Frage, was eine Arbeit in dieser Größe kostet, sagt
sie: »Je nach Aufwand und Farbigkeit, sagen wir mal, 300 bis
800 Euro. Jedes Gemälde ist wesentlich teurer. Also vier Stunden konzentrierte Arbeit, das ist lang. Die Vibrationen gehen
natürlich auch auf die Hände, die Maschine ist ja so ein Art
Hammer. Ich muß das alles freihändig machen. Beim Schattie-
ren, wenn ich mit der einen Hand die Haut spanne und mit
der anderen die Maschine führe, dann kann ich mich so ein
bißchen auf mir selber abstützen. Die Maschine hat einen so
starken Ausschlag, daß die Vibrationen direkt in die Arme gehen und in die Gelenke.« (Die Nadeln dringen etwa 0,5 bis
1,5mm tief in die unter der Epidermis liegende Lederhaut ein.
Tiefer dürfen sie nicht stechen. Diese Präzision verdankt sich
der Tätowiermaschine. Die erste wurde 1891 unter dem Namen
»Tattaugraph« patentiert. Anm. G. G.) »Und wie ich anfangs
schon gesagt habe, wegen dieser ungeheuren Geschwindigkeit,
mit der sich die Nadeln bewegen, tut es dem, der tätowiert
wird, ja auch so weh. Die Schmerzen empfindet übrigens jeder

ganz verschieden. Es gibt den brennenden Schmerz, aber auch den stechenden Schmerz.

Einmal hatte ich einen jungen Mann, der wollte unbedingt die Eichel tätowiert haben. Ich habe eine einfache schwarze Spirale vorgeschlagen – ich kann ja da nicht, was weiß ich, ein Marienportrait draufmachen. So eine Spirale, die das Geschlecht irgendwie magisch auflädt, ist doch sehr elegant, zeitlos. Und was die Schmerzen angeht, wenn der das so will, dann muß er sie aushalten. Es hat gut geklappt, er hat nicht piep und nicht papp gesagt. Das Niedliche war, als es grade fertig war, kriegte er eine Erektion. Er guckte seinen Schwanz völlig verliebt an, und sein Schwanz guckte ihn an. Ich hätte ein Gesicht drauf machen sollen!«

Und nun möchten wir noch hören, was sie denn ursprünglich mal werden wollte. »Also in der Kindheit, mit sechs Jahren schon, da wollte ich unbedingt Schriftstellerin werden, später dann Bildhauerin. Mein Vater war Schweißer, meine Mutter Näherin. Beide waren begabte Menschen. Meine Mutter hat alles selbst genäht für meine Brüder und mich, alle meine Kleider, und das hat mich natürlich modisch sehr geprägt. Mein Vater hat an sich nichts Kreatives gemacht, wenn er aber gekonnt hätte, wäre das sehr gut geworden. Die kleinen Sachen, die er immer gemacht hat – er hat für uns Kinderspielzeug aus Holz gebaut –, die waren wunderbar! Und dann hab' ich noch einen großen Schatz behalten, und zwar die von ihm bemalte Ostereier. Er hat sie mit ganz einfachen Blüten bemalt, aber wie er die angeordnet hat, wie er die Farben kombiniert hat, das ist sehr künstlerisch, ganz toll! Ich werde jetzt 42, aber ich hebe sie immer noch auf, diese Ostereier. Meine Eltern sind beide schon tot. Ich hatte sehr alte Eltern und habe insofern auch nochmal ganz andere Dinge mitbekommen.

Meine Mutter war Jahrgang '29. Sie haben mich sehr gefördert. Ich komme aus Ostfriesland, ging in Bremen auf die groß-

artige Fachoberschule für Gestaltung und habe da Abitur gemacht. Die Schule war super. 1990 bin ich nach Berlin gegangen
und lebte mit einigen Freunden in einer Ateliergemeinschaft. Ich
habe damals schon Papier und Stoff mit Wachs, mit Farben,
Acrylbeimischungen auf eine Weise bearbeitet, daß es aussah wie
Haut. Und ich habe auch damals schon versucht, darin Bilder
anzudrucken, also quasi diese ›Häute‹ zu tätowieren. Das war der
eine Weg hierher. Der andere hat sich dadurch eröffnet, daß ich
einen Tätowierer kennenlernte in der Aktzeichenklasse der
Volkshochschule. Mit dem habe ich ein Abkommen getroffen:
Er bringt mir das Tätowieren, ich bringe ihm das Zeichnen bei.
Und eines Tages habe ich mich mit diesem Tätowierfreund auf
sein Zimmer begeben, wir haben das Gerät zusammengesetzt,
und dann sollte ich ihm einen kleinen Schriftzug tätowieren.
Also der erste Stich war HAHHH! ...«

24

VOM MUSKELKOSTÜM

BODYBUILDERIN

Ingrid Distler, Weltmeisterin im Bodybuilding, 1967 Einschulung in die Volksschule Herzoghöhe, Bayreuth. 1977 Beendigung der Schule mit d. Mittleren Reife. Friseurlehre, Hauswirtschaftsschule mit Schwerpunkt Kochen, Ernährungslehre (Abschlußnote »Sehr gut«). Sie arbeitete u. a. als Reitlehrerin; Turnierreiterin; im Bereich Textildesign; als Model f. Sportbekleidung u. Dessous; in der Fitneß-branche und als Profibodybuilderin u. Trainerin. Ingrid Distler begann als Achtjährige mit d. Leistungssport und erhielt Urkunden als Bayrische Jugendmeisterin i. Rückenschwimmen; Bayrische u. Deutsche Jugendmeisterin im Vielseitigkeitsreiten, A u. L Springreiten, A u. L Dressurreiten; Bayrische und Deutsche Jugendmeisterin im 50- u. 100-Meter-Lauf, im Weitsprung, in d. 800-m-Staffel u. im Kugelstoßen; Sie begann 1987 mit dem Kraftsport Bodybuilding u. erreichte bei ihrem 1. Wettkampf 1990 sofort d. 1. Platz, wurde Fränkische Meisterin und gewann danach zahlreiche nationale u. internationale Wettkämpfe, wurde u. a. 1993 in Bayreuth Internationale Deutsche Meisterin u. Gesamtsiegerin aller Gewichtsklassen; 1997 in England Miss Universe, und im Jahr 2000 wurde sie Siegerin d. World Championship und war nun Bodybuilding-Weltmeisterin im Schwergewicht. Ingrid Distler wurde 1961 in Bayreuth geboren, ihr Vater war Kfz-Mechaniker, ihre Mutter Steuerfachfrau. Sie ist verheiratet u. kinderlos, ihr Ehemann ist ebenfalls Bodybuilder.

Frau Distler lebt im Fichtelgebirge, in einem kleinen Kurort nahe Bayreuth. Die Begrüßung ist von bayrischer Herzlichkeit. Alles an ihr ist herb und Muskulatur, ihre Stimme ist tief, ihr Händedruck fest und trocken. Sie führt uns ins Haus, in dem sie und ihr Mann zur Miete wohnen, und bittet uns, im Wohnzimmer Platz zu nehmen. Der Raum ist weiß tapeziert und wird dominiert von einem großen grünen Kachelofen. Es gibt zwei wandhohe Spiegel, eine Bronzeskulptur, die eine Athletin mit Hanteln übend darstellt, sowie kleine und großen Kakteen in originellen Töpfen. »Ich züchte Kakteen«, erklärt unsere Gastgeberin, »das ist eine Leidenschaft, und ich sammle auch gern schöne Steine. Den da«, sie zeigt auf einen glänzenden braunen, der zwischen anderen Steinen auf dem Tisch liegt, »den hab ich gestern geschenkt bekommen.« Beim Einschenken des Kaffees spielen die Muskeln unter der zarten Haut ihres Unterarms.

»Es war eigentlich so, ich war früher zu dünn, hab' keine Hüften gehabt, nix, und ganz dünne Oberschenkel. Obwohl ich Leistungssportlerin war, hab' ich einfach nix hingekriegt und durchs Schwimmen nur den Oberkörper. Das hat mir nicht gefallen. Deshalb hab ich damals das Training angefangen in einer Muckibude. Heute habe ich Hüftumfang 85, Taille 60, Oberkörper 106, Waden 40 und Bizeps 40 Zentimeter. Ich habe ja angefangen mit 52 Kilo damals, im Leichtgewicht. Zwei, drei Jahre später war ich im Mittelgewicht, bis 57 Kilo. Im Studio habe ich immer gesagt, ich will 60 haben, und wie ich 60 gehabt hab', wollte ich 65 haben. Also, Schwergewicht fängt an – heute ab 57 Kilo plus, früher ab 60. Ich bin 1,65 Meter groß. Und ich habe kein Fett am Körper. Man darf kein Fett haben, nirgendwo! Der Hintern muß Streifen haben. Momentan ist Wasser drunter«, sie zeigt auf ihren Unterarm und zupft an der Haut, »das muß ja weg, es gibt bestimmte Ernährungsprodukte, da muß man dann dauernd aufs Klo. Und das Essen, das man zu sich nimmt, Kohlehydrate, Eiweiß, Vitamine, das muß perfekt abgestimmt sein auf die Lei-

stung, die man bringen will. Das habe ich mir alles selbst entwik-
kelt. Ich bin damals nach meiner Friseurlehre – den Beruf habe
ich ja aufgegeben wegen der Allergie – erst in die Fitneßbranche
als Trainerin, und ab 1987 hab ich dann Bodybuilding gemacht.
Mein allererster Lehrmeister, das war ein Gewichtheber, der hat
mir das eigentlich beigebracht. Auf dieser Grundlage konnte ich
mir dann später alles selbst erarbeiten. Ich probier heute noch aus.

Viele denken, man legt sich auf eine Bank und drückt Ge-
wichte. Um aber einen guten Körper zu kriegen, eine symmetri-
sche Muskulatur, so daß wirklich alles zusammenpaßt, muß man
sich gut vorbereiten. Weil, so ein Training ist erstens sehr anstrengend und zweitens langwierig. Man muß bei jedem ›Satz‹
den Kopf einschalten und sich konzentrieren. Das heißt, das
Ganze ist erst mal Kopfarbeit, bevor der Körper funktioniert.
Also der ›Satz‹, das sind die Bewegungsfolgen, wenn ich z. B. für
den Bizeps eine Übung mache, dann mach ich vier bis acht
Sätze. Und zum Aufwärmen nehm ich eine Übung, die ich eigentlich nicht brauche, z. B. Kabelzug, ’ne Übung, wo andere
sich abschuften. Oder viele machen acht bis fünfzehn Übungen,
aber das ist halt nur zur Fitneß. Ich bin von der Wiederholungs-
zahl her variabel, ich mach’ teilweise dreißig oder auch 55 Wiederholungen. Und dann ist es üblich, daß man nach jedem Satz
dreißig bis sechzig Sekunden Pause macht zur Erholung, die
lasse ich weg, denn der Muskel muß ja gereizt werden. Das ist
das A und O! Man merkt es an einem Brennen im Muskel, ein
angenehmes Brennen. Und ich mache nie schnell. Man sagt immer, man muß schnell drücken oder schnell ziehen, zum Aufpumpen. Das stimmt nicht. Also, das Aufpumpen –, den Muskel durchbluten –, das mache ich langsam, mit Gefühl und Spannung. Das ist meine Selbstwahrnehmung, ich fühl’ das von innen
her, wie der Muskel sich entfaltet, wie das anfängt und dann wei-
tergeht. Das ist das Geile dran!« Sie lacht. »Die meisten kennen
das gar nicht. Ich trainiere ja auch Männer, speziell im Hardcore-

Bereich, die machen zwar, was ich sage, die blicken aber nicht durch. Statt daß sie mal auf ihr Gefühl achten. Aber die denken immer nur ans Gewicht.

Das Gewicht ist relativ. Man braucht nicht unbedigt viel Gewicht, um einen großen Muskel zu kriegen. Es geht um die genaue Einstellung des Gewichtes auf den Muskel, daß nur der dann auch anspricht. Wenn ich jetzt z. B. Brust trainiere. Ich schaffe 110 Kilogramm, die drück' ich, wenn jemand bereitsteht. So, aber der Brustmuskel, weil der nie gebraucht wird, der bleibt auf der Strecke, der ist schwer zu trainieren; man muß beim Training aufpassen, daß nicht die Schultern und Arme immer kräftiger werden, aber beim Brustmuskel kommt nichts. Das ist das, was man wissen muß. Wenn ich 'ne 6oer Hantel nehme – die nehm ich locker. Es bringt aber nichts, weil ich dann nur wieder mit der vorderen Schulter, mit dem oberen Teil arbeite und mir dabei den Bizeps lang zieh. Ich trainiere den Brustmuskel, indem ich erst mal viele Übungen mache, verschiedene Übungen, indem ich also eng fasse, weit fasse, um das Gewicht anzupassen. Wenn ich das Gewicht nicht genau auf den Muskel einstelle, bekomme ich keine oder falsche Ergebnisse. Das sind alles Erfahrungswerte. Und Erfahrungen mache ich dann, wenn ich auf mein Gefühl achte. Ja, ich bin ein Kopfmensch. Manche denken, Bodybuilder sind doof. Aber ohne Kopf geht nichts. Und ich beobachte jeden Tag meinen Körper neu. Ich merk' genau, wenn irgendwas nicht paßt. Wenn ich zwei Tage nicht trainiere, merke ich genau, die Spannung ist nicht so, wie sie sein sollte. Dann geh ich zum Spiegel, seh nach, wie es ausschaut mit den Oberschenkeln. Ich sehe zwar keinen Unterschied, aber das Gefühl ist nicht da, das Supergefühl, das ich jedesmal durch das Training habe. Es ist genau so, wie wenn jemand Drogen nimmt und dann zwei Tage nicht. So etwa kann man sich das vorstellen.

Man lernt eben, daß man gut mit seinem Körper umgeht. Ich achte sogar beim Training auf ›kosmetische Richtlinien‹«, sie lacht, »ich achte z. B. auf die Haut. Ich habe eine sehr schöne Haut, nicht nur am Körper, auch an den Händen.« Sie reicht uns ihre Handinnenfläche, sie ist zart und ohne Schwielen. »Ich trage keine Handschuhe. Das ist alles eine Frage der Technik. Wenn ich jetzt z. B. eine Stange nehme, dann richte ich meine Hand so lange aus, bis sie glatt aufliegt. Mich haben schon viele angesprochen daraufhin. Viele haben z. B. auch Dehnungsstreifen in ihrer Haut. Ich hab' keinen einzigen. Und das liegt daran, daß ich schon so viele Jahre trainiere und langsam aufgebaut habe. Viele haben teilweise in zwei Jahren zwanzig bis dreißig Kilo mit Doping drauf, anders geht es gar nicht in der kurzen Zeit. Die Haut wächst da nicht mit in der Geschwindigkeit.

Manche Männer machen ja teilweise Mastkuren vor dem Wettkampf, wiegen 150 Kilo und gehen dann 30 Kilo wieder runter für die Bühne. Und da hängt die Haut dann eben einfach weg, wenn sie das ein paar Mal machen, das ist dann Labber. Viele haben überhaupt keinen Überblick mehr über ihren Körper. Die merken auch nicht, wenn sie krank sind. Also, ich hab' durch die Selbstwahrnehmung schon viele Vorwarnungen von Krankheiten erfahren, die der Arzt dann praktisch unterbunden hat, rechtzeitig. Durch den Sport muß ich auch wissen, wie der Zuckerspiegel ist. Ich fühle das genau. Durch den Kopf, mit den Augen und dem Bauch. Vom Kopf geht's in den Bauch, so ein richtig unwohles, flaues Gefühl. Ähnlich wie das Angstgefühl, vom Kopf über die Augen in den Bauch. Die Augen sehen schlechter. Wenn ich das Gefühl spüre, dann trink ich erst mal einen Schluck und sehe zu, daß ich was esse. Wenn ich trainiere, mag ichs nicht, daß mich jemand anspricht. Davon werd' ich nervös, dann steigt das Adrenalin, es wird zu viel verbraucht, also der Ofen brennt schneller, und der Zuckerspiegel geht runter.

Ich brauche meine Ruhe beim Training. Es ist ein bißchen wie eine Trance. Man ist eins – sonst ist man ja verschiedene Personen, manchmal jedenfalls. Man braucht so eine halbe Stunde, bis man in dem Zustand drin ist. Wenn das Gewicht dann in der Hand liegt, empfindet man das nicht als störend, daß man was Schweres in der Hand hat. Es wirkt so, wie wenn's dazugehört. Es gibt nicht mehr den Körper, die Arme, das Gewicht, drei Dinge. Das ist alles eins. Das Gewicht ist kein Fremdkörper. Der Kopf leitet es, der Körper macht's. Egal, wieviel Gewicht in der Hand ist. Ist wurscht!« Sie lacht. »Alles, was draußen ist, ist weg für die Zeit. Das ist die einzige Situation, wo ich einen Raster krieg, wenn einer daherkommt und das stört, weil er 'ne Übung gezeigt kriegen will oder was. Es ist ja auch gefährlich. Da kann ja sonst was passieren, wenn man erschrickt. Also, dieser Zustand, der ist mir sehr wichtig. Sonst würde ich das tägliche Training gar nicht auf mich nehmen. Den würde ich am liebsten den ganzen Tag lang haben, aber er verfliegt wieder.«

Auf die Frage, wie lange sie trainiert, erklärt sie: »Unterschiedlich. Mindestens zwei bis drei Stunden, drunter geht gar nichts. Nur am Gerät. Nur Hanteltraining. Also, ich schau dann auch wirklich schlecht aus im Gesicht, teilweise. Weil sich das Gesicht ja dabei anspannt. Ich hab' sogar eine Spange, weil man durch das Training auch die Kaumuskeln mittrainiert und alles, unbewußt. Die nimmt man in den Mund, und beim Zusammenbeißen merkt man's dann. Das sollte ja alles ein bißchen weicher bleiben im Gesicht. Aber ich trainiere eigentlich immer auf Höchstleistung, und danach bin ich fertig. Ich muß schon sagen, ich quäl bei jedem Training meinen Körper. Aber ein bißl schmerzhaft soll es eigentlich schon werden. Wenn ich jetzt nur acht Wiederholungen mache mit dem Höchstgewicht, dann merke ich nichts. Das ist für die Katz. Ich muß weitergehen, es langsam steigern. Ein Beispiel Kurzhantel, zwölfeinhalb Kilo, ich mache jetzt eine Übung, und aus der Übung mach' ich einen Satz, und zwar so lange, bis ich merke, daß das Brennen anfängt in der Muskulatur, das strebe ich an. Es soll sich voll steigern. Und dann gehe ich über die Schmerzgrenze, schön langsam, damit es keine Muskelfaserrisse gibt. Es muß schmerzhaft werden, und es muß brennen, sonst wird das mit dem Muskel nichts. Also, der Muskel erfährt beim Training, daß er jetzt überfordert wird, als erstes Mal mit Gewalt, und darauf reagiert er dann mit Wachstum. Das kann man eben alles steuern.

Aber für mich ist das keine Überwindung, keine Folter – so wie viele das von sich sagen. Es wird ja Endorphin ausgeschüttet, immer so im zweiten Drittel vom Training. Und mit diesem eigentlichen Moment, der Grenze, da ist es dann so: Sagen wir, man hat dreißig Wiederholungen gemacht, müßte die Hanteln jetzt eigentlich ablegen, es geht nix mehr, aber DA dann weiterzumachen, das ist es! Ich lieg auf dem Rücken, hab' die Hanteln in der Hand. Man kann's gar nicht nach unten sinken lassen, sie können gar nicht nach unten sinken. Weil die Hanteln so schwer sind, weil die Spannung so groß ist im Muskel. Meistens kann man die Hanteln am Ende gar nicht mehr selber ablegen, weil's nicht mehr geht, man schaut dann, daß man jemanden herkriegt... Ja, das ist das Notprogramm, das der Körper einschaltet, das die Menschheit hat zum Überleben, genau wie die Tiere auch. Aber ich will es so haben. Das ist halt die Grenze, die gefährlich ist: Entweder man verletzt sich, oder es kommt der Anreiz zum Muskelaufbau.

Der Normalmensch, der macht im Training halt seine Übungen und Wiederholungen, der hat keine Ahnung. Die meisten hören einfach auf, weil's so auf dem Zettel steht.

Ich bin ja teilweise auch selber mit im Wettkampfgericht, da seh' ich dann auch 'ne Menge. Also man kann nur dann einen guten Körper kriegen, wenn man seinen Körper das ganze Jahr unter Beobachtung hat – und wenn man sich wirklich die Zeit nimmt, das nicht künstlich beschleunigt. Wenn ich das Gewicht nicht so hochpusche. Was hab' ich von so einem massiven Arm, wenn ich unter dem Fett die Form des Muskels nicht sehe und nicht weiß, was ich trainieren muß? Was soll ich mit Hügeln?

Ich will mein Schlüsselbein sehen, das sehen die auch nicht. Sie trainieren blind darauflos, ohne zu sehen, ob's harmonisch ausschaut. Und wenn sie das Fett dann runterhaben, schon viele Wochen vor dem Wettkampf müssen sie das ja runterhaben, dann zeigt sich auf einmal, drunter ist eine eckige Schulter! Und was machen die dann, denn so können sie ja nicht auf die Bühne gehen? Es gibt da so Mittel, Kurzzeitdinger. Die haun sich das in den Muskel rein, mit der Spritze. Und weil's dann im Muskel eine Entzündung gibt, wird er rund. Sie stehen auf der Bühne und haben eine runde Schulter. Es gibt verschiedene Dinger zum Nachhelfen. Um eine Schulter rundzutrainieren, brauchst du aber Jahre, es ist einfach so!« Sie lacht. »Also, ich muß sagen, es sind Welten zwischen denen und mir. Echt, das ist so! Die Einstellung zum Sport und besonders halt die Einstellung zum Körper. Viele Frauen z. B. tragen Brustimplantate, die lassen sich fast alle operieren. Ich selbst bin auch schon angesprochen worden. Sie haben gemeint, ich soll mir doch Implantate reinmachen lassen, sonst werd ich den Punkt nie kriegen. Ich hab gesagt: NIEMALS! Nicht mal, wenn sie es mir zahlen. Ich hab' schon immer kleine gehabt, und außerdem trainieren wir ja auf Gewebe mit geringem Fettanteil. Die Brust ist aber ein Fettgewebe, und das geht natürlich zurück.

Der Sport heißt ja Bodybuilding, Körperformung, eigentlich. Es geht um die Formung der Muskulatur und nicht um die Bewertung von künstlichen Einlagen mit einem Punkt. Und außerdem, wenn ich solche Dinger vorne hab, da geht die ganze Harmonie von dem Körper vollkommen flöten. Aber mir kann es ja egal sein, ich hab' ja alle Titel gewonnen, die es zu gewinnen gibt. Ich kann vollkommen entspannt sein. Ich mach' mein Training, und ich schau in den Spiegel, täglich, oft, von hinten, von vorne, von der Seite, mach' bestimmte Posen, überprüfe wie's ausschaut. Dann nehme ich mir vor, na ja, machst vielleicht da noch was dazu, das willste noch ein wenig wachsen lassen, ein wenig runder haben. Ich bin nie zufrieden! Also, ich hab' mir eigentlich ein bestimmtes Gewichtslimit selber gesetzt. Nur,« sie lacht, »bei mir gilt auch: Sag niemals NIE. Es würd mich schon interessieren, wie ich ausschau mit 80 Kilo. Mich würd's sehr interessieren, muß ich ehrlich sagen. Stimmt schon, ich bin eigentlich zu klein für 80 Kilo.« Auf die Frage, wo denn noch was wachsen könnte, sagt sie freudig: »Rücken, Oberschenkel.« Sie steht auf und macht eine kleine Pantomime, sagt: »So geh ich dann und hol mir einen Wolf. Aber trotzdem! Ich möchte einmal, für eine Woche nur, 80 Kilo wiegen. Mal sehn. Allerdings, wer kauft mir dann die Klamotten? Ich habe ja jetzt schon Probleme, alles, was ich habe, besitze ich in dreifacher Ausführung, für die verschiedenen Phasen bis zum Wettkampf dann. Und ab 80 Kilo aufwärts, wer bringt mir da einen Schneider?

Aber im Grunde bin ich zuerst mal zufrieden mit dem, was ich bin, körperlich, geistig, psychisch. Ich bin mit mir zufrieden, daß ich das Trainingsprogramm gut durchgezogen habe, daß ich das Gewicht geschafft hab, und daß ich im Spiegel jetzt so ausschau, nach dem Training, wie ich ausschaun wollte. Die Muskulatur ist bis in die kleinste Muskelfaser durchtrainiert, das nennen wir aufgepumpt, und wenn man keine Fettschicht hat, dann spannt sich die Haut eben richtig drüber, und man sieht diese einzelnen, wir sagen: Streifen. Die sieht man dann genau, und die will ich auch sehen.« Wie bei einem anatomischen Modell eigentlich, bemerke ich. »Ja, genau, könnte man sagen. Meistens geh ich dann herum und schau jemandem beim Training zu. Das genieße ich, wenn jemand einigermaßen gut trainiert. Und es ist ja so, der Körper braucht nach dem Training Ruhe, eine Stunde mindestens. Man muß trinken, nur Wasser. Nix essen, gar nix. Ich geh nicht mal duschen, weil ich nicht stinke. Ich laß den Körper einfach eine Stunde lang in seinem Schweiß in Ruhe.

Und dann sieht man, die Haut ist richtig rosig, viel weicher.

Das Gesicht vor allem. Weil, beim Training, wie gesagt, da schau ich echt schlimm aus. Richtig hart im Gesicht, o ja! Aber wenn man diese Stunde Ruhe gibt, wird alles weicher. Danach kann man dann auch was zu essen machen und das Essen richtig genießen. Also, ich mach das nicht so, wie es die anderen machen. Die nehmen sich alle ihren Pott mit, sind grade erst vom Training weg, stehen auf, rennen an die Theke, hocken sich vor ihren Pott und schaufeln das rein. Also, die tun ihrem Körper nichts Gutes. Das ist körperliche Belästigung – eine Belastung hoch 10. Oft gehe ich auch nach Hause, mach mit den Hunden einen Spaziergang bei uns oben, das ist auch Ruhe. Ich esse abends ziemlich spät noch mal, normalerweise so um halb elf. Also Kohlehydrate, Ballaststoffe, Vitamine, Mineralien, Eiweiß, z. B. gemischtes Gemüse mit Ei und Ziegenkäse oder Fleisch natürlich, unpaniert, dazu Reis, ist egal. Fisch mit Zitronensaft und Gemüse. So was essen wir abends. Ich rauche nicht. Und ich trinke keinen Alkohol, auch deshalb, weil Alkohol den Magnesiumspiegel beeinflußt, und den brauch' ich ja wirklich, sonst krieg ich Krämpfe. Und wenn ich schlaf, dann immer auf dem Bauch, und leider etwas wenig, im Mittel so fünf Stunden. Tagsüber kann ich nicht schlafen und einfach mal nur so rumsitzen, gar nichts machen, dazu bin ich nicht der Typ, leider, denn manchmal bin ich dann doch etwas schlapp.«

Auf die Frage, wie es ist, wenn man so von der Norm abweicht, sagt sie entschieden:»Ich find' nicht, daß ich von der Norm abweiche, und wenn, dann mit meiner Einstellung, die ich hab'. Und sonst... Also, kleine Kinder, bis zur ersten Klasse oder so, hab' ich festgestellt, die sagen: Schau mal Mama, ist das ein Mann oder eine Frau?« Sie lacht.»Oder im Sommer sind wir mal rausgefahren zum See. Jugendliche haben mich laufen sehn im Badeanzug, sind aus dem Weiher raus und haben gerufen: Hallo, hallo, Sie machen doch Bodybuilding?! Die sind mir nach und wollten unbedingt Armdrücken machen. Haben wir gemacht – ich hab' sie auch mal gewinnen lassen. Oder die Jugendlichen im Studio, so zwischen elf und fünfzehn, die umringen mich manchmal und gucken, wie ich trainiere. Also nicht, daß ich trainiere, sondern WIE ich trainiere, auf welche Art ich die Übungen mache. Ich mach' meine Übungen ja immer ganz intensiv, mit Konzentration und Ruhe, laß mich nicht aufhalten und nix. Das imponiert ihnen, das wollen sie auch so machen. Aber es gibt natürlich auch die bösen Zungen. Im Studio wird manchmal getuschelt. Oft merk' ich's. Oder so ein Pärchen kommt, ALLGEMEINBÜRGER, sag ich dazu. Da schaut sie erst ihn an, dann er sie, es wird gegrinst und getuschelt. Danach glotzen sie mir beim Training zu. Neulich hat mich mal eine Frau angemacht, das war der Hammer! Ich bin ins Studio rein, sie war schon da. Ich kenn' die nicht, die ist neu, so ein junges Mädel, gut gebaut. Das heißt, normale Frauenfigur, und da ›a weng Holz‹. Und wie ich mit dem Training angefangen hab', da hat sie auf einmal aufgehört. Ich denk noch, was will die, weil, sie hat dauernd hergeschaut. Die sitzt auf ihrem Gerät und hat eine Dreiviertelstunde nur hergeschaut, zu mir und meinem Mann. Der ist ja auch Athlet – wir haben sogar mal gleich ausgeschaut er ist einmal mit 70 Kilo auf die Bühne, ich hatte damals auch 70 Kilo gehabt, und da haben wir von hinten gleich ausgeschaut, weil wir zusammen trainiert hatten.

Na, jedenfalls, das Mädel hat uns beobachtet, die ganze Zeit. Ganz komisch geschaut. Mein Mann hat gesagt: Du wärst schon lange gestorben, wenn Blicke töten könnten! Und wie ich dann fertig war mit dem Training, spricht sie mich an, vorn an der Theke: ›Sagens mal?! Wie kommt man zu solchen Muskeln? Was muß man da so alles nehmen?! Und ob ich mich weiblich fühle, meint sie zu mir. So richtig abfällig! Aber ich bin ja nicht verrückt, daß ich mich rechtfertige. Ich stelle Gegenfragen. Wie stellt sie sich denn Weiblichkeit vor? Darauf weiß sie nichts zu sagen, fragt mich aber, wie alt ich eigentlich bin. Ich sag, rechnen

Sie halt nach, Baujahr 1961. Da hat sie zwei Minuten gebraucht und dann die Nase gerümpft. Und ich hab' Konfektionsgröße 32/34, Taille unter 60, also zeigen Sie mir mal eine in dem Alter, die das hat!

Da hat sie nichts drauf zu sagen gewußt. Und ich hab' ihr auch erklärt, was weiblich ist: Also, Weiblichkeit geht vom Kopf aus, von der Einstellung her, von den Bewegungen her, vom Ganzen her, wie man sich gibt. Wenn jetzt eine Oberweite hat und die Hosen hier unten, daß der Speck rausschaut, das heißt noch gar nichts, das heißt nicht, daß die Frau auch weiblich ist. Ob sie die Einstellung hat. Schaun Sie sich mal die Fußballerinnen an, wie die laufen, mit solchen Muskeln, was ist denn da weiblich?! Da war sie fertig und hat nichts mehr gesagt. Es ist doch wahr! Oder auch bei Ihnen, Entschuldigung, der Bart«, sie faßt mich freundlich ins Auge, »was hat denn das mit dem zu tun, das hat doch auch nichts mit männlich und weiblich zu tun?! Das ist eine Einstellungssache!« »Außerdem ein Damenbart!« sage ich, und wir lachen. »Ja eben«, sagt sie, »einer hat auch mal zu mir gesagt: ›An deinem Arsch, da holt man sich blaue Flecken. Was soll denn das, er meint, da hat er nichts zum Greifen! Hat er tatsächlich nicht, den würd ich nicht mal in meine Nähe lassen. Aber das geht nicht rein in diese Köpfe.«

Auf die Frage, ob sie schon einmal gewalttätig geworden ist, sagt sie energisch: »Nein, nein, nie! Die Kraft hätte ich schon, klar, aber das liegt mir nicht. Mir geht es ja um ganz was anderes, ich bin kein aggressiver, brutaler Mensch. Im Gegenteil! Mir geht es um den Wettkampf, um die Rangfolge, ich möchte die Beste sein. Und die bin ich ja auch. Wir können mal eben nebenan ins Büro gehen.«

Das kleine Büro beherbergt ihre Pokale. Groß und goldglänzend stehen sie auf ihren Marmorsockeln. »Das war eine besondere Serie, da darf nicht jeder teilnehmen, am Wettkampf um die Miss Universe. Der ist in England, das ist der berühmte

Wettkampf, wo der Schwarzenegger damals Mister Universe wurde. Die Weltmeisterschaft hab' ich danach gewonnen. Also, in USA oder so, da könnte ich mit dem, was ich kann und erreicht habe, richtig Kohle machen, ohne daß ich mich groß anstrengen müßte. In Deutschland kann man im Bodybuilding kein Geld verdienen.

Und die Sponsoren, die wollen das Mittelmaß, weil sich das am besten verkauft, weil sich jeder danach richten kann und sagen, na gut, so wie die ausschaut, das könnte ich auch schaffen, geh' ich doch einfach in den Verein usw.« An der Wand hängen gut gemachte Bilder und Zeichnungen von Pferden. Von ihr selbst, sagt sie mit Stolz. Im Keller zeigt sie uns einen Ständer mit winzig kleiner Wettkampfbekleidung, den Posing-Bikinis. Wieder oben am Tisch sagt sie: »Ich wollte schon immer die Beste sein. Und überall auf der Bühne, wo ich starte, bin ich die Beste. Das ist einfach so. Die Leute denken immer, Bodybuilding ist eine Sparte. Es gibt aber so viele verschiedene Kategorien, und in jeder Teilkategorie gibt's halt ›die Beste‹. Und, wie gesagt, die Rangordnung ist mir sehr wichtig, sonst würde ich das nicht machen. Ich starte ja für verschiedene Verbände. Ich mache immer solche Wettkämpfe aus, wo ich denke, daß es echt einen Reiz gibt. Der letzte in Frankreich war super. Im Herbst 2007 hab' ich was abgesagt, weil die Richtlinien nicht feststanden. Da kommen halt die Athleten, und die Richtlinien werden nachgereicht. Man bereitet sich ja vor. Was soll ich da?!«

Nun möchten wir noch ein bißchen was zur Biographie wissen. Was ist mit Mama und Papa, haben die das noch erlebt? »Die sind tot. Mein Vater, der hat noch die Anfänge erlebt. Der war stolz. Er hat sich die Bilder ins Wohnzimmer gehängt von den Wettkämpfen. Da haben wir ihm so ein bißl eine Collage gemacht, in Riesenrahmen, mit allen möglichen Posing-Bildern, Wettkampfbildern, halt so gemischt. Er war ja Kfz-Mechaniker, meine Mutter war später beim Finanzamt. Ich hab' noch eine

Schwester, die ist ganz anders. Aufgewachsen bin ich ja in Bayreuth, aufgewachsen und in die Schule gegangen. Bin teilweise bei den Großeltern gewesen. Die Oma war Metzger, hat aber viel genäht, und der Opa war beim *Kurier*. Ich war schon als Kind mit ihm im *Kurier* – noch heute gibt es die alte Holztreppe dort. Und ich hab' dann ja den ganzen Leistungssport als Kind und Jugendliche, aber ich hab' auch gern Musik gemacht, hab' Gitarre gespielt, Trompete, Flöte und Mundharmonika, nur Schlagzeug durfte ich nicht. Ach, ich hab' so viel gemacht, war als Schülerin bei den Bayreuther Festspielen, als Statist zum Geldverdienen. Ich wäre vielleicht gerne Sportlehrerin geworden, aber zur Sportlehrerausbildung, da brauchte man Mathe. Und Mathe, das wollte ich absolut nicht. Obwohl ich gute Noten sonst hatte, also nix schlechter als drei. Aber ich hab mich halt lieber bewegt, draußen, hab' lieber mit Buben gespielt, bin auf die Bäume gestiegen, im Bach herum. Dann war ich viel bei den Pferden. Ich hab' mir die Reitstunden selbst verdient – ich war immer sehr selbständig. Ich habe den Stall ausgemistet, Feldarbeit gemacht, die Strohballen auf den Hänger geworfen, das ist eine Heidenarbeit früher noch gewesen. Aber ich durfte reiten, die Pferde von den Geschäftsleuten, weil ich eine gute Reiterin war. Damals schon. Sieben Jahre war ich in dem Reitstall. Bin Turniere geritten, alles. Dann war ich in einem Privatstall, hab' für den Besitzer Pferde eingeritten, die der gekauft hat. Dort hab' ich auch alles gemacht, sogar Kutschen eingefahren. Das erste Mal, wie ich eingespannt hab', als Zweiergespann, da sind die mir durchgegangen«, sie lacht, »ich hab's aber hingekriegt. Mit Pferden muß man ruhig reden, ich hatte auch nie beim Einreiten eine Peitsche oder irgendwas, ich hab' immer nur mit einer ruhigen Stimme gearbeitet. Ich hätte ja Jockey werden können. Ich hatte 52 Kilo, bis 55 darf man. Der Reitlehrer hatte das vorgeschlagen. Die Ausbildung dazu war aber auswärts, und deshalb durfte ich leider nicht.

Ich habe dann mal kurz im Auge gehabt, einen Friseurladen aufzumachen, zusammen mit meinen Kumpels, die auch Friseur gelernt hatten. Die waren in der gleichen Klasse wie ich und mit im Reitstall. Wir haben überlegt, aber wegen der Allergie bei mir und überhaupt haben wir dann doch mehr zum Sport tendiert. Ich hab' ja viel ausprobiert, Schwimmen, Reiten, Rollschuh- und Eiskunstlauf, Boxen mal so nebenbei. Oder ich hab' auch in einer Näherei gearbeitet für Sportklamotten, da habe ich ruck- zuck Sachen genäht, und am Wochenende war ich als Model auf der Modenschau für Sportsachen. Aber ich mußte dann dort weg, weil's böses Blut gab. Ich habe gekündigt. Ja, und dann bin ich in die Fitneßbranche als Trainerin – heute übernimmt so was ja das Arbeitsamt, damals noch nicht. Und seit 1987 mache ich eben Bodybuilding, so ist das alles gekommen. Auf meiner Inter- netseite kann man sich dazu auch noch was angucken.

Ich hab' mir meinen Tag jetzt so eingeteilt, daß ich trainiere, Trainingsstunden gebe und nebenbei eben schreibe, also, das sind Geschichten, die ich im Lauf der Zeit so beobachte, auch was mich betrifft. Ich habe ja schon ein Buch geschrieben über Ernäh- rung, das ist aber nicht mehr lieferbar. Ich hab' meine Hunde, meinen Haushalt, ich hab' viele Interessen. Also ich hab' mir vorgenommen, Wettkampfbodybuilding werde ich in dem Mo- ment aufgeben, wo das mit der Plazierung nicht mehr stimmt, Trainieren kann ich ja, bis ich siebzig bin, mindestens. Das Schlimmste wäre, wenn ich nicht mehr trainieren könnte, aus irgendwelchen gesundheitlichen Gründen.«

25

UNENDLICHES NICHTWISSEN

STÜTZLEHRERIN

Marianne Rubach, Lehrerin f. benachteiligte Jugendliche in Berlin-Neukölln. 1953 Einschulung in Mühlacker/Baden-Würtemberg. 1966 Abitur in Düsseldorf. 1967/68 Studium d. Geschichte u. Soziologie a. d. Ruhruniversität, Bochum; 1971 Politologie a. Otto-Suhr-Institut, FU Berlin, Diplom in Politologie. 1971–1973 Pädagogische Hochschule, Berlin. Ehe und Mutterschaft, Arbeit als Übersetzerin. Seit 1981 Lehrerin in einem Bildungszentrum des IB (Internationaler Bund) in Neukölln. Privat beschäftigt sie sich seit Jahren m. d. Phänomen d. Legasthenie. Beruflich sind ihre Arbeitsschwerpunkte der berufsvorbereitende Unterricht in Deutsch, Sozialkunde, Rechnen u. Fachkunde (f. Büroberufe) und die Tätigkeit im Betriebsrat. Marianne Rubach wurde 1946 in Fallingbostel geboren, ihre Mutter war gelernte Buchhalterin u. Hausfrau, ihr Vater arbeitete als Betriebswirt u. Manager f. versch. große englische u. amerikanische Unternehmen. Sie ist geschieden u. hat zwei Kinder.

Die Bildungszentren des Internationalen Bundes, IB, bieten Berufsvorbereitung, Ausbildung und Qualifizierung für benachteiligte und arbeitslose Jugendliche und Erwachsene unter 25. Sogenannte Stützlehrer machen den begleitenden Unterricht und die Vorbereitung auf die externe Prüfung zum Hauptschulabschluß. Diesen Service bieten zahlreiche Bildungsträger, allein in Berlin an die dreihundert. Der IB ist aber aufgrund seiner

Entstehungsgeschichte und Entwicklung etwas Besonderes. Er ist ein Produkt deutscher Geschichte. 1949 wurde in der Uni Tübingen der »Internationale Bund für Kultur- und Sozialarbeit« gegründet (die Kultur wurde 1952 gestrichen). Gründer waren u. a. der SPD-Politiker Carlo Schmid, zuständig für Justiz, Kultur, Erziehung und Kunst, der Präsident des Staatssekretariats der französisch besetzten Zone Württemberg-Hohenzollern sowie Henri Humblot, Franzose, Offizier, Kommunist und Leiter der Abteilung Jugend und Sport der französischen Militärregierung, und auch Heinrich Hartmann, Kunstmaler und Hauptabteilungsleiter in der Reichsjugendführung der Hitlerjugend (er stand als NS-Funktionsträger auf den Fahndungslisten der Alliierten). Ziel des IB waren die Umerziehung und Wiedereingliederung von herumirrenden Kriegsjugendlichen, Hitlerjungen und HJ-Führern durch Arbeitsdienst und Schulung. Wer sich freiwillig zur Teilnahme meldete, ersparte sich die Inhaftierung, wurde schneller entnazifiziert. Einige verblieben als Funktionäre im Bund. Hartmann war von 1945–2001 im Vorstand bzw. Kuratorium. Heute ist der IB einer der großen freien Täger für Jugend-, Sozial- und Bildungsarbeit in Deutschland, mit mehr als 700 Einrichtungen an 300 Orten; etwa 300 000 deutsche und ausländische Jugendliche werden jährlich über ihn gefördert.

Marianne Rubach lebt am Paul-Lincke-Ufer in Kreuzberg. Sie bewohnt zwei große, übereinanderliegende und mit einer hölzernen Wendeltreppe verbundene Räume, mit Blick auf ihr kleines Gärtchen und den Hinterhof. Im unteren Raum, der mit einigen schönen Möbeln, Büchern und Bildern locker eingerichtet ist, den zwei gußeiserne Säulen gliedern, der zugleich Wohnzimmer, Eßzimmer und offene Küche ist, nehmen wir Platz am Eßtisch. Er ist gedeckt. »Ich dachte mir, daß Sie noch nicht gefrühstückt haben«, sagt Frau Rubach mit einladender Geste. Auf die Frage nach den ungewöhnlichen Säulen erklärt sie:

»Das war ehemals der Bauhof für die Luisenstadt, ungefähr

bis 1920 lagen hier die ganzen Baumaterialien, die man dann per Schiff auf dem Landwehrkanal zur Luisenstadt brachte. Deshalb haben wir auch sehr stabile und tragfähige Decken und Böden im Haus. Später waren hier kleine Fabriken drin und eine Frauen-Badeanstalt. Zuletzt eine Kfz-Werkstatt.

Ja, und was mich nun betrifft und meine Arbeit als Lehrerin, ich habe 1981 damit angefangen, weil ich mehr Geld verdienen wollte, denn als Übersetzerin wurde das immer schlechter nach der Wende. Bis 1995 habe ich noch nebenher übersetzt, meine letzte Übersetzung war übrigens eine Fidel-Castro Biographie – er trat ja unlängst grade in den Ruhestand. Ich dachte damals, wenn ich es geschafft habe, einigen Autoren ein besseres Deutsch beizubringen, dann kann ich das ja auch bei jungen Menschen machen. Damals gab es ein Programm, das nannte sich ›Maßnahmen zur sozialen und beruflichen Eingliederung‹. Es war eine der Folgen des Lummer-Erlasses, der ja eine Verschärfung der Aufenthaltsbedingungen für Ausländer mit sich brachte. Türkische Kinder durften im Rahmen der Familienzusammenführung nur noch bis zum sechzehnten Lebensjahr nach Deutschland nachgeholt werden. Die lebten bei ihren Großeltern oder Tanten, und die Eltern hatten damals ja meist noch vor, irgendwann zurückzugehen. Jedenfalls mußten sie ihre Kinder vor dem sechzehnten Lebensjahr von heute auf morgen holen. Und die kamen natürlich ohne Deutschkenntnisse, ohne Berufsausbildung, wurden mitten aus ihrem vertrauten Leben herausgerissen. Für Mädchen gab's damals in der Türkei nur eine fünfjährige Schulpflicht, für Jungs etwas länger. Und die lernten nun bei uns – damals waren es nur zwölf Monate, heute sind es drei Jahre –, sich hier zurechtzufinden. Sie lernten Deutsch, wurden durch die Werkstätten geschleust, alle vierzehn Tage durften wir Exkursionen machen, ins Museum, zur Verbraucherzentrale, zu Pro Familia u. ä. Sie haben sehr gut und schnell gelernt.

Religion spielte damals überhaupt keine öffentliche Rolle.

Nur zum Ramadan. Die Mädchen hatten keine Kopftücher auf, allenfalls mal so ein anatolisches, bäuerlich gebundenes. Sie waren sehr offen. Aufklärung war für die Mädchen sehr wichtig. Die Eltern witterten natürlich überall Gefahr für ihre Töchter. Ich hatte immer das Gefühl, die Mädchen haben nichts zu verlieren, außer ihren Ketten. Ich habe versucht, viele Verbote zu umgehen. Sie sagten: ›Hodscha‹ – das ist eine höfliche Anrede für Lehrer –, ›wir wollen auch schwimmen lernen!‹ Sie besorgten sich heimlich Bikinis und versteckten sie im Spind. Beim Üben hätten sie mich fast unter Wasser gerissen. Aber sie haben auch das Schwimmen schnell gelernt. Sie haben alle stolz ihre Freischwimmerprüfung abgelegt. Mit den Jungs kam ich nicht so gut klar. Sie hatten Probleme damit, daß eine Frau ihnen was zu sagen hat. Das mußte ich damals erst lernen, daß man ihnen gegenüber seine soziale Stellung betonen muß, sich aufbauen muß und klarmachen: ICH bin der Lehrer, ICH habe studiert. Und was bist DU? Man muß die Hierarchie herstellen, auf die Rangordnung pochen, dann hören sie. Mir fiel das schwer, aber unser türkischer Sozialarbeiter sagte, es geht nicht anders.

Dennoch war vieles einfacher als heute. Auch ökonomisch. Damals lebten wir noch gut, wie die Made im Speck. Wir bekamen noch sehr viel Geld von den Arbeitsämtern. Und wir waren noch nicht gezwungen – also WIR, das ist jetzt immer der Träger –, solche Dumpingpreise zu machen wie heute. Damals gab es noch keine Ausschreibungspraxis. Heute werden ja alle diese Maßnahmen ausgeschrieben, einmal im Jahr, vom Arbeitsamt bzw. ›Job-Center‹, das sie ja finanziert. Also, die werden ausgeschrieben wie der Bau eines Autobahnabschnitts. Sie geben eine Leistungsbeschreibung raus von dreißig, vierzig Seiten, darauf dürfen wir dann mit achtzig, hundert Seiten antworten, ein Konzept, ein Angebot machen und einen Preis nennen. Und das wird dann verglichen mit dem der anderen Träger, besonders natürlich der Preis. Solche Träger sind ja wie Pilze aus dem Boden

geschossen. Das war eben früher nicht so. Und durch diese un-
heilvolle Ausschreibungspraxis fing dann dieses ›Rattenrennen‹
um die Preise erst richtig an.

Das Schreckliche ist – und auch das Verwerfliche –, das muß
ich einfach sagen: Da wird enorm viel Geld verschleudert. Die
Arbeitsämter müssen natürlich schaun, wo ist jetzt noch Bedarf,
in welchem Beruf? Aber das müßte ja alles langfristig passieren.
Jetzt hat man als Träger z. B. in eine Tischlerwerkstatt viel Geld
investiert, für die außerbetriebliche Ausbildung der Jugendlichen, so was kostet leicht 100 000 Euro und mehr. Und nach
drei Jahren stellt das Arbeitsamt fest und beschließt: Tischler
werden nicht mehr gebraucht! Jetzt ist da aber die Werkstatt, es
existieren Tischlermeister, denn es müssen natürlich Meister sein
für die Ausbildung; wir haben Sozialarbeiter vorgehalten und
Stützlehrer, wie mich. Also, teures Personal auch noch. Und
plötzlich wird die Maßnahme nicht mehr ausgeschrieben. Wir
müssen die Werkstatt schließen, weil plötzlich, aus oft uner-
forschlichen Gründen, nun Floristinnen ausgebildet werden sollen oder Kosmetikerinnen. Der Tischlermeister muß gehen.
Wenn das ältere Kollegen sind, müssen die Kündigungsfristen
berücksichtigt werden – ich bin im Betriebsrat seit zehn Jahren,
ich weiß also, wovon ich spreche. Mal heißt es, wir müssen son-
derpädagogisch geschultes Personal einstellen – also teure Lehr-
kräfte mit Zusatzstudium; die stellen wir ein für ein Jahr, und in
der nächsten Ausschreibung heißt es: Lehrer kann jeder sein.
Dann ist dieser Mensch wieder weg, weil er zu viel kostet.

Das übt einen unheimlichen Druck auf das Personal aus.
Und bei anderen Trägern, die nicht so viel – sagen wir mal,
Querfinanzierung – machen können, denn das können sie nicht,
da sieht es dann finster aus. Es gibt Träger, die ihren Sozialarbei-
tern 1300 Euro brutto zahlen, ihren Lehrern 1500 brutto, ihren
Ausbildern 1400 brutto. Das werden alles Armutsrentner. Klar!
Im letzten Jahr hat die Bundesagentur neun Milliarden Euro ge-

spart. Deshalb haben wir ja die Arbeitslosenversicherung absenken dürfen, nicht? So hat jeder drei Euro mehr in der Tasche, wie es heißt. Bis auf die, die weniger in der Tasche haben. Das wird ja auch an den Jugendlichen eingespart und natürlich an unserem Geld. Aber es geht nicht nur ums Geld, es geht auch um die Verschwendung menschlicher Qualitäten. Denn wo soll denn das soziale Engagement, das Einfühlen nachher herkommen, wenn 30 Prozent der Leute an dem Betrieb und allem überhaupt kein Interesse mehr haben. Weil sie Teilzeit arbeiten, oder weil sie wissen, in einem Jahr gehe ich wieder. Oder spätestens in zwei Jahren, wo ich die Jugendlichen ja eigentlich drei Jahre begleiten sollte, wenn sie in der Berufsausbildung sind, eine Kontinuität herstellen sollte, auch als positives Vorbild engagiert arbeiten soll – wie könnte das gehen, unter diesen Voraussetzungen?! Aber es ist ja überall dasselbe. Überall, wo das Soziale auf Profit ausgerichtet wird, da werden die Dinge scheitern, da werden sie keine Erfolge mehr haben. Ich frage Sie, wie soll man das in den Griff kriegen? Wir haben eine ungeheure Verwahrlosung und Verrohung, ein ungeheueres Maß an Nichtwissen, wie soll man das in den Griff kriegen? Ich sage immer: GELD! GELD! GELD! Ihr könnt die Probleme nicht lösen mit Druck, das geht nicht.

Wir kriegen ja den unteren Bodensatz – ich sage das einfach mal so brutal – von Jugendlichen. Jedes Jahr gehen 80 000 bis 100 000 Jugendliche ohne Schulabschluß von den allgemeinbildenden Schulen ab. Und ich frage mich wirklich: Wenn solche Jugendliche zu mir kommen, wo waren die in den vergangenen zehn Jahren? Aber ich kann ja dem einzelnen Jugendlichen keinen Vorwurf machen. Sie haben in viel zu großen Klassen herumgesessen, haben keinerlei individuelle Förderung erfahren. Das geht einfach nicht an deutschen Schulen, das gibt es nicht! Es gibt keine Binnendifferenzierung an deutschen Schulen. Viele Schüler haben eines Tages den Anschluß, die Lust am Lernen verloren und nie mehr zugehört. Das ist logischerweise, wenn sie dann als junge Erwachsene quasi vor mir sitzen, oft ein bißchen schwierig.«

Wir bitten sie, uns ihre Schule und ihren Unterricht etwas genauer zu schildern. »Ja also, das sind richtige Industriebauten in Neukölln – Gewerberäume gibt es ja genug in Berlin –, lange Gänge, duster, wenig Licht. Eine frühere Fabrik eben. Wir haben Theorieräume, und wir haben Werkstätten. Und wenn ich morgens reinkomme in ein Klassenzimmer, dann sitzen sie da, Kopf auf dem Tisch oder so, Jacken liegen rum, Essen auf dem Tisch, alle sind unwillig bis dort hinaus. Dann sage ich erst mal: Radio aus, Ohrhörer raus, Tasche vom Tisch, Essen vom Tisch, Jacken aufgehängt und natürlich Handys abgestellt, sonst werden sie eingezogen. Das machen sie dann brummend, es findet auch so eine Art Selbstkontrolle statt: Nu laß mal, das nervt! Und ich frage dann als nächstes, wie geht's, ob es irgendwelche Probleme gibt, dann fangen wir an.

Wir haben Unterrichtsblöcke. Theorieunterricht 90 Minuten. Nach zwanzig Minuten können sie sich schon nicht mehr konzentrieren. Es sind auch stark lernbehinderte Jugendliche dabei, die eigentlich schon einen Rehastatus hätten. Aber, und das ist interessant, alle werden im Laufe der Jahre immer leistungsfähiger, geistig und körperlich. Die Gruppe ist ziemlich homogen in der Regel in ihrem niedrigen Niveau. Man muß den Unterricht also ein bißchen ›sesamstraßenartig‹ machen, damit sie nicht zurückschaudern. Wenn ich einen Hauptschulabschluß mache, dann sitzen da Jungs und Mädels, zwischen siebzehn und achtzehn Jahren meist, sechzehn bis zwanzig Stück. Mit und ohne Migrationshintergrund, und die Deutschstämmigen sind bei uns übrigens in der Überzahl. Das überrascht manche Leute, die denken, es ist vor allem ein ethnisches Problem. Es ist ein SOZIALES Problem! Die Grundlage bei den deutschen, türkischen, arabischen, kroatischen und sonstigen Jugendlichen, die ist vollkommen identisch: Teils lallende oder vor RTL einschlafende

Eltern. Und die Jugendlichen vollgestopft mit irgendwelchen Vorurteilen. Sie sind antisemitisch, antiarabisch, homophob, sexistisch. Ihr Nichtwissen ist unendlich! Das ist das, was mich immer so frappiert. Also, wann war der Zweite Weltkrieg? Nichts. Wenn man's erklärt, das nächste Mal haben sie es wieder vergessen. Oder sie fragen, wann war der III. Weltkrieg? Ich bleibe ganz ruhig. Nie lachen. Niemand darf lachen in so einer Situation! Da wäre ich ja ein ganz schlechter Lehrer. Ich erkläre es ihnen. Wobei ich die Jugendlichen nicht duze. Es läßt sich, nebenbei bemerkt, auch besser schimpfen, wenn man ›Sie‹ sagt. Ein Problem ist auch, daß sie nicht lesen. Die haben noch nie ein Buch in der Hand gehabt. Die lehnen das entsetzt ab. ›Wäh … ein Buch!‹

Ich mache eine Unterrichtseinheit, die zieht sich durch und nennt sich in der Fachsprache ›Lesen-Verstehen-Zusammenfassen‹. Das können Zeitungsartikel sein, Texte aus Büchern, Lehrbüchern oder didaktische Texte. Schon beim Lesen merke ich, daß die Leute nicht richtig lesen können. Laut vorlesen geht nicht. Sie genieren sich, holpern, lesen falsch vor, Fremdwörter sind ganz schwer vorzulesen. Englisch geht manchmal. Oder die Zeile rutscht ihnen weg. Die lesen ja noch mit dem Finger. Also, wir üben viel das Lesen, und irgendwann werden sie ruhig, ganz relaxed, und hören zu. Mit denen, die etwas weiter sind, lese ich jetzt von Horvath ›Jugend ohne Gott‹. Sie lesen es gern und lachen.

Aber zurück. Der nächste Schritt ist, mit dem Marker unbekannte Wörter unterstreichen, sie verstehen lernen. Also, der ist oft sehr überraschend, ihr Wortschatz. Beispielsweise ›unlauter‹, kennen sie nicht, ›unlauterer Wettbewerb‹, nie gehört. Oder ›Korrespondenz‹, nichts. Und die sollen ja lernen für einen Büroberuf! In einem Zeitungsartikel kam das Wort ›Putsch‹ vor, es war unbekannt. Ebenso das Wort ›wohlhabend‹. Das zweite h wurde überlesen, es kam ›wohlabend‹ heraus. Das Verb ›äußern‹

wurde mit ›außen‹, ›äußerlich‹, in Verbindung gebracht und deshalb nicht verstanden, auch nicht im Kontext. Oder ›hymnisch‹, ich fragte: Was ist denn eine ›Hymne‹? Antwort: Ein ganz wildes Tier. Ich hab's dann anhand der Fußballweltmeisterschaft erklärt, am Singen der Nationalhymne. Da haben sie sich erinnert. Am nächsten Tag schenkten sie mir ein aus dem Internet heruntergeladenes Bild einer Hyäne, dafür liebe ich sie. Und ich liebe sie, weil ich täglich mit ihnen zu tun habe, weil mir ihre Defizite liebenswürdig, weil erklärlich erscheinen.

Und wieder zurück: Dann schriftlich das Gelesene zusammenfassen, der dritte Schritt. Es ist oft so, daß sie noch nach einem Jahr nicht in der Lage sind, nur das Wichtigste zusammenzufassen. Sie können nicht unterscheiden, verzetteln sich im Unwichtigen. Ich sage immer, sie würden sich der Sache am schnellsten nähern, wenn sie alle Beschreibungen weglassen und nur das nackte Gerüst betrachten, um einen Extrakt zu machen. Denn sie sollen ja quasi lernen, wie man lernt, sich durch einen Text zu arbeiten oder durch ein Fachbuch. Das muß man üben, üben, üben. Das ist das A und O! Es ist erstaunlich, daß wir dennoch Leute nach drei Jahren zur Gesellenprüfung bringen. Am Anfang denkt man, man schafft das nie. Auch weil so viele Fähigkeiten fehlen. Ich bin eigentlich jedesmal erschrocken. Ich bringe z. B. alte Illustrierte mit. Sie sollen Bilder ausschneiden und mit den Bildern eine Bildergeschichte zu komponieren versuchen, aus sechs Elementen, sie dann beschreiben usw. So. Wenn ich schon sehe, wie die schneiden! Da mußten sie erst mal eine Stunde lang lernen: Gebrauch einer Schere. Sie halten sie falsch, schneiden unsauber. Also, die Geschicklichkeit im Umgang mit solchen Dingen ist gar nicht ausgebildet. Ein Lineal so festhalten, daß es nicht verrutscht, wenn man seinen Strich macht, das muß eben geübt werden. Beim Schreiben auf den Linien bleiben und einen Rand lassen, das muß geübt werden. Also, würde man bei solchen Kindern bereits im vierten, fünften

Lebensjahr anfangen mit der Förderung, dann hätten sie diese enormen Defizite später nicht! Man weiß aus der Forschung, bei Neun- bis Zehnjährigen sind die Fenster eigentlich schon zu. Und uns bleibt nichts anderes übrig, als diese Jugendlichen dennoch zu einem bestimmten Ziel zu bringen, damit sie vielleicht mal eine Arbeit bekommen und dabei dann auch bestehen können.

Und es fehlen ja nicht nur schulische Kenntnisse, es fehlen auch ganz alltägliche Umgangsformen. Sie müssen sich ja präsentieren lernen. Wir üben mit ihnen z. B. das Telefonieren. Wir haben Holztelefone und üben, wie stelle ich mich vor. Das braucht man fürs Büro, auch fürs Callcenter, oder viele landen in der Telefonzentrale. Ich muß aber auch wissen, wie rufe ich ein Wohnungsamt an, wie setze ich mich höflich durch und werde nicht gleich wütend, knalle den Hörer auf?! Und ich sage nicht: ›Hier ist Frau Hermann‹, sondern ich sage nur: ›Hermann, guten Tag.‹ Wir üben auch, am Telefon zu ›lächeln‹, damit das freundlich rüberkommt. Und wir haben die sehr teuren elekronischen Kassen angeschafft, damit sie lernen, wie man die bedient. Eine Verkäuferin muß vielleicht nicht so perfekt schreiben können, aber sie sollte Gebrauchsanweisungen lesen können, auch eine Telefonnotiz machen können. Was auch noch ganz wichtig ist, ist Sprechen üben. Das ist ganz karg. Man ›macht‹, man ›tut‹, daneben gibt's keine anderen Verben. Ein Satz wird nie zu Ende gesprochen, er läuft immer auf ein ›und so‹ hinaus. Also: ›Letztes Jahr, da war ich schwimmen und so.‹ Oder sie benutzen eine falsche Vergangenheitsform, ›ich war gewesen‹. Und ich möchte auch auf keinen Fall, daß jemand jeden Satz mit einem ›Ey‹ anfängt, es ist außerdem sehr unhöflich. Überhaupt sind die Höflichkeitsformen kaum entwickelt, bzw. sie haben eigene, besonders die männlichen Jugendlichen.

Zum Beispiel ›Respekt‹. Respekt heißt, daß man den anderen nicht komisch ›anmacht‹ oder anguckt. Also, in die Augen gukken, das kann manchmal unangenehm ausgehen, da werden sie richtig aggressiv, auch gegen Frauen. Die Mädchen kann man jederzeit angucken, die haben damit kein Problem. Aber die Knaben empfinden es als respektlos. Nun folgende Situation: Wenn ich einen Jugendlichen frage, wieso haben Sie da eben auf den Boden gespuckt? Beim nächsten Mal wischen Sie das auf! Dann kann es passieren, daß er sagt: ›Ey, Respekt, Alte!‹ Ich sage: ›Warum spucken Sie vor mir aus, wissen Sie nicht, daß das eine große Respektlosigkeit ist?!‹ Das begreifen sie nicht. Sie spucken einfach gedankenlos und gewohnheitsmäßig auf den Boden, Aber es gibt auch absichtliche Äußerungen. Viele Türken machen z. B. so ein bestimmtes Geräusch, sie ziehen die Spucke saugend durch die Zähne. Das ist ein Zeichen der Verachtung und auch sehr respektlos. Untereinander sind sie oft sehr intolerant. Konflikte entstehen aus nichtigem Anlaß, etwa bei einem Wortwechsel wie diesem: ›Was hast'n du heut an?!‹ ›Ey, hier, teuer genug!‹ ›Ey, sieht scheiße aus!‹ Und schon geht eine Schlägerei los. Mädchen streiten in der Regel verbal, werfen höchstens mal was auf den Boden. In all den Jahren an der Schule habe ich noch nie Gewalt zwischen Mädchen erlebt. Gut, die reden auch schon mal böse übereinander, sagen über eine Mitschülerin z.B: Das ist eine ›Sozialschlampe‹. Damit ist gemeint, das ist eine, die Kinder kriegt, um das Kindergeld zu kassieren. Ich versuche halt viel zu diskutieren, um eine Diskussionskultur einzuführen, damit sie lernen, einen Konflikt mit Argumenten auszutragen.

Aber es gibt zu diesen Problemen, Mangel an Wissen, Mangel an Disziplin, leider auch noch andere Probleme bei den Jugendlichen. Das Arbeitsamt hat dafür die Bezeichnung ›Multiple Vermittlungsprobleme‹. Wir haben z. B. Jugendliche mit Adipositas, die haben bereits Diabetes. Das sind richtige Kawenzmänner. Wir haben derart dicke Jugendliche, die können wir so gar nicht in irgendein Praktikum bringen, da sagt jeder Arbeitnehmer sofort ab. Unter ›Multiple Vermittlungsprobleme‹ fallen körperliche und seelische Leiden gleichermaßen. Also, ob Spina bifida, lernbehindert, Heimkind oder furchtbar geschlagenes Kind. Die werden alle in einen Topf geworfen. Und die psychische Behinderung hat oft zur Folge, daß sie so unter Medikamenten stehen, daß man das Gefühl hat, einem Maskenmenschen gegenüberzusitzen. So sehr sind sie sediert. Oder sie sind schwer depressiv, hängen nur rum und schaun elegisch aus dem Fenster. Es gibt eigentlich keine glücklichen Jugendlichen mehr – jedenfalls nicht in dieser Schicht der sozial Schwachen! Und das ist es, was mich so traurig macht, die haben keine Lebenslust. Sind depressiv und ohne Perspektive. ›Warum, Frau Rubach, soll ich das denn machen?!‹ fragen sie mich, und ich sage diesen Spruch: ›Du hast keine Chance, aber nutze sie.‹ Und ich sage: ›Mach's für dich!‹ Aber ich empfinde das natürlich als enormes Problem, daß sich weit und breit niemand findet in der Politik, der diesen Jugendlichen sagt, daß man sie nicht braucht.«

Hier möchten wir eine uns besonders wichtige Frage stellen. Seit längerer Zeit schon fiel uns auf, daß in der Rapperszene und besonders in der Jugendsprache das Wort ›Opfer‹ eine große Rolle spielt. Aber nicht in seiner üblichen Bedeutung, sondern als Beschimpfung und Denunziation. Was hat es damit auf sich? »Also, als ich bemerkt habe, daß das ein Schimpfwort ist«, sagt Frau Rubach, »das ist schon eine Weile her, da war ich sehr befremdet. Es war im Deutschunterricht, wir haben einen literarischen Text bearbeitet. Ich sagte, eine Textstelle interpretierend: ›Er hat ein Opfer gebracht, er hat sich aufgeopfert.‹ Da fing die ganze Gruppe an zu brüllen vor Lachen. Ich sage: ›Leute, was ist plötzlich mit Ihnen los? Warum lachen Sie bei dem Wort Opfer?‹ Sie erklärten, daß es ein schlimmes Schimpfwort ist für sie, eine Beleidigung. Also, wenn zu einem gesagt wird: ›Du Opfer, du!‹, dann zuckt der zusammen, oder er sagt: ›Respekt, ey!! Nicht ich bin ein Opfer, du bist ein Opfer!‹ Also, ich war vollkommen perplex. Ich sagte: ›Ein Opfer erleidet doch immer etwas, wie kann das plötzlich zum Schimpfwort werden?‹ Und ich habe gesagt: ›Wir alle hier sind Opfer. Sie sind Opfer dieser Politik, und auch ich bin ein Opfer dieser Politik.‹ Ich versuche immer, sie zu politisieren, selbstbewußter zu machen, in die Gewerkschaften zu bringen.

Sie begreifen zwar, was ich meine, benutzen aber das Schimpfwort weiterhin. Ich habe natürlich mit Kollegen gesprochen, denen ist das auch aufgefallen. Die meinten, es hängt vielleicht mit diesem ›Happy slapping‹ zusammen. (Engl. ›glückliches Schlagen‹. Andere Jugendliche, oder auch unbekannte Passanten werden als Opfer ausgespäht und überfallartig ins Gesicht geschlagen, getreten, gedemütigt und gequält. Wobei der einzige Zweck dieser Tat – die als Heldentat gilt – darin besteht, sie mit dem Handy zu filmen. Das Video wird dann im Internet zur Schau gestellt bzw. über die Infrarotstelle von Handy zu Handy weitergegeben und getauscht, wie ehemals die Sammelbildchen. Anm. G. G.) Vielleicht kommt es daher, es soll ja an vielen Schulen aufgetaucht sein. Also, bei uns an der Schule jedenfalls gibt es das bis jetzt noch nicht. Die Hausordnung hat strenge Regeln. Sobald wir etwas bemerken, wird sofort die Polizei gerufen. Bisher war es nicht nötig. Ich glaube, das Wort ›Opfer‹ nimmt langsam auch wieder eine andere Richtung an, im Sinne von: ›Ey, Opfer, was läuft?‹ Also, es wird liebevoller, wenn sie sich gegenseitig ›Opfer‹ nennen, weil sie sich dabei nicht mehr an den Kragen gehen. Die Bandbreite ist inzwischen schon da, es meint auch, wir tun uns zusammen, wir Opfer. Ja, WIR OPFER! Das habe ich beobachtet.

Und das sind sie ja als Kinder von sozial Schwachen. 50 Prozent der türkischen Väter unserer Jugendlichen sind arbeitslos! Unfreiwillig! Für Jahre! Und die prügeln oft ihre Söhne, ihre Töchter. Sie können sich nicht mehr anders Respekt verschaffen, haben keine Autorität mehr als Familienoberhaupt. Und da kommt diese Gewalt auch her, aus der Erziehung mit Schlägen.

(Die hatte auch bei uns eine überraschend lange Tradition, das Züchtigungsrecht der Eltern wurde in Deutschland erst im Jahr 2000 gesetzlich abgeschafft. Anm. G. G.) Allerdings, darauf lege ich sehr großen Wert, auf diese Feststellung: Körperliche Gewalt ist kein ethnisches Problem. Das wird gerne so dargestellt. Es ist aber falsch, wenn man sie auf einen Migrationshintergrund fokussiert. In Neukölln z. B. wohnen so viele arme Deutsche, also deutschstämmige Leute. Es hat nichts mit der Herkunft zu tun, sondern mit der sozialen Lage. Das ist eine Schicht. Subproleten. Verarmte ehemalige Arbeiterklasse oder abgesunkener verarmter Mittelstand. In all diesen Haushalten herrscht Gewalt, Reduziertheit, Resignation. Sie alle werden ja auch systematisch ausgeschlossen, immer mehr, und natürlich auch vom Genuß der Bildungsgüter.

Schlimm, wenn nicht schlimmer, ist die institutionelle Gewalt an den Jugendlichen. Das ist ein Skandal! Und es ist ein Skandal, daß niemand unser Bildungssystem wirklich kritisiert und sagt, daß es keine Bildung herstellt. Nicht mal mehr für Gymnasiasten, denn die ist auch schon grottenschlecht. Aber wie verheerend sich dieser Zustand erst auf benachteiligte Kinder auswirkt, ist doch klar!

Und da kommen wir zum nächsten Punkt, der mir der wichtigste ist. Gebt Geld, viel Geld, für Kindergärten und Ganztagsschulen! Alle Kinder sollen spätestens ab dem vierten Lebensjahr in kostenlose Kindergärten gehen. Sobald die gefährdeten Kinder tagsüber raus sind aus den Familien, entwickeln sie sich auch. Sie lernen automatisch eine andere, differenzierte Sprache, andere Eßgewohnheiten, andere Umgangsweisen und Konfliktlösungen. Konfliktlösungen, soziales Verhalten, das ist ungeheuer wichtig. Und natürlich Geschicklichkeit mit den Händen, mit dem Körper können sie einüben. Wir würden die Adipositas auf natürlichem Wege einfach vermeiden. Die Kindergärten müssen sehr gutes Personal haben, auch genug Personal. Wichtig ist, daß da eine richtig gute Spracherziehung gemacht wird. Also, sie sollen nicht schon Lesen und Schreiben können vor der Schule, aber sie sollen SPRECHEN können, einen Wortschatz erwerben, die Dinge kennenlernen, sich gut miteinander unterhalten können. Man soll die Lust an der Sprache fördern.

Und wenn sie dann in die Ganztagsschule kommen, dann haben sie eine gute Basis. Könnten dem Unterricht – der natürlich auch sehr viel besser werden müßte – problemlos und mit Neugier folgen. In so einer Schule würden sie dann all das machen können, was sie sonst nämlich nicht machen können. Sie könnten Musik lernen, überhaupt Handfertigkeiten, ein Instrument spielen, sie könnten Sport treiben, Wettbewerbe austragen, die Schularbeiten unter Aufsicht und mit Hilfestellung streßfrei erledigen, sie hätten ein soziales Leben, gemeinsames Essen, Spielen, alles. Es gibt keine andere Alternative! Und es geht einfach nicht, daß sich sozial orientierte Träger, Bildungseinrichtungen, Krankenhäuser, Altersheime usf. aufführen wie Kapitalgesellschaften. Profit, Profit, Profit! Man soll mit Bildung, Erziehung, Gesundheit keinen Profit machen. Und man soll hier nicht sparen. Das soll in staatlicher Hand sein. Da soll das Geld reingesteckt werden. Denn das ist es, was die Gesellschaft immer mehr auf den Hund bringt, daß sie immer weniger Solidarität übt.«

Wir sind am Ende und bedanken uns, plaudern noch ein wenig. Angesprochen auf das solide Tischtuch aus weißem Leinen erzählt sie. »Das ist ein sehr fein gewebtes Sackleinen für Weißmehl. Es ist schon alt und stammt noch aus der Mühle meines Großvaters. Die ist längst abgerissen, aber das Leinen existiert noch. In dieser Mühle bin ich auch geboren. Über Hunderte von Jahren waren die Vorfahren meines Vaters Müller, so eine Kontinuität ist heute gar nicht mehr denkbar.« Sie schenkt Tee ein. »Ich wollte eigentlich gar nicht Lehrerin werden, ich wollte mal Bäuerin werden. Nach dem Abitur dachte ich dann an Bühnenbildnerin. Mein Vater sagte damals: Werde doch Lehrerin. Ich doch nicht! Dann habe ich Geschichte studiert in Bochum, bin nach Berlin gegangen ans OSI. Ich war auch politisch engagiert, natürlich. Ich bin mal relegiert worden für zwei Semester, wegen geworfener Tomaten auf Prof. Sontheimer und Arnulf Baring. Trotzdem habe ich mein Studium in den vorgeschriebenen acht Semestern geschafft. Kurz nach dem Diplom habe ich geheiratet und mit dem Pädagogikstudium angefangen.«

26

OPTIMALE VÖLKERFÜHRUNG

BIENENFORSCHERIN

»*Ihr Honigvögelein, die ihr von den Violen*
und Rosen abgemeyt den wundersüßen Safft.
Die ihr dem grünen Klee entzogen seine Krafft.
Die ihr das schöne Feld so oft und viel bestohlen.
Ihr Feldeinwohnerin, was wollet ihr doch holen,
was so euch noch zur Zeit hat wenig Nutz geschafft,
weil ihr mit Dienstbarkeit des Menschen seyd behafft.
Und ihnen mehrenteils das Honig musset zohlen?«
1623, Martin Opitz

PD Dr. rer. nat. Elke Genersch, stellvertr. Direktorin am Länder-
institut für Bienenkunde Hohen Neuendorf e. V., Leiterin d. Abt.
Diagnostik u. Molekularbiologie. Dr. Elke Genersch hat a. d. Uni-
versität zu Köln Biologie m. d. Schwerpunkt Molekularbiologie/Ge-
netik studiert und ihre Promotion im Fach Biochemie a. d. Ludwig-
Maximilian-Universität zu München u. am Max-Planck-Institut
für Biochemie in Martinsried abgelegt (mit summa cum laude).
Danach bearbeitete sie tumor- und zellbiologische Fragestellungen
am MPI in Martinsried, i. d. onkologischen Forschungsabteilung
der Schering AG in Berlin, am Max-Delbrück-Zentrum für Mole-
kulare Medizin in Berlin-Buch, am Biomedical Center Lund in
Schweden u. a. d. Universität daselbst sowie a. d. Medizinischen
Hochschule Hannover. 2001 wechselte sie a. d. Länderinstitut für
Bienenkunde, um sich fortan mikrobiologischen Fragestellungen u.

Bienenkrankheiten zu widmen. 2006 Habilitation im Fach Mole-
kulare Mikrobiologie am Fachbereich Veterinärmedizin der Freien
Universität Berlin (z. Thema »Paenibacillus larvae, der Erreger der
Amerikanischen Faulbrut der Bienen-Klassifizierung, Molekulare
Typisierung und Virulenzunterschiede«). Ihre Forschungsarbeiten
sind in zahlreichen Veröffentlichungen dokumentiert. Frau Dr. Ge-
nersch wurde 1960 in Essen-Werden geboren, sie ist verheiratet und
hat ein Kind.

»Stirbt die Honigbiene aus?«, »Mysteriöses Bienensterben«, »Dramatische Völkerverluste auch in Deutschland«, »Bestäubung der
Obstblüte in Gefahr!« Seit Jahren gibt es alarmierende Schlagzeilen über das Bienensterben. Von 1993 bis 2006 gingen bei uns
knapp 43 Prozent aller Bienenvölker verloren, schätzen Experten.
Rundfunk und Fernsehen brachten Berichte, die Zeitungen –
vom *Imkerblatt* bis zur *FAZ* – widmeten sich dem Thema. Es
wurde umfangreich geschrieben über das rätselhafte Verschwinden von zigtausend Bienenvölkern in den USA. Es gibt Mutma-
ßungen, daß sich eine solche Katastrophe auch hier in Europa
anbahnt. 600 000 bis 800 000 Bienenvölker mit bis zu dreizehn
Milliarden Bienen wären in Deutschland vom Aussterben bedroht, die Folgen wären unabsehbar. Die Bienen sind ja nicht nur
Honigproduzenten, sie bestäuben auch mehr als 80 Prozent des
deutschen Obst- und Gemüseanbaus, dazu noch Wildblüten.
    Wir können uns die Bienen nicht wegdenken, sie sind ein
fester Bestandteil in unserem kulturellen Gedächtnis, was nicht
zuletzt auch Wilhelm Busch in seiner Bildergeschichte »Schnurr-
diburr oder die Bienen« wunderbar dargestellt hat. Wenn sie also
krank sind, ist das ein Grund zur Sorge. Gründe, so ist zu lesen,
gibt es viele, als reichten nicht bereits die 40 000 Tonnen an
Schädlingsbekämpfungsmitteln, die jährlich auf unsere Nutz-
pflanzen niedergehen – was sie krank werden läßt, das möchten
wir Frau Dr. Elke Genersch fragen.

Wir fahren hinaus nach Hohen Neuendorf, das nördlich vor den Toren Berlins im Bundesland Brandenburg liegt. Hier residiert seit 1952 das Länderinstitut für Bienenkunde (gegründet 1923) in einer alten Villa mit Park und eigener Imkerei. Die Aufgabe des LBI besteht in praxisorientierter Forschung zum Erhalt der Honigbiene, in der Lehre und der Betreuung von Diplom- und Doktorarbeiten, in Dienstleistungen wie Schulung und Beratung, Honiganalytik und Krankheitsdiagnostik sowie in Veranstaltungen für Besucher und Schulklassen.

Frau Dr. Genersch empfängt uns in ihrem Büro. Über das dramatische Szenario in den Medien lächelt sie mild und erklärt, es gebe aktuell kein dramatisches Bienensterben.

»Tatsache ist, daß die Winterverluste deutschlandweit bei unter zehn Prozent lagen. Der Normalwert liegt zwischen zehn und 20 Prozent. Verluste gibt es immer. Und es kann natürlich auch schon im Herbst zu Verlusten kommen, wenn z. B. gegen die Varroamilbe schlecht oder falsch behandelt wurde. Wenn das Volk an der Varroamilbe eingeht, an zu starkem Varroa-Befall, dann passiert es sehr häufig, daß die Bienen tatsächlich verschwinden. Sie sind plötzlich weg. Wir haben den Fachbegriff ›kahlfliegen‹ dafür. Also, das, was jetzt in den USA als vollkommen neues Phänomen dargestellt wird, das Bienenverschwinden, ist eigentlich normal und liegt in der Biologie der Biene. Ihr letzter Dienst am Volk ist, daß sie zum Sterben wegfliegt.

Die Bienen sehen ihren Stock nicht als Hospiz, wenn sie sich schlecht fühlen. Die Bienen fliegen aus, um zu sammeln, wie es ihre Aufgabe ist, und sie sterben dann eben außerhalb irgendwo, weil sie nicht mehr können. Also, sie verlassen den Stock nicht als Schwarm, der verschwindet, sondern als einzelne Biene, die dann eben draußen bleibt und stirbt. Und es gibt ja auch das ganz normale Bienensterben – wir sind jetzt am Ende des Bienenjahres. Es gehen momentan, das müssen sie sich mal vorstellen, etwa zweieinhalbtausend Bienen pro Volk und Tag verloren.

Ein starkes Volk kann im Sommer bis zu 80 000 Bienen umfassen, aber sie haben nur eine Lebenszeit von zwei bis drei Wochen im Sommer, länger leben sie nicht, die Arbeiterinnen. Bei den Winterbienen ist es anders, sie müssen vier bis sechs Monate überleben. Jetzt grade – ab Juli, August – werden die Winterbienen großgezogen. Und weil das Bienenjahr zu Ende ist, müssen wir demnächst anfangen, die Bienen einzufüttern. Sie fliegen natürlich noch bis Oktober, aber was sie da eintragen, das reicht ja nicht, um das Volk über den Winter zu bringen.

Weil wir ihnen ja vorher allen Honig ›geklaut‹ haben, können wir sie nicht auf dem bißchen sitzen lassen, das sie über die Spätsommerwiesen noch reinkriegen. Ich habe meine Bienen letztes Jahr mit ganz normalem Haushaltszucker, in Wasser aufgelöst, gefüttert. Das ist eine der Methoden. Und das ist nicht wirklich schlechter als der Honig. Alles, was Heilkraft ist am Honig, das hat die Biene reingebracht, sozusagen durch Bienenspucke. Wenn nun die Bienen Zuckerwasser eintragen, dann verarbeiten sie es genauso wie den Blütennektar, geben ihre Enzyme und alles dazu und machen daraus ihr Winterfutter. Die Bienen sind es ja gar nicht mehr anders gewohnt. Seit 8000 Jahren wird Bienenhaltung betrieben. Und es ist natürlich auch ein Ergebnis der Zucht, daß sie viel mehr sammeln, als sie brauchen. Bis zum Zehnfachen dessen, was sie als Winterfutter bräuchten. So ein Wirtschaftsvolk kann in einem Jahr 40 bis 50 Kilogramm Honig sammeln. In Syrien z. B. liegt die Leistung bei fünf bis zehn Kilogramm pro Jahr. Hier am Institut gibt es jetzt ein Projekt: Durch gezielte Zucht soll in anderen Ländern, die noch keine Hochleistungsbiene haben, die Honigleistung verbessert werden. Gut, das sollte jetzt nur ein kleiner Überblick für Sie sein.

Mein Fachgebiet ist ja Bienenkrankheiten. Also dadurch, daß die Biene seit Jahrtausenden DAS Nutzinsekt ist, haben wir die einmalige Situation, daß wir ihre Krankheiten recht gut kennen. Wir wissen, wie die Krankheiten aussehen; das ist zwar sehr gut beschrieben, aber sie sind bei weitem nicht so gut untersucht. Bienenkrankheiten sind zu lange stiefmütterlich von der Forschung behandelt worden. Also, es ist total faszinierend. Bienen können, vom Erreger her, alle Infektionskrankheiten bekommen, die auch bei anderen Tieren und beim Menschen vorkommen. Also Viruskrankheiten, bakterielle Erkrankungen, Pilzkrankheiten. Und Bienen haben Parasiten. Die Bienenkrankheiten sind eine phantastische Nische. Jede Frage, die wir als Molekularbiologen stellen, ist quasi noch unbeantwortet und eröffnet ein neues Projekt. Da ist noch eine direkte Wirkung der Forschungsergebnisse möglich, ich kann richtig von unten anfangen.

Wie faszinierend das ist, kann man am Beispiel der amerikanischen Faulbrut sehen. Die AFB ist eine bakterielle Erkrankung der Honigbienenlarven, ist weltweit verbreitet, hochansteckend und führt in der Regel zum Zusammenbruch der erkrankten Völker. In Deutschland ist sie eine anzeigenpflichtige Tierseuche. Bereits der Verdacht muß dem Amtstierarzt gemeldet werden. In Deutschland ist die AFB extrem häufig. Sie ist nicht zu behandeln, wenn sie erst einmal ausgebrochen ist. In aller Regel wird der Amtstierarzt das Abschwefeln der erkrankten Völker verfügen, also das Töten. Der Erreger der AFB ist ja ein Bakterium, was Sporen bildet. Die infektiöse Form sind die Sporen. Wenn die im Futtersaft sind, dann verfüttern sie die Ammenbienen an die Larven, und die zersetzen sich dann zu einer fadenziehenden Masse. Beim Versuch, die Zellen für die nächste Eiablage zu reinigen, kontaminieren sich die Ammenbienen mit den Sporen, die sie dann auf die nächste Brut übertragen, die immer kränker wird. Dadurch schaukelt es sich auf.

Und was nun die Forschungsarbeit betrifft, so haben wir ein Rätsel in der Faulbrutdiagnostik lösen können, also unsere Arbeitsgruppe hier am Institut. Es gab bis dahin Diagnoseprobleme, es gab Fälle, in denen das Volk sichtbar krank war; das

Labor konnte aber, wenn es sich an die Regeln gehalten hat, den Erreger nicht nachweisen. So konnte der Amtstierarzt dann die Seuche auch nicht offiziell als ausgebrochen erklären. Das war natürlich ein großes Problem. Und man muß sich das mal vorstellen: 100 Jahre nach der Erstbeschreibung des Erregers haben wir das Rätsel gelöst. Wir haben gezeigt, mit molekularen Methoden, daß der Glaube, der fünfzig Jahre existierte, daß es einen nahen Verwandten gibt, der aber nicht gefährlich ist für die Bienen, der Glaube an ein Märchen war. Es gibt diesen nahen Verwandten zwar, aber er ist genauso gefährlich für die Bienen! Und wir konnten beweisen, daß alle Vertreter dieser Spezies, egal, wie sie vorher genannt wurden, die Symptome der Faulbrut verursachen in den Larven, nämlich Zersetzung zur fadenziehenden Masse. Das heißt, wir bewegen doch wirklich was.

Wir bekommen auch Anerkennung, muß ich sagen. Sie läuft über die Veröffentlichung in einem internationalen Journal, es ist zuständig dafür, die korrekte Klassifizierung von Mikroorganismen zu veröffentlichen. Die haben einen extrem genauen Gutachterprozeß. Vor jeder Veröffentlichung wird akribisch überprüft, denn im Moment der Veröffentlichung ist es international verbindlich. Na ja, das war nicht das Einzige, das wir gemacht haben, sondern wir haben auch gezeigt, daß es Gefährlichkeitsunterschiede bei den Erregern gibt; das war bisher nicht gedacht oder nicht untersucht worden – eigentlich eine Banalität –, aber wir konnten zeigen, es gibt Virulenzunterschiede. Also, für unseren Bereich ist natürlich die Anerkennung in den USA immer so ein Maßstab dafür, daß man es jetzt geschafft hat, über die eigene Grenzen hinaus bekannt zu sein. Ich habe gute Kooperation mit amerikanischen Bienenforschern und bin jetzt auch beteiligt an der Annotierung von dem Genom des Bakteriums, ich bin zuständig für die Gefährlichkeitsfaktoren. Und dazu bin ich eben eingeladen worden aus den USA, und das ist eine Anerkennung unserer Arbeit hier. Also, wir gehören, was

das angeht, möchte ich mit Stolz sagen, weltweit zu den führen-
den Laboren. Unser kleines Labor hier.

Das muß auch anerkannt werden, damit es nicht so eine
Nischenexistenz in einem Bieneninstitut fristet. Bienenpatholo-
gie muß ein eigenständiges Forschungsgebiet werden, was auch
Geld braucht, und wo man die Kompetenz bündelt, um die richtigen Zusammenhänge zu finden, beispielsweise bei der Virus-
forschung. Das ist übrigens unser drittes Standbein. Wir haben
drei Standbeine: Amerikanische Faulbrut, Darmparasiten und
Viren. Mich interessiert Varroa als Virusübertragung. Der Über-
träger, die Varroamilbe, ist ein sogenannter Ektoparasit, ein Spin-
nentier mit acht Beinen. Es siedelt auf der Biene, saugt Haemolymphe durch die Zwischenringhäutchen aus seinem Wirt und
ist mit bloßem Auge zu sehen. Es verbreitet sich, ebenso wie auch
die anderen Krankheiten, durch Übertragung von Stock zu
Stock, durch Räuberei und Verflug. Die Bienen verfliegen sich
manchmal, finden nicht in den eigenen Stock und fliegen woanders rein. Und die Bienen räubern! Also, wenn ein Volk schwach
wird, merken das andere Bienen, dann fliegen sie los und räubern
das Volk aus und holen sich den Honig. Ist ja viel einfacher, statt
sich Blüten zu suchen, den fertigen Honig rauszuräubern.« Wir
lachen, meine Freundin Elisabeth bemerkt trocken: »Wie
menschlich!« Frau Dr. Genersch lächelt und sagt: »Richtig! Oder
es gibt auch das Einbetteln. Bienen aus einem schwachen Volk
kommen angeflogen und betteln sich ganz vorsichtig bei den
Wächterbienern ein, geben ihnen etwas Honig und dürfen rein.
So ein Parasit wie die Varroamilbe, der hat genug Möglichkeiten,
sich zu verbreiten. Durch das Verhalten der Bienen, aber auch
durch imkerliche Praktiken. Imker stellen die Waben von einem
Volk ins andere usw., dabei übertrage ich natürlich.

Und jetzt kommen wir zum Eigentlichen: Die Varroamilbe
vermehrt sich nicht auf der Biene, sondern auf der Bienenbrut
bzw. in der verdeckelten Zelle. Mit Beginn der Metamorphose

verdeckeln die Ammenbienen die Zellen der Streckmaden, und kurz vor der Verdeckelung steigt die Varroamilbe, also das Muttertier, hinein, läßt sich mitverdeckeln und legt zuerst ein Ei, aus dem sich ein Männchen entwickelt. Danach legt sie ein paar Eier, aus denen sich Töchter entwickeln, die vom Sohn befruchtet werden. Danach stirbt der Sohn. Die Milben entsteigen zusammen mit der fertigen Biene der Zelle, und bis dahin saugen sie auch Haemolymphe. Dabei können sie das Flügel-Deformationsvirus übertragen. Das Flügel-Deformationssymptom ist unser Hauptmodellsystem, weil es relativ einfach zu untersuchen ist. Normalerweise haben Sie bei Bienenviren nur die zwei Zustände, lebend oder tot. Es gibt keine Symptombeschreibungen, wie bei unseren Viruserkrankungen. Das ist beim Flügel-Deformationsvirus (DWV-Virus) anders. Dieses Virus verursacht, wenn es von der Varroamilbe, während sie auf der Puppe parasitiert, übertragen wird, verkrüppelte Flügel bei den schlüpfenden Bienen. Aber nicht in jedem Fall! Wenn ich 100 mit Varroa infizierte Puppen habe, dann mögen zehn mit verkrüppelten Flügeln schlüpfen – im Herbst vielleicht mehr –, der Rest schlüpft ganz normal.

Aber wir haben wenigstens lebende Bienen, die Symptome haben, die wir einem bestimmten Virus zuordnen. Diese Bienen jedoch sind nicht wirklich lebensfähig, weil sie ja ihre Arbeit nicht richtig ausführen können, und weil sie im Stock nicht geduldet werden. Ob sie sofort beseitigt werden, scheint davon abzuhängen, wie schwer die Symptome sind. Spätestens aber wenn sie rausfliegen sollen und nicht können, weil die Flügel fehlen oder verkrüppelt sind, werden sie rausgeschmissen. Da kommen ein bis zwei Bienen, schnappen sich die, es gibt so ein Knäuel, und draußen lassen sie die Kranke einfach fallen. Die krabbelt dann vor dem Stock rum, bis sie verhungert oder an der Virusinfektion eingeht. Das sind alles Sachen, die sind noch nicht geklärt. Verhungern die? Gehen sie am Virus ein? Wie breitet sich der Virus im Körper aus? Wie kommt es zu den Verkrüppelungen? Das sind jetzt die Fragen der erklärenden Virologen... Was läuft in der Puppe ab, damit dieses Virus als Symptom verkrüppelte Flügel verursachen kann? Diese und andere Fragen stellen wir uns. Gut, das ist also die Virensache, mit der wir uns grade beschäftigen, und dadurch, daß sie wirklich neu ist, können wir auch sehr gut international veröffentlichen. Auch in der Virusszene sind wir inzwischen international anerkannt.

Es gibt natürlich noch viele andere Viren, aber an denen arbeiten Kollegen im In- und Ausland, da sind die Gebiete ein bißchen abgesteckt. Mit Pilzen z. B. befassen wir uns ganz bewußt nicht. Weil wir einfach auch die Labormöglichkeiten nicht haben, um alle Erreger sicher nebeneinander behandeln zu können. Ich hab' kein Pilzlabor, ich möchte auf keinen Fall meine Bakterienkulturen verpilzt bekommen. Und – ich habe keine Ahnung von Pilzen. Das ist ein extrem schwieriges Gebiet. Wir haben jetzt allerdings mit einem Darmparasiten zu tun, mit Nosema, das ist – und jetzt widerspreche ich mir – fast ein Pilz!« Sie lacht. »Ein Mikrosporidium, und die Klassifizierung, was es jetzt genau ist, ist noch nicht ganz abgeschlossen. Das machen aber nicht wir. Es gab eine Form von Nosema, mit der sich die europäische Biene (Apis mellifera) arrangiert hatte: Nosema apis. Die Sporen sind in vielen Völkern, die Nosemose muß aber nicht ausbrechen. Bricht sie aber aus, dann können die Bienen auch eingehen. 1996 wurde in Asien ein Verwandter von Nosema apis bei der asiatischen Honigbiene (Apis cerana) gefunden. Und der hat jetzt im letzten Jahrzehnt den Wirt gewechselt, von der asiatischen auf die europäische Honigbiene, und sich rasant ausgebreitet. In vielen Gebieten gibt es heute nur noch Nosema ceranae. Das heißt, dieser neue Darmparasit scheint den alten zu verdrängen, und dies kann mit höheren Völkerverlusten einhergehen.

Da fängt die Erkenntnisgewinnung grade erst an. Nosema

ceranae ist auch bei uns schon weit verbreitet, viele Völker haben beide Darmparasiten. Jetzt müssen wir herausfinden: Gibt es wirklich ursächliche Zusammenhänge zwischen Völkersterben und Nosema ceranae? Wenn die Bienen Durchfall bekommen, überträgt es sich schneller? Das sind alles Fragen, die wir beantworten müssen, und zeitweise müssen wir schon daran arbeiten, eine Behandlungsmöglichkeit zu finden. Früher, bei Nosema apis, konnte der Imker durch optimale Völkerführung diese Krankheit wieder in den Griff bekommen, indem er z. B. mehr Jungbienen gefördert hat, weil eben vorwiegend die Altbienen erkranken. Womöglich, wir wissen es noch nicht, ist das bei Nosema ceranae nicht möglich. Es gab früher auch Behandlungsmöglichkeiten mit Antibiotika oder Antiinfektiva bei Bienenvölkern, das ist in Europa aber inzwischen verboten, wegen der Rückstandsproblematik im Honig. Es muß z. B. etwas sein, was natürlicherweise auch im Honig vorkommt. Die Varroamilbe wird jetzt in der Regel mit organischen Säuren wie Ameisen-, Milch- und Oxalsäure behandelt; man kann sie einsetzen, ohne befürchten zu müssen, daß es zu Resistenzentwicklungen kommt. Die Anwendung ist recht gut wirksam und verschafft uns genug Zeit für das, was Professor Bienefeld macht – der Leiter unseres Institutes hier: die varroatolerante Biene zu züchten. Das wäre bei Nosema auch ein Fernziel, also, die entsprechende Immunabwehr gegen solche Krankheiten in den Bienen heranzuzüchten. Aber in der Zwischenzeit müssen wir sie behandeln können.

Sehr wichtig ist auch die Art und Weise, WIE neue Pathogene, neue Krankheitserreger, hier reinkommen. Eben nicht nur über Bienenforscher, wie im Fall der Varroamilbe.« Wir geben unserer Überraschung Ausdruck. »Na ja, es ist ja allgemein bekannt, die Varroamilbe, Varroa destructor, ist in den 70er Jahren von Bienenforschern eines Bieneninstitutes – Namen tun hier nichts zur Sache – nach Deutschland eingeschleppt worden. Sie brachten die asiatischen Bienen Apis cerana mit, um daran zu forschen. Die Varroamilbe sitzt auf der Apis cerana, richtet dort aber keinen Schaden an. Aber, wie gesagt, die Pathogene kommen eben nicht nur über die Bienenforscher zu uns, sondern natürlich über den Handel mit Bienen weltweit, mit Königinnen. Also, ich kann mir Königinnen schicken lassen, Bienenköniginnen muß man sowieso immer mit Pflegebienen verschicken. Ich kann mir aber auch so ein kleines Volk gleich als ›Paketbienen‹ kaufen, die werden im Paket verschickt. Es ist in Europa verboten, wegen des hohen Risikos, aber es sind die Imker selbst, die dieses Risiko und das Verbot ignorieren, weil sie gehört haben, daß diese Biene, diese Königin besonders gut sein soll. Das Verbot von Bienenimporten einzuhalten, ist sehr wichtig, vor allem wegen des Kleinen Beutenkäfers, der in den USA bereits verheerende Schäden angerichtet hat. Es besteht die große Gefahr, daß er auch nach Europa eingeschleppt wird. Ursprünglich stammt er aus Afrika. 1996 wurde er im Süden der USA entdeckt und hat sich inzwischen im ganzen Land ausgebreitet, bis hinauf nach Kanada. Noch spielt er bei uns keine Rolle, es gibt aber vorsorglich eine Anzeigepflicht in der EU. Der ist in der Lage, in Amerika Imkereien mit Tausenden von Völkern dem Erdboden gleichzumachen. Da habe ich Filme gesehen, das kann man sich nicht vorstellen. Der ernährt sich von allem, was in dem Volk drin ist, Eier, Brut, Honig, Pollen, der vermehrt sich explosionsartig in den Völkern. In einem Film wurde eine amerikanische Großimkerei gezeigt, man sah eine riesige Lagerhalle mit Betonfußboden. Der Imker mußte in Gummistiefeln durch diese Lagerhalle gehen, weil er zentimeterhoch durch die Maden dieses Kleinen Beutenkäfers gewatet ist. Diese Imkerei war platt. Also, es war sehr eindruckvoll.

Aber kommen wir wieder zurück zu den Krankheiten, die wir hier haben. Noch mal zu den Ursachen: Ein Bienenvolk hat so viele Faktoren um sich rum, nicht nur Krankheiten, auch Umweltbedingungen usw. Ich muß, wenn ich über BIENENSTERBEN rede, nicht zwanghaft nach einem einzigen Grund suchen. Ich kann vielleicht sagen, dieses Jahr hat die Varroamilbe das Faß zum Überlaufen gebracht. Und zwar in Regionen, in denen Pflanzenschutzmittel ein Problem waren, aber auch in Regionen, in denen die Trachtversorgung ein Problem war, und auch in Regionen, in denen das Wetter ein Problem war. Wir haben drei verschiedene Bedingungen, die bedeuten, diesen Völkern geht es nicht gut. Und jetzt kommt noch ein Faktor drauf, und alle kippen um.

Hier hängt eine Tabelle an der Wand. Das sind die Völkerverluste in der Vergangenheit. Sie sehen hier: 1945/1946, außergewöhnliche Winterverluste. Es war ein sehr kalter Winter und just Kriegsende, Zucker war Mangelware. Aber 1962/63, 1972/73 und 1974/75 gab es die Verluste ebenso, 1995/96 und 2002/03 waren sie teilweise zwar höher, aber die Winterverluste gab's immer: Schon vor dem Saatgutbeizmittel, schon vor der Varroamilbe, schon vor gentechnisch veränderten Pflanzen. D. h., es muß Gründe geben, die unabhängig davon sind. Was nicht heißt, daß z. B. die Varroamilbe keinen Schaden anrichtet. Sie ist einfach ein zusätzlicher Faktor gewesen. Ebenso verhält es sich mit Saatgutbeizmitteln und GVOs. Bei uns sind nur 0,16 Prozent der Flächen mit GVOs belastet, aber die Bienenverluste waren flächendeckend. Gentechnisch veränderte Organismen können als zusätzlicher Faktor dazukommen. Es muß aber nicht so sein. Ich darf sie nicht als alleinigen Faktor an den Pranger stellen wollen. Die Gefahr, die ICH dabei sehe, ist: Wenn ich aus ideologischen Gründen einen bestimmten Schuldigen anprangere, dann kann es mir passieren, daß ich den wahren Schuldigen laufen lasse. Daß ich nicht mehr neutral das Ganze angucke.

Natürlich, ich kann nur gute Forschung machen und gute fundierte Antworten liefern in dem Gebiet, das ich beherrsche.

Das sind die Bienenkrankheiten. Das sind nicht Pflanzenschutz-mittelvergiftungen u. ä. Aber ich interessiere mich dafür, halte mich auf dem Laufenden. Es gibt grade jetzt zu genmanipulier-ten Pflanzen extrem gute Studien. Aber grade weil sie gut sind und zeigen, daß es keine negativen Effekte gibt, die schlimmer sind als die Effekte der Pestizide, werden sie als Auftragsfor-schung diffamiert und verunglimpft. Wenn ich natürlich her-gehe und ein Maisfeld, auf dem GVO angebaut wird, mit einem Maisfeld ohne jedes Pestizid vergleiche, dann habe ich natürlich einen negativen Effekt. Nur, die Wirklichkeit ist die, ich habe nicht diese Alternative in der Regel, sondern die Praxis in der Landwirtschaft ist: Pestizide oder GVO. Und da schneiden die GVO-Felder besser ab, was die Effekte auf die sogenannten ›Nichtzielorganismen‹ betrifft. Vom wissenschaftlichen Stand-punkt her ist gegen Mon810 (Mais des Saatgutkonzerns Mon-santo, der mit einem Giftgen gegen den Maiszünsler ausgestattet wurde. Anm. G. G.) nichts zu sagen, weil das, was im Mon810 als Toxin exponiert wird, das wurde vorher tonnenweise auf den Feldern aufgebracht.«

Auf unsere Frage, weshalb die Imker anderer Meinung sind und ihren Honig untersuchen ließen, sagt Frau Dr. Genersch: »Daß man im Honig was findet, ist schon richtig, weil dieses Konstrukt, was da in die Maispflanze eingebaut wurde, das be-findet sich ja dann in der DNA der Pflanze. Und die DNA der Pflanze befindet sich im Pollen, und etwas davon befindet sich auch im Honig. Aber das ist kein Problem. Es gibt keinen Nach-weis der Schädlichkeit. Und es gibt eine gesetzliche Regelung, die klar sagt, es gibt keine Kennzeichnungspflicht für Honig. Aber wenn die Imker weiter so auftreten und dauernd behaup-ten, das wäre eine Gefahr, und der Verbraucher könne das for-dern, dann bekommen sie ein Problem. Ja sicher, diese Verbrau-cher gibt es, das ist die Klientel, wenn ich die frage, ob diese To-mate schon Gene hatte, bevor sie eine Gentomate wurde, dann sagen die NEIN. Also wenn ich das in den Diskussionen schon höre: Gentomate.« Wir werfen etwas ungehalten ein, daß es ja nicht um irgendwelche Gene geht, sondern um gentechnisch veränderte Pflanzen.

Sie sagt leidenschaftlich: »Okay, aber Zucht ist immer eine genetische Veränderung. Wie findet denn Zucht heute statt? Die auch von den Grünen akzeptierte Zucht?« »Durch Kreuzung«, vermute ich. »Falsch! Die Pflanzen werden mit mutagenen Strahlen bearbeitet, um Mutanten zu erzeugen. Völlig ungerichtet. Kein Mensch guckt nach, was durch die Strahlen alles kaputtgegangen ist, was die Nebenwirkung und was die Hauptwirkung ist! Die Auflagen gibt's nur bei GVO. Oder ein anderes Beispiel: Die Imker behandeln ihre Waben mit einem Pulver, das Bacillus thuringiensis enthält. Dasselbe Bacillus thuringiensis, das im BT-Mais Mon810 ist. Wenn aber die Imker ihre Waben damit behandeln, dann kräht kein Hahn danach, daß ich dann diese DNA von diesem Bacillus thuringiensis aufnehme. Die Waben sind voll davon, aber das gilt als biologische Bekämpfung. Nur der Mon810 wird verteufelt.

Seehofer hat ja jetzt entschieden, daß das Saatgut nur verkauft werden darf, wenn es ein großangelegtes Umweltmonitoring parallel dazu gibt. (Das Bundesamt für Verbraucherschutz hat im Mai 2011 keine Bewilligung mehr erteilt für Mon810-Mais, erst sollen die offenen Fragen geklärt werden. Anm. G. G.) Das ist auf politischen Druck hin eine politische Entscheidung gewesen. Die wird jetzt aber von den GVO-Gegnern als Beweis dafür genommen, daß hier noch eine Gefahr besteht.« Auf die Frage, ob sie tatsächlich uneingeschränkt für genmanipulierte Pflanzen sei, sagt sie ohne zu zögern: »Nein, nein.« Ich frage, wo denn die Einschränkung sei? »Bei mir ist die Einschränkung da, wo ich sage, ich verurteile alles, was mit einer bestimmten Methode erreicht wurde. Ich will mir das Ergebnis angucken. Ob dieses Ergebnis, diese Pflanze, durch Züchtung

oder durch Gentechnik hergestellt wurde, ist für mich egal.«
Elisabeth sagt, daß in der Natur quasi die Evolution die Auslese
trifft. »Gut. Da ist der Mais das Paradebeispiel. Der Mais ist über
Jahrtausende hinweg gezüchtet worden. So sehr gezüchtet worden, daß nicht einmal die Molekularbiologen feststellen können,
was einmal die Ursprungspflanze war. Tatsache ist, daß der Mais
nicht mehr lebensfähig ist! Das, was wir an Mais haben, ist auf
die Aussaat durch den Menschen angewiesen. Er würde, wenn er
nicht ausgesät wird, von der Erdoberfläche verschwinden. So viel
zur Evolution.« Ich sage, daß ja wohl niemand etwas gegen Kul-
turmais einzuwenden hat. »Nein, aber wenn ich durch Züchtung jetzt z. B. eine Rapspflanze erreiche, deren Blüten sich nicht
mehr öffnen – und das gibt es –, wieso soll das besser sein oder
gut sein, nur weil's gezüchtet wurde ohne Gentechnik?! Ich muß
mir das Ergebnis angucken, ich darf nicht alles verteufeln, nur
weil's GVO ist.« Wir hingegen finden sowohl das eine als auch
das andere verteufelnswert.

Nach einem erquickenden Rundgang übers Gelände, bei
dem uns Frau Dr. Gensch ihr Labor zeigte, in dem ihre Dok-
torandin grade mit Bienenlarven arbeitet, kehren wir zurück ins
Institutsgebäude. Im Erdgeschoß betrachten wir einen Schau-
raum, angefüllt mit Vitrinenschränken, auf denen alte, geflochtene
Bienenkörbe stehen. Es gibt große, auseinandernehmbare Bie-
nenmodelle, Waben, Honig und altmodische Rollbilder, auf denen Bienen den Stock ausfegen, den Maden das Fläschen geben
und eimerweise Honig herbeischleppen. Wieder im Büro, seufze
ich: Die Bienen sind nicht wegzudenken. »Sie sind tatsächlich
unverzichtbar für unser Ökosystem, so wie es jetzt ist«, sagt Frau
Dr. Gensch und fügt hinzu: »In unserem jetzigen Ökokultur-
system, weil ja auch viel Kulturlandschaft dabei ist, da würde
sich dramatisch was ändern, wenn es die Honigbiene nicht mehr
gäbe. Keine Frage. Die Bestäubung wäre nicht mehr ausrei-
chend, um die Quantität und Qualität zu bringen, an die wir

uns so gewöhnt haben. Wenn wir aber damit leben könnten, daß der Apfel nicht EU-Handelsklasse eins hat, und nicht endlos zur Verfügung steht, dann könnten wir auch mit der Bestäubung leben, die die übrigen Insekten leisten. Der Mensch stirbt nicht aus ohne die Bienen. In Amerika hat es vor den amerikanischen Siedlern keine Honigbienen gegeben. Die Siedler haben die Honigbiene im 18. Jahrhundert eingeschleppt. Und die Menschen dort haben vorher auch gelebt. Die Biene ist für uns unverzichtbar. Überleben können wir ohne sie.«

DAVID SIMON / ED BURNS
THE CORNER

Bericht aus dem dunklen Herzen der amerikanischen Stadt

Brennpunkt Baltimore: Crack und Heroin überfluten die Straßen Amerikas. An der berüchtigten Ecke von West Fayette und Monroe Street wird sieben Tage die Woche, 24 Stunden am Tag auf offener Straße verkauft – der Drogenhandel ist der ökonomische Treibstoff einer sterbenden Nachbarschaft mitten in der Stadt. Durch die Augen einer zerbrochenen Familie – drogensüchtiger Eltern und ihres Sohns DeAndre McCullogh – zeigt uns die Langzeitreportage »The Corner« die harte Realität der Drogenkultur und die ergreifenden Szenen von Hoffnung, Mitgefühl und Liebe, an einem Ort, den Amerika schon längst abgeschrieben hat.

»The Corner ist ein genauer, intensiver Bericht aus dem zerbrochenen Herzen des urbanen Amerika ... Ein wichtiges Dokument, so verheerend wie luzid.« *Richard Price*

Aus dem Englischen von Gabriele Gockel, Barbara Steckhan, Thomas Wollermann, 800 Seiten, ISBN 978-3-88897-744-2

David Simon
Homicide

Ein Jahr auf mörderischen Straßen

Tatort Baltimore: In der Stadt an der Ostküste der USA geschehen innerhalb eines Jahres 234 Morde – an zwei von drei Tagen wird ein Bürger erstochen, erschossen oder erschlagen. Im Zentrum dieses Hurrikans des Verbrechens steht das Morddezernat unter der Leitung von Lieutenant Gary D'Addario, eine kleine Bruderschaft, konfrontiert mit dem amerikanischen Albtraum: Donald Worden, ein abgeklärter Ermittler am Ende seiner Karriere; Harry Edgerton, ein schwarzer Detective in einer überwiegend weißen Einheit; und Tom Pellegrini, ein engagierter junger Cop, der erst vor kurzem zum Morddezernat gekommen ist und den schwierigsten Fall des Jahres aufklären will – die brutale Vergewaltigung und Ermordung eines elfjährigen Mädchens.

»Amerikas Städte zerfallen. Niemand hat das so eindringlich beschrieben wie David Simon. Seine Geschichten von Dealern und Junkies, Polizisten und Politikern sind die große Erzählung unserer Zeit.« *Philipp Oehmke, Der Spiegel*

Aus dem Englischen von Gabriele Gockel, Barbara Steckhan, Thomas Wollermann, 800 Seiten, ISBN 978-3-88897-723-7

Die Gespräche wurden zwischen 2007 und 2009 geführt
und sind in der TAZ erschienen

Verlag Antje Kunstmann GmbH,
München 2012
Umschlaggestaltung: Michel Keller, München
Satz: Fotosatz Amann, Aichstetten
Druck + Bindung: Pustet, Regensburg
ISBN 978-3-88897-781-7